ゼロからはじめる
[RC+S構造] 演習

原口秀昭著

彰国社

本書の文中に記載された略号
建築基準法：基準法
建設省告示：建告
国交省告示：国告
日本建築学会　鉄筋コンクリート構造計算規準・同解説：RC 規準
日本建築学会　鉄筋コンクリート造配筋指針・同解説：配筋指針
日本建築学会　壁式構造関係設計規準・同解説：壁規準
日本建築学会　鋼構造設計規準：鋼規準
日本建築学会　鋼構造設計規準－許容応力度設計法：鋼規準－許容
日本建築学会　鋼構造接合部設計指針：鋼接指針
国土交通省など　建築物の構造関係技術基準解説書：技術基準

構造でよく使う英単語・記号
compression：圧縮
tension：引張り
bending：曲げ
stress：応力、張力（を与える）
pre －：事前に
post －：事後に
yield：降伏
elasticity：弾性
plasticity：塑性
ultimate：終局の
allowance：許容
gross：全体
web：構造体の腹部
ratio：比
proportion：比
σ（シグマ）：垂直応力度
τ（タウ）：水平応力度（せん断応力度）
ε（イプシロン）：ひずみ度（変形した長さ／元の長さ）
θ（シータ）：たわみ角
δ（デルタ）：変位、変形量

装丁＝早瀬芳文
装画＝内山良治
本文フォーマットデザイン＝鈴木陽子

はじめに

構造力学から建築は遠いなー……

学生時代に授業をさぼっていた筆者が、卒業後にあせって入門書を読んでいたときに感じたことです。構造も勉強せねばと構造力学入門の類を読んでいたのですが、構造力学は抽象化された学問体系となっているため、建築自体からはほど遠いイメージがありました。もう少し建築に近い構造はないものかと。

今回は、RC造、S造の具体的な構造の勉強ができるように構成してみました。全体像を見るために各種の構造方式からはじめ、次に材料、構造各部の話へと進めました。わかりにくいとよく言われる保有水平耐力についても、盛り込みました。演習問題は主に、一級、二級建築士の過去問から採用しています。似たような設問を集め、選択肢は少なめに抑えて学習の便を図りました。重複する説明も、重要な事項はそのつど解説を繰り返しています。

すべてのページにイラストを付けること、難しい理屈も簡単にわかるようにイラスト化することを心がけました。とにかく、絵、図、マンガを徹底的に使うことにして、理屈から納得してもらえるように気を配りました。このシリーズは筆者が勤める女子大の学生に、苦手な分野を克服してもらおうとマンガを付けてブログ（http://plaza.rakuten.co.jp/mikao/）に載せたのが、そもそものはじまりです。本書で11冊目となり、各国で翻訳版も出版されています。

記憶術も各所に盛り込みました。壁構造の壁厚、壁量などの覚えにくいものも、今回、新たに記憶術をつくってみました。規定値の数字には、参考資料や過去問によって若干の違いがあります。たとえば重ね継手は不可でガス圧接すべき鉄筋径は、日本建築学会の仕様書ではD29以上、建築士過去問ではD35以上とされています。このような場合には建築士受験生のために建築士過去問の数値を採用しています。また、今では不正確な用語とされている「突き合わせ溶接」は、「完全溶込み溶接」に直してあります。

おまえは図や絵を描くのが早いそうだから、図やイラストを多用した本を書くようにと学生時代にアドバイスしてくれたのは、恩師の鈴木博之氏でした。大学院時代に雑誌『都市住宅』の特集号を執筆したのが、物書き稼業のはじまりです。その後、仕事の合間を縫ってひたすら書き続けてきました。鈴木博之氏が最近他界され、手紙に書かれた励ましの言葉が筆者への遺言となってしまいました。世間の需要から構造の本が多

くなっていますが、筆者の興味はあくまで建築そのものにあります。今後も書き進めていきますので、皆様の勉強のお役に立てていただければ幸いです。

企画を立ててプレッシャーをかけ続けてくれた中神和彦さん、面倒な編集作業をしてくれた彰国社編集部の尾関恵さん、また多くのことを教えてくださった専門家の皆様、専門書の著者の皆様、ブログの読者の方々、質問を投げかけてくれた学生たちに、この場を借りてお礼申し上げます。本当にありがとうございました。

2014 年 10 月 原口秀昭

もくじ　　　　　　　　　　　　　　　　　CONTENTS

はじめに…3

1　構造形式
RCラーメン構造…8　RC耐震壁付きラーメン構造…10　RC壁式構造…12　PCa壁式構造…14　プレストレスト構造…16　Sラーメン構造…18　Sブレース付きラーメン構造…20　S1方向ラーメン構造…22　SRCラーメン構造…24　LCS造…26　補強コンクリートブロック造…28　各種の構造…30

2　RC造
セメント…32　コンクリートの乾燥収縮…38　スランプ…39　骨材…41　AE剤…43　アルカリ量…45　塩化物イオン量…46　コンクリート関連の数字…47　早強セメント…48　混合セメント…49　コンクリート1 m^3 の質量と重さ…50　ヤング係数…52　ひずみ度とせん断弾性係数…55　線膨張係数…56　コンクリートの強度…57　コンクリートの付着強度…67　鉄筋の強度…68

3　RC造の梁
曲げ剛性…69　曲げ材の鉄筋とコンクリートの応力度…72　柱径、梁せいと支点間距離…73　スリーブ…74　梁主筋の位置…75　ラーメンのM図…76　複筋梁…77　鉄筋の定着…78　柱梁の主筋量…82　引張り鉄筋比…83　梁の許容曲げモーメント…85　梁の鉄筋量…87　梁の終局曲げモーメント…88　梁の曲げ破壊…92　柱梁のせん断補強筋…93　柱梁の塑性ヒンジ…97

4　保有水平耐力
保有水平耐力…98　地震層せん断力係数 C_i…102　標準せん断力係数 C_o …103　地震力のかけ方…104　強度と靱性…105　構造特性係数 D_s…106　耐力壁のあるラーメンの保有水平耐力…110　形状係数 F_{es} と必要保有水平耐力…112　耐震計算ルート…114　耐震規定の歴史…116

5　RC造の柱
クリープ…118　かぶり部分の圧縮力…119　柱隅角部の鉄筋…120　柱梁主筋のフック…121　柱の圧縮力と脆性破壊…122　内柱と外柱…123　柱のせん断強度…124　短柱破壊…125　ピロティの強度、剛性…126　帯筋・あばら筋…127　柱の応力計算　その1…139　柱梁主筋量の決め方…144

6　RC造のスラブと壁
スラブ…146　構造体の太さ、厚さ…149　耐力壁…151　構造体の鉄筋量…163　鉄筋の継手…166

7 ひび割れ
コンクリートのひび割れ…168

8 RC壁式構造
RC壁式構造の規準…174　RC壁式構造の靭性…175　耐力壁の長さ・開口…176　壁量・壁厚の規準…180　耐力壁の鉄筋…182　壁梁の主筋…184

9 鋼材
鋼の含有物…185　鋼の強度と温度…187　温度、炭素量との関係…190　鋼の硬さと引張り強さ…191　鋼の応力度とひずみ度…192　鋼材の種類…196　基準強度 F…206　SUS304A…211　アルミニウム…215

10 接合
高力ボルト接合…217　高力ボルトと溶接の併用継手…232　普通ボルト接合の注意点…233

11 溶接
溶接継目の3形式…234　エンドタブ、裏はつり…235　溶接金属、溶着金属、熱影響部…236　溶接記号…237　まわし溶接…238　ショートビード…239　パス間温度…240　予熱…241　溶接不良と探傷試験…242　溶接に関する寸法…243　溶接にかかる応力…246　接合部の応力…251

12 S造の接合部
ダイヤフラムの形式…252　柱梁接合部の溶接…253　柱梁接合部の降伏…258　筋かいの保有耐力接合…260　スカラップ…261　エンドタブの組立て溶接…263　柱梁の継手…264

13 板
幅厚比…267　局部座屈とスチフナー…272

14 S造の柱と梁
有効細長比 λ…273　柱の座屈長さ ℓ_k…277　柱の許容応力度…278　梁せい／スパン…279　柱の細長さ、梁の太さ…280　横座屈…281　山形鋼の有効断面積…289　柱脚…290

15 暗記する数字
暗記する数字…298

ゼロからはじめる

[RC＋S構造]演習

Q RCラーメン構造とは？

A 鉄筋コンクリートの柱と梁を剛に接合して組み立てる構造です。

RCとはReinforced Concreteの略で、直訳すると補強されたコンクリートとなります。コンクリートは引張りに対して非常に弱く、すぐに割れてしまいます。そこで鉄筋で補強する鉄筋コンクリートが、19世紀半ばに考案され、現在では大々的に使われています。

ラーメン（Rahmen）とはドイツ語で骨組という意味ですが、建築でラーメンというと、柱梁を直角に固定して（剛（ごう）節点として）、それによるフレームだけでもたせる構造です。耐震壁のないラーメンを、純ラーメンと区別していうこともあります。

ラーメンはテーブルにたとえるとわかりやすくなります。足（柱）と横棒（梁）で直角を保ち、その上に板（床スラブ）を載せます。横棒を省いて板に直接足を付けると、直角を維持できずに、グラついてしまいます。実際のラーメンでは足元（柱脚）にも太い横棒（基礎梁）を付け、板（床スラブ）と横棒（梁）は完全に一体化しています。

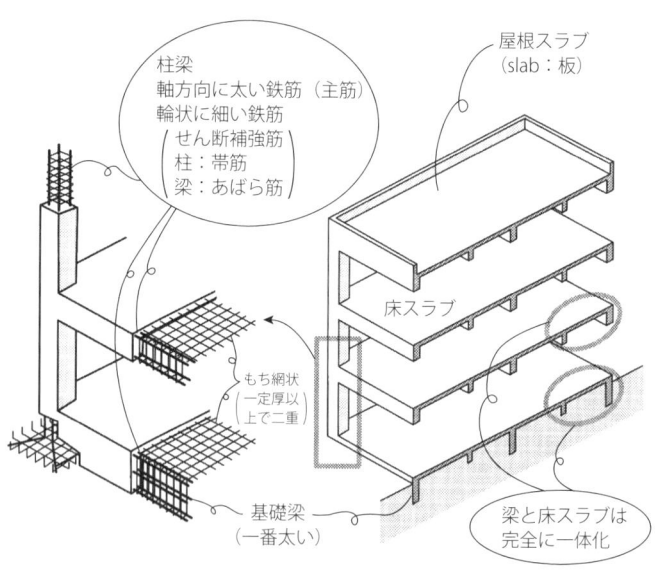

RCラーメン構造

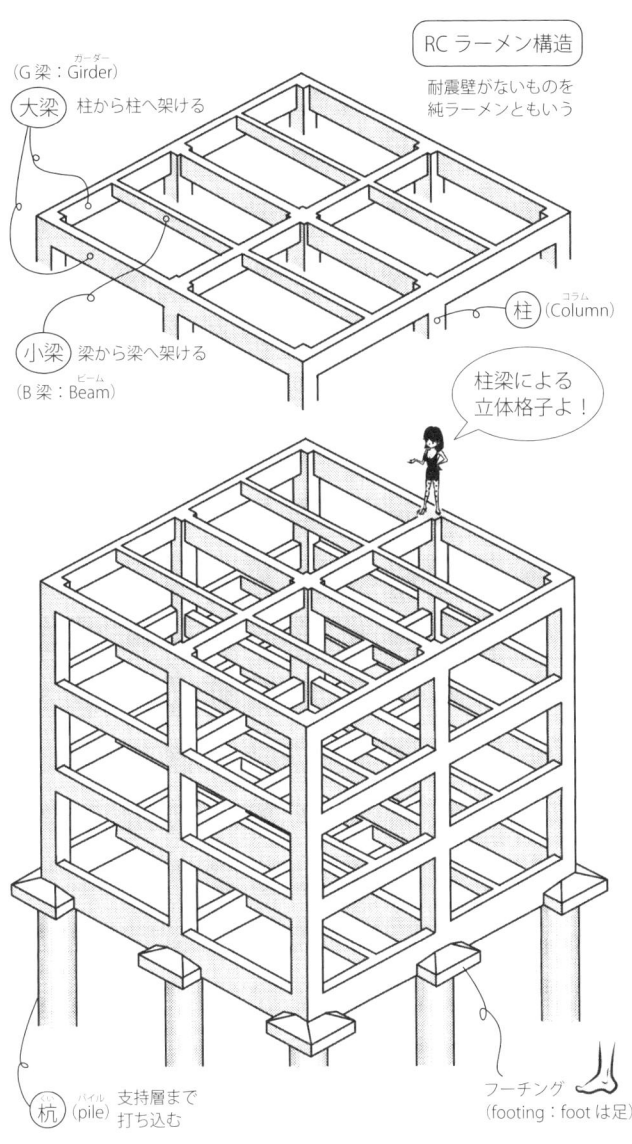

R002

Q RC耐震壁付きラーメン構造とは？

A 鉄筋コンクリートでできた柱梁を剛に接合し、地震の水平力に抵抗する壁を所々に入れた構造です。

柱梁のフレームだけのラーメン構造（純ラーメン構造）は、水平力に対して平行四辺形に変形しやすい性質をもちます。大地震時には変形によってエネルギーを吸収する柔の構造です。テーブルに横から力を加えると、足が左右に倒れますが、横棒としっかりと組んでおけば、壊れなくてすみます。テーブルの足と足の間に板を入れると、平行四辺形に変形しにくくなります。純ラーメン構造のフレームの中に、バランス良く耐震壁を入れると、水平力で変形しにくく、固くなります、地震力に対してあまり変形せずに抵抗する剛の構造となります。たとえばマンションの戸境壁を耐震壁とするなど、中小規模のRC造に最も多い構造形式です。

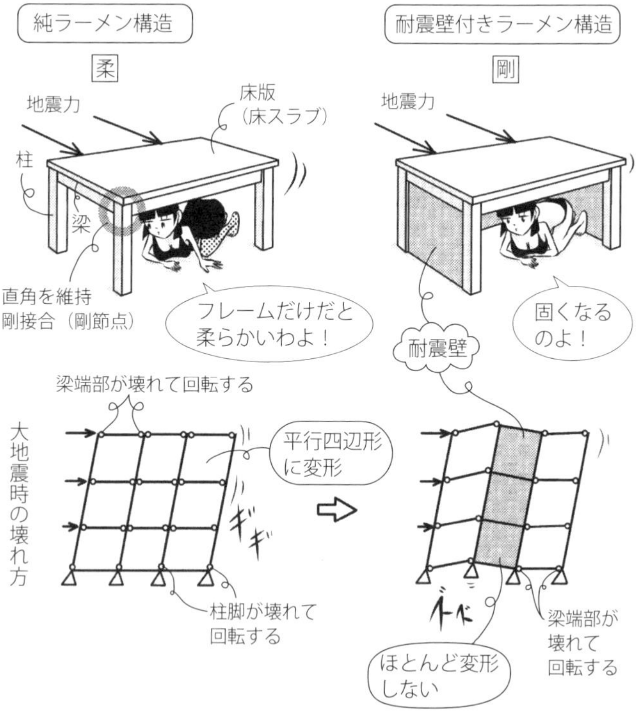

RC 耐震壁付きラーメン構造

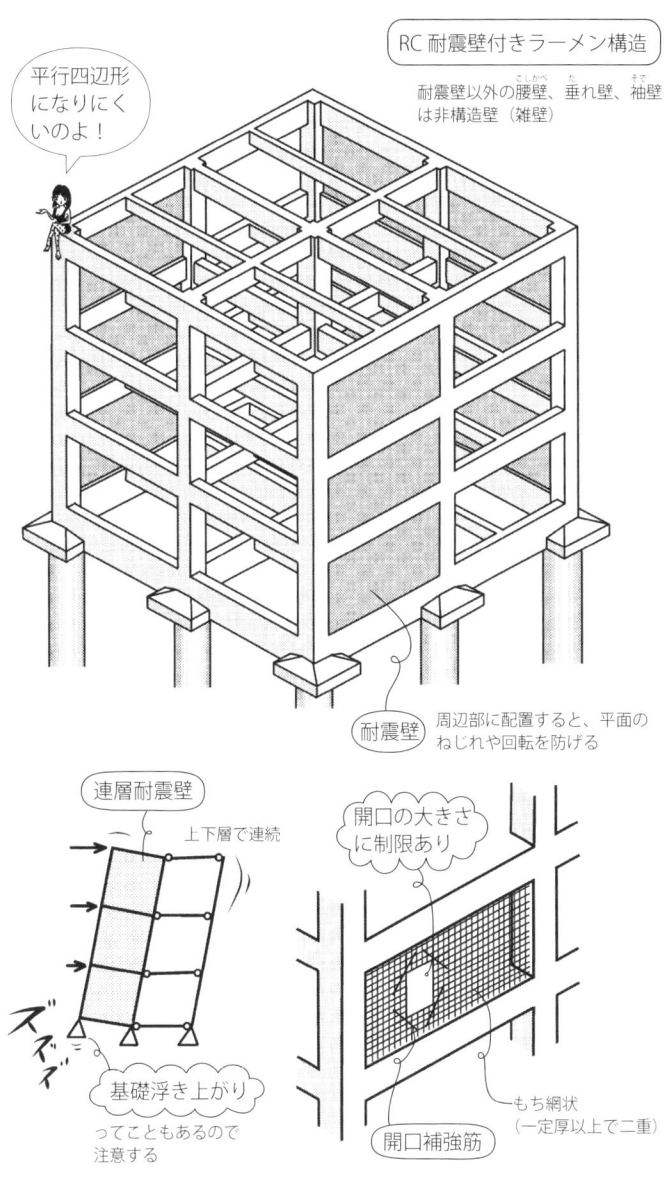

R003

Q RC壁式構造とは？

A 鉄筋コンクリートでつくられた壁と床スラブで組み立てる構造です。

ラーメン構造が棒を組むのに対し、壁式構造（壁構造）は面を組む構造方式です。ラーメン構造がテーブルならば、壁式構造は段ボール箱です。段ボール箱に穴をあけて窓やドアとしますが、壁の部分を残しておかないと、重さを支えられません。また重さを支える壁（耐力壁）を上下階で同じ位置にする必要もあります。窓の上の壁も壁梁として残しておかないと、床が支えられないばかりか、箱としての固さも保持できません。

壁式構造はゴツい柱梁がなくてすっきりしますが、大きな開口がとれない、耐力壁が多くてリフォームしづらいなど、商業施設には向きません。上下階が同じ平面の集合住宅に適した構造形式です。

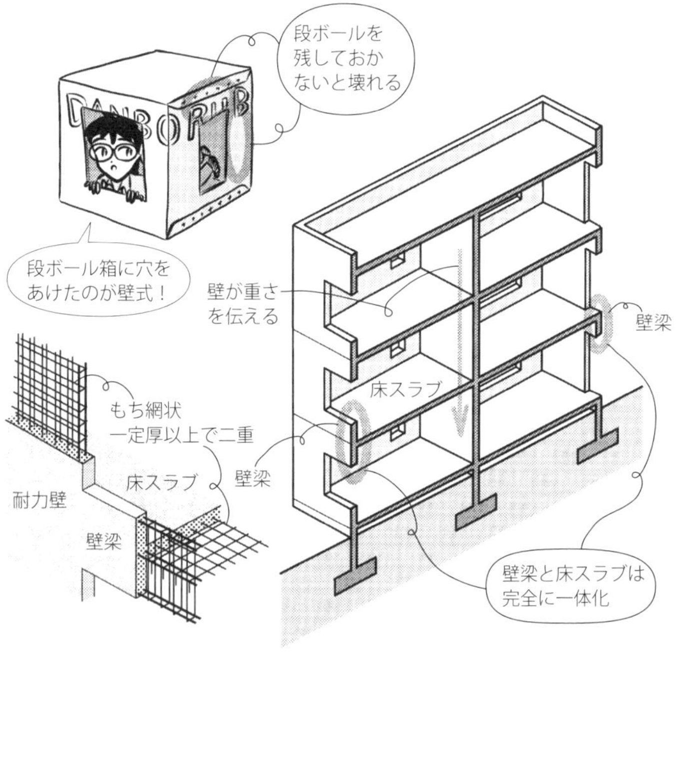

RC壁式構造

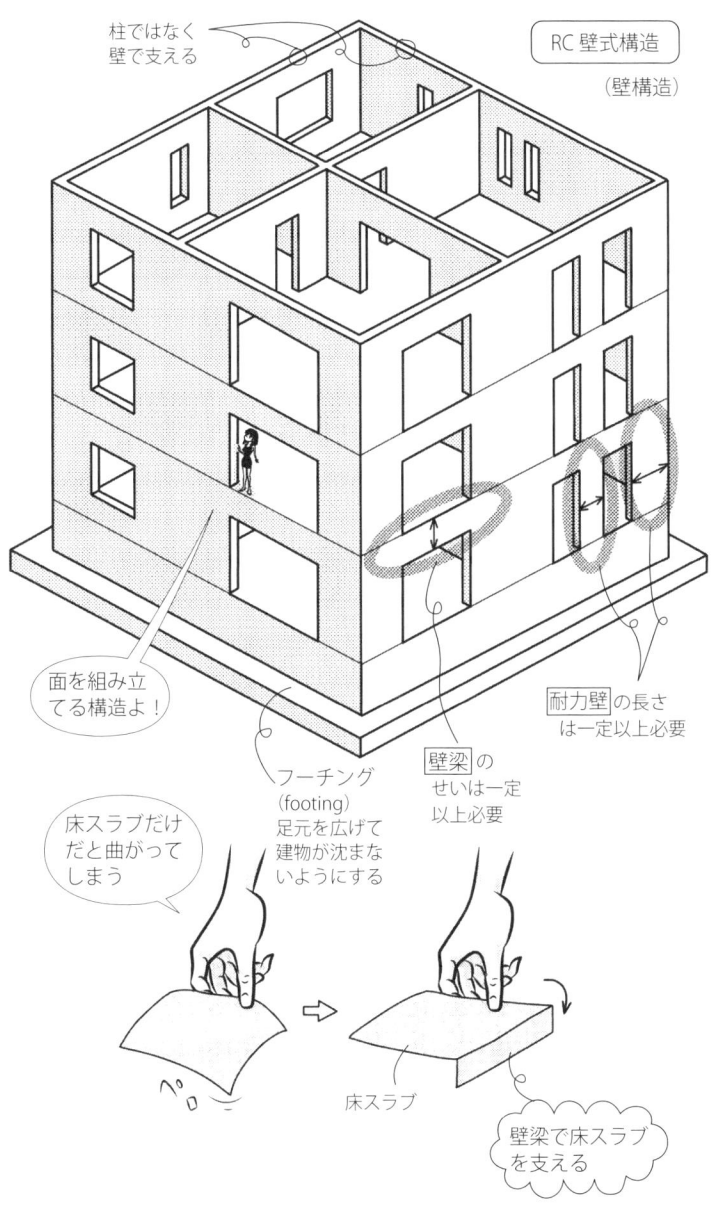

Q PCa壁式構造とは？

A プレキャストコンクリートの板を現場で組み立てる、壁で支える構造です。

プレキャスト（precast）とは、事前に（pre）、型に入れてつくる（cast）ことです。鉄を一旦溶かして鋳型（いがた）に入れてつくったのは鋳鉄（ちゅうてつ）で、キャストアイアン（cast iron）と呼ばれます。キャストとは型に入れてつくる、鋳造（ちゅうぞう）するという意味です。

現場で型枠をつくって中に鉄筋を組んでから生コンを流して固めるのが、普通の鉄筋コンクリートのやり方です。一方プレキャストコンクリートは工場の床に置いた型の中に鉄筋を組んで、生コンを流し込みます。下から振動を加えながら金属製の型に水平に流し込むので、水が少ない生コンでもすみずみにまで充てんされ、密実なコンクリートをつくることができます。構造体の壁板、床板ばかりでなく、外装材としての壁板（カーテンウォール、帳壁：ちょうへき）もよく製造されています。

プレキャストコンクリートはPre Castを略してPCaとも呼ばれます。PCと言うこともありますが、PCはプレストレストコンクリートの略号でも使われるので、混同を避けるため、PCaが使われるようになりました。

型に入れてつくる　事前に、型に入れてつくる　プレキャストコンクリート

PCa壁式構造とは、工場でつくったPCaの壁板、床板を現場にトラックで持ち込んで組み立てる壁式構造です。接合部がはずれないように、鉄筋どうしをジョイントの金物や溶接などでつなぎます。鉄筋どうしをつなぐ溶接は朝顔の断面形をしているのでフレア溶接と呼ばれますが、溶接作業はアーク放電の熱を使うアーク溶接で行うのが一般的です。

PCa壁式構造

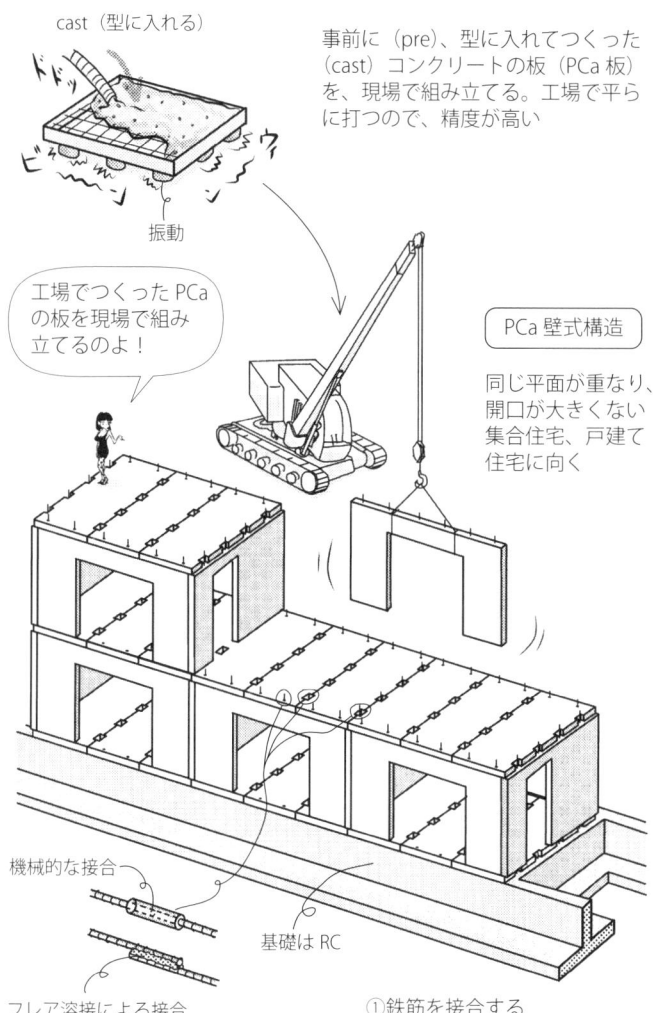

cast（型に入れる）

振動

事前に（pre）、型に入れてつくった（cast）コンクリートの板（PCa板）を、現場で組み立てる。工場で平らに打つので、精度が高い

工場でつくったPCaの板を現場で組み立てるのよ！

PCa壁式構造

同じ平面が重なり、開口が大きくない集合住宅、戸建て住宅に向く

機械的な接合

基礎はRC

フレア溶接による接合
flare：朝顔形（フレアスカートは朝顔形に広がるスカート）

鉄筋　　朝顔形（flare）の溶接
　　　　曲線状に広がる形

①鉄筋を接合する
②グラウト（充てん材、無収縮モルタルなど）を詰める
③外装の継ぎ目には、水が入らないようにシールする

★ R005

Q プレストレスト（PC）構造とは？

▼

A 梁や床スラブなどに、実際の荷重がかかる前に、事前に高張力鋼でできたケーブルで張力をかけることです。

事前に（Pre）、緊張させられた（stressed）部材を使うコンクリート（Concrete）の構造なので、PC構造（PRC構造）といいます。事前にコンクリートを固めて現場に持ち込むプレキャストコンクリートも、PCと略されることがありますが、プレストレストコンクリートと混同してしまうので、PCaの略語が使われるようになりました。

梁を引っ張っておくと梁断面に圧縮応力度が働き、コンクリートが苦手な引張りを避けることができます。また引っ張るケーブルを中央で下がる曲線状にしておくと、上へ押し上げる力を生むこともできます。

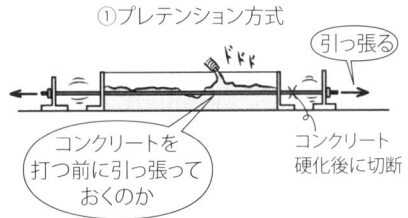

- RC造の架構の一部にプレストレストコンクリート架構を併用することができます。

プレストレスト構造

①現場でシースを梁に通す。

ポストテンション方式

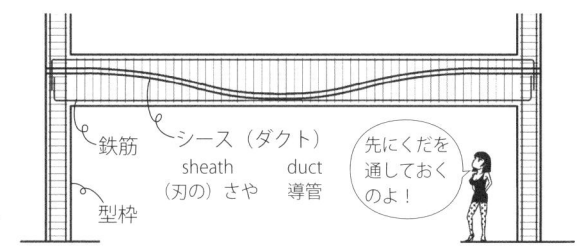

②コンクリートを打った後に、PC鋼より線をシース内に挿入して引っ張る。
　　　　　　　　　　　　　　post　　　　　　　　　　　　　　　　　　　tension

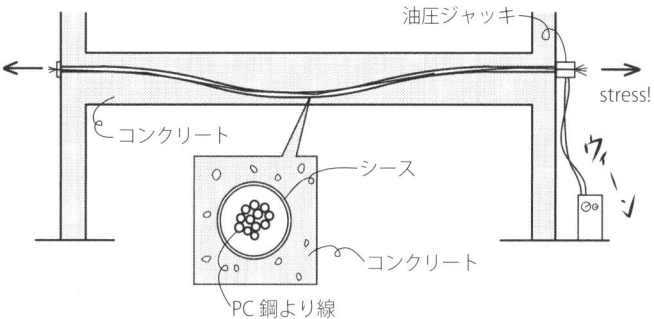

③シース内をグラウトで充てんして固める。

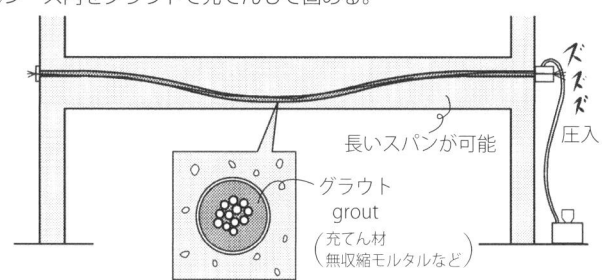

PC構造に使う引張り材はPC鋼材といい、PC鋼材にはPC鋼線、それをよって太いケーブルとしたPC鋼より線、1本の太い棒のPC鋼棒などがあります。シース（さや）にグラウト（充てん材）を入れて固定するのがボンド工法、入れずに固定しないのがアンボンド工法です。

Point

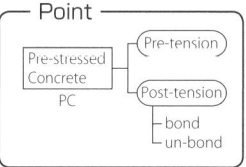

R006

Q Sラーメン構造とは？

A 鉄骨の柱と梁を剛に接合して組み立てる構造です。

SとはSteel（鋼）の略で、鉄骨のことです。流通するほとんどの鉄（iron）は炭素を一定量含んだ鋼です。Sラーメン構造は、鉄でできたテーブルにたとえられます。足（柱）と板の下の横棒（梁）は、直角を常に維持します。柱は中身が空洞の角形鋼管、梁はH形鋼を使うのが一般的です。柱と梁の接合は、工場でブラケットなどの仕口を溶接でつくっておき、現場で柱に梁を高力ボルトで接合します。溶接はなるべく工場で下向きで行い、信頼性を高めます。

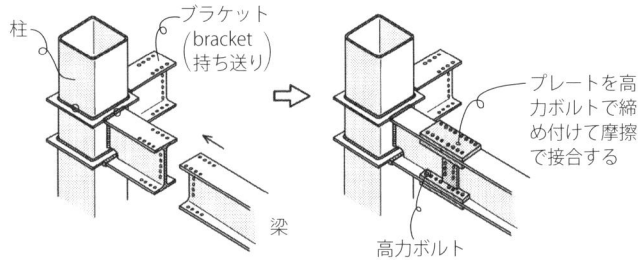

床スラブはデッキプレートを梁に架け、その上に鉄筋を敷いてコンクリートを打つ方法が一般的です。

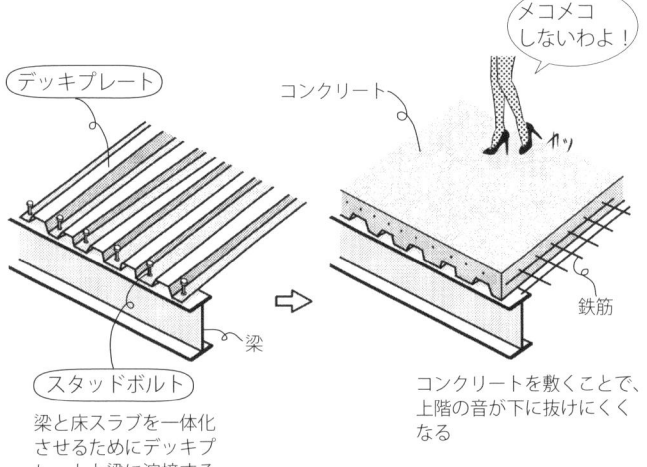

Sラーメン構造

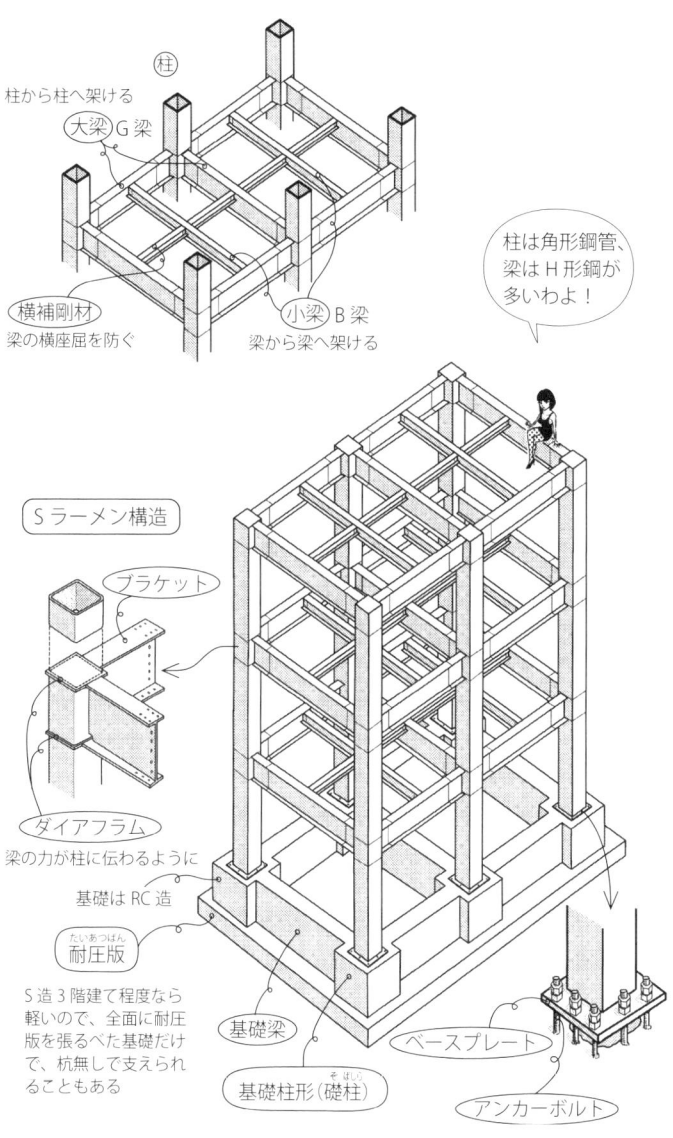

R007

Q Sブレース付きラーメン構造とは？

▼

A 鉄骨の柱梁を剛に接合し、地震の水平力に抵抗するブレースを所々に入れる構造です。

ブレース（brace）とは斜め材（筋かい）のことで、柱が傾き柱梁が平行四辺形になるのを防ぎます。ラーメンは柱梁が剛に接合されているので、それだけで直角を維持できますが、ブレースを入れることで水平力への抵抗を補助します。そのため純構造ラーメンよりも、柱梁を細くすることができます。RC耐震壁付きラーメンに、考え方が似ています。

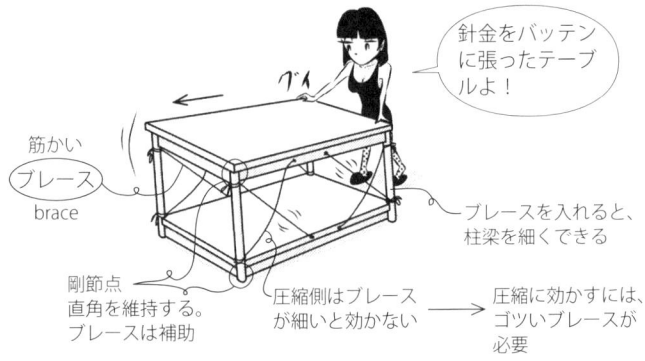

細いブレースは、圧縮されるとたわんだり折れ曲がったりするので、引張りにしか効きません。床にALC（発泡軽量コンクリート）版を張るなどの場合、床面を剛にするためにブレースを入れることがあります。

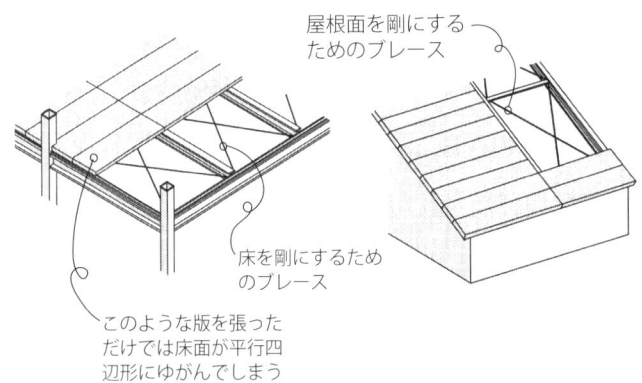

Sブレース付きラーメン構造

丸鋼ブレース　　平鋼ブレース　　山形鋼ブレース　　溝形鋼ブレース
　　　　　　　（フラットバー）　（アングル）　　　（チャンネル）

ターンバックル
turn buckle
回転金具
逆ネジ
ボルト

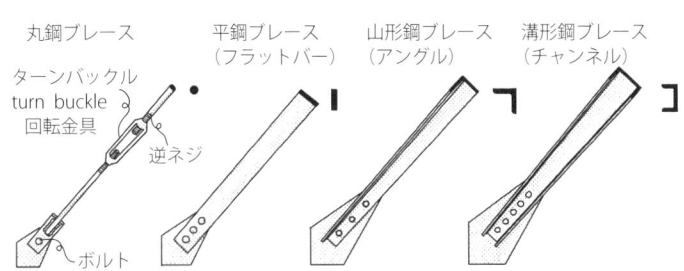

その他円形鋼管、角形鋼管、H形鋼
などによるゴツいブレースもある

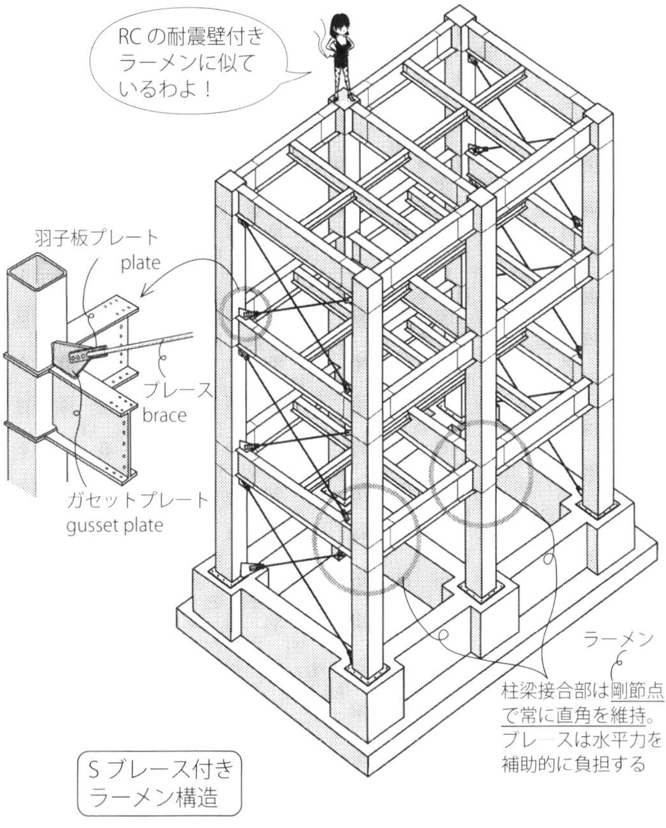

RCの耐震壁付き
ラーメンに似て
いるわよ！

羽子板プレート
plate

ブレース
brace

ガセットプレート
gusset plate

ラーメン
柱梁接合部は剛節点
で常に直角を維持。
ブレースは水平力を
補助的に負担する

Sブレース付き
ラーメン構造

R008

Q S １方向ラーメン構造とは？

A 鉄骨の柱梁を一方向に剛に接合し、他の方向はブレースで直角を維持する構造です。

....

門形にラーメンを組み、それをトンネル状に並べる構造です。梁を架ける方向をラーメンにし、奥行き方向にはブレースを入れて門形が倒れないようにします。奥行き方向の壁はブレースだらけになるので、工場、倉庫、体育館などに向く構造方式です。

門形ラーメンを屋根の形にしたのが山形ラーメンです。小型の工場によく使われる構造です。支点と梁中央部をヒンジ（ピン：滑節点（かっせつてん））にしたのは3（スリー）ヒンジラーメンです。つり合いの式だけで反力、応力が出せる静定構造で、地面や部材の動きにも追従できます。エッフェル塔と同時期につくられた機械館（1889年、F.デュテール、V.コンタマン設計）では、3ヒンジラーメンで巨大な空間を覆うことに成功しました。

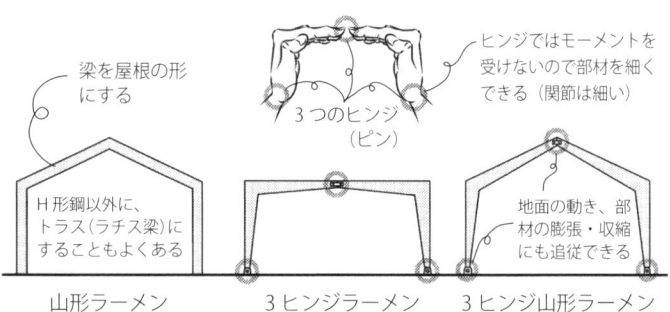

S 1方向ラーメン構造

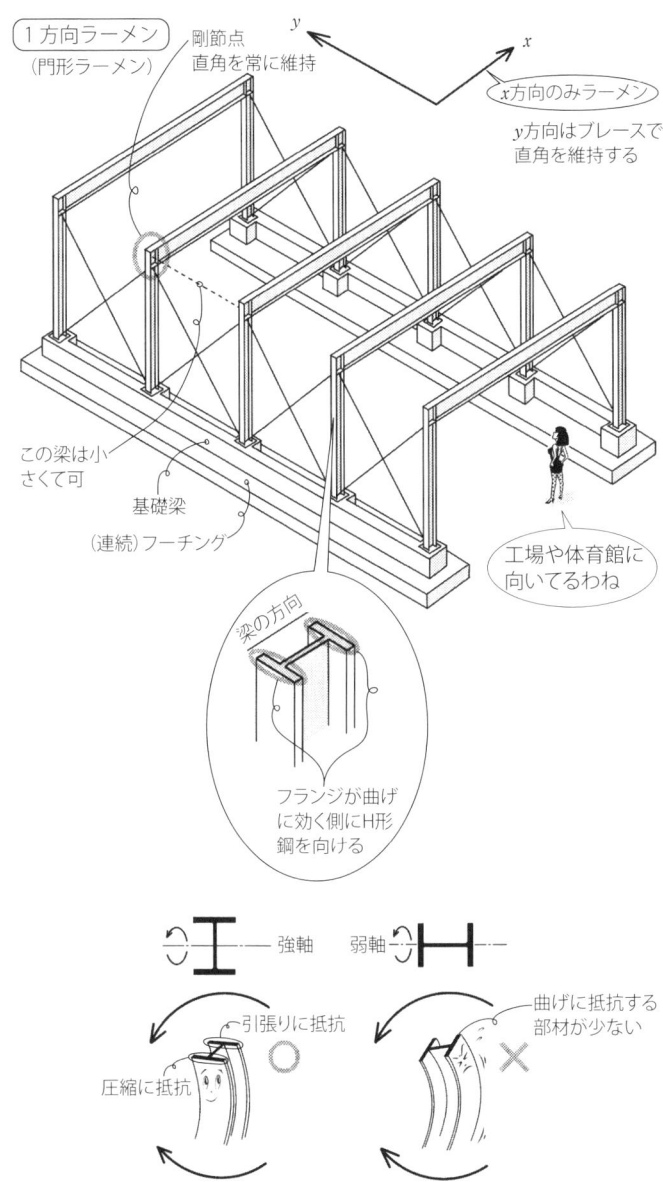

R009

Q SRCラーメン構造とは？

A 鉄骨鉄筋コンクリートの柱梁を、剛に接合して組み立てる構造です。

■ S（Steel）の骨組のまわりをRC（Reinforced Concrete）で固めた骨組です。RC耐震壁付きラーメン構造同様に、要所にRCの耐震壁を入れることもあります。

①鉄骨を組み立てる（S）　　　②鉄筋を組み立てる（R）

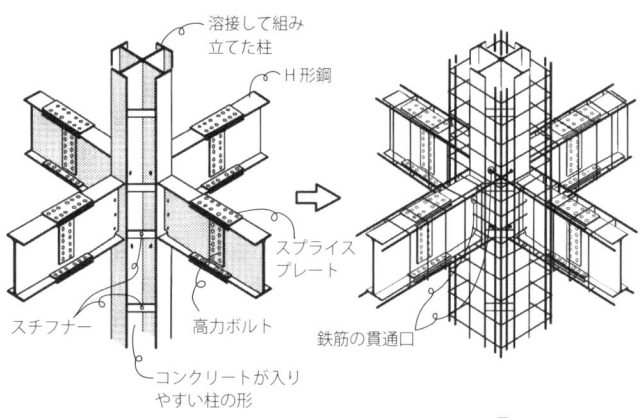

柱は鋼板を溶接で組み立てた十字形、L字形、T字形のほかに、角形鋼管、円形鋼管も使います。コンクリートが鋼管内に入りにくい場合は、下から圧入して頂部まで充てんします。

③コンクリートを打つ（C）

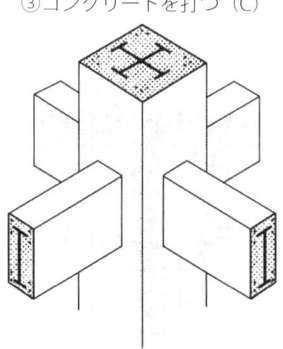

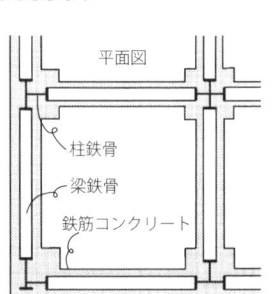

SRCラーメン構造

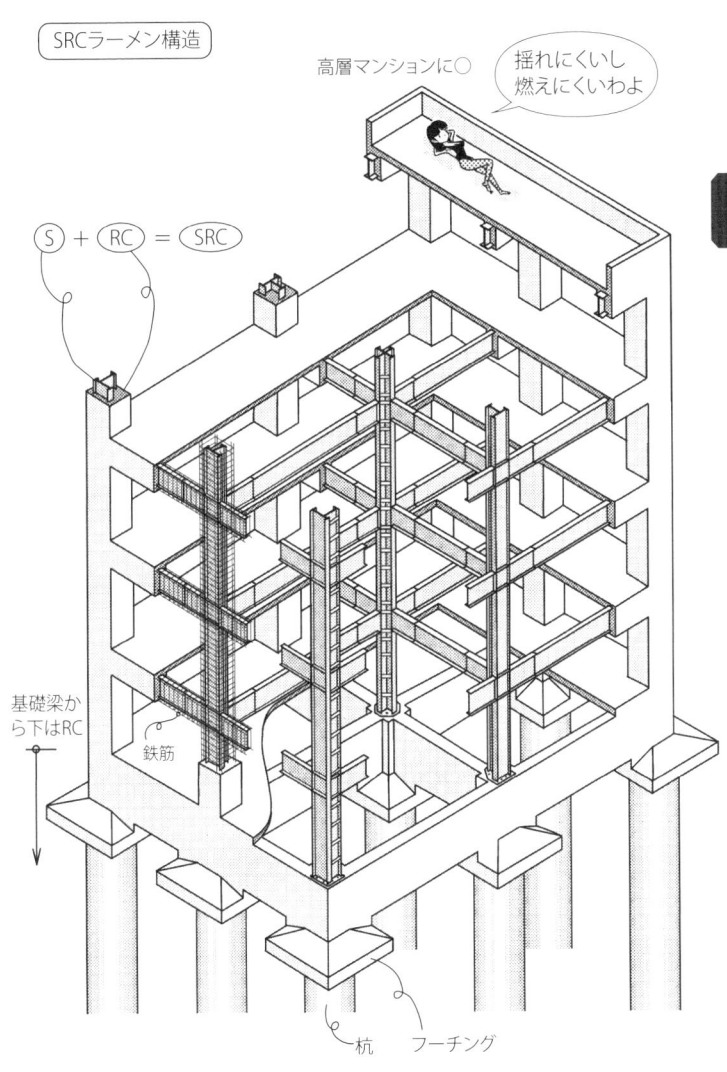

R010

Q LGS造（軽量鉄骨造）とは？

A 板厚が6mm未満の柱梁を組み立て、壁と床にブレースを入れた構造です。

木造軸組を鉄で置き換えたような構造で、細くて、軽い柱を多数立てます。柱梁の接合は剛にできずにピンとして扱い、平行四辺形にゆがまないように、ブレースを壁と床に入れます。ブレース構造ともいいます。

主に2.3〜4.5mm厚の部材を使い、その多くが板を曲げてつくられたC形鋼（Cチャンネル、Cチャン）です。圧延してつくられた小型のH形鋼、L形鋼（山形鋼、アングル）、角形鋼管なども使われます。

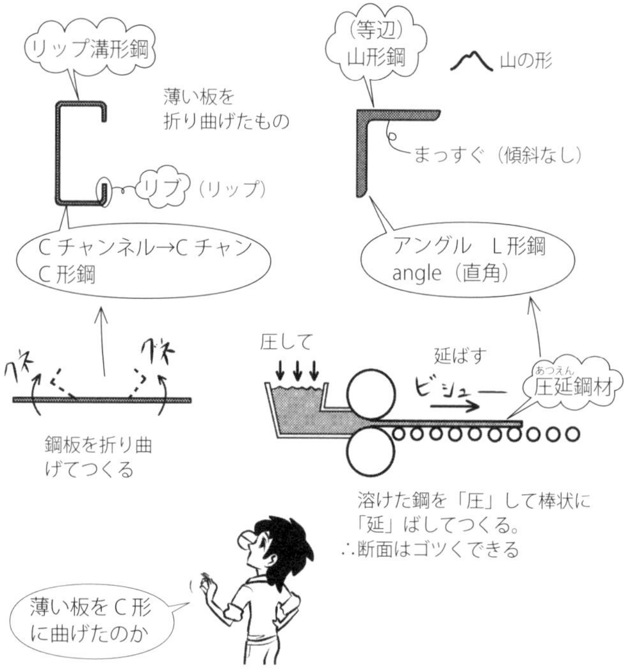

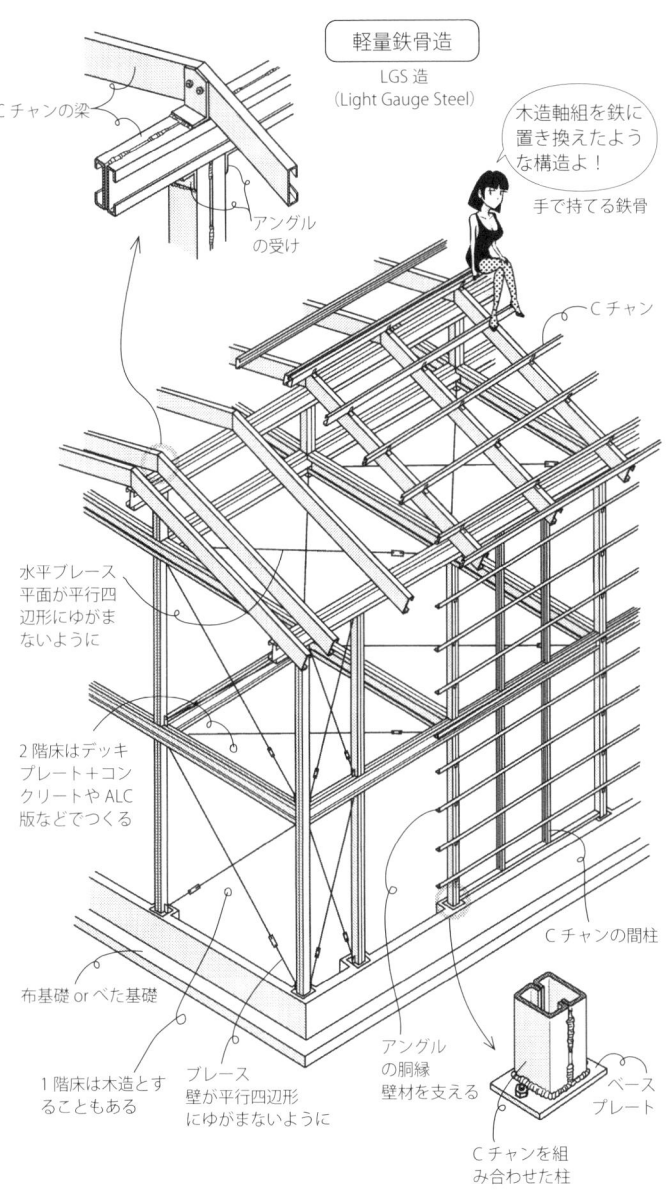

★ R011

Q 補強コンクリートブロック造とは？

A コンクリートブロックを鉄筋で補強して積み上げて壁をつくり、その上に鉄筋コンクリート造の梁と床スラブを架ける構造です。

レンガや石などを積んでつくる組積（そせき）造では、地震の多い日本では崩れてしまいます。そこで空洞のあるコンクリートブロックを積むだけでなく、鉄筋とモルタルで水平力がかかっても壊れないようにします。床スラブはRC造としますが、スラブは梁がないともたないので、壁上部にRCの梁を付けます。補強コンクリートブロック造の梁は、がりょう（臥梁）と呼ばれます。似た構造に、型枠状コンクリートブロックを使う型枠コンクリートブロック造があります。

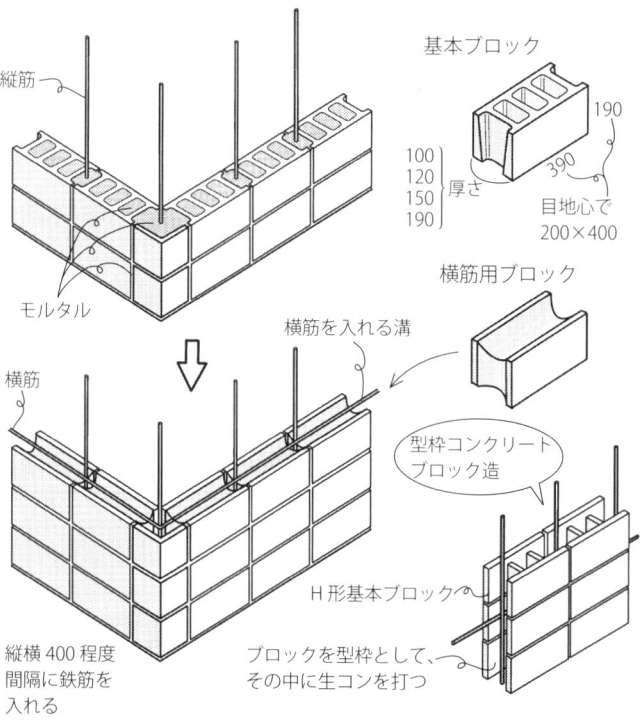

補強コンクリートブロック造

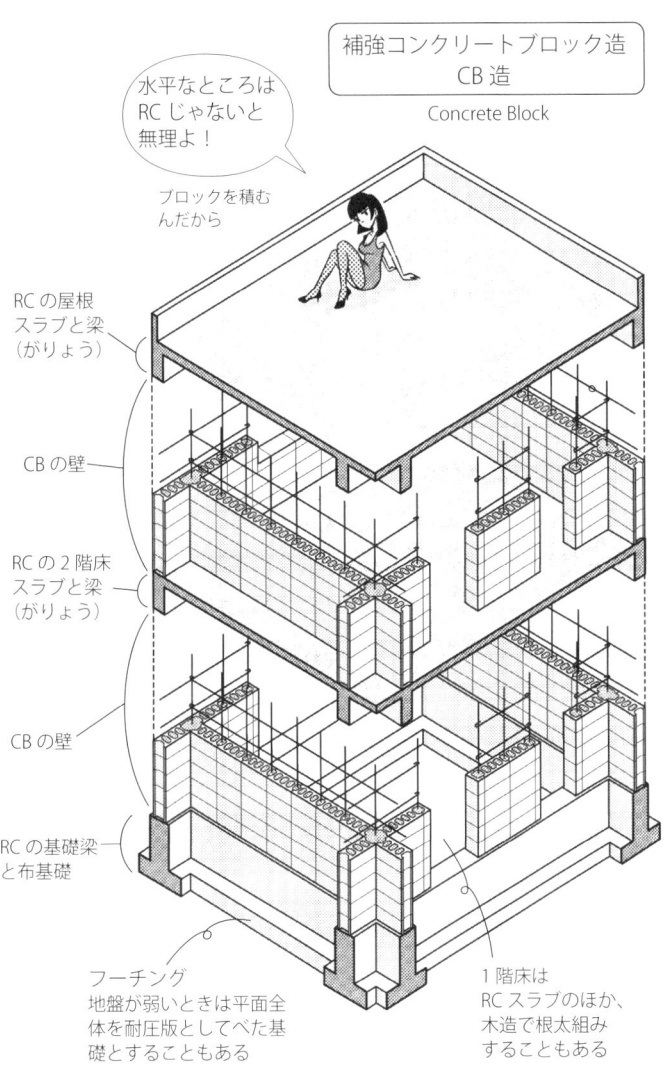

★ R012 まとめ

構造骨組のつくり方をまとめておきます。RC造、S造、SRC造、CB造による構造の全体像を、ここで頭に入れておきましょう。

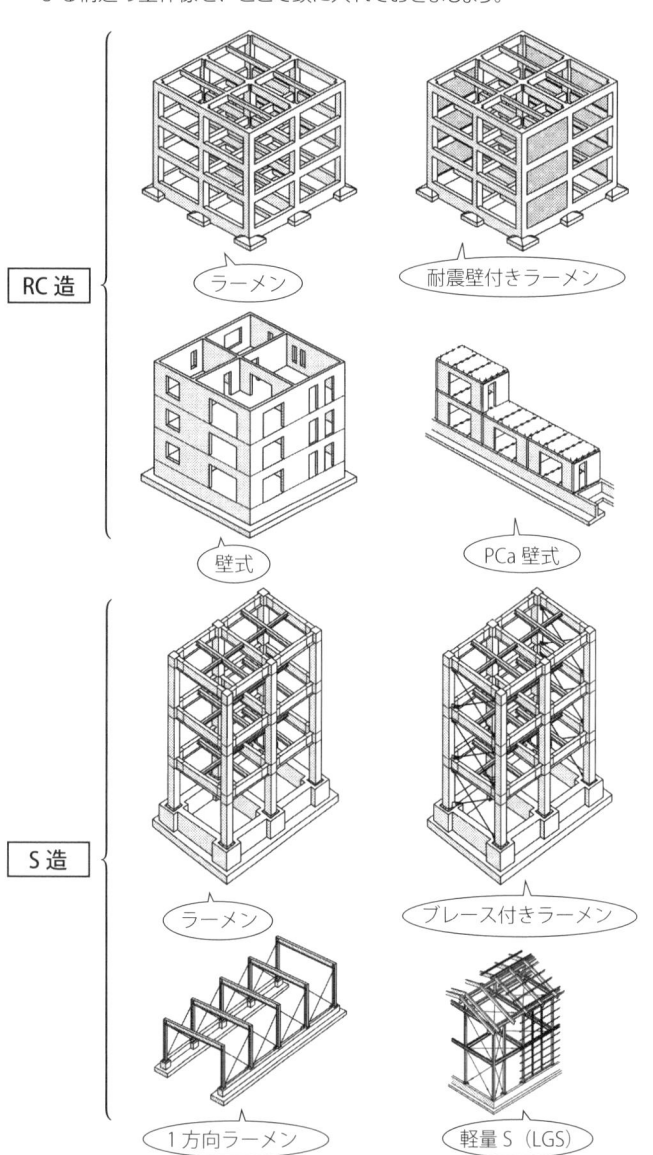

RC造
- ラーメン
- 耐震壁付きラーメン
- 壁式
- PCa壁式

S造
- ラーメン
- ブレース付きラーメン
- 1方向ラーメン
- 軽量S（LGS）

各種の構造

SRC造

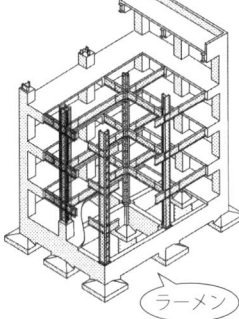

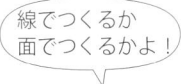 線でつくるか面でつくるかよ！

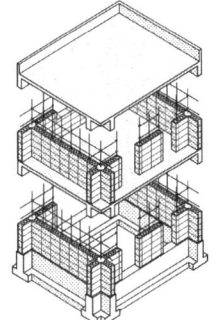 補強コンクリートブロック造（CB造）

 Reinforced Concrete (RC)

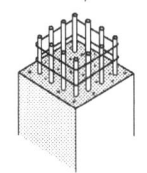

 Steel (S)

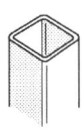

 S+RC (SRC)

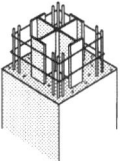

 Light Gauge Steel (LGS)

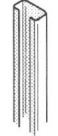

柱の形

R013 ○×問題　セメント　その1

Q 1. コンクリートの硬化初期の期間中に水分が不足すると、セメントの水和反応に必要な水分が不足し、コンクリートの強度発現に支障をきたす。
2. コンクリートは、気中養生したものより水中養生したものの方が、強度の増進が期待できる。
3. セメントは、水和後、時間が経過して乾燥するに従って強度が増大する気硬性材料である。

A 水和反応とは、セメントが水と和して固まる反応のことで、その性質をセメントの水硬性といいます。3の気硬性は誤りで、正しくは水硬性です。セメントは乾燥するから固まるのではなく、水和反応で固まるのです。水和反応に必要な水が不足すると、固まらなくなります（1は○）。型枠が水分を吸わないようにコンクリートを打つ前に水湿しをする、コンクリート打設後に散水する、シートやむしろをかけるなど、水分が不足して硬化不良を起こさないようにします。現場では湿潤養生が基本です。

バケツやドラム缶などに入れる水中養生の方が水分が補給されるので、表面の水分が気化して失われる気中養生よりも、強度は増進されます（2は○）。

スーパー記憶術

セメントは<u>水</u>と<u>和</u>して固まる
　　　　　水和反応

答え ▶ 1. ○　2. ○　3. ×

R014 ○×問題　セメント その2

Q 1. ポルトランドセメントには、凝結時間を調整するために石こうが混合されている。
2. セメントの粒子が大きいものほど、コンクリートの初期強度の発現が早くなる。
3. 長期貯蔵したセメントを用いたコンクリートの圧縮強度は、低下する。

A ポルトランドセメントは一般的に使われているセメントで、イギリスのポートランド島の石灰石に似ているのでその名がつけられました。

石灰石に粘土を加えて焼き、最後に石こうを加えた粉末状のものがセメントです。石こうを加えるのは、固まる時間を調整するためです（1は○）。セメント粒子が小さいほど周囲の水と水和反応しやすくなり、早く強度が出ます（2は×）。また古いセメントほど、強度は低下します（3は○）。

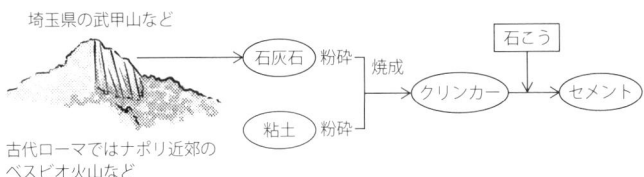

水を加えると固まるセメントは、ピラミッドにも用いられており、古代ローマでは大々的に使われていました。

答え ▶ 1. ○　2. ×　3. ○

 ○×問題　　　　　　　　　セメント　その3

Q 1. セメントは、水和によってCa(OH)₂が生成されるので、水和後のセメントはアルカリ性を示す。
2. フレッシュコンクリートの水素イオン濃度（pH）は12～13のアルカリ性を示すので、鉄筋をさびさせる可能性がある。

A 水素イオン（H⁺）の濃度を表すpH（ペーハー）=7は中性、pH＞7はアルカリ性（塩基性）、pH＜7は酸性です。pH＞7は水素イオンが少なく、水酸化物イオン（OH⁻）が多い状態です。<u>セメントはアルカリ性で、それを使ったモルタル（セメント+砂）、コンクリート（セメント+砂+砂利）もアルカリ性です。</u>

― スーパー記憶術 ―

根　気 よく 歩 く（南 大門まで）
コンクリート　アルカリ性　7より大

セメントに多く含まれるCaO（酸化カルシウム）は水和後にCa(OH)₂（水酸化カルシウム）となってOH⁻を放出し、アルカリ性となります（1は○）。

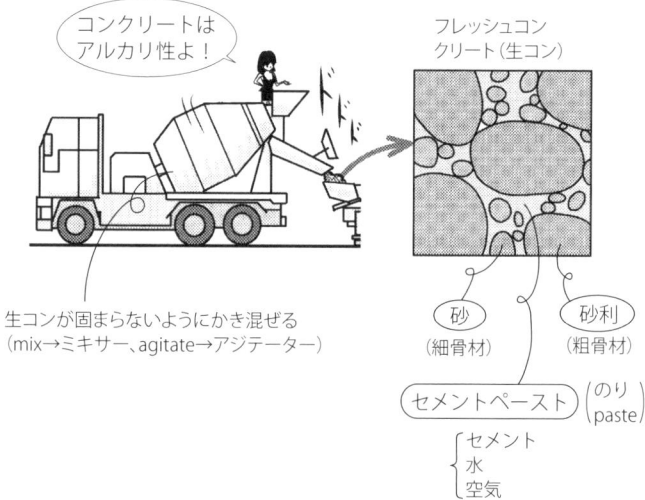

練り混ぜ後、まだ固まっていないコンクリートをフレッシュコンクリート（新鮮なコンクリート）と呼び、レディーミクストコンクリート（すでに混ぜられたコンクリート：現場練りに対するプラント製品を指す）や生コンとほぼ同義です。<u>コンクリートの強いアルカリ性は、鉄のさび（酸化）を防ぐ働きがあります</u>（2は×）。

答え ▶ 1.○　2.×

★ R016 ○×問題　　セメント　その4

Q 1. コンクリートの中性化は、コンクリート中の水和生成物が空気中の二酸化炭素と徐々に反応することにより生じる。
2. コンクリートの中性化は、水セメント比が大きいものほど進行が遅くなる。
3. 中性化速度は、コンクリートの圧縮強度が高いものほど小さくなる。

A コンクリート（セメント）の中性化は、水和反応によって生成した水酸化カルシウム $Ca(OH)_2$ が空気中の二酸化炭素 CO_2 と反応して炭酸カルシウム $CaCO_3$ となって、アルカリ性が中和されて中性となることです（1は○）。

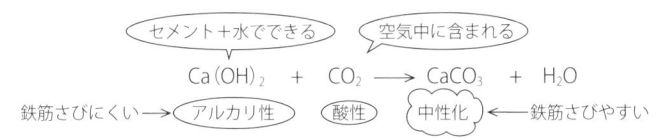

セメント＋水でできる　　空気中に含まれる
$$Ca(OH)_2 + CO_2 \longrightarrow CaCO_3 + H_2O$$
鉄筋さびにくい→ アルカリ性　　酸性　　中性化 ←鉄筋さびやすい

水セメント比とは、水の質量／セメントの質量という比です。セメントに対して水が多くなると、強度は低くなります。

── スーパー記憶術 ──

水セメントの順に水÷セメント

$$水セメント比(W/C) = \frac{水(kg)}{セメント(kg)}$$

水ぶくれは弱い→W/Cが大きいとコンクリート強度が低い

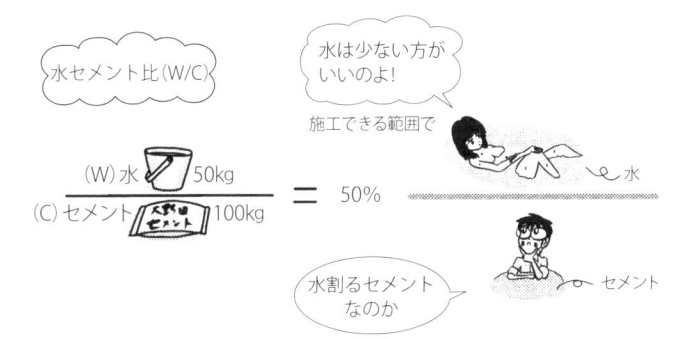

水セメント比(W/C)

水は少ない方がいいのよ！
施工できる範囲で

(W)水　50kg
────────────── ＝ 50%
(C)セメント　100kg

水割るセメントなのか

水セメント比が大きいと、密実なコンクリートではなくなり、強度が小さくなります。また密実ではないので CO_2 が入りやすく、中性化の進行も早くなります（2は×）。強度が大きいとは水セメント比が小さいことであり、中性化も遅くなります（3は○）。

答え ▶ 1.○　2.×　3.○

★ R017 ○×問題　　セメント　その5

Q
1. コンクリートの圧縮強度は、水セメント比が大きいものほど小さい。
2. コンクリートの圧縮強度は、セメント水比が1.5の場合より2.0の場合の方が小さい。
3. 普通ポルトランドセメントを用いた普通コンクリートの調合設計で、水セメント比を60%とする。

A 水セメント比W/Cが大きいほど水の分量が多くなり、すかすかのコンクリートになって強度が小さくなります【水ぶくれは弱い】（1は○）。また水セメント比の逆数、セメント水比C/Wと強度の関係は、右肩上がりのきれいな直線となります。C/Wが1.5より2.0の方が、強度は大きくなります（2は×）。

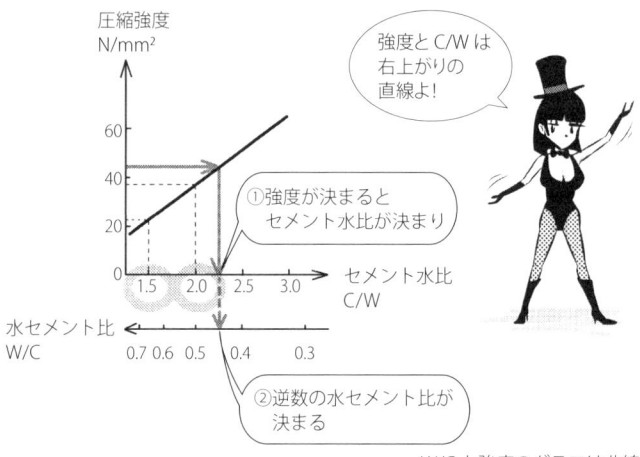

強度とC/Wは右上がりの直線よ!

①強度が決まるとセメント水比が決まり
②逆数の水セメント比が決まる

W/Cと強度のグラフは曲線

普通コンクリートとは、砂利（粗骨材）の種別（普通、軽量）による分類です。普通ポルトランドセメントを用いた普通コンクリートでは水セメント比は65%以下とされています（JASS 5　3は○）。

スーパー記憶術

水　攻　め　は　むごい
水セメント比　　65%以下

【　】内スーパー記憶術

答え ▶ 1.○　2.×　3.○

★ R018 ○×問題　　　セメント その6

Q 普通ポルトランドセメントを用いた普通コンクリートに関する調合設計において、
1. 単位水量を、200kg/m³とした。
2. 単位セメント量を、300kg/m³とした。

A 単位水量、単位セメント量の単位とは、生コン（フレッシュコンクリート）1m³という単位です。m³当たりの質量、kg数ということです。コンクリートの調合では、質量をはかりで量る方が、容積を容器で量るよりも正確な値となります。砂利や砂は、すきま（空げき）もあるので、バケツ何杯という容積で量ると、すきまごと量ることになります。

生コン工場（バッチャープラント）

水はセメントが固まる範囲で少ない方がよく、単位水量は185kg/m³以下（1は×）。一方セメントは多い方が、コンクリートは密実で強くなり、単位セメント量は270kg/m³以上　とされています（2は○）。

― スーパー記憶術 ―

いやこれはまいった水攻めだ
　185kg/m³以下

セメントを担う
　　　　　270kg/m³以上

答え ▶ 1.×　2.○

★ R019 ○×問題　コンクリートの乾燥収縮

Q 1. コンクリートの乾燥収縮に伴い発生するひび割れは、単位水量が多いほど発生しやすい。
2. コンクリートの乾燥収縮は、単位骨材量が多いものほど小さい。
3. コンクリートの水和発熱に伴い発生するひび割れは、単位セメント量が少ないものほど発生しやすい。

A コンクリートは骨材（砂+砂利）とセメントペースト（セメント+水）から成ります。骨となる粒を、セメントペーストというのり（paste）でくっつけたものです。そのセメントペースト中の水が、セメントと水和反応を起こす前に蒸発して乾燥すると、セメントペーストが収縮して、ひび割れを起こします。水が多いほど乾燥収縮は大きくなります（1は○）。
砂や砂利の粒は、ほとんど収縮しません。よって乾燥収縮は骨材量とは関係せず水とセメントの量に関係します（2は×）。

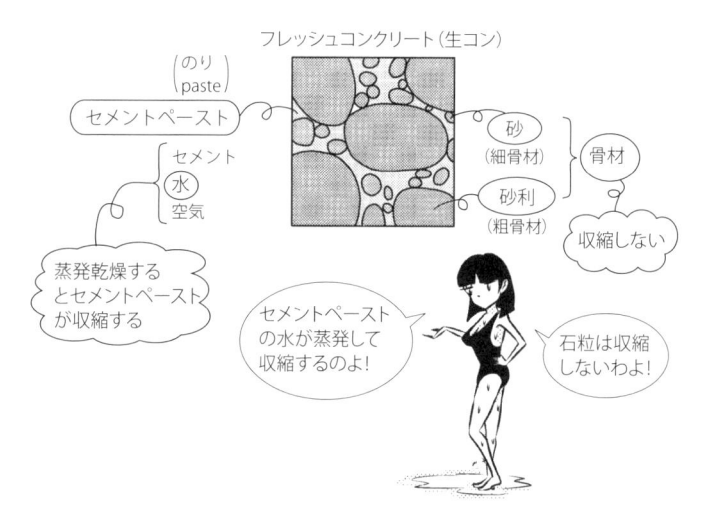

セメントは水と水和反応を起こして固まります。その水和反応の際に熱を出し、その熱によってコンクリートの膨張収縮が起こり、ひび割れが発生します。単位セメント量が多いほど、水和発熱によるひび割れが発生しやすくなります（3は×）。

- Point ─────────────
水多い → 蒸発多い → 乾燥収縮によるひび割れ
セメント多い → 水和発熱多い → 膨張と収縮によるひび割れ

答え ▶ 1.○　2.×　3.×

★ R020 ○×問題　　　スランプ　その1

Q 1. スランプとは、スランプコーンを静かに鉛直に引き上げた後のコンクリート頂部中央の下がった寸法をいう。
2. スランプとは、スランプコーンを静かに鉛直に引き上げた後の平板上からコンクリート中央部までの高さをいう。
3. コンクリートのスランプは、単位水量が多いものほど大きい。

A スランプは、生コンの山の下がり量で、山の高さではありません（1は○、2は×）。

① 詰める
30cm
スランプコーン
Slump cone（円錐形）

② 3層に分けて25回ずつ突く
突き棒で突く
上面ピッタリまで詰める

③ 持ち上げる
30cmから何cm下がったか
スランプ
水が多くてゆるいとスランプ大
パサパサだと小　　ベチョベチョだと大

水が多くてゆるい生コンだと、沈みは大きく、スランプ値は大きくなります（3は○）。スランプは施工性（施工容易性、ワーカビリティー）の指標で、大きいほど（ゆるくて水に近いほど）施工性は上がります。

答え ▶ 1. ○　2. ×　3. ○

★ R021 ○×問題　　スランプ その2

Q 1. コンクリートのスランプを大きくすることは、耐久性の低下につながる。
2. 普通コンクリートのスランプは、品質基準強度が33N/mm²未満の場合、21cm以下とする。

A 水が多くて流動性が高い、スランプの大きい生コンの方が、ワーカビリティー（施工性）が良くなります。しかし水を増やすと密実なコンクリートとならず、強度と耐久性が低下します（1は○）。また水が多くて柔らかいコンクリートだと、重い砂利だけ下に沈み、上は水だけになるブリーディング（bleed：にじみ出る）という現象も起きやすくなります。時間が経ってセメントと水の水和反応が進むと、セメントペーストの流動性が下がり、粘りが出て、砂利の分離が止まります。

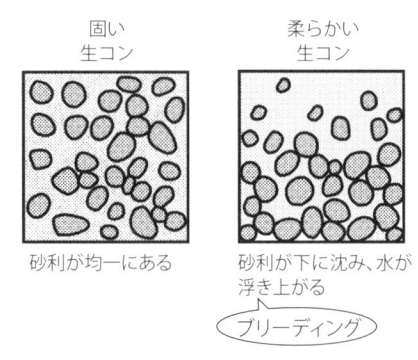

固い生コン	柔らかい生コン
砂利が均一にある	砂利が下に沈み、水が浮き上がる → ブリーディング

水が多くて柔らかいコンクリートの方が、凹凸が多い建築の型枠に流し込む工事、広い床スラブに水平に流す工事が楽になります。水を型枠に入れたり、水を水平にするのは簡単なように、水に近い方が施工性は良くなるわけです。しかし強度や耐久性の低下、中性化の進行、ブリーディングなどがあるので、品質強度33N/mm²未満では18cm以下、33N/mm²以上では21cm以下とされています（JASS 5　2は×）。

スーパー記憶術

<u>普通</u>　　　<u>スランプは</u> <u>いや</u>
普通コンクリート　　　　　　　　18cm以下

Point

水多い　→　強度低下　×　　耐久性低下　×
（スランプ大　　　　中性化早い　×　　ブリーディング起こる　×
　水セメント比大）　ワーカビリティー良い　○

答え ▶ 1.○　2.×

★ R022 ○×問題　　　　　　　　　　　　　　　　骨材　その1

Q 下のコンクリート調合表より、1、2の正誤を答えよ。

| 単位水量 | 絶対容積 (ℓ/m^3) ||| 質量 (kg/m^3) |||
(kg/m³)	セメント	細骨材	粗骨材	セメント	細骨材	粗骨材
160	92	265	438	291	684	1161

質量における細骨材、粗骨材は、表面乾燥飽水状態とする。

1. 水セメント比 (%) $= \dfrac{160}{291} \times 100 = 55$ (%)

2. 細骨材率 (%) $= \dfrac{265}{265+438} \times 100 = 37.7$ (%)

A 細骨材は砂、粗骨材は砂利のことで、コンクリートはセメントペーストで骨となる骨材を接着したものです。表面乾燥飽水（表乾）状態とは、骨材表面は乾燥、内部は水が飽和している状態です。骨材が水分を吸収してセメントペーストの水が足りなくなって硬化不良を起こさないように、骨材は表乾状態で使用し、表乾状態で量ります。

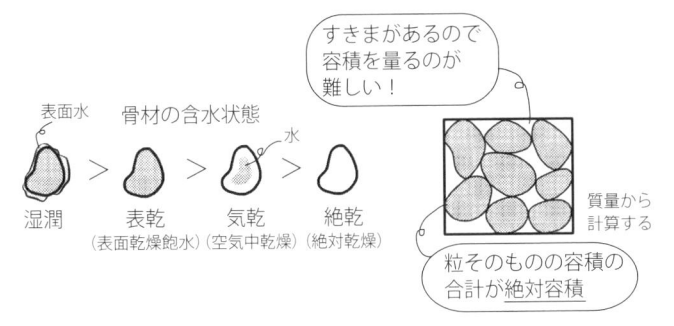

骨材の含水状態

表面水　　　　　　　　水

湿潤　＞　表乾　＞　気乾　＞　絶乾
　　　（表面乾燥飽水）（空気中乾燥）（絶対乾燥）

すきまがあるので容積を量るのが難しい！

質量から計算する

粒そのものの容積の合計が絶対容積

各材量の計量は質量で行います。骨材はすきま（空げき）があるので、容積（体積）は簡単に出れません。そこで質量を量ってから、密度（質量/容積）で換算して容積を出します。その場合の容積は、粒と粒のすきまを除いた、粒そのものの容積の合計で、絶対容積といいます。そこで砂と全骨材（砂+砂利）の割合=細骨材率は、絶対容積で計算します。

Point

水セメント比→質量比　細骨材率→容積比　【骨 の 容器】
　　　　　　　　　　　　　　　　　　　　骨材　容積

【　】内スーパー記憶術

答え ▶ 1.○　2.○

★ R023 ○×問題　　　骨材　その2

Q 1. コンクリートに用いる細骨材、粗骨材の粒径は、いずれもできるだけ均一なものが望ましい。
2. 骨材の粒径は、均一であるよりも、小さな粒径から大きな粒径までが混ざり合っている方が望ましい。
3. 骨材中の泥分は、コンクリートの乾燥収縮を大きくする。
4. 砕石骨材の粒形は、実積率で判定される。

A 細骨材（砂）と粗骨材（砂利）は、粒径（りゅうけい）が5mmを境としています。より正確には、5mmのふるい（網目）を質量で85%以上通るのが細骨材、85%以上とどまるのが粗骨材です。

【 古い　ゴミ　の　箱 】
　ふるい　5mm　　　85%

（5mmで分けるのか）

（5mmのふるい）

（85%以上通る）　→　細骨材（砂）（さいこつざい）

（85%以上残る）　→　粗骨材（砂利）（そこつざい）

大小さまざまな粒があると、大きな粒の間に小さな粒が入り、空気のすきま（空げき）が少なくなります。粒の大きさが均一だと、すきまなく混じるのが難しくなります。実積率＝（物の実際の容積）/（すきまも入れた容積）ですが、いろいろな粒径が混ざるほど実積率は大きくなります（1は×、2は○）。

泥は水と反応せず、石のように硬くもないので、硬化不良の原因となります。また泥が含む水が乾燥すると収縮して、ひび割れの原因となります（3は○）。砕石（さいせき）とは大きな石を砕いて小さくしたもので、とがっています。粒の直径ではなく形を見る粒形判定では、容器にどれだけ詰まるかの実積率を使います（JIS A 5005　4は○）。

【　】内スーパー記憶術

答え ▶ 1.×　2.○　3.○　4.○

★ R024 ○×問題　　　　　　　　　　　　　　　　AE剤　その1

Q コンクリートにAE剤を使用したときの効果は、
1. ブリーディングが増大する。
2. ワーカビリティーが良好になる。
3. 凍結融解作用に対する抵抗性が大きくなる。
4. 空気量が増大する。
5. 単位水量を低減することができる。

A AE剤のAEはAir Entrainingの略で、空気に乗せて運ぶ（Entrain）が原義です。セメント粒子のまわりに小さな気泡をいっぱい付けて、そのボールベアリング効果によって生コンを流れやすくします。ほかにマイナスイオンを付けてその反発によって流れやすくする減水剤、気泡とマイナスイオンの両者を付けるAE減水剤などがあります。

生コンは流れやすくなるので、ワーカビリティー（work施工＋ability能力）は良くなります（2は○）。小さな気泡を入れるので、生コン中の空気量は増えます（4は○）。その空気量が多くなりすぎると、空気自体は硬くないので、強度は低下します。

水を多くする（水セメント比を大きくする）と、生コンは柔らかくなり（スランプが大きくなり）、流れやすくなります。しかし水を多くすることは、強度、耐久性を低下させることに直結します。そこでAE剤を使って流れを良くして水を減らす工夫をします（5は○）。水が減ると骨材が沈んで水が上にしみ出すブリーディングも防ぐことができます（1は×）。

生コン内や硬化したコンクリート内に小さな気泡があると、熱が伝わりにくくなり、内部にある水分の凍結を防ぐことができます。また凍結した際に水が膨張します（水の容積が9%増える）が、気泡は膨張圧をやわらげ、ひび割れを防ぐ効果もあります（3は○）。

答え ▶ 1.×　2.○　3.○　4.○　5.○

★ R025 ○×問題　　AE剤 その2

Q 1. AE剤を用い、コンクリートの空気量を4.5%とした。
2. AE剤等によりコンクリートの空気量が6%以上になると、コンクリートの圧縮強度の低下をもたらすようになる。
3. 以下のコンクリート調合表より、
   コンクリートの空気量 = $\{1000 - (160 + 92 + 265 + 438)\} \times \dfrac{100}{1000}$
   　　　　　　　　　　 = 4.5（%）

単位水量	絶対容積（ℓ/m^3）			質量（kg/m^3）		
(kg/m^3)	セメント	細骨材	粗骨材	セメント	細骨材	粗骨材
160	92	265	438	291	684	1161

質量における細骨材、粗骨材は、表面乾燥飽水状態とする。

A 部材断面の大きな土木の構造物と違って、建築は凹凸が多くて部材断面が小さく、型枠に生コンをくまなく流し込むのは大変です。コンクリート打設前の配筋検査で型枠を上からのぞくと、鉄筋やCD管（電気配線用のオレンジ色のチューブ）が複雑にからまり、生コンがすみずみにまで行き渡るか心配になります。水を多くすると強度、耐久性の低下に直結するので、AE剤を入れて、生コンがサラサラ流れるようにします。

AE剤を入れすぎると空気量が多くなって、強度に影響します。<u>AE剤 AE減水剤使用時の空気量は、4%以上5%以下</u>とされています（JASS 5　1、2は○）。

--- スーパー記憶術 ---
ヨーコは空気デブ
　4〜5%　　空気量

水ぶくれも空気ぶくれもダメか

| セメント | 水 | 細骨材（砂） | 粗骨材（砂利） |

空気

セメント、水、砂、砂利の質量と密度から各容積を出し、全体の容積から引いて空気の容積を出します。問題では各容積が与えられていますが、<u>$1m^3 = 1000\ell$、水$1kg$は1ℓ</u>に注意してください。

$1m^3$の容積 = $100cm \times 100cm \times 100cm = 1,000,000cm^3 = 1000\ell$
$1m^3$中の空気の容積 = $1000 - (160 + 92 + 265 + 438) = 45\ell$
100ℓ中の空気の容積 = $45 \times \dfrac{100}{1000} = 4.5\ell$
100ℓ中に4.5ℓだから、容積比は4.5%

$1000cm^3 = 1\ell (1000cc)$
水$1kg$は1ℓ
水$160kg$は160ℓ

答え ▶ 1. ○　2. ○　3. ○

★ R026 ○×問題　　　　　　　　　　　　　　　　　　　アルカリ量

Q 1. JISではコンクリートの耐久性確保のため、セメント中のアルカリ量の上限値を定めている。
2. アルカリ骨材反応の抑制対策のひとつとして、高炉セメントB種を用いる。

A セメントはアルカリ性なので、それを使ったコンクリートもOH^-をもつアルカリ性になります【根気よく歩く】（R015参照）。このコンクリート中のアルカリ分が骨材（砂、砂利）中のシリカ（二酸化ケイ素SiO_2による物質）と反応してケイ酸ソーダ（Na_2SiO_3）を生成し、それが吸水膨張してコンクリートを破壊するのがアルカリ骨材反応です。

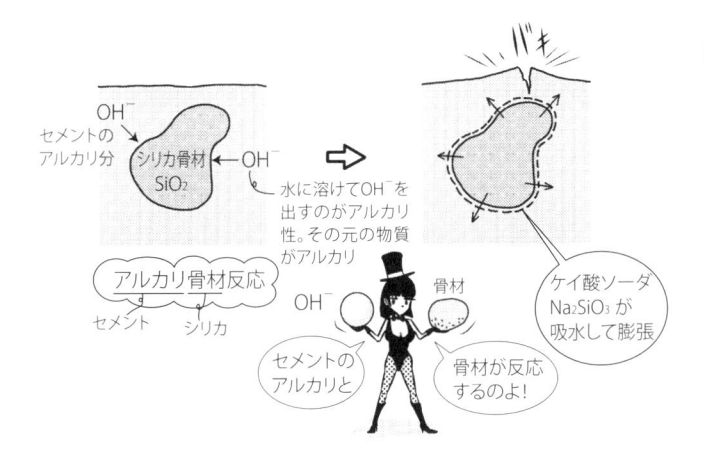

アルカリ骨材反応は、セメント中のアルカリ分＋骨材中のシリカで起こるので、どちらかを減らすのがその対策となります。$1m^3$のコンクリート中のアルカリ量は$3kg/m^3$以下とされています（1は○）。またセメントに溶鉱炉の鉄くずを混ぜた高炉セメントとすると、セメントを少なくでき、アルカリも減って、アルカリ骨材反応を抑えられます（2は○）。

スーパー記憶術

$\underset{3kg/m^3}{ミ\ キ}$ ちゃんと $\underset{アルカリ性}{歩\ く}$

【　】内スーパー記憶術

答え ▶ 1. ○　2. ○

★ R027 ○×問題　　　　　　　　　　　　　　　塩化物イオン量

Q 1. 海砂を用いたコンクリートは、コンクリートが中性化していない場合でも、一定量以上の塩分が存在すると鉄筋が腐食しやすくなる。
2. 塩化物量は、塩化物イオン量として $0.2\,\text{kg/m}^3$ とした。

A コンクリートはアルカリ性【根気よく歩く】なので、鉄をさびさせない効果があります。空気中の二酸化炭素 CO_2 がアルカリ性を中和してコンクリートを中性化すると、さびを止める効果がなくなります。中性化はコンクリート表面から内部へと進行します。

海砂を使ったり、海の近くに建物があって潮風を受けるなどすると、鉄はさびやすくなります。塩（塩化ナトリウム $NaCl$）の塩素イオン Cl^- が、酸化鉄の保護被膜を破壊して、鉄をさびさせる（腐食させる）ためです。コンクリート内部の鉄筋や屋根の鉄板、鉄骨階段などは、海の近くではさびに注意が必要です（1は○）。

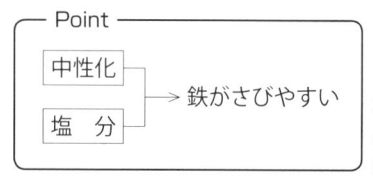

―― Point ――
```
中性化 ┐
      ├─→ 鉄がさびやすい
塩 分 ┘
```

コンクリート内部の鉄筋がさびると膨張して、ひび割れや爆裂の原因となります。

塩化物（塩化ナトリウム）イオン量は、$0.3\,\text{kg/m}^3$ 以下とされています（JASS 5　2は○）。

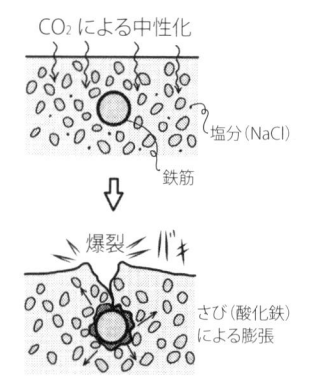

中性化と塩がさびのもとよ！

CO_2 による中性化

塩分（NaCl）
鉄筋

爆裂 バキ

さび（酸化鉄）による膨張

―― スーパー記憶術 ――

鉄は塩に降参する
　　コンマ $3\,\text{kg/m}^3$ 以下

【 】内スーパー記憶術

答え ▶ 1. ○　2. ○

★ R028 まとめ コンクリート関連の数字

項目	基準	語呂合わせ
アルカリ性	pH>7	【根気よく歩く南大門まで】 コンクリート　アルカリ性7より大
水セメント比	水÷セメント　65%以下	【水攻めはむごい】 水　セメント比　65%
単位水量	185kg/m³以下	【いやこれはまいった水攻めだ】 185kg　　　　　水量
単位セメント量	270kg/m³以上	【セメントを担う】 270kg/m³
スランプ	普通コンクリート　18cm以下	【普通スランプはいや】 18cm
細骨材	5mmのふるいを85%以上通る	【古いゴミの箱】 ふるい 5mm 85%
空気量	AE剤使用時4〜5%	【ヨーコは空気デブ】 4〜5%
アルカリ量	アルカリ骨材反応の抑制のため3kg/m³以下	【ミキちゃんと歩く】 3kg/m³　アルカリ
塩化物イオン量	鉄筋のさびを防ぐため0.3kg/m³以下	【鉄は塩に降参する】 コンマ3kg/m³
比重	コンクリート　2.3 鉄筋コンクリート　2.4 鋼　7.85	【RCは西(西洋)から来た】 2.4 【ナンパご難の鉄の女】 7.85
ヤング係数 E	コンクリート　2.1×10^4 (N/mm²) 鋼　2.05×10^5 (N/mm²)	【RC】【鋼】 4乗　5乗
せん断弾性係数 G	$G=0.4E$	【おしりがやぶれる】 0.4　　　せん断
線膨張係数	コンクリート、鋼　1×10^{-5} (/℃)	【羨望の舞子嬢】 線膨張　マイナス5乗

★ R029 ○×問題　早強セメント

Q 1. 早強ポルトランドセメントを用いたコンクリートは、普通ポルトランドセメントを用いたコンクリートに比べて、水和熱が小さい。
2. 早強ポルトランドセメントは、普通ポルトランドセメントに比べて、より細かい粉末で、水和熱が大きいので、早期に強度を発現する。
3. コンクリートの初期強度（材齢7日程度までの硬化初期の過程における強度）の大小関係は、早強ポルトランドセメント＞普通ポルトランドセメント＞高炉セメントB種である。

A 生コンの強度は、セメントと水の水和反応で徐々に増大して、28日（4週）目で設計の強度以上とさせます。圧縮強度のグラフは、最初は早くて急勾配で、日数が経つとゆっくりで緩勾配となります。

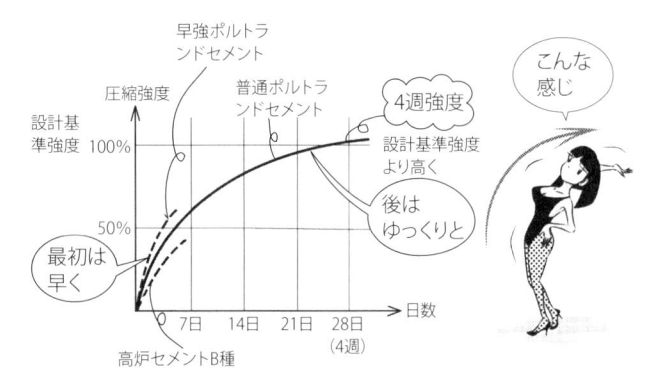

早強ポルトランドセメントは、早く水和反応を起こさせるために、セメント粒子を小さくしています。水和反応を早く多く起こさせるため、水和熱もそれにともなって大きくなります（1は×、2は○）。

初期強度大→水和熱大という関係にあります。水和熱を抑えるために溶鉱炉のくず（高炉スラグ）を入れた高炉セメントは、初期強度が小さくなります（3は○）。

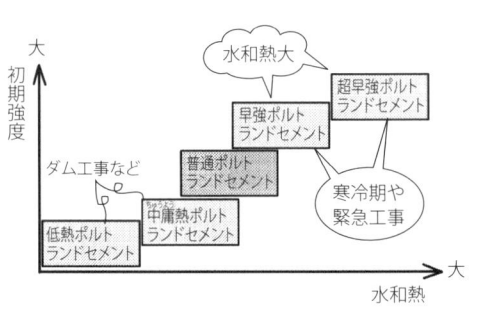

答え ▶ 1.×　2.○　3.○

★ R030 ○×問題　　　　　　　　　　　　　　　　　混合セメント

Q 1. 高炉スラグをコンクリートの混和材に用いるとワーカビリティーを良好にするとともに水和熱を低減させ、塩化物イオンの浸透などを抑制する。

2. 高炉セメントを用いたコンクリートの方が、酸類、海水、下水などによる浸食に対する抵抗性は小さい。

3. セメントと水の反応により発生する水和熱は、フライアッシュの混入によりある程度低減することができる。

A 製鉄所の溶鉱炉から出るくず、高炉スラグ（slag）を混ぜたのが高炉セメント、火力発電所のボイラーから出るくず、フライアッシュ（fly ash：飛ぶ灰）を混ぜたのがフライアッシュセメントです。このようなくずや灰を混ぜることで、セメント量が減らせるので水和熱を抑えることができ、化学抵抗性も高まりますが、強度は低下します（1、3は○、2は×）。混ぜる分量は、A種＜B種＜C種の順に多くなり、躯体コンクリートにはA種が使われます。

混ぜる量は
A種＜B種＜C種
よ！

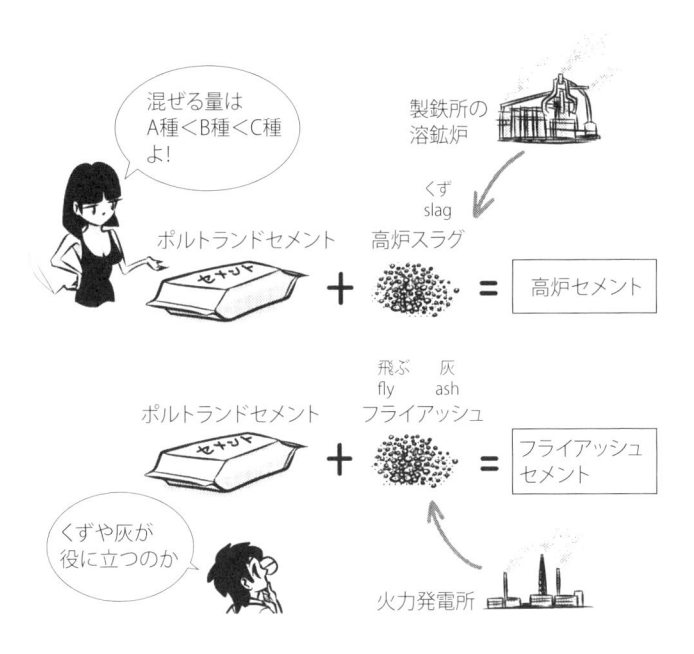

製鉄所の
溶鉱炉

くず
slag

ポルトランドセメント　　高炉スラグ

＋ ＝ 　高炉セメント

飛ぶ　灰
fly　ash
ポルトランドセメント　　フライアッシュ

＋ ＝ 　フライアッシュセメント

くずや灰が
役に立つのか

火力発電所

答え ▶ 1.○　2.×　3.○

★ **R031** ○×問題　　コンクリート1m³の質量と重さ　その1

Q 1. 普通コンクリートの気乾単位容積質量の範囲は、2.2～2.4t/m³を標準とする。

コンクリート調合表

単位水量	絶対容積（ℓ/m³）			質量（kg/m³）		
(kg/m³)	セメント	細骨材	粗骨材	セメント	細骨材	粗骨材
160	92	265	438	291	684	1161

質量における細骨材、粗骨材は、表面乾燥飽水状態とする。

2. 上表での
練り上がりコンクリートの単位容積質量
　＝160＋291＋684＋1161＝2296（kg/m³）

3. 上表での
セメントの比重＝$\frac{291}{92}$≒3.16

A 気乾とは空気中乾燥状態のことで、骨材中に多少の水分が残る状態のこと（R022）。単位容積質量とは、コンクリート1m³単位当たりの質量ということです。普通コンクリートの気乾単位容積質量は、2.2～2.4t（2200～2400kg）です。1m³当たりのt数なので単位はt/m³として、2.2～2.4t/m³となります（JASS 5　1は○）。

2は生コンの1m³当たりの質量を求める問題ですが、1m³当たりの水、セメント、砂、砂利の質量を足し算すれば求まります（2は○）。

比重とは水と比べた重さの比です。比重1は水と同じ重さ、比重2は水の2倍の重さです。より正確には4℃の水との質量比です。質量はkg、重量は力でkgf（kg重）、Nなどで単位は異なります。

水1ℓが1kg（1000g）なので、セメント92ℓに対する水の質量は92kgです。セメント92ℓの質量291kgと水92kgとの比、$\frac{291}{92}$≒3.16がセメントの比重となります（3は○）。

コンクリートの比重は2.3、鉄筋コンクリートの比重は2.4と覚えておきましょう。鉄筋の入る分、鉄筋コンクリートは重くなります。この比重にt/m³を付けると、1m³当たりの質量と対応できて便利です。

── スーパー記憶術 ──

鉄筋コンクリートは西(西洋)から来た
　　　　　　　　　　比重2.4
（コンクリートの標準的な圧縮強度24N/mm²）

RCの比重2.4と一緒に、標準的な強度24N/mm²も覚えてしまいましょう。

答え ▶ 1. ○　2. ○　3. ○

★ R032 ○×問題　コンクリート1m³の質量と重さ　その2

Q 1. 硬化したコンクリートの気乾単位容積重量は、およそ23kN/m³である。
2. 鉄筋コンクリートの単位体積重量の算出において、コンクリートの単位体積重量に鉄筋による重量増分として1kN/m³を加えた。

A 鉄筋コンクリートの比重は約2.4、コンクリートは鉄筋がない分0.1だけ小さくなって2.3です。比重2.3とは同じ体積の水1に対して2.3の質量があるということです。水1m³は1tの質量があります。これは質量の基準として覚えておくと便利です。1tはだいたい軽自動車1台の質量です。比重2.3だと、2.3t/m³になります。

重量、重さは力の単位で、質量1kgの重さは1kgf（kg重）、質量1tの重さは1tf（1t重）となり、N（ニュートン）の単位に換算するには重力加速度（9.8m/s²）をかけます。1kgの重さは1kg×9.8m/s²=9.8N≒10N、1tの重さは1000kg×9.8m/s²=9800N=9.8kN≒10kNと、kg、tの約10倍です。

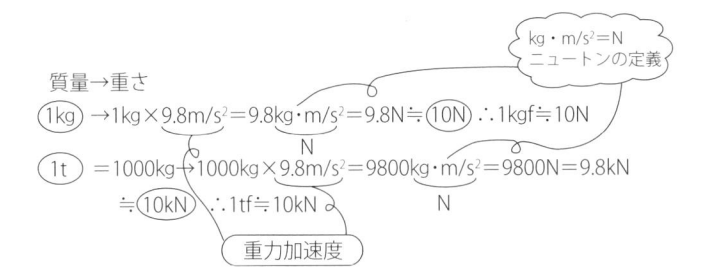

質量→重さ
(1kg) →1kg×9.8m/s²=9.8kg・m/s²=9.8N≒(10N) ∴1kgf≒10N
(1t) =1000kg→1000kg×9.8m/s²=9800kg・m/s²=9800N=9.8kN
　　≒(10kN) ∴1tf≒10kN

kg・m/s²=N ニュートンの定義
重力加速度

コンクリートは比重約2.3で、1m³の重さは2.3tf≒23kN（1は○）。鉄筋コンクリートは重い鉄（鉄の比重は7.85）を使うため比重は約2.4で、1m³の重さは2.4tf≒24kNとなります（2は○）。

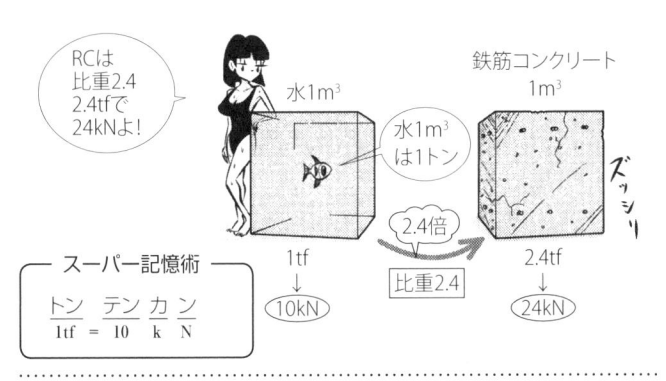

― スーパー記憶術 ―
トン　テン　カ　ン
1tf　=　10　k　N

答え ▶ 1. ○　2. ○

★ R033 ○×問題　　ヤング係数　その1

Q 1. コンクリートのヤング係数は、応力ひずみ曲線上における圧縮強度時の点と原点を結ぶ直線の勾配で表される。
2. コンクリートの気乾体積重量が同じで設計基準強度が2倍になると、コンクリートのヤング係数もほぼ2倍となる。
3. コンクリートのヤング係数は、コンクリートの単位体積重量が大きいほど大きい。

A コンクリートを押すときのひずみ度 $\varepsilon\left(\dfrac{ひずみ \Delta\ell}{元の長さ\ell}\right)$ を横軸、押す力の単位面積当たりの応力度 σ（シグマ）を縦軸にしたとき、原点近くのグラフの傾きをヤング係数 E といいます。コンクリートの場合、鋼のように直線にはならず曲線なので、最大強度と原点を結んだ直線はグラフの曲線から離れすぎてしまいます。そこで最大強度の1/3または1/4の点と原点を結んだ直線の傾きをヤング係数とします（1は×）。セカントモデュラス（secant modulus：割線の係数）といいます。

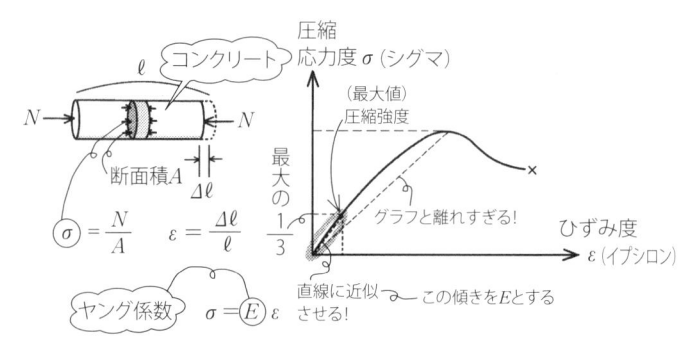

コンクリートのヤング係数 E を求める下記の計算式（$F_c \leq 36\text{N/mm}^2$ 以下の場合）によると、E は強度、重量が大きくなると大きくなることがわかります（3は○）。$F_c^{\frac{1}{3}}$ となっているので、F_c が2倍になったら E は $2^{\frac{1}{3}} = \sqrt[3]{2}$ 倍となります（RC規準　2は×）。

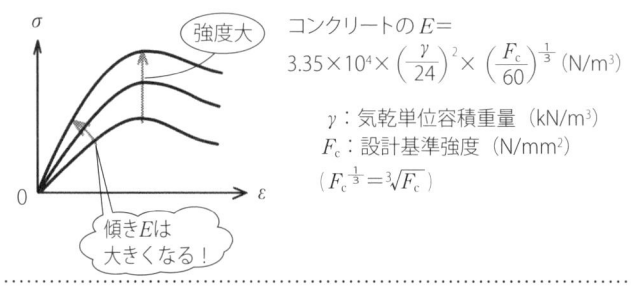

コンクリートの $E =$
$$3.35 \times 10^4 \times \left(\dfrac{\gamma}{24}\right)^2 \times \left(\dfrac{F_c}{60}\right)^{\frac{1}{3}} \text{ (N/m}^3)$$

γ：気乾単位容積重量（kN/m³）
F_c：設計基準強度（N/mm²）

$\left(F_c^{\frac{1}{3}} = \sqrt[3]{F_c}\right)$

答え ▶ 1.×　2.×　3.○

★ R034 ○×問題　　ヤング係数　その2

Q 1. 鋼材のヤング係数およびせん断弾性係数は、常温において、それぞれ $2.05 \times 10^5 \mathrm{N/mm^2}$、$0.79 \times 10^5 \mathrm{N/mm^2}$ 程度である。
2. アルミニウム合金のヤング係数は、鋼材の1/3程度である。

A $\sigma = E\varepsilon$ であり、ひずみ度 $\varepsilon = \dfrac{\Delta \ell}{\ell}$ は比のため単位がないので、E の単位は応力度 σ の単位と同じ $\mathrm{N/mm^2}$（力/面積）などとなります。コンクリートの E は鋼の約1/10、同じひずみ度を生じさせるのに1/10の力でできます。また同じ力ならば、10倍のひずみ度となります。鋼はコンクリートに比べて非常に優れた材であることがわかります。

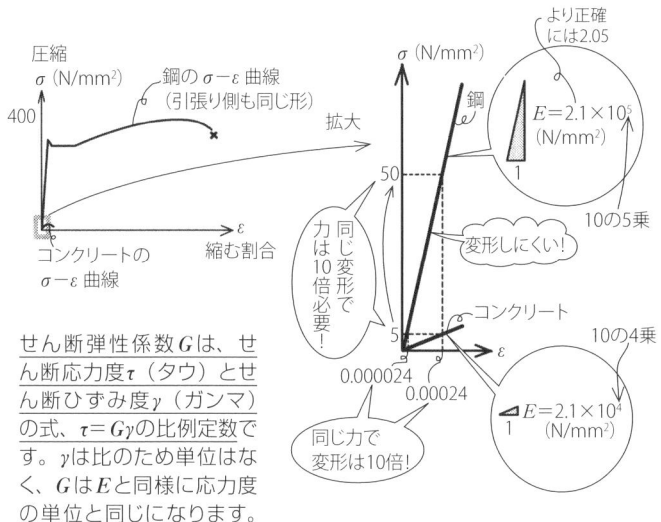

せん断弾性係数 G は、せん断応力度 τ（タウ）とせん断ひずみ度 γ（ガンマ）の式、$\tau = G\gamma$ の比例定数です。γ は比のため単位はなく、G は E と同様に応力度の単位と同じになります。鋼の $G = 0.79 \times 10^5$ です（1は○）。

アルミニウム合金の $E = 0.7 \times 10^5 \mathrm{N/mm^2}$ で、鋼の $E = 2.1 \times 10^5 \mathrm{N/mm^2}$ の1/3程度です（2は○）。鋼とアルミニウムを思い浮かべれば、アルミニウムの方が変形しやすく、グラフの角度がゆるく、E が小さいと想像できます。

コンクリート　$E ≒ 2.1 \times 10^4$ ⎫10倍
鋼　　　　　　$E ≒ 2.1 \times 10^5$ ⎬
　　　　　　　　(2.05)　　　　　⎭ $\dfrac{1}{3}$ 倍
アルミ合金　　$E ≒ 0.7 \times 10^5$

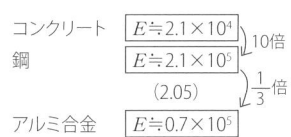

─ スーパー記憶術 ─

R C　　鋼　　アルミ
4乗　　5乗　　1/3

答え ▶ 1. ○　2. ○

R035 ○×問題　ヤング係数　その3

Q コンクリートに対する鉄筋のヤング係数比nは、コンクリートの設計基準強度が高くなるほど大きくなる。

A ヤング係数Eとは、$\sigma-\varepsilon$のグラフの原点付近の傾きです。コンクリートも鉄筋も、原点付近では$\sigma=E\varepsilon$という直線の式とします。ヤング係数比nとは、コンクリートのEに対する鉄筋のEの比、コンクリートを基準として鉄筋が何倍なのかを表す比なので、コンクリートのEが分母にきます。

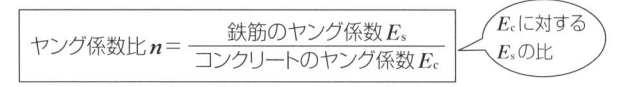

$$\text{ヤング係数比}\ n = \frac{\text{鉄筋のヤング係数}\ E_s}{\text{コンクリートのヤング係数}\ E_c}$$

（E_cに対するE_sの比）

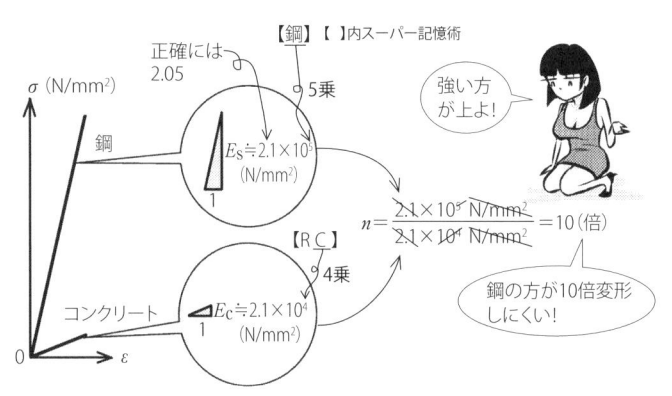

【鋼】【 】内スーパー記憶術　ゴ5乗

正確には2.05

$E_s \fallingdotseq 2.1 \times 10^5$ (N/mm²)

【R C】ヨ4乗

$E_c \fallingdotseq 2.1 \times 10^4$ (N/mm²)

$$n = \frac{2.1 \times 10^5\ \text{N/mm}^2}{2.1 \times 10^4\ \text{N/mm}^2} = 10\ (\text{倍})$$

強い方が上よ！
鋼の方が10倍変形しにくい！

鉄筋は工場製品なので、規格でほぼE_sは決まりますが、コンクリートは調合によって異なります。コンクリートのE_cは、重量の2乗、強度の$\frac{1}{3}$乗に比例します。

$\frac{1}{3}$乗は3乗根 $\sqrt[3]{\ }$

$$E_c = 3.35 \times 10^4 \times \left(\frac{\gamma}{24}\right)^2 \times \left(\frac{F_c}{60}\right)^{\frac{1}{3}}$$

γ：気乾単位容積重量 (kN/m³)
F_c：設計基準強度 (N/mm²)
（RC規準）

強度が大きくなるとE_cが大きくなり、$n=E_s/E_c$の分母が大きくなるので、nは小さくなります（答えは×）。鉄筋とコンクリートが同じひずみ度εだけ変形するには、それぞれ$\sigma_s=E_s\varepsilon$、$\sigma_c=E_c\varepsilon$の応力度が必要となるので、
　$\sigma_s/\sigma_c=E_s/E_c=n$
という関係が出ます。ここからさまざまな計算式が導かれ、各種グラフもヤング係数比（n）別に書かれています。

答え ▶ ×

★ R036 ○×問題 ひずみ度とせん断弾性係数

Q 1. 普通コンクリートの圧縮強度時のひずみ度は、1×10^{-2} 程度である。
2. 普通コンクリートのせん断弾性係数は、ヤング係数の0.4倍程度である。
3. 普通コンクリートのポアソン比は、0.2程度である。

A コンクリートの標準的な圧縮強度＝$24\,\text{N/mm}^2$、ヤング係数＝約 $2.1\times10^4\,\text{N/mm}^2$ を $\sigma=E\varepsilon$ の式に代入して、ひずみ度 ε を求めます。

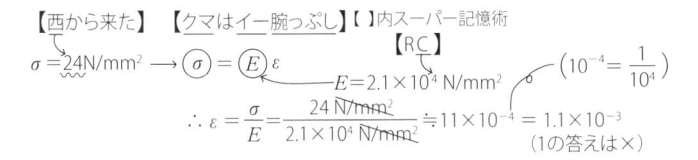

【西から来た】【クマはイー腕っぷし】【 】内スーパー記憶術
【RC】

$\sigma = 24\,\text{N/mm}^2 \longrightarrow \sigma = E\varepsilon$
$E = 2.1\times10^4\,\text{N/mm}^2$ $\left(10^{-4}=\dfrac{1}{10^4}\right)$

$$\therefore \varepsilon = \dfrac{\sigma}{E} = \dfrac{24\,\text{N/mm}^2}{2.1\times10^4\,\text{N/mm}^2} \fallingdotseq 11\times10^{-4} = 1.1\times10^{-3}$$

（1の答えは×）

力＝定数×変位（$P=k\Delta\ell$）、$\dfrac{\text{力}}{\text{面積}}$＝定数×$\dfrac{\text{変位}}{\text{元の長さ}}$（$\sigma=E\varepsilon$、$\tau=G\gamma$）は、みな同じ式の形をしており、フックの法則と呼ばれます。比例定数がヤング係数 E、せん断弾性係数 G と変わるだけです。コンクリートと鋼の G は E の約0.4倍です（2は○）。

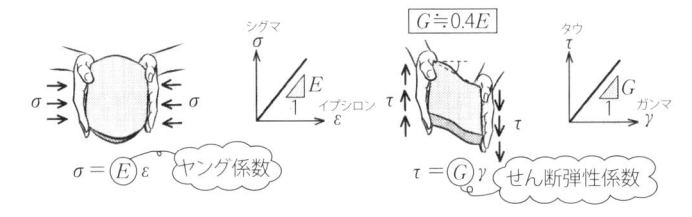

$\boxed{G\fallingdotseq 0.4E}$

$\sigma = E\varepsilon$ 〈ヤング係数〉
$\tau = G\gamma$ 〈せん断弾性係数〉

力と直角方向のひずみ度 ε' と力方向のひずみ ε の比を、ポアソン比（ν：ニュー）といいます。コンクリートは約0.2、鋼は約0.3です（3は○）。

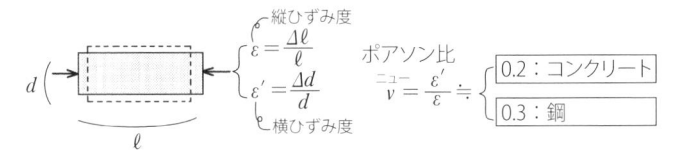

縦ひずみ度 $\varepsilon = \dfrac{\Delta\ell}{\ell}$
横ひずみ度 $\varepsilon' = \dfrac{\Delta d}{d}$

ポアソン比 $\nu = \dfrac{\varepsilon'}{\varepsilon} \fallingdotseq$ $\boxed{0.2：コンクリート}$ $\boxed{0.3：鋼}$

スーパー記憶術

お	し	り	が	や	ぶ	れ	る
$0.4\times E$	→	せん断弾性係数 G

鬼、お産で腹が出る
0.2　0.3　横のひずみ

答え ▶ 1.×　2.○　3.○

★ R037 ○×問題　　　　線膨張係数

Q
1. 常温におけるコンクリートの熱による膨張変形は、鋼材のそれとほぼ同じである。
2. 常温におけるコンクリートの線膨張係数は、設計上、1×10^{-5}/℃を用いる。
3. 長さ10mの鋼棒は、常温において、鋼材の温度が10℃上がると約1mm伸びる。
4. アルミニウム合金の線膨張係数は、鋼の線膨張係数の約2倍であり、アルミニウム部材の取り付けに当たっては十分な逃げ代（しろ）が必要である。

A コンクリートと鋼は、熱に対する伸縮がほぼ一緒なので、鉄筋コンクリートが可能となりました（1は○）。コンクリートは引張りに弱いので鉄筋で補おうと工夫したものですが、偶然にも熱に対する変形が一緒だったわけです。

線膨張係数とは、1℃当たりの伸縮長さ$\Delta\ell$を元の長さℓで割った比$\Delta\ell/\ell$です。1℃上がると（下がると）、元の長さに対してどれくらい伸びるか（縮むか）の比率です。体積比ではなく長さの比なので、線が頭に付きます。
コンクリートと鋼の線膨張係数は、ともに1×10^{-5}/℃です（2は○）。

$$線膨張係数=\frac{\Delta\ell}{\ell}\ (/℃)$$

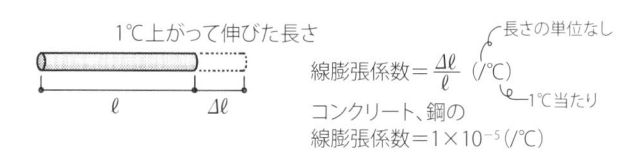

コンクリート、鋼の
線膨張係数＝1×10^{-5}（/℃）

10mは$10\cdot10^3$mm。1℃の上昇で$(10\cdot10^3\text{mm})\cdot(10^{-5}/℃)\cdot1℃=0.1$mm伸び、10℃の上昇では$(10\cdot10^3\text{mm})\cdot(10^{-5}/℃)\cdot10℃=1$mm伸びます（3は○）。

アルミニウムの線膨張係数は約2.3×10^{-5}/℃で、鋼の約2倍です。熱によって大きく伸びるので、その伸びを吸収するスペース（逃げ代、余裕寸法）をとる必要があります（4は○）。

スーパー記憶術
羨望の舞子嬢
線膨張　マイナス5乗

熱による伸びは
コンクリート＝鋼＜アルミ
どすえ

答え▶ 1.○　2.○　3.○　4.○

R038 ○×問題　コンクリートの強度　その1

Q 1. コンクリートの設計基準強度 F_c とは、構造計算において基準とするコンクリートの圧縮強度のことである。
2. コンクリートの品質基準強度 F_q とは、コンクリートの設計基準強度 F_c と耐久設計基準強度 F_d のうち、大きい方の値に $3N/mm^2$ を加えた値である。
3. コンクリートの調合設計における強度の大小関係は、調合強度＞調合管理強度＞品質基準強度 F_q となる。

A 構造計算で基準とする圧縮強度が設計基準強度 F_c で、18、21、24、27、30、33、36N/mm² とされています（JASS 5 1は○）。高強度コンクリートやプレストレストコンクリートは別に定められています。

予定・計画された耐用年数である計画供用期間の級に応じて定められた強度が、耐久設計基準強度 F_d です。耐久性の側から決まる強度です。

耐力から決まる F_c と、耐久性から決まる F_d を比較して、大きい方に余裕 $3N/mm^2$ を加えたものが品質基準強度 F_q となります（2は○）。耐力と耐久性の両方を満足する基準強度です。

F_q にさらに強度補正値（S値）を加えて調合管理強度とし、安全率も見込んで最終的な調合強度とします（3は○）。

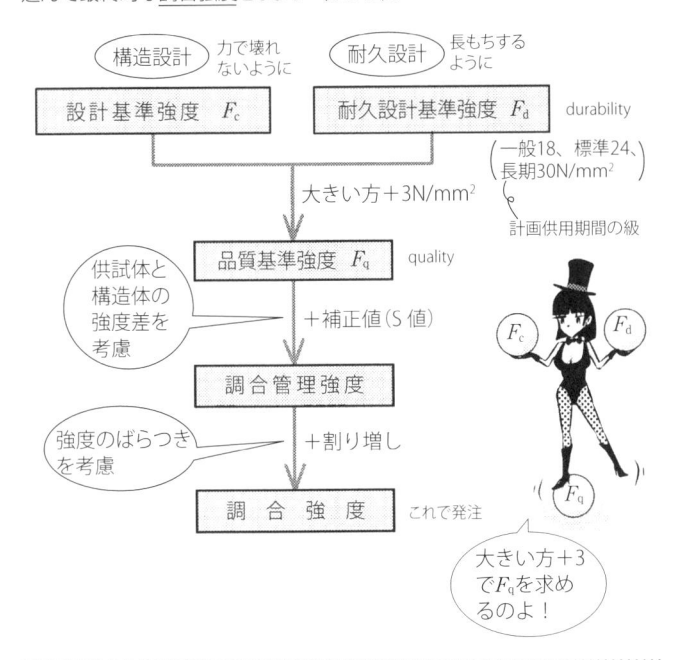

```
   ┌──────────┐力で壊れ    ┌──────────┐長もちする
   │ 構造設計 │ないように  │ 耐久設計 │ように
   └──────────┘            └──────────┘
   ┌──────────────┐        ┌────────────────────┐
   │設計基準強度 F_c│        │耐久設計基準強度 F_d│ durability
   └──────────────┘        └────────────────────┘
                                  （一般18、標準24、
                                    長期30N/mm²）
                                  計画供用期間の級
            大きい方＋3N/mm²
   ┌──────────────────┐
   │ 品質基準強度 F_q │ quality
   └──────────────────┘
供試体と
構造体の    ＋補正値（S値）
強度差を
考慮
   ┌──────────────┐
   │ 調合管理強度 │
   └──────────────┘
強度のばらつき  ＋割り増し
を考慮
   ┌──────────────┐
   │ 調 合 強 度 │ これで発注
   └──────────────┘
```

大きい方＋3で F_q を求めるのよ！

答え ▶ 1. ○　2. ○　3. ○

★ R039 ○×問題＋計算問題　　コンクリートの強度　その2

Q 1. 断面積が7850mm²のコンクリートの円柱供試体（圧縮試験用供試体）に荷重を加えて圧縮強度試験を行ったところ、314.0kNで最大荷重に達し、以降、荷重は減少し、282.6kNで急激に耐力が低下した。このコンクリートの圧縮強度を求めよ。
2. コンクリート供試体の圧縮強度は、荷重速度が速いほど小さくなる。
3. コンクリート供試体の圧縮強度は、形状が相似の場合、供試体寸法が小さいほど大きくなる。
4. コンクリート供試体の圧縮強度は、直径に対する高さの比が小さいほど大きくなる。

A 最大の圧縮応力度、$\sigma - \varepsilon$グラフの山の頂点が圧縮強度です。広義の圧縮強度は$\sigma = \dfrac{N}{A}$全般を指しますが、供試体の実験で出す圧縮強度といった場合は、σの最大値です。供試体とは試験に供する物体、テストピースのことで、直径10、12.5、15cm、高さが直径の2倍の円柱です。
圧縮力$N = 314.0$kNが最大なので、断面積Aで割るとσの最大が求まります（1は40N/mm²）。

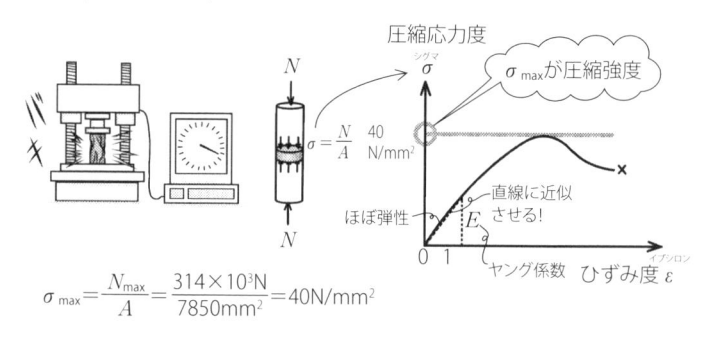

$$\sigma_{max} = \dfrac{N_{max}}{A} = \dfrac{314 \times 10^3 \text{N}}{7850 \text{mm}^2} = 40\text{N/mm}^2$$

荷重速度が速いと、供試体のすみずみにまで力が行き渡らず、壊しにくい、すなわち強度が大きくなります（2は×）。また供試体が小さいと、大きい場合に比べて欠陥を含む確率が低く、強度は大きくなります（3は○）。さらに直径に対する高さの比が小さい、つまり太いほど、強度は大きくなります（4は○）。

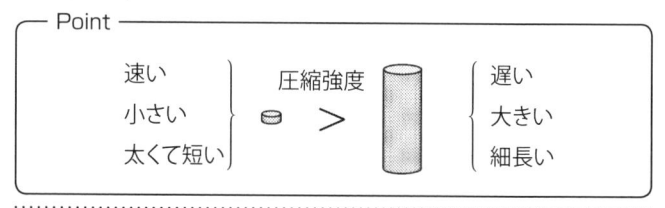

― Point ―

速い／小さい／太くて短い	圧縮強度　＞	遅い／大きい／細長い

答え ▶ 1. 40N/mm²　2. ×　3. ○　4. ○

★ R040 選択問題　コンクリートの強度　その3

Q 鋼材の引張り試験を行ったところ、図のような引張り応力度－ひずみ度曲線が得られた。この鋼材の上降伏点はどれか。

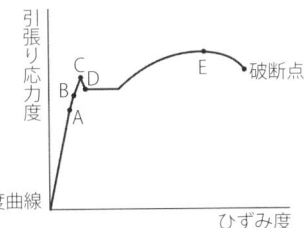

A 弾性とは応力（度）とひずみ（度）が比例して、力を除くと元に戻る性質です。降伏とは弾性が終了して塑性がはじまる点です。これらの定義から、比例限度＝弾性限度＝降伏点となり、そこからは同じ力で変形だけ大きくなる塑性域です。実際に鋼を引っ張ると、もう少し複雑な挙動となり、各変化の点に名前が付けられています（答えはC）。

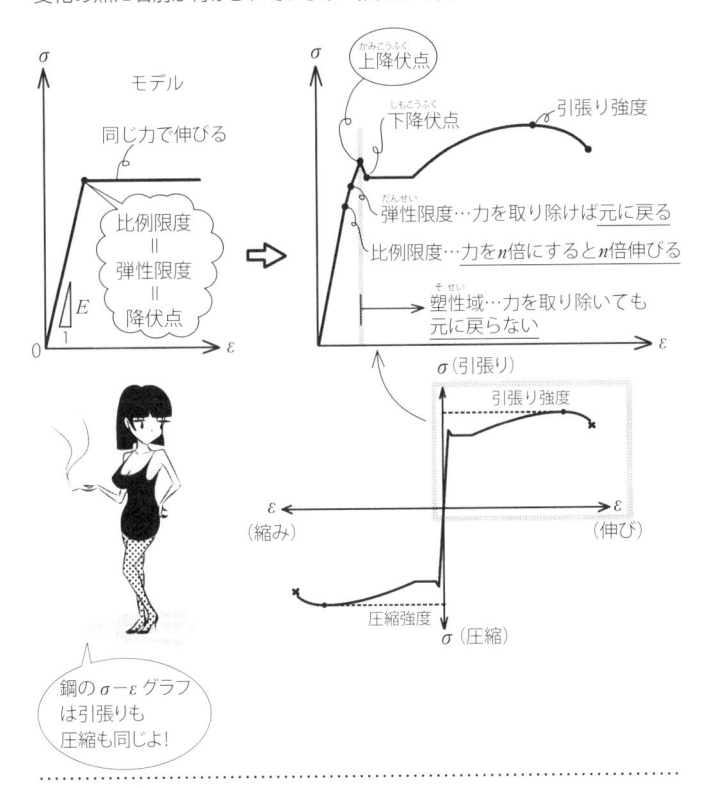

モデル
- 同じ力で伸びる
- 比例限度＝弾性限度＝降伏点

- 上降伏点（かみこうふく）
- 下降伏点（しもこうふく）
- 引張り強度
- 弾性限度…力を取り除けば元に戻る
- 比例限度…力をn倍にするとn倍伸びる
- 塑性域（そせい）…力を取り除いても元に戻らない

鋼の$\sigma-\varepsilon$グラフは引張りも圧縮も同じよ！

答え ▶ C点

★ R041 ○×問題　コンクリートの強度　その4

Q 1. 工事現場における構造体コンクリートの1回の圧縮強度試験に用いる供試体は、適切な間隔をおいた3台の運搬車から1個ずつ合計3個採取する。
2. 構造体コンクリートの圧縮強度を、現場水中養生した供試体で管理する場合、その強度管理材齢を28日とする。
3. コンクリートの強度発現に支障が生じないよう、コンクリートの打ち込み中および打ち込み後5日間は、コンクリートの温度が2℃を下回らないようにする。

A 構造体とは実際の建物の構造部分で、その強度を供試体でテストして管理します。供試体は3個で1セット、水中養生または封かん養生して、28日（4週）で破壊実験を行います（JASS 5　1、2は○）。

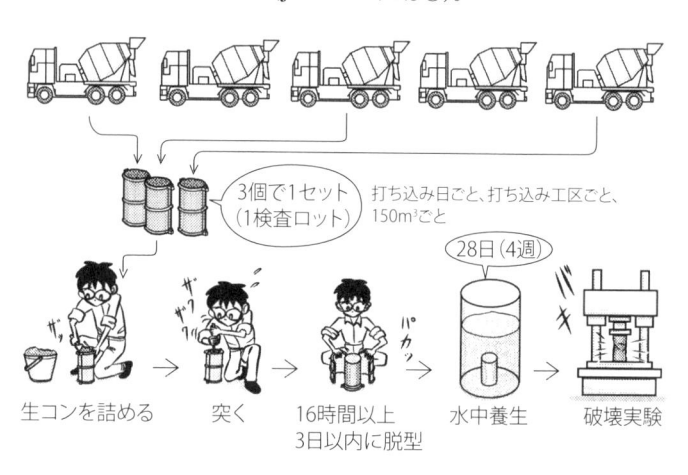

3個で1セット（1検査ロット）　打ち込み日ごと、打ち込み工区ごと、150m³ごと

生コンを詰める → 突く → 16時間以上3日以内に脱型 → 水中養生 28日（4週） → 破壊実験

コンクリートは低温では強度が発現しにくく、初期5日間は2℃を下回らないこととされています（JASS 5　3は○）。

--- Point ---
供試体は3個で1セット　水中養生　4週強度

答え ▶ 1. ○　2. ○　3. ○

R042 ○×問題　コンクリートの強度　その5

Q 1. 普通コンクリートの3軸圧縮応力下の圧縮強度は、1軸圧縮応力下の圧縮強度よりも小さい。
2. 局部圧縮を受けるときのコンクリートの支圧強度は、全面圧縮を受けるときの強度よりも大きい。

A 上下に押しつぶす一般的な試験が、1軸圧縮試験です。3軸圧縮試験は、上下、左右、前後の3軸に力をかける試験で、側面からも油圧などで力をかけます。

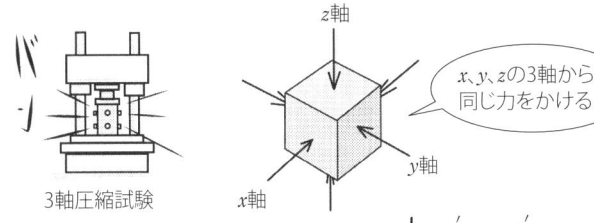

x軸から加えた力は、x軸方向に縮ませ、y、z軸方向に膨らませます。ポアソン比（R036参照）の分、力と直角方向に変形します。y軸、z軸の圧縮力は、その膨張にも抵抗しなければならず、その分、破壊するのに大きな力が必要になります（1は×）。

$$\frac{\varepsilon'}{\varepsilon} = \text{ポアソン比}$$

∴ 3軸圧縮強度＞1軸圧縮強度

支圧強度とは、コンクリートに部分的に圧縮力をかけたときに耐えうる、最大の圧縮応力度です。広いコンクリート版の上に鉄骨の柱を載せるなど、さまざまなケースがあります。力を受けていないまわりのコンクリートが圧縮部のコンクリートを拘束して、力と直角方向の膨張を抑えるので、全面圧縮よりも強度は大きくなります（2は○）。

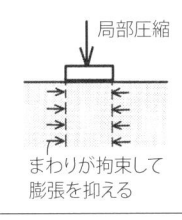

∴ 支圧強度＞圧縮強度

答え ▶ 1.×　2.○

★ R043 ○×問題　コンクリートの強度　その6

Q 1. コンクリートの引張り強度は、圧縮強度の1/3程度である。
2. コンクリートの引張り強度は、圧縮強度が大きいほど大きい。
3. コンクリートの引張り強度は、円柱供試体を用いた割裂試験により間接的に求められる。

A コンクリートの引張り強度は非常に弱く、圧縮強度の約1/10です（1は×）。そこで引張り側を鉄筋で補強する（reinforce）鉄筋コンクリート＝RC（Reinforced Concrete）がつくられたのです。引張り強度は圧縮強度 F_c の約1/10で、F_c の大小によって増減します（2は○）。F_c が大きくなると、それに対する引張り強度の比は小さくなります。RC造の構造計算では引張り強度はゼロとして扱い、RC規準では許容引張り応力度は規定されていません。

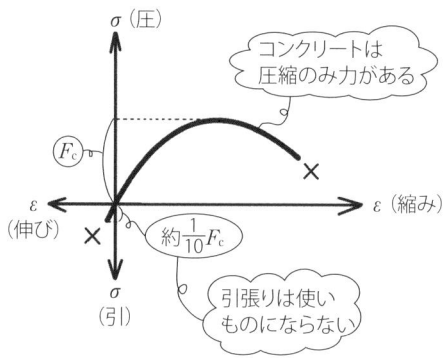

σ（圧）
コンクリートは圧縮のみ力がある
F_c
ε（伸び）　ε（縮み）
約 $\frac{1}{10}F_c$
σ（引）
引張りは使いものにならない

コンクリートを直接引っ張るのは難しいので、円柱を横にして押し割って裂く割裂試験から間接的に引張り強度を求めます（3は○）。圧縮に対して引張りが極端に小さいから、圧縮で壊れる前に引張りで壊れます。

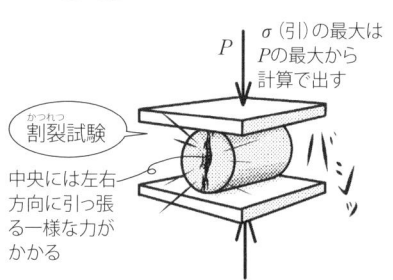

割裂試験
σ（引）の最大はPの最大から計算で出す
中央には左右方向に引っ張る一様な力がかかる
バシッ

答え ▶ 1.× 2.○ 3.○

★ R044 ○×問題　　コンクリートの強度　その7

Q 1. コンクリートの圧縮強度は、水セメント比が小さいほど大きい。
2. 普通コンクリートに比べて軽量コンクリートの方が、最大圧縮強度を超えてから後の応力の低下が大きい。

A 水セメント比（R017）と強度の関係は非常に重要なので、再度、取り上げておきます。水セメント比が小さいと、強度は大きくなり、中性化は遅くなり、乾燥収縮は少なくなります（1は○）。セメントの固まる範囲で、AE剤を入れた生コンが流れる範囲で、水は少ない方がいいのです。

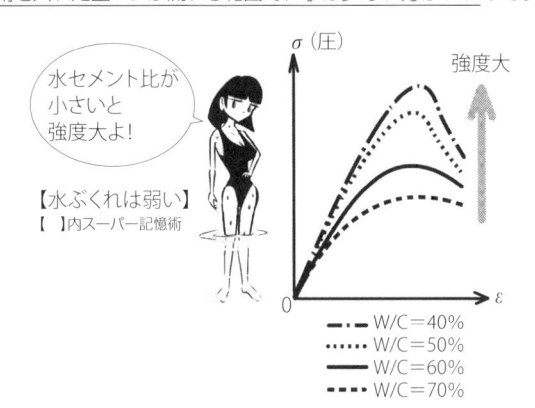

水セメント比が
小さいと
強度大よ！

【水ぶくれは弱い】
【　】内スーパー記憶術

σ（圧）　強度大

--- W/C＝40%
····· W/C＝50%
── W/C＝60%
--- W/C＝70%

軽量コンクリートは、普通コンクリートの砂利（粗骨材）を気泡の多い軽石に替えたものです。骨材の種類によって軽量と普通に分類されます。軽量骨材には人工と天然がありますが、人工のものが多いです。防水の押さえや鉄骨造のスラブなどに使われますが、構造体に使われることもあります。$\sigma - \varepsilon$のグラフでは、σ_{max}を超えてからのσの低下が大きくなります（2は○）。

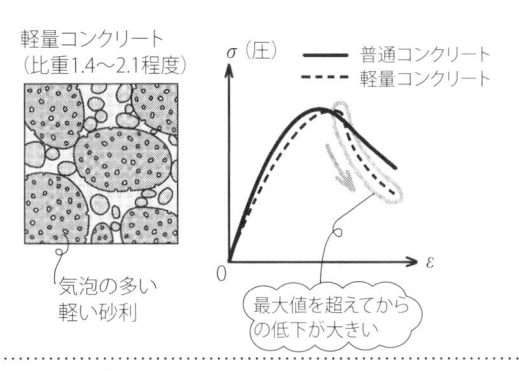

軽量コンクリート
（比重1.4～2.1程度）

気泡の多い
軽い砂利

σ（圧）
── 普通コンクリート
---- 軽量コンクリート

最大値を超えてから
の低下が大きい

答え ▶ 1. ○　2. ○

★ R045 ○×問題　　コンクリートの強度　その8

Q 1. コンクリートの長期許容圧縮応力度は、設計基準強度に2/3を乗じた値である。
2. コンクリートの短期許容圧縮応力度は、設計基準強度に2/3を乗じた値である。

A 長期間かかる重さから、部材内に発生する長期応力を計算し、単位断面積当たりの長期応力度を出して、それが許容されるべき一定基準＝長期許容応力度以下でなければなりません。さらに地震などの短期で生じる短期応力度は、短期許容応力度以下とします。

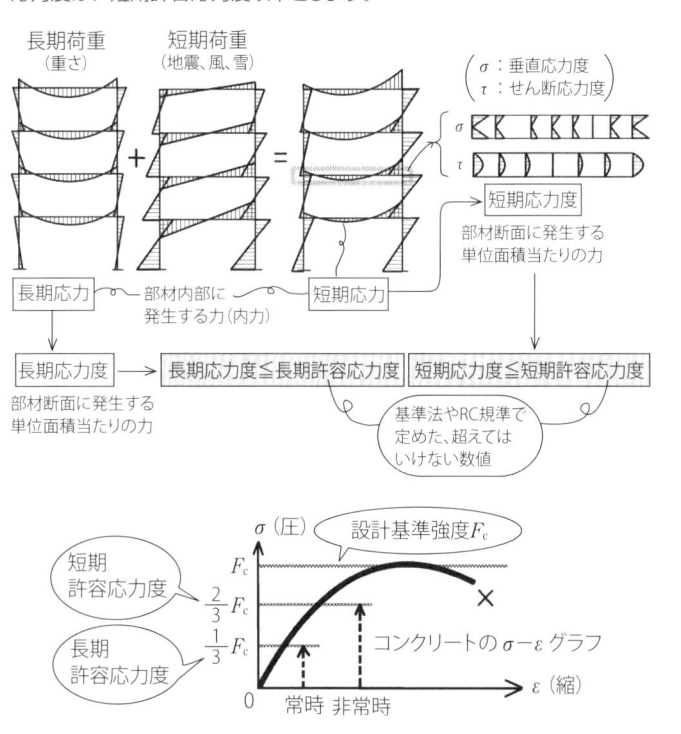

許容応力度は、基準法やRC規準で定められており、両者には若干の違いがあります。設計基準強度 F_c に対して圧縮許容応力度は、安全を見込んで、長期では $F_c/3$、短期では $2F_c/3$ とされています。普段の[重さ]には1/3以下の力で抵抗でき、非常時の[重さ+地震力]には2/3以下の力で抵抗できるということです（1は×、2は○）。

答え ▶ 1.×　2.○

★ R046 ○×問題　コンクリートの強度　その9

Q 1. コンクリートの強度の大小関係は、圧縮強度＞曲げ強度＞引張り強度である。

2. コンクリートの引張り強度は、圧縮強度の1/10程度であるが、曲げ材の引張り側では引張り強度は無視するため、RC規準では許容引張り応力度は規定されていない。

A コンクリートの設計基準強度 F_c（基準法の表記は F）は圧縮強度であり、引張りは1/10程度、曲げ、せん断、付着は1/5程度です（1は○）。

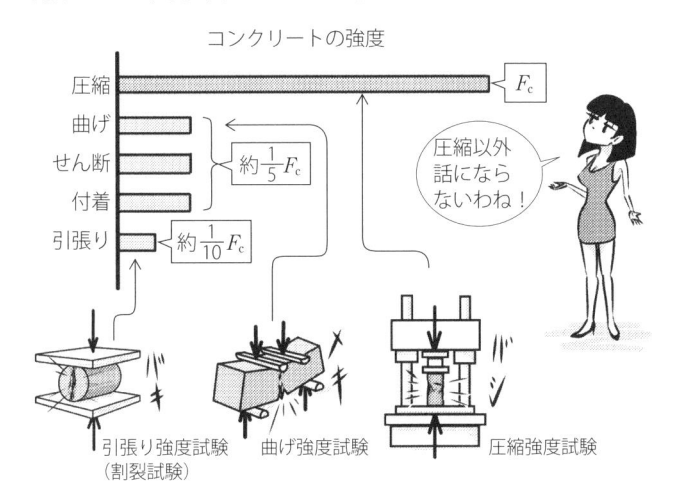

コンクリートの強度

- 圧縮 …… F_c
- 曲げ
- せん断　｝ 約 $\frac{1}{5}F_c$
- 付着
- 引張り …… 約 $\frac{1}{10}F_c$

圧縮以外話にならないわね！

引張り強度試験（割裂試験）　曲げ強度試験　圧縮強度試験

RC造では引張りは鉄筋にもたせるので、RC規準ではコンクリートの引張り力はゼロとして扱い、許容引張り応力度は定められていません。基準法では圧縮の1/10として、長期で $\frac{F_c}{30}$、短期で $\frac{2F_c}{30}$ とされています（2は○）。

コンクリートの許容応力度（RC規準）

	長期 圧縮	長期 引張り	長期 せん断	短期 圧縮	短期 引張り	短期 せん断
普通コンクリート	$\frac{1}{3}F_c$	—	$\frac{1}{30}F_c$ かつ $(0.5+\frac{1}{100}F_c)$ 以下	長期の2倍	—	長期の1.5倍

引張りはなし！
基準法では $\frac{1}{30}F_c$
基準法では $\frac{1}{30}F_c$ のみ
引張りはなし
基準法では短期は長期の2倍
基準法では2倍

答え ▶ 1. ○　2. ○

★ R047 ○×問題　コンクリートの強度　その10

Q 1. RC規準では、軽量コンクリート1種の許容せん断応力度は、同じ設計強度の普通コンクリートにおける許容せん断応力度と等しい。
2. RC規準では、軽量コンクリート1種の許容せん断応力度は、長期、短期ともに、同じ設計基準強度の普通コンクリートにおける許容せん断応力度の0.9倍である。

A 軽量コンクリート、普通コンクリートの軽量、普通とは砂利（粗骨材）の違いによる分類です。軽量コンクリートの1種、2種とは強度の違いによる分類で、1種＞2種です。

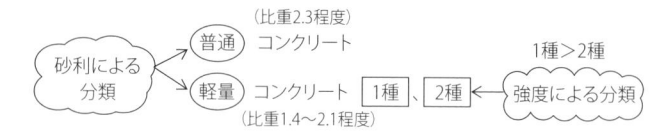

砂利による分類
→ 普通コンクリート（比重2.3程度）
→ 軽量コンクリート（比重1.4〜2.1程度）　1種、2種　← 強度による分類　1種＞2種

軽量コンクリートの長期の許容せん断応力度は、普通コンクリートの0.9倍です（1は×、2は○）。それ以外の許容応力度は、普通コンクリートと同じです。

コンクリートの許容応力度（RC規準）

	長期 圧縮	長期 引張り	長期 せん断	短期 圧縮	短期 引張り	短期 せん断
普通コンクリート	$\frac{1}{3}F_c$	—	$\frac{1}{30}F_c$ かつ $(0.5+\frac{1}{100}F_c)$ 以下	長期の2倍	—	長期の1.5倍
軽量コンクリート 1種および2種			普通コンクリートの0.9倍			

せん断以外は同じ

（σ（圧）グラフ：F_c、$\frac{2}{3}F_c$、$\frac{1}{3}F_c$、常時・非常時、ε（縮））

せん断だけ0.9倍なのか

― スーパー記憶術 ―
　　　　　軽い→軽量コンクリート
天空の城の決断力
点9(0.9)　　せん断力

答え ▶ 1.×　2.○

★ R048 ○×問題　　　　コンクリートの付着強度

Q 1. RC規準では、梁主筋のコンクリートに対する許容付着応力度は、下端筋より上端筋(うわばきん)の方が小さい。
2. 必要付着長さを算定するときに用いる許容付着応力度については、「上端筋(曲げ材の鉄筋で、その下に300mm以上のコンクリートが打ち込まれる場合の水平鉄筋)」より「その他の鉄筋」の方が大きい。

A 付着力とは、コンクリートと鉄筋の付着する力のことで、セメントペースト(paste：のり)と鋼との接着力+側圧力による摩擦力+鋼材表面の凹凸による抵抗力によって生じます。鉄筋を引っ張った際にコンクリート内ですべってしまわないためには、その力による鉄筋表面積当たりの力が、許容付着応力度以下でなければなりません。

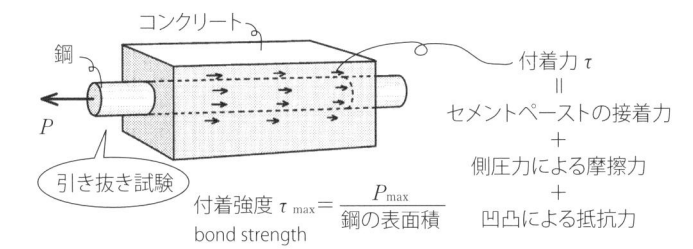

付着力 τ
＝
セメントペーストの接着力
＋
側圧力による摩擦力
＋
凹凸による抵抗力

引き抜き試験　付着強度 $\tau_{max} = \dfrac{P_{max}}{鋼の表面積}$
bond strength

梁の上端筋では、鉄筋下の生コンが沈下して空げきができるなどして、付着が悪くなります。そのためRC規準では、上端筋の許容付着応力度を小さくしています(1、2は○)。

異形鉄筋のコンクリートに対する許容付着応力度(RC規準)

	長　　　　　期		短　期
	上端筋	その他の鉄筋	
普通コンクリート	$\dfrac{1}{15}F_c$かつ $(0.9+\dfrac{2}{75}F_c)$以下	$\dfrac{1}{10}F_c$かつ $(1.35+\dfrac{1}{25}F_c)$以下	長期の1.5倍

上端筋とは曲げ材のうち、その鉄筋の下に300mm以上のコンクリートが打ち込まれる場合の水平鉄筋をいう。

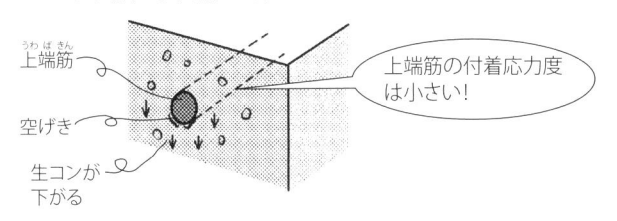

答え ▶ 1. ○　2. ○

★ R049 ○×問題　　鉄筋の強度

Q 1. SD345は、鉄筋コンクリート用の異形棒鋼の一種である。
2. 棒鋼SR235におけるRの記号は、この棒鋼が再生棒鋼であることを示す。
3. 異形棒鋼SD345の降伏点の下限値は、345N/mm^{2}である。
4. 異形棒鋼SD345の「降伏点または0.2%オフセット耐力」は、345〜440 N/mm^{2}である。

A SDはSteel Deformed barの略で、表面がデコボコした異形棒鋼（異形鉄筋）のことです（1は○）。SRはSteel Round barの略で、表面がツルツルの丸鋼です（2は×）。SD、SRに続く数字は降伏点強度を示しています（3、4は○）。鋼の成形、加工によって、きれいな降伏点、降伏棚が出ないものもあります。その場合は、εを0.2%右にずらした（offsetした）直線とグラフとの交点を、仮の降伏点とする0.2%オフセット耐力を使います（R181参照）。

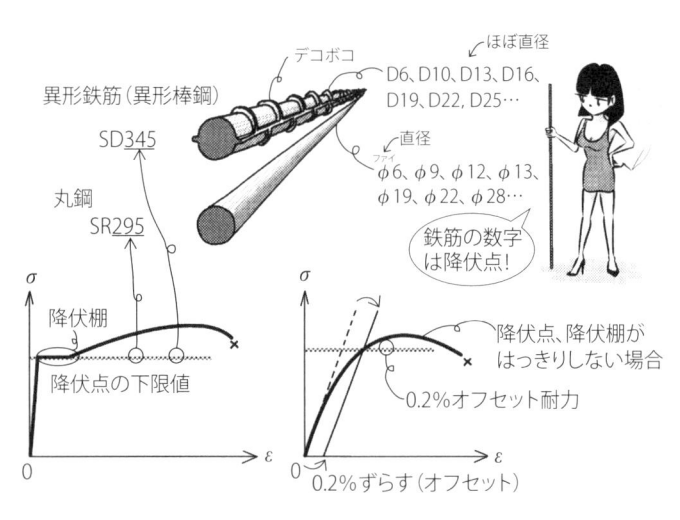

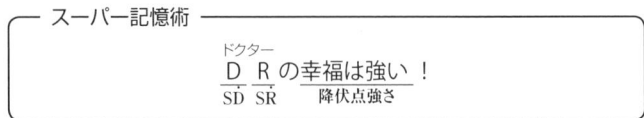

異形鉄筋（異形棒鋼）
デコボコ
ほぼ直径
D6, D10, D13, D16, D19, D22, D25…

SD345

丸鋼
SR295

直径
ϕ6, ϕ9, ϕ12, ϕ13, ϕ19, ϕ22, ϕ28…

鉄筋の数字は降伏点！

降伏棚
降伏点の下限値

降伏点、降伏棚がはっきりしない場合
0.2%オフセット耐力
0.2%ずらす（オフセット）

スーパー記憶術

$\underset{\text{SD}}{\underline{D}}$ $\underset{\text{SR}}{\underline{R}}$ の幸福は強い！
　　　ドクター　　　降伏点強さ

答え ▶ 1. ○　2. ×　3. ○　4. ○

★ R050 ○×問題 曲げ剛性 その1

Q 建築物のたわみや振動による使用上の支障が起こらないことを確認するために、梁およびスラブの断面の応力度を検討する方法を採用した。

A 梁やスラブがどれくらいたわむか、またたわみによる振動が起こるか否かは、ヤング係数Eと断面2次モーメントIで決まります。1単位のひずみ度ε（変位/元の長さ）分を変形させるのに必要な力σ（N/mm^2）がヤング係数Eで、材料で決まる係数です。そして断面の形と大きさで決まるのが断面2次モーメントIです。$E \times I$の値が大きいと、たわみは小さくなります。同じ曲げモーメントMでも、コンクリートなのか鋼なのか、梁の形がT形なのか4角形なのかで変わってきます。また応力→応力度を計算すると、材料強度と比較して壊れるか否かがわかります（答えは×）。

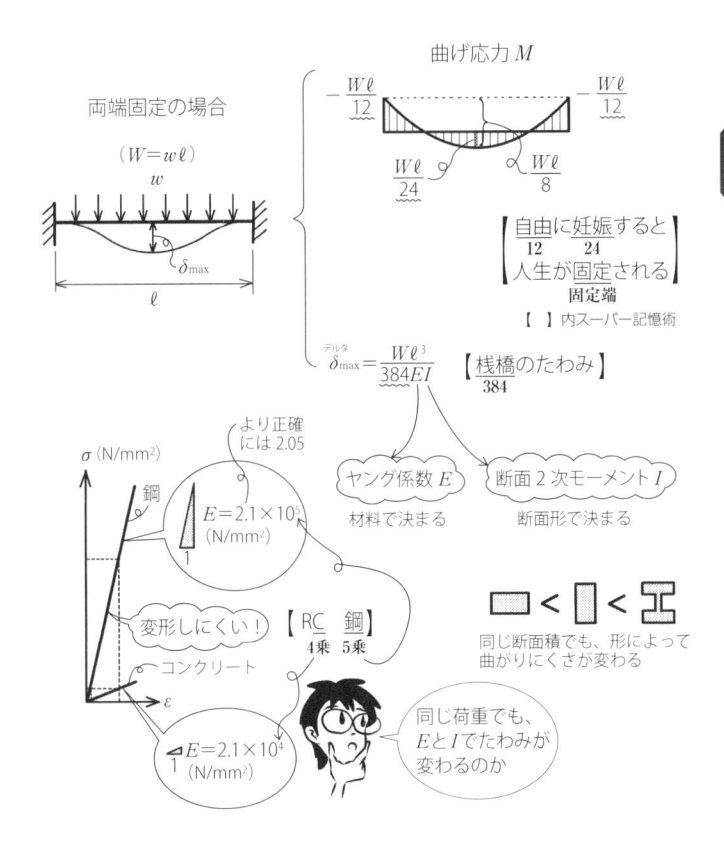

曲げ応力 M

両端固定の場合

$(W = w\ell)$

$-\dfrac{W\ell}{12}$ $-\dfrac{W\ell}{12}$

$\dfrac{W\ell}{24}$ $\dfrac{W\ell}{8}$

【 自由に妊娠すると $\dfrac{1}{12}$ $\dfrac{1}{24}$
人生が固定される 】
固定端
【 】内スーパー記憶術

$\delta_{max} = \dfrac{W\ell^3}{384EI}$ 【桟橋のたわみ】 384

ヤング係数 E —— 材料で決まる

断面2次モーメント I —— 断面形で決まる

より正確には 2.05

$E = 2.1 \times 10^5$ （N/mm^2） 鋼

【 RC 鋼 】
 4乗 5乗

変形しにくい！
コンクリート

$E = 2.1 \times 10^4$ （N/mm^2）

□ <] [< 工

同じ断面積でも、形によって曲がりにくさが変わる

同じ荷重でも、EとIでたわみが変わるのか

答え ▶ ×

★ R051 ○×問題　曲げ剛性　その2

Q 1. 鉄筋コンクリート構造における柱および梁の剛性の算定において、ヤング係数の小さなコンクリートを無視し、ヤング係数の大きな鉄筋の剛性を用いた。
2. 鉄筋コンクリート構造における柱部材の曲げ剛性の算定において、断面2次モーメントはコンクリート断面を用い、ヤング係数はコンクリートと鉄筋の平均値を用いた。

A 剛性（曲げ剛性）とは曲げにくさ、たわみにくさ、湾曲しにくさを表す係数で、EI（ヤング係数×断面2次モーメント）で求めます。Eは$\sigma-\varepsilon$グラフの原点付近の傾きで、材料で決まる係数です。Eが大きいと変形しにくくなります。Iは断面形状で決まる曲げにくさの係数です。同じ断面積でも、縦長の梁の方が、さらにH形を横にした梁の方がIが大きく、曲げにくくなります。たわみδ（デルタ）やたわみ角θ（シータ）の式には必ずEIが出てきます。それはモールの定理の仮想荷重$\dfrac{M}{EI}$から求められているからです。

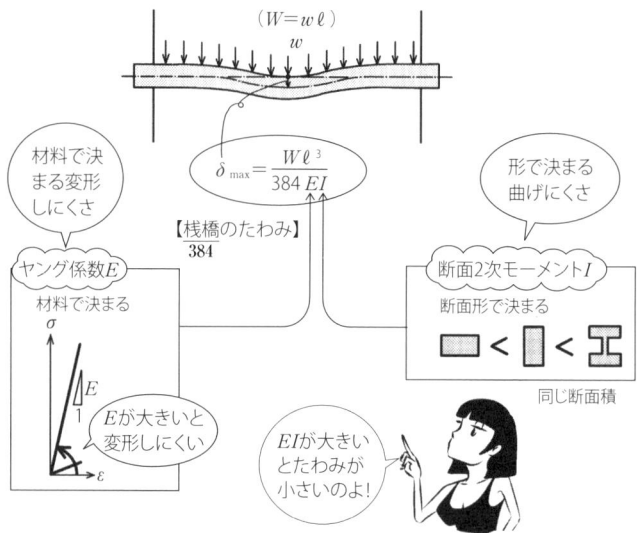

$$\delta_{max} = \frac{W\ell^3}{384 EI}$$

【桟橋のたわみ】384

材料で決まる変形しにくさ — ヤング係数E（材料で決まる）　Eが大きいと変形しにくい

形で決まる曲げにくさ — 断面2次モーメントI（断面形で決まる）　□ < ▯ < I（同じ断面積）

EIが大きいとたわみが小さいのよ！

RCの場合はコンクリートの断面積が圧倒的に大きいので、コンクリートでEとIを求めて、曲げ剛性EIを出します（RC規準　1、2は×）。鉄筋の断面積をコンクリートとのヤング係数比分増やして断面がすべてコンクリートとして計算する方法もあります。

【 】内スーパー記憶術

答え ▶ 1.×　2.×

★ R052 ○×問題　　　　　　　　　　　曲げ剛性　その3

Q 1. 1次設計の応力算定において、スラブ付き梁部材の曲げ剛性として、スラブの協力幅を考慮したT形断面部材の値を用いた。
2. 梁とスラブを一体に打設するので、梁の剛性については、スラブの有効幅を考慮したT形梁として計算した。

A RCでは梁と床スラブを一体化させるのが普通です。スラブの鉄筋も梁に定着（抜けないようにしっかり留める）させます。床スラブと一体となったL形、T形の梁の場合、長方形断面の梁よりも曲がりにくくなります。断面2次モーメント I を割り増しして、曲がりにくさに対応させます。その比率を剛性増大率といいますが、略算ではL形で1.5倍、T形で2倍とします。曲げ剛性＝$E×I$で、Eはコンクリートの値、Iは割り増しした値で計算します（1、2は○）。

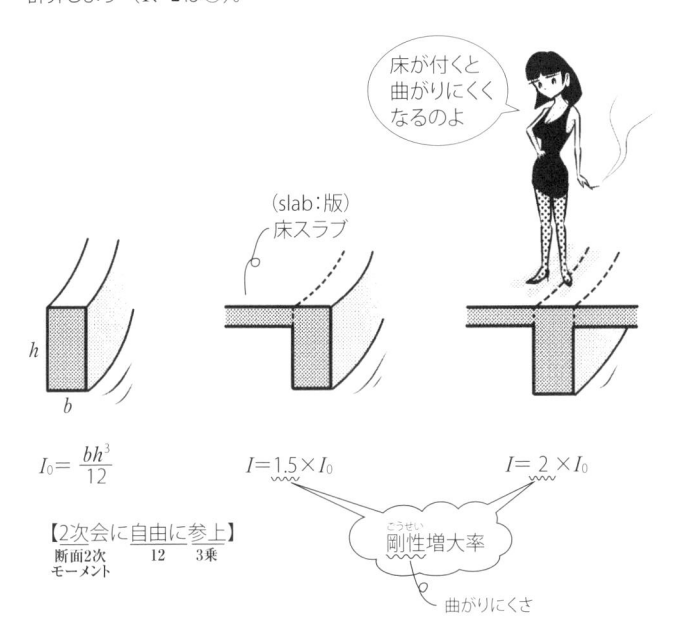

床が付くと曲がりにくくなるのよ

(slab：版) 床スラブ

$I_0 = \dfrac{bh^3}{12}$　　　$I = 1.5 \times I_0$　　　$I = 2 \times I_0$

【2次会に自由に参上】
断面2次モーメント　12　3乗

剛性増大率

曲がりにくさ

1次設計とは許容応力度計算のことで、①荷重計算、②骨組の応力計算、③部材断面の応力度計算、④応力度≦許容応力度の順に進めます。応力計算時に、Iを求めて剛度$K = I/\ell$から剛比$k = K/K_0$を出す際に、Iの割り増しを上記のように行います。

【 】内スーパー記憶術

答え ▶ 1. ○　2. ○

R053 ○×問題　曲げ材の鉄筋とコンクリートの応力度

Q 1. 鉄筋コンクリート構造における部材の曲げモーメントに対する断面算定においては、コンクリートの引張り応力度を無視する。
2. 鉄筋コンクリート構造における柱および梁の許容曲げモーメントの算定において、コンクリートのほか、主筋も圧縮力を負担するものとする。

A コンクリートの引張り応力度の最大値（引張り強度）は、圧縮応力度の最大値（圧縮強度）の1/10しかありません。また圧縮強度は鋼に比べて、1/20～1/10です。鉄筋コンクリート構造の断面を考える場合、コンクリートの引張り強度は無視し、ゼロとして扱います（1は○）。

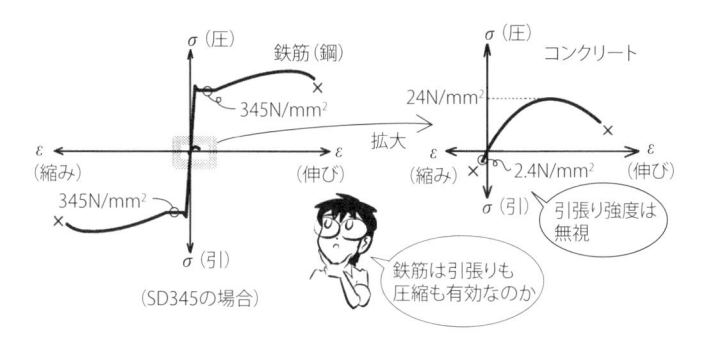

柱も梁も、軸方向に入れる太い鉄筋を主筋といいます。柱や梁を曲げると、凸の側は引っ張られ、凹の側は圧縮されます。引張り側は鉄筋だけで抵抗し、圧縮側は鉄筋とコンクリートで抵抗します（2は○）。伸びも縮みもしない中立軸から離れるほど伸び縮みの変形が大きくなるため、その変形を生む圧縮と引張りの応力度も、中立軸から離れるほど大きくなければなりません。圧縮側が鉄筋とコンクリート、引張り側が鉄筋のみ力を負担するので、中立軸は鋼のように長方形断面の中心にはきません。

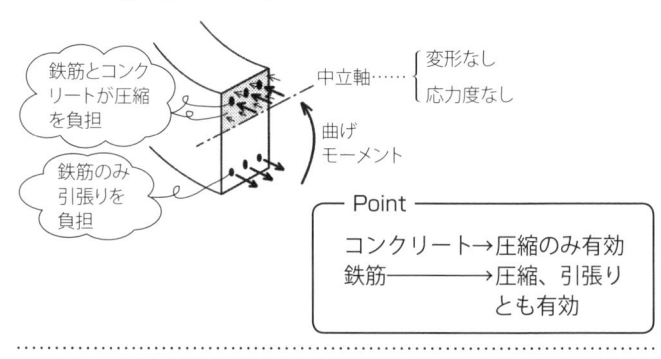

― Point ―
コンクリート→圧縮のみ有効
鉄筋　　　　→圧縮、引張りとも有効

答え ▶ 1. ○　2. ○

★ R054 ○×問題　柱径、梁せいと支点間距離

Q 鉄筋コンクリート構造において、
1. 普通コンクリートを使用した柱の小径を、所定の構造計算を行わない場合、支点間の距離の1/20とした。
2. 軽量コンクリートを用いた柱の小径を、支点間の距離の1/10とした。
3. 梁のせいは、クリープ等の変形の増大による使用上の支障が起こらないことを計算において確かめない場合には、梁の支点間の距離の1/10を超える値とする。

A 柱や梁は細長いと折れ曲がって座屈しやすく、またたわみやすいので、高さや長さに対する太さ（径、せい）が決められています。小径とは幅のうちの小さい方です。RC柱では普通コンクリートで支点間距離の1/15以上、軽量コンクリートで1/10以上（RC規準　1は×、2は○）。RC梁は支点間距離の1/10以上（建告　3は○）です。

スーパー記憶術

太くて重厚な RC柱
　　　　　1/15

遠 いスパンを架け渡す
10分の1　　　　　梁

柱の幅高比
$$\begin{cases} 普通コンクリート & \dfrac{d_1}{h} \geqq \dfrac{1}{15} \\ 軽量コンクリート & \dfrac{d_1}{h} \geqq \dfrac{1}{10} \end{cases}$$

柱の小径 — d_1

柱の支点間距離 h 高さ

梁のせい d_2

梁せいスパン比 $\dfrac{d_2}{\ell} \geqq \dfrac{1}{10}$

梁の支点間距離 ℓ

梁間、スパン

細長いとたわみやすく折れやすい！

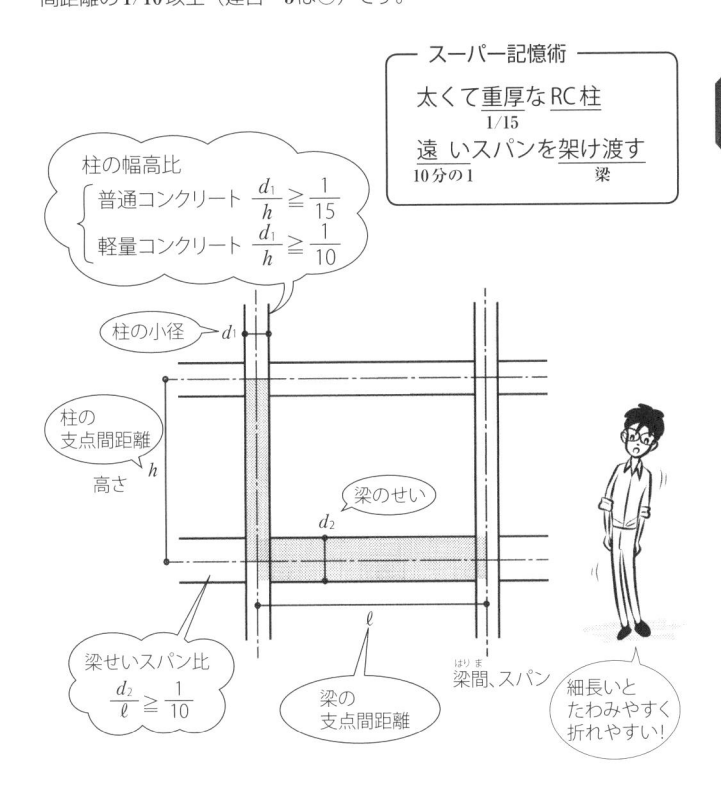

答え ▶ 1.×　2.○　3.○

★ R055 ○×問題　　　スリーブ

Q 鉄筋コンクリート構造において、
1. 梁に設ける設備用の円形貫通孔の径は、梁せいの1/2とする。
2. 梁に貫通孔を設ける場合には、柱には近接しない方がよい。
3. 梁の地震時応力は材端部で大きくなるので、貫通孔を設ける場合、材端より材中央に設ける方が、梁の靭（じん）性の低下は少ない。

A 貫通孔はスリーブ（sleeve：袖）ともいい、梁、壁に設ける際には位置、大きさ、補強に注意が必要です。直径は梁せいの1/3以下とされています（RC規準解説部　1は×）。

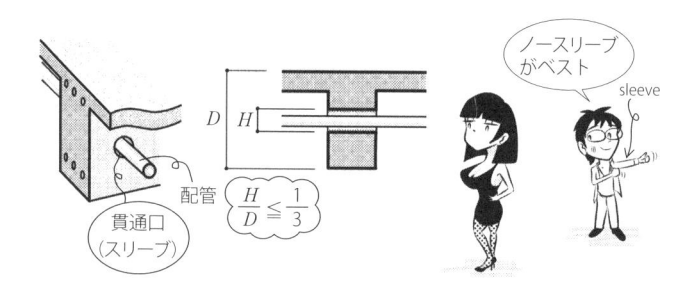

短期（非常時）にかかる地震力によって、梁の端部に大きなモーメント M が生じます。長期（常時）の鉛直荷重による M と足されて、端部の M はさらに大きくなります。せん断力 Q は M の傾き（$Q=\dfrac{dM}{dx}$）なので、Q も端部で大きくなります。スリーブは応力の大きな端部を避けて設けなければなりません（2、3は○）。

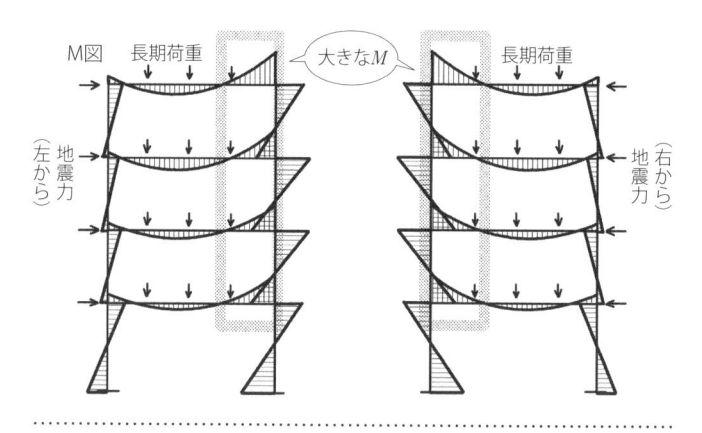

答え ▶ 1.×　2.○　3.○

★ R056　選択問題　　　　　　　　　　　梁主筋の位置

Q 図のような荷重を受ける鉄筋コンクリート構造の梁における主筋の位置のうち、最も不適当なものはどれか。

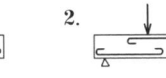

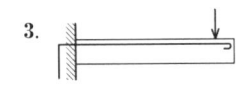

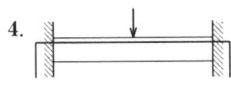

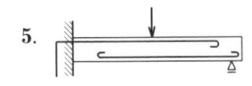

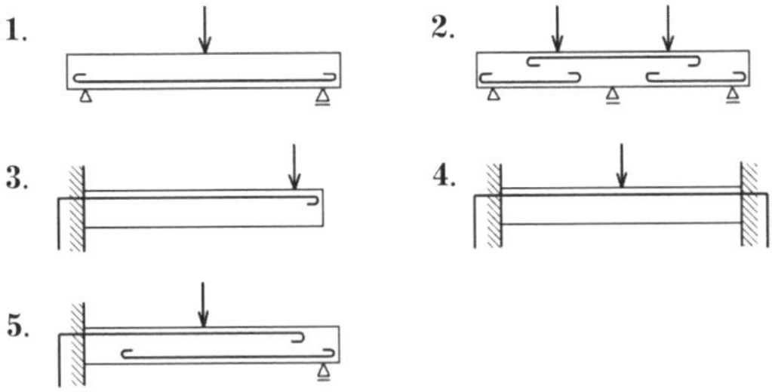

A コンクリートの引張り強度は圧縮強度の1/10しかありません。引張り側を鉄筋で補強しないと、梁はすぐに割れてしまいます。鋼の強度は、圧縮も引張りも同じで、コンクリートの圧縮強度の約15倍あります。梁の軸方向に入れる主筋は引張りの補強ですが、圧縮にも効いています。

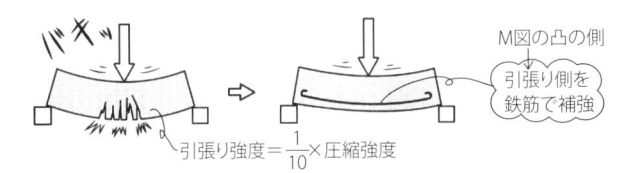

引張り強度 = $\frac{1}{10}$ × 圧縮強度

M図の凸の側
引張り側を鉄筋で補強

梁のM図と変形の形を考えて、M図の側、凸の側に鉄筋を入れます。実際の梁は左右から地震や風の水平力もかかるので、凸の側が上下に移り、そのため主筋も上下に通しで入れます（複筋梁）。

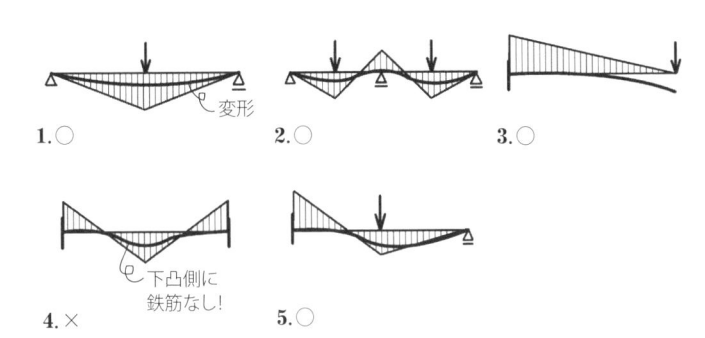

1. ○
2. ○
3. ○
4. ×　下凸側に鉄筋なし!
5. ○

答え ▶ 4

★ R057 まとめ　　ラーメンのM図

柱梁断面に生じる曲げモーメントMは非常に重要ですが、どちらが凸になるかを最初に覚えてしまうと楽です。M図の側に凸に変形し、引張り側となり、RC造では軸方向の太い鉄筋（主筋）が必要となります。

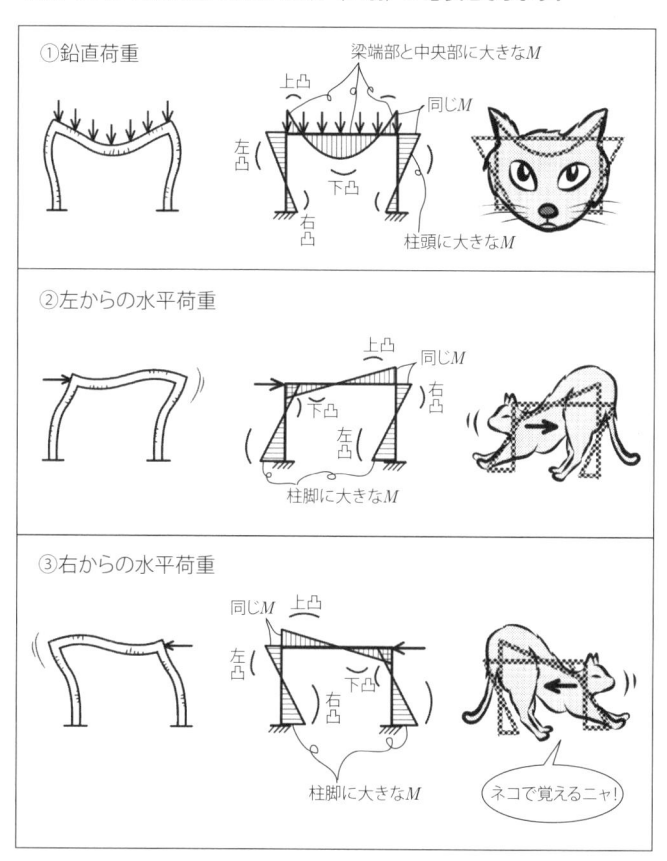

①鉛直荷重
　梁端部と中央部に大きなM
　上凸　同じM
　左凸　下凸　右凸
　柱頭に大きなM

②左からの水平荷重
　上凸　同じM
　下凸　右凸
　左凸
　柱脚に大きなM

③右からの水平荷重
　同じM　上凸
　左凸
　右凸　下凸
　柱脚に大きなM

ネコで覚えるニャ！

地震の場合、②→③→②→③と、左から右から交互に水平力がかかります。地震時には①も同時にかかるので、M図は足し算されて①+②、①+③となります。

★ R058 ○×問題　　　　複筋梁

Q 1. 鉄筋コンクリート構造の主要な梁は、全スパンにわたり複筋梁とする。
2. 鉄筋コンクリート構造の梁の圧縮鉄筋は、長期荷重によるクリープたわみの抑制および地震時における靭性確保に有効であるので、全スパンにわたって複筋梁とする。

A 梁の上下に軸方向の太い鉄筋（主筋）を入れるのを複筋梁、引張り側だけに主筋を入れるのを単筋梁といいます。RCラーメンの梁は、複筋梁とするのが、一般的です。

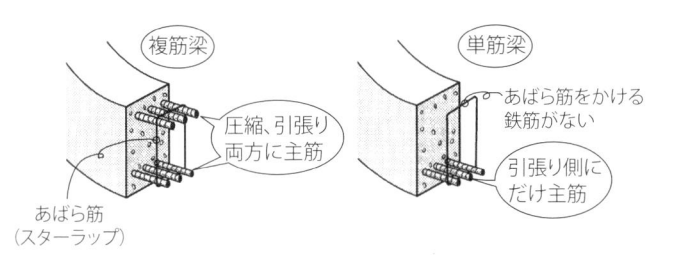

（複筋梁）圧縮、引張り両方に主筋／あばら筋（スターラップ）

（単筋梁）あばら筋をかける鉄筋がない／引張り側にだけ主筋

圧縮側にも主筋を入れると、コンクリートが負担する圧縮応力度が小さくなります。鋼は圧縮にも引張りにも、まったく同様の効果を発揮します。コンクリートに生じる圧縮応力度が小さくなると、コンクリートが圧壊してもろく壊れることを防げます。また圧縮応力度が小さいと、それだけクリープも生じにくく、クリープによるたわみも少なくなくなります（1、2は○）。

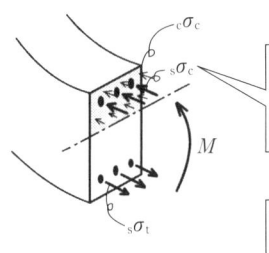

鉄筋に生じる圧縮応力度 $_s\sigma_c$ があるとコンクリートに生じる圧縮応力度 $_c\sigma_c$ が小さくてすむ

⇩

① コンクリートの圧壊を防ぐ
　脆性 → 靭性
　(変形が小さいうちに壊れる)（粘り強く、変形して壊れにくい）
② クリープによるたわみを防ぐ

── スーパー記憶術 ──
ぜいぜいいってすぐに壊れる
脆性
人生には粘りが必要
靭性

- クリープとは継続して荷重がかかると、変形が時間とともに増大する現象で、コンクリートと木にあって鋼にはない。

答え ▶ 1. ○　2. ○

★ R059 ○×問題 鉄筋の定着 その1

Q 下図の鉄筋コンクリート構造部材に使用される異形鉄筋の定着に関する記述の正誤を判定せよ。

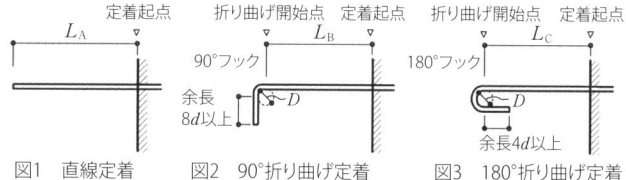

図1　直線定着　　図2　90°折り曲げ定着　　図3　180°折り曲げ定着

1. 図1に示す直線定着の必要長さ L_A は、鉄筋強度が高いほど長くなる。
2. 同じ鉄筋およびコンクリートを使用した場合、図1に示す直線定着の必要長さ L_A は、図2に示す90°折り曲げ定着の必要長さ L_B より長い。
3. 同じ鉄筋およびコンクリートを使用した場合、図3に示す180°折り曲げ定着の必要長さ L_C は、図2に示す90°折り曲げ定着の必要長さ L_B より短い。
4. 図2に示す90°折り曲げた鉄筋の折り曲げ開始点以降の部分を、横補強筋で拘束された領域に定着する場合、定着性能は向上する。

A コンクリートの設計基準強度 F_c が大きいほど付着強度も大きくなり、鉄筋は抜けにくくなり、定着長さは短くてすみます。同じ F_c では、鉄筋の強度が高いほど負担する応力も高くなりやすいので、定着長さを長くとります（配筋指針　1は○）。

$$\begin{cases} \text{コンクリート}F_c\text{大} \to \text{付着強度大} \to \text{定着長さは短くてすむ} \\ \text{鉄筋の強度大} \quad \to \text{負担応力大} \to \text{定着長さを長くとる} \end{cases}$$

直線状にコンクリートに入れて定着した場合、フック付き鉄筋を定着するよりも抜けやすくなります。そのため直線定着の方が、定着長さを長くとる必要があります（配筋指針　2は○）。

配筋指針ではフック付きかそうでないかの区別のみで、その形状が180°か90°かは記されていません（3は×）。

コンクリートは帯筋やあばら筋のように横方向に拘束されると、鉄筋を圧する力が減じにくく、コンクリートが壊れた際にもはらみ出しにくく、それだけ鉄筋が抜けにくくなります（4は○）。

答え ▶ 1. ○　2. ○　3. ×　4. ○

★ R060 ○×問題　　　鉄筋の定着　その2

Q 下図の鉄筋コンクリート構造に関する記述の正誤を判定せよ。

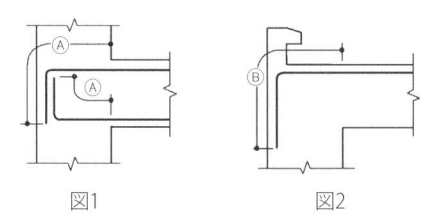

図1　　　図2

1. 図1のような一般階における梁端部の主筋については、Ⓐの部分を定着長さとした。
2. 図2のような最上階の梁における上端筋については、Ⓑの部分を定着長さとした。

A 梁の主筋は図1のように柱の反対側でL字に折り曲げて、しっかりと定着、アンカーさせ、抜けて梁が落ちないようにします（配筋指針　1は○）。上端筋は下に折り曲げ、下端筋は上に折り曲げて、パネルゾーン（柱梁接合部）側に入れるのが原則です（RC規準）。パネルゾーンの方が壊れにくいからです。

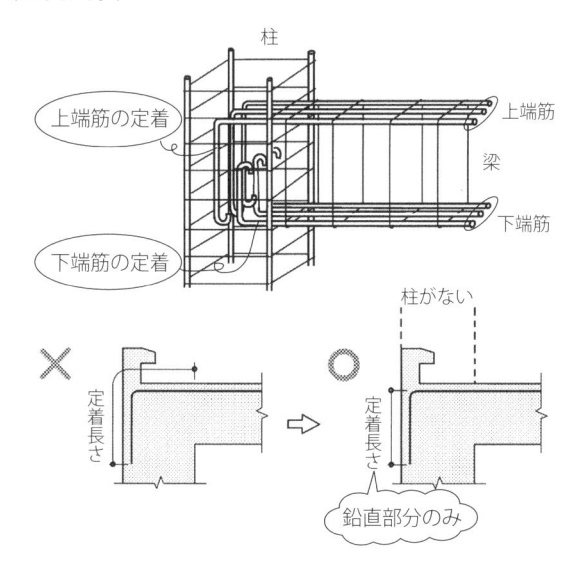

最上階の上端筋は上に柱のない分、抜けやすくなるので、折り曲げてからの鉛直部分を定着長さとします（配筋指針　2は×）。

答え ▶ 1. ○　2. ×

★ R061 ○×問題　　鉄筋の定着　その3

Q 鉄筋コンクリート構造において、
1. 外柱の柱梁接合部においては、靭（じん）性を確保するため、梁の下端筋は上向きに定着させ、梁の上端筋および下端筋の柱梁接合部内における水平定着長さを十分にとる。
2. 外周部の柱梁接合部において、梁主筋の水平投影長さは柱せいの**0.75倍**以上とする。
3. 最上階の梁における上端筋の**1段筋**において、右図のⒶの部分を定着長さとした。
4. 最上階の梁における上端筋の**2段筋**において、右図のⒷの部分を定着長さとした。

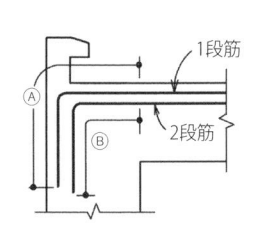

A 梁の下端筋は、上向きに折り曲げる方が壊れにくく、粘り強く（靭性）なります（RC規準　1は○）。下向きに折り曲げると、接合部に生じる斜めせん断ひび割れが鉄筋に沿って進展して壊れ、鉄筋が抜けやすくなるためです。上端筋も下端筋も、パネルゾーン（柱梁接合部）に入れるのが原則です。また柱幅（せい）の**0.75倍**（3/4倍）、鉄筋をのみ込ませます（RC規準　2は○）。

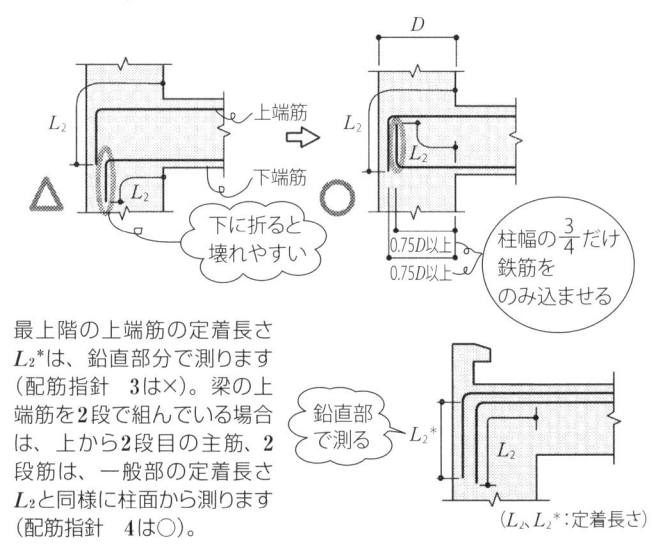

最上階の上端筋の定着長さ$L_2{}^*$は、鉛直部分で測ります（配筋指針　3は×）。梁の上端筋を2段で組んでいる場合は、上から2段目の主筋、2段筋は、一般部の定着長さL_2と同様に柱面から測ります（配筋指針　4は○）。

答え ▶ 1.○　2.○　3.×　4.○

★ R062 ○×問題　　　鉄筋の定着　その4

Q 鉄筋コンクリート構造における鉄筋の定着、納まりを示す次の図の正誤を判定せよ。

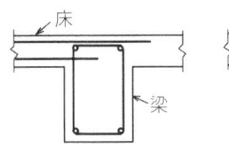

1. 両側スラブの場合の スラブ筋端部の定着
2. 逆スラブの場合の スラブ筋端部の定着 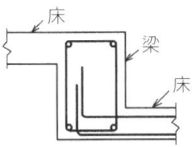
3. 一般階の梁主筋の定着 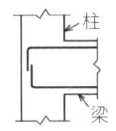
4. 片側スラブの場合の あばら筋末端部の納まり 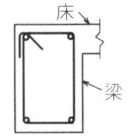
5. 帯筋末端部の納まり 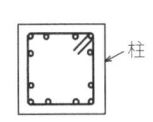

A 床スラブの鉄筋は、梁に直線でのみ込ませればOKですが、スラブ端での梁への定着では上端筋を折り曲げます（配筋指針　1、2は○）。

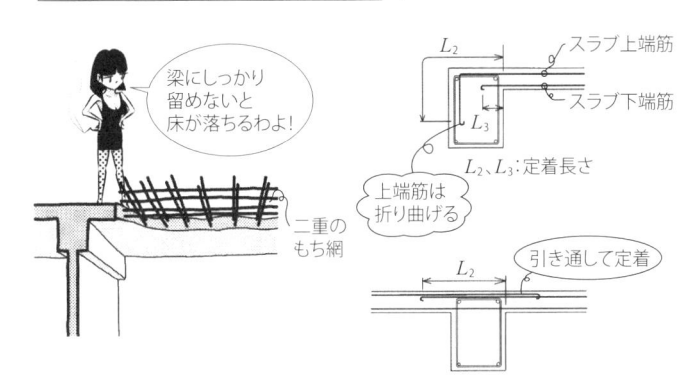

梁にしっかり留めないと床が落ちるわよ！

二重のもち網

L_2、L_3：定着長さ

スラブ上端筋
スラブ下端筋
上端筋は折り曲げる
引き通して定着

梁主筋の柱への定着は、上端筋、下端筋ともに折り曲げてパネルゾーンに入れるのが原則です（配筋指針　3は○）。下端筋を下に曲げるよりも、上に曲げてパネルゾーンに入れた方が好ましいとされています。

帯筋の135°フックはOK（R104参照　5は○）。あばら筋のフックは135°が原則で、スラブ側のみ90°フックが許されます（配筋指針　4は×）。輪状の鉄筋末端部は135°と覚えておきましょう。

答え ▶ 1.○　2.○　3.○　4.×　5.○

★ R063 ○×問題　柱梁の主筋量

Q 鉄筋コンクリート構造において、
1. 柱のコンクリート全断面積に対する主筋全断面積の割合は、所定の構造計算を行わない場合、コンクリートの断面積を必要以上に増大しなかったので、0.4%とした。
2. 耐震壁の付帯ラーメン（耐震壁の四周のラーメン）の梁の主筋の算定においては、床スラブ部分を除く梁のコンクリート全断面積に対する主筋全断面積の割合を0.4%とした。

A 柱の主筋量は、柱全断面積の0.8%以上とされています（RC規準　1は×）。梁の主筋量は、耐震壁の付帯ラーメンの場合で0.8%以上とされています（RC規準　2は×）。<u>0.4%以上とは、梁のつり合い鉄筋比p_tの規定です</u>（R065）。

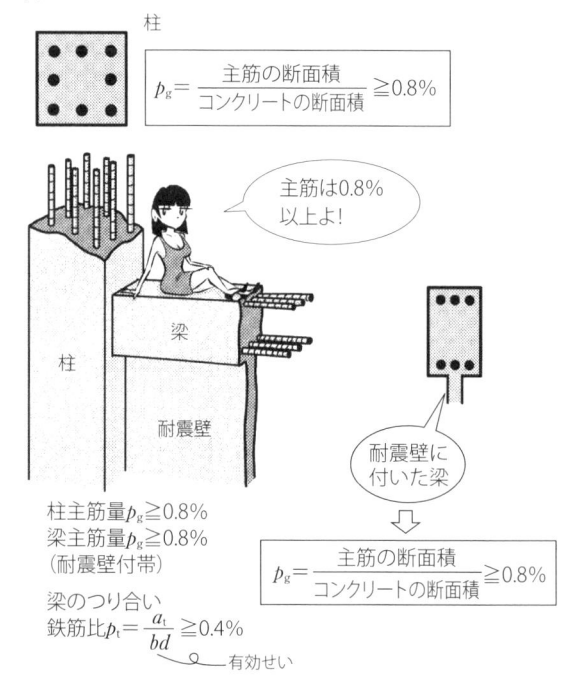

柱

$$p_g = \frac{\text{主筋の断面積}}{\text{コンクリートの断面積}} \geqq 0.8\%$$

主筋は0.8%以上よ！

梁

柱

耐震壁

耐震壁に付いた梁

$$p_g = \frac{\text{主筋の断面積}}{\text{コンクリートの断面積}} \geqq 0.8\%$$

柱主筋量 $p_g \geqq 0.8\%$
梁主筋量 $p_g \geqq 0.8\%$
（耐震壁付帯）

梁のつり合い
鉄筋比 $p_t = \dfrac{a_t}{bd} \geqq 0.4\%$
　　　　　　└ 有効せい

― スーパー記憶術 ―

<u>ピチピチ</u>したお<u>しり</u>　×2　　p_g　　（引）（圧）
p_t　　　　0.4%　　→　0.8%　　：t と c で2倍

答え ▶ 1.×　2.×

★ R064 ○×問題　　　　　　　　　　　　　　　引張り鉄筋比　その1

Q 梁の引張り鉄筋比がつり合い鉄筋比以下の場合、梁の最大曲げモーメントは、引張り鉄筋の断面積にほぼ比例する。

A 引張り鉄筋比 p_t とは、曲げ材の断面積に比べてどれくらい引張り鉄筋があるかの比です。分母にくるのは全体の断面積ではなく、有効断面積なので注意してください。

有効せい d、梁の有効断面積 $b \times d$、引張り鉄筋の断面積 a_t

$$p_t = \frac{a_t}{bd} \left(\frac{\text{引張り鉄筋の断面積}}{\text{有効断面積}} \right)$$

proportion　tension

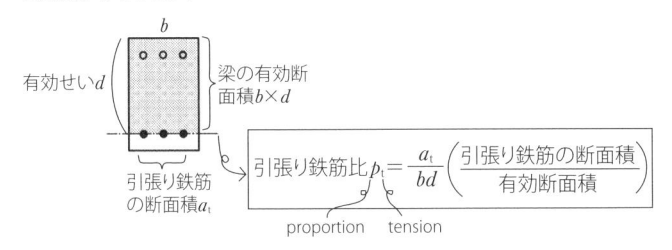

引張り鉄筋の量が少ないと、曲げモーメント M が大きくなり、すぐに鉄筋の許容引張り応力度 f_t に達してしまいます。さらに鉄筋量を増やすと、鉄筋が f_t に達すると同時に、コンクリートの圧縮応力度の最大（縁圧縮応力度）が許容圧縮応力度 f_c に達する点がきます。その鉄筋とコンクリートが同時に許容応力度となる点での引張り鉄筋比 p_t が、つり合い鉄筋比と呼ばれます。M は断面全体、f_t は断面の1部分のことなので注意してください。

引張り鉄筋比以下では、コンクリートの圧縮強さに比べて鉄筋量が少なく、許容曲げモーメントは鉄筋量で決まります。鉄筋の断面積 a_t が大きくなると、ほぼ比例して許容曲げモーメントも大きくなります（答えは○）。

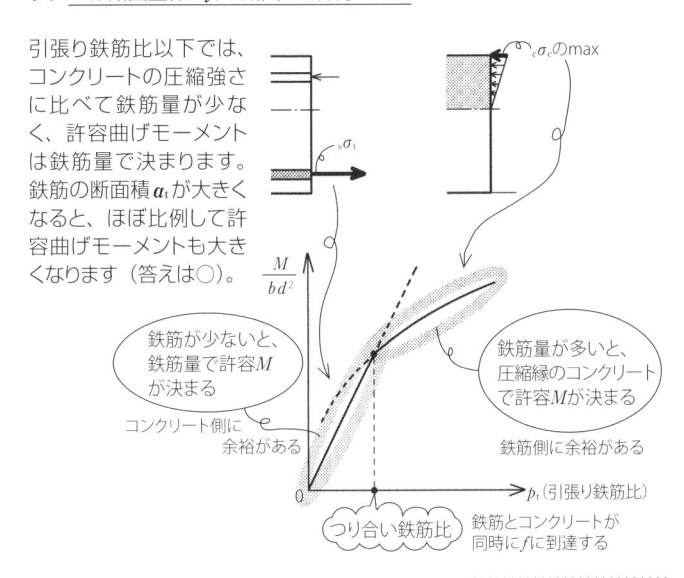

- 鉄筋が少ないと、鉄筋量で許容 M が決まる（コンクリート側に余裕がある）
- 鉄筋量が多いと、圧縮縁のコンクリートで許容 M が決まる（鉄筋側に余裕がある）
- つり合い鉄筋比：鉄筋とコンクリートが同時に f に到達する

縦軸：$\dfrac{M}{bd^2}$　横軸：p_t（引張り鉄筋比）

答え ▶ ○

★ R065 ○×問題　引張り鉄筋比　その2

Q 梁において、長期荷重時に正負最大曲げモーメントを受ける断面の最小引張り鉄筋比については、「**0.4%**」または「存在応力によって必要とされる量の4/3倍」のうち、小さい方の値以上とした。

A 梁の最大曲げモーメントを決めるには、コンクリートの圧縮縁が許容圧縮応力度f_cに達するときのMか、引張り鉄筋が許容引張り応力度f_tに達するときのMのうち、小さい方とします。引張り鉄筋の量がつり合い鉄筋比のときに、コンクリートと鉄筋は、同時に許容応力度に達します。コンクリートは現場作業によってつくられるので、信頼性は鉄筋の方が上です。鉄筋の側で許容Mが決められるように、引張り鉄筋比p_tはつり合い鉄筋比以下で、コンクリートに比べて鉄筋を若干弱め側で設計します。たとえばマラソンをする際には同じ体力の者どうしの方が同時にへたばるように、鉄筋とコンクリートもほぼ同時に許容応力度に達するように、すなわちつり合い鉄筋比に近いところで鉄筋量を決めるのが無駄のない設計となります。p_tは**0.4%**以上、つり合い鉄筋比以下で、つり合い鉄筋比に近い数値となるよう調整します。

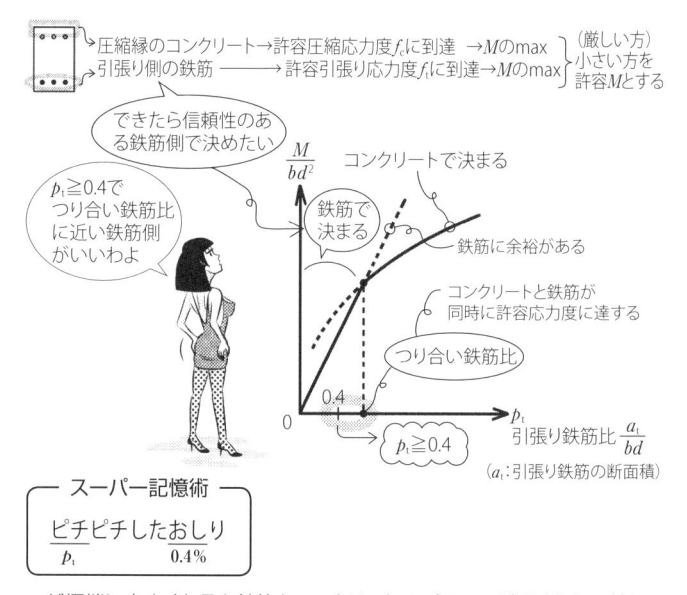

- 圧縮縁のコンクリート → 許容圧縮応力度f_cに到達 → Mのmax
- 引張り側の鉄筋 → 許容引張り応力度f_tに到達 → Mのmax

（厳しい方）小さい方を許容Mとする

できたら信頼性のある鉄筋側で決めたい

$p_t ≧ 0.4$でつり合い鉄筋比に近い鉄筋側がいいわよ

$\dfrac{M}{bd^2}$

コンクリートで決まる

鉄筋で決まる

鉄筋に余裕がある

コンクリートと鉄筋が同時に許容応力度に達する

つり合い鉄筋比

0.4

$p_t ≧ 0.4$

引張り鉄筋比 $\dfrac{a_t}{bd}$

（a_t：引張り鉄筋の断面積）

── スーパー記憶術 ──
ピチピチしたおしり
　p_t　　　0.4%

p_tが極端に小さくなると鉄筋とコンクリートのバランスが悪くなり、粘りのある鉄筋が減ってしまうので、**0.4%**以上とされています。また基礎梁のような大断面では引張りによる割れの危険も少なくなるので、**0.4%**未満でも応力の4/3倍の鉄筋量があればよいとされています（RC規準　答えは○）。

答え ▶ ○

★ R066 ○×問題　梁の許容曲げモーメント その1

Q 梁の曲げに対する断面算定において、梁の引張り鉄筋比がつり合い鉄筋比以下の場合、梁の許容曲げモーメントは、a_t（引張り鉄筋の断面積）× f_t（鉄筋の許容引張り応力度）× j（曲げ材の応力中心距離）により計算する。

A 引張り鉄筋比 p_t と曲げモーメント M の関係は、圧縮と引張りの鉄筋量の比を決めると、ひとつのグラフになります。縦軸を M/bd^2 としているのは、幅 b と有効せい d をこのような式にすると、M と p_t の関係のみになるからです。p_t ＝つり合い鉄筋比だと、引張り鉄筋と圧縮縁のコンクリートが同時に許容応力度に到達し、それ以下だと引張り鉄筋が先に許容応力度に達します。M は圧縮力と引張り力の偶力で生じるので、鉄筋で許容 M が決まる場合は、鉄筋の f_t による偶力＝許容 M として計算できます。

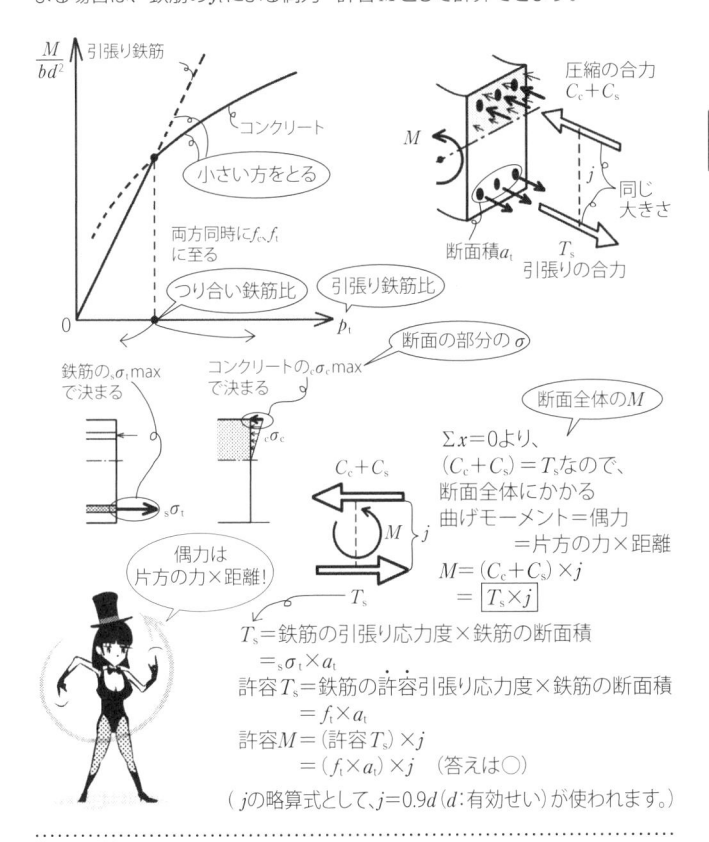

$\Sigma x = 0$ より、
$(C_c + C_s) = T_s$ なので、
断面全体にかかる
曲げモーメント＝偶力
　　　　　　　＝片方の力×距離
$M = (C_c + C_s) \times j$
　　$= \boxed{T_s \times j}$

T_s ＝鉄筋の引張り応力度×鉄筋の断面積
　　$= {}_s\sigma_t \times a_t$
許容 T_s ＝鉄筋の許容引張り応力度×鉄筋の断面積
　　　　$= f_t \times a_t$
許容 M ＝（許容 T_s）× j
　　　　$= (f_t \times a_t) \times j$　（答えは○）

（j の略算式として、$j = 0.9d$（d：有効せい）が使われます。）

答え ▶ ○

★ R067 ○×問題　梁の許容曲げモーメント　その2

Q 長方形梁の許容曲げモーメントは、圧縮縁がコンクリートの許容圧縮応力度に達したとき、または引張り側鉄筋が鉄筋の許容引張り応力度に達したときに対して算定される値のうち、大きい方の数値とする。

A 曲げモーメントを受けた下図の長方形梁では、中立軸より上が圧縮されて縮み、中立軸から下は引っ張られて伸びます。断面が変形した後も平面を保つと仮定すると、中立軸からの距離に比例して変形が大きくなり（①）、その変形させる応力度も大きくなります。コンクリートの圧縮応力度は上の縁で最大となります（②）。鉄筋の応力度は、変形の大きい引張り側の方が圧縮側より大きくなります（③）。コンクリートの圧縮応力度と鉄筋の引張り応力度のうち、どちらかが許容応力度に達した段階で梁が曲げに対して危険と判断されるので、そのときの曲げモーメントを許容曲げモーメントとします。よって小さい方の値とします（答えは×）。

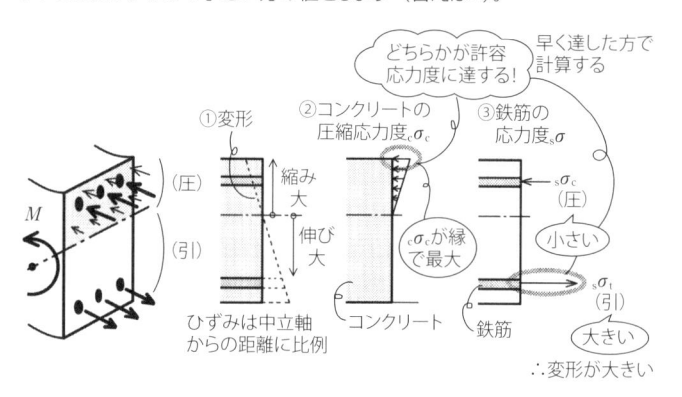

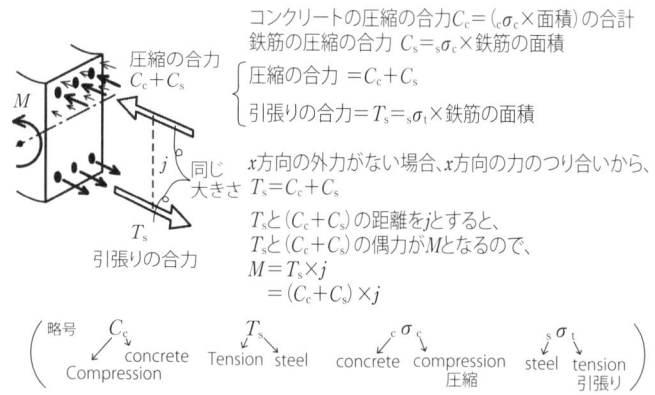

コンクリートの圧縮の合力 $C_c = (_c\sigma_c \times 面積)$ の合計
鉄筋の圧縮の合力 $C_s = {_s\sigma_c} \times 鉄筋の面積$

$\begin{cases} 圧縮の合力 = C_c + C_s \\ 引張りの合力 = T_s = {_s\sigma_t} \times 鉄筋の面積 \end{cases}$

x方向の外力がない場合、x方向の力のつり合いから、
$T_s = C_c + C_s$

T_s と $(C_c + C_s)$ の距離をjとすると、
T_s と $(C_c + C_s)$ の偶力がMとなるので、
$M = T_s \times j$
$\quad = (C_c + C_s) \times j$

$\begin{pmatrix} 略号 & C_c & T_s & _c\sigma_c & _s\sigma_t \\ & \text{concrete} & \text{Tension steel} & \text{concrete compression} & \text{steel tension} \\ & \text{Compression} & & 圧縮 & 引張り \end{pmatrix}$

答え ▶ ×

★ R068 まとめ 梁の鉄筋量

梁の鉄筋量を求めるグラフを、ここでまとめておきます。形ごと覚えてしまいましょう。応力計算で梁各部の曲げ応力度を求め、断面形から $\dfrac{M}{bd^2}$ を出します。γ、F_c、f_t、f_c、E の比などから p_t を求めます。

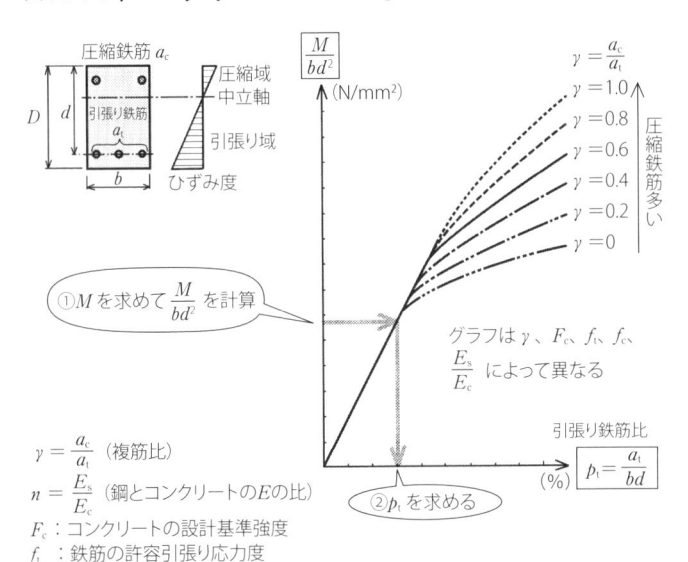

① M を求めて $\dfrac{M}{bd^2}$ を計算

② p_t を求める

グラフは γ、F_c、f_t、f_c、$\dfrac{E_s}{E_c}$ によって異なる

$\gamma = \dfrac{a_c}{a_t}$ （複筋比）

$n = \dfrac{E_s}{E_c}$ （鋼とコンクリートの E の比）

F_c：コンクリートの設計基準強度
f_t：鉄筋の許容引張り応力度
f_c：鉄筋の許容圧縮応力度

$p_t = \dfrac{a_t}{bd}$

スーパー記憶術

$\dfrac{M}{bd^2}$ と p_t のグラフ

ホースと水で覚えるのよ！

鉄筋 ← 棒状
で決まる
直線
（引張り鉄筋が先に壊れる）

水 → 水を使うコンクリート
で決まる
曲線
（圧縮コンクリートが先に壊れる）

★ R069 計算問題

Q 図のような断面の鉄筋コンクリート構造の梁について、上側圧縮、下側引張りとなる曲げモーメントが作用している場合、終局曲げモーメントの値を求めよ。ただし、コンクリートの圧縮強度は$36N/mm^2$、主筋（D25）1本当たりの断面積は$507mm^2$、主筋の降伏応力度は$345N/mm^2$、引張り鉄筋の降伏が圧縮コンクリートの破壊より先行したとする。

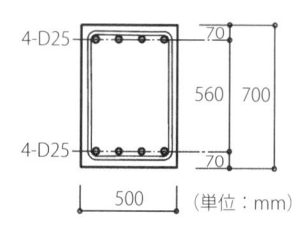

断面図：4-D25（上）、4-D25（下）、かぶり70mm、有効せい560mm、全せい700mm、幅500mm（単位：mm）

A ①全塑性モーメントM_p（plasticity：塑性）は、全断面で降伏して塑性状態になったときの曲げモーメントです。鋼は圧縮、引張りともに降伏応力度σ_y（yield：降伏）は同じなので、全断面で塑性になるとき、圧縮側のσ_yのブロックと引張り側のσ_yのブロックが同じ大きさとなる単純できれいな形となります。

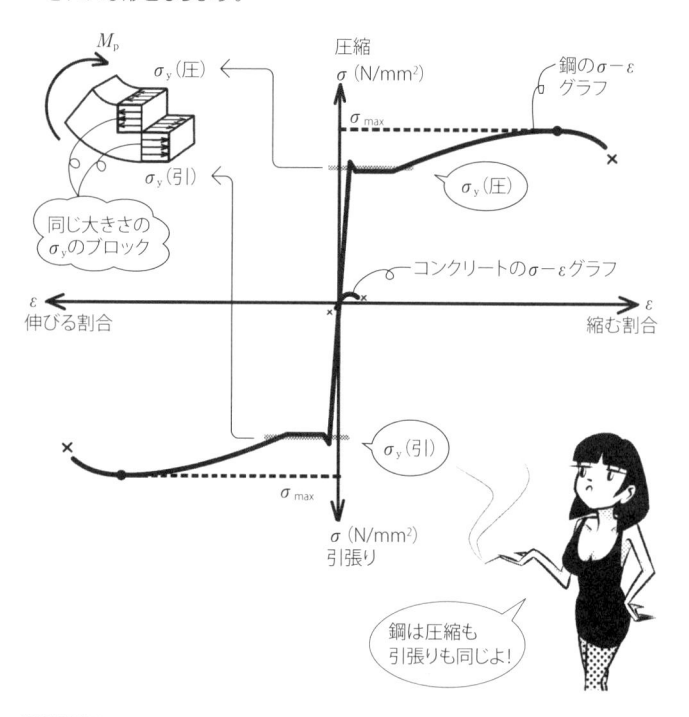

鋼は圧縮も引張りも同じよ！

梁の終局曲げモーメント　その1

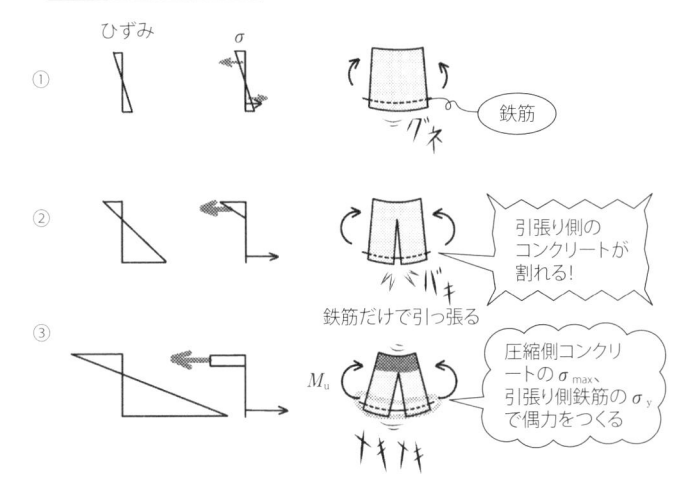

②コンクリートのσ-εグラフは、鋼のグラフの1/15程度の高さしかありません。また原点から直線の部分（弾性域）もなく、さらにコンクリートの引張りのσ_{max}は圧縮の1/10程度です。梁は強い曲げを受けると、引張り側のコンクリートが割れてしまって、鉄筋だけで抵抗する形となります（下図②）。さらに曲げモーメントが大きくなると、圧縮側に残ったコンクリートのσ_{max}と引張り側鉄筋のσ_yとで偶力をつくり、曲げに抵抗しながら変形が進んで壊れます（下図③）。全断面が塑性の全塑性モーメントではなく、壊れる、終わりとなるモーメントで、**終局曲げモーメント M_u（ultimate：終局の）**といわれるゆえんです。

③圧縮力Cのσ_{max}のブロックの大きさはあいまいで、計算できません。しかし引張り力Tは（鉄筋の断面積の合計）×（鉄筋のσ_y）で求まります。また、jは引張り鉄筋の心から梁上端までの高さd（有効せい）の**0.9倍**という略算を使うことができます。

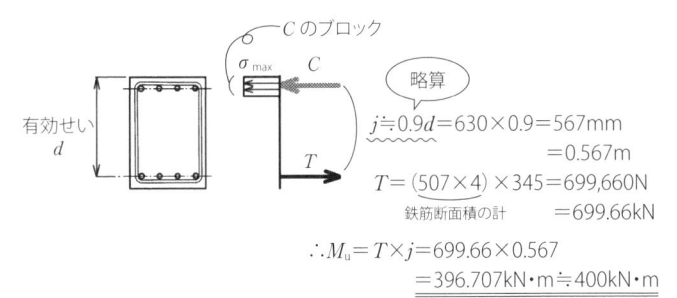

略算

$j ≒ 0.9d = 630 × 0.9 = 567\,\text{mm}$
$= 0.567\,\text{m}$

$T = \underbrace{(507 × 4)}_{\text{鉄筋断面積の計}} × 345 = 699{,}660\,\text{N}$
$= 699.66\,\text{kN}$

$\therefore M_u = T × j = 699.66 × 0.567$
$= 396.707\,\text{kN·m} ≒ 400\,\text{kN·m}$

答え ▶ **400 kN·m**

★ R070 計算問題

Q 図1のような水平力 P を受ける鉄筋コンクリートラーメン架構において、全長にわたり図2のような断面の梁の場合、梁の引張り鉄筋の降伏が圧縮コンクリートの破壊より先行して生じた。このときの点Aにおける終局曲げモーメント M_u の値を求めよ。ただし条件はイ～ニのとおりとする。

図1

条件
- イ. 鉄筋の降伏応力度 σ_y : 350N/mm²
- ロ. コンクリートの圧縮強度 F_c : 24N/mm²
- ハ. 主筋（D25）1本当たりの断面積 : 500mm²
- ニ. 梁の自重は無視するものとする

図2 (単位:mm)

A ①つり合いだけで反力、応力が出せない（不静定）ラーメンでは、M図のだいたいの形を覚えておくと便利です。M図は鉛直荷重時と水平荷重時を別々に出しておいて、後から重ね合わせる（足し算する）のが一般的です。

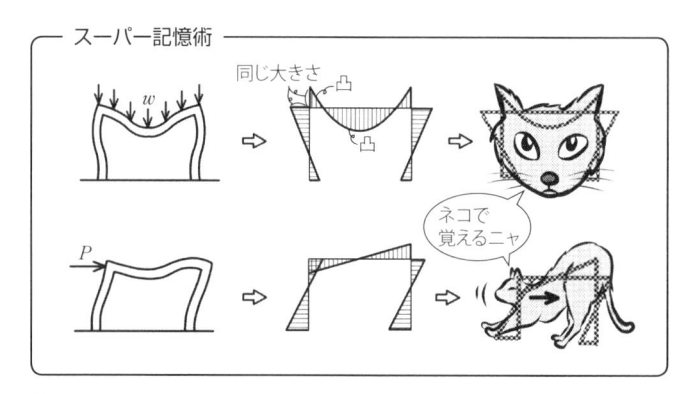

── スーパー記憶術 ──

②水平荷重 P を大きくしていくと、ある点で材料が降伏し、同じ力で変形が進むようになります。ヒンジ（ピン）のように回転してしまうので、降伏ヒンジとか塑性ヒンジといいます。柱梁の接合部では、柱と梁のうち、曲げに弱い方が降伏ヒンジとなって回転するようになります。

降伏点 σ_y に至った鉄筋は、すぐに切断されず、グネーっと延びていきます。梁全体から見ると、ヒンジとなって回転することになります。

梁の終局曲げモーメント その2

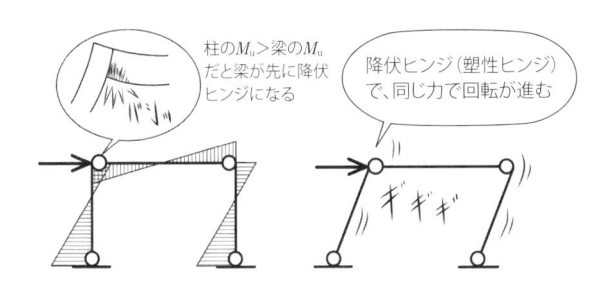

③問題の点Aでは、M図から梁の下が凸で、下側の鉄筋が引張りに抵抗します。鉄筋3本の降伏強度（T）を出し、それに$j=0.9×$有効せいをかけてM_uを求めます。

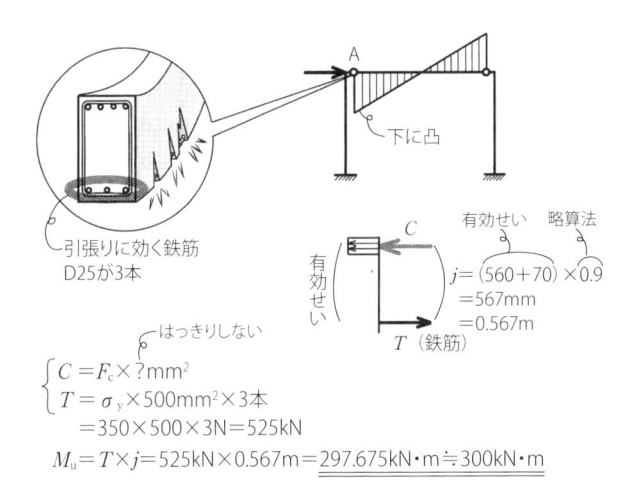

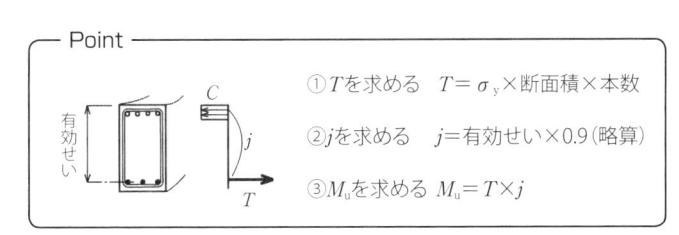

引張りに効く鉄筋 D25が3本

$j=(560+70)×0.9$
$\quad=567\text{mm}$
$\quad=0.567\text{m}$

$\begin{cases} C = F_c × ?\text{mm}^2 \\ T = \sigma_y × 500\text{mm}^2 × 3\text{本} \\ \quad = 350 × 500 × 3\text{N} = 525\text{kN} \end{cases}$

$M_u = T × j = 525\text{kN} × 0.567\text{m} = \underline{297.675\text{kN·m} ≒ 300\text{kN·m}}$

- Point -

① Tを求める　$T = \sigma_y ×$ 断面積 × 本数

② jを求める　$j = $ 有効せい $× 0.9$（略算）

③ M_uを求める　$M_u = T × j$

答え ▶ 300kN·m

★ R071 まとめ　　　　梁の曲げ破壊

梁の曲げ破壊にはいくつかのパターンがあってややこしいので、ここでまとめておきましょう。絵として右脳に焼き付けておきましょう。

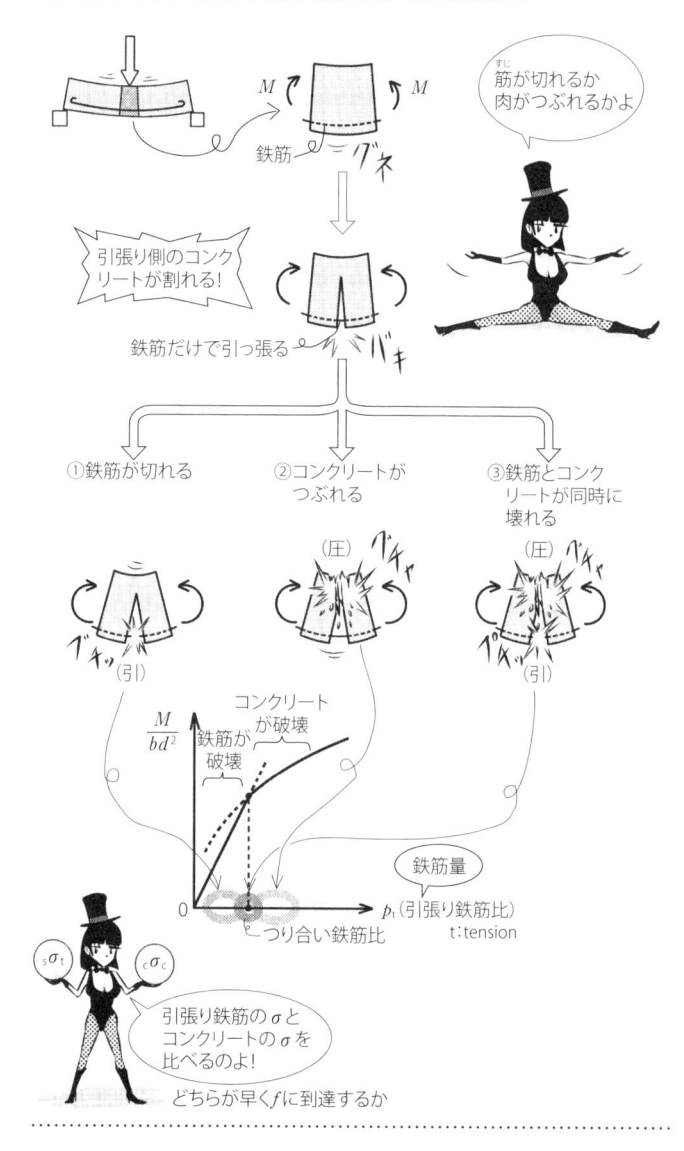

筋が切れるか肉がつぶれるかよ

引張り側のコンクリートが割れる！

鉄筋だけで引っ張る

① 鉄筋が切れる
② コンクリートがつぶれる
③ 鉄筋とコンクリートが同時に壊れる

$\dfrac{M}{bd^2}$

鉄筋が破壊
コンクリートが破壊

鉄筋量

p_t (引張り鉄筋比)
t：tension

つり合い鉄筋比

$_s\sigma_t$　$_c\sigma_c$

引張り鉄筋の σ とコンクリートの σ を比べるのよ！

どちらが早く f_c に到達するか

★ R072 ○×問題　柱梁のせん断補強筋　その1

Q 鉄筋コンクリート構造において、
1. 柱および梁の許容せん断力の算定において、主筋はせん断力を負担しないものとする。
2. 帯筋やあばら筋の間隔を密にすると、部材を粘り強くする効果がある。

A 柱梁に入れられた軸方向の太い鉄筋が主筋、主筋に巻き付いた細い鉄筋がせん断補強筋です。せん断補強筋は柱では帯筋（hoop：フープ）、梁ではあばら筋（stirrup：スターラップ）と呼ばれます。せん断力Qに抵抗するのは巻き付いた帯筋、あばら筋で、主筋ではありません（1は○）。

Qは柱梁の断面を平行四辺形に変形させようとし、断面内では中央部に最も大きなせん断応力度τ（タウ）が働きます。平行四辺形の長い方の対角線方向に引っ張られますが、帯筋、あばら筋は対角線方向に広がらないように引っ張って抵抗します。

Qがかかると、少ない変形でコンクリートは壊れます（脆性（ぜいせい）破壊）。鉄筋を多く巻くことで、せん断強度を高め、粘り強くする（靭性（じんせい））ことができます（2は○）。

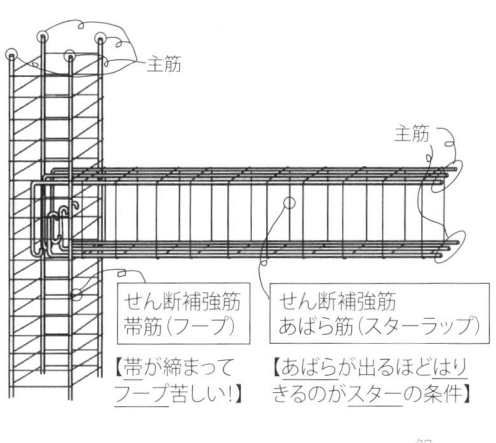

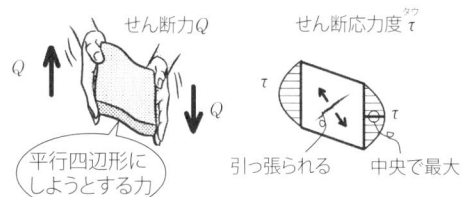

【帯が締まってフープ苦しい！】

【あばらが出るほどはりきるのがスターの条件】

【 】内スーパー記憶術

答え ▶ 1. ○　2. ○

★ R073 ○×問題　　柱梁のせん断補強筋　その2

Q 鉄筋コンクリート構造において、
1. 帯筋、あばら筋は、せん断ひび割れの発生を抑制することを主な目的として設ける。
2. 帯筋、あばら筋は、せん断ひび割れの発生を抑制するものではないが、ひび割れの伸展を防止し、部材のせん断終局強度を増大させる効果がある。

A 帯筋、あばら筋はせん断補強筋ともいい、せん断力Qに抵抗することを主な目的として主筋に巻き付ける鉄筋です（1は×）。せん断終局強度とは、せん断破壊時の強度で、コンクリートのせん断強度と、帯筋、あばら筋の引張り強度の両方で破壊に抵抗します。帯筋、あばら筋はせん断ひび割れの発生は止められませんが、その伸展は防止できるとされています（RC規準解説部　2は○）。

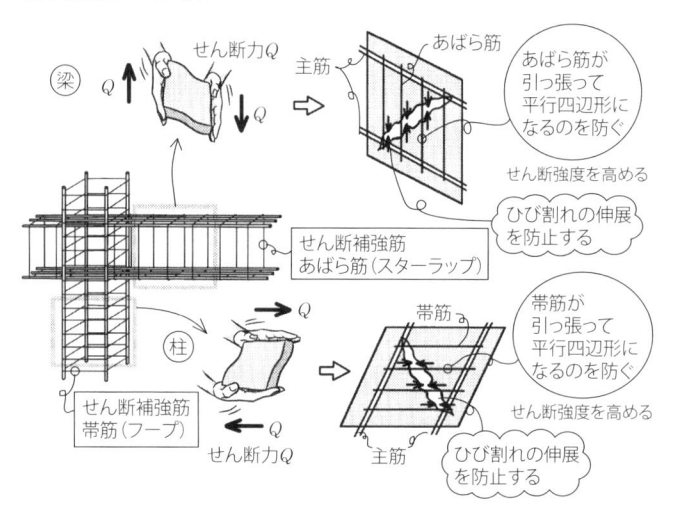

- Point -

せん断補強筋（帯筋、あばら筋） ⇨ せん断ひび割れ ┤ 発生の抑制× / 伸展の防止○

答え ▶ 1.×　2.○

★ R074 ○×問題 柱梁のせん断補強筋 その3

Q せん断ひび割れが生じた後の梁は、ひび割れに挟まれた斜めのコンクリート部分が圧縮に働き、せん断補強筋と主筋が引張りに働いて、トラス機構を形成してせん断力に抵抗する。

A 構造計算ではせん断強度（終局強度：最大強度）は、コンクリートの効果＋せん断補強筋の効果で計算します。RC規準における柱、梁の許容せん断応力度を求める計算式には、主筋の量は出てきません。部材中央付近でのコンクリートのせん断力と斜め方向の引張りに抵抗するせん断補強筋の引張り力で、全体のせん断力 Q に抵抗しています。

> せん断力 Q への抵抗＝コンクリートの効果＋せん断補強筋の効果

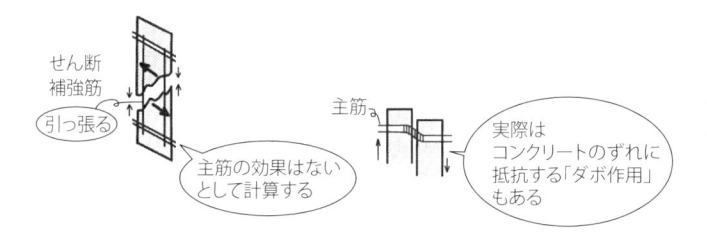

しかし細かく見ると、主筋にもコンクリートのずれに抵抗する「ダボ作用」「ダボ効果」があります。ダボとは材どうしをつなぐときに用いる小片のことで、ずれやすべりを防止する役を担っています。たとえばパルテノン神殿の柱は、輪切りにされた円柱の間に木製のダボが入れられています。

また実験から求められた許容せん断応力度の式は、高強度のコンクリートや鉄筋を用いた場合には当てはまらなくなります。そこでトラス機構のモデルに置き換えて、せん断終局強度を求める研究がされるようになりました。コンクリートにせん断ひび割れが入って分割された場合、コンクリートは斜めの圧縮材、主筋とせん断補強筋は水平、垂直の引張り材という3角形のトラスと単純化します（答えは○）。

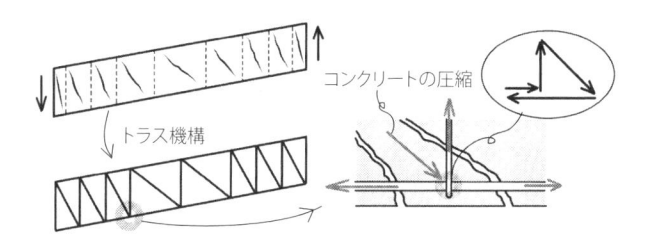

答え ▶ ○

★ R075 ○×問題　柱梁のせん断補強筋　その4

Q 鉄筋コンクリート構造において、
1. 柱および梁の靭(じん)性を確保するために、部材がせん断破壊する以前に曲げ降伏するように設計する。
2. 柱部材の引張り鉄筋が多いほど、曲げ耐力は大きくなり、靭性は向上する。
3. 曲げ降伏する梁は、両端が曲げ降伏する場合におけるせん断力に対する梁のせん断力の比(せん断余裕度)が大きい方が、曲げ降伏後のせん断破壊が生じにくいので、靭性は高い。

A 曲げモーメントMが許容応力度を通り越し終局曲げモーメントM_uに達すると、Mが増えずにM_uのままで回転しはじめます。M_uに到達してから破壊まで、変形を続けながら粘ります。一方せん断破壊は粘らずに一気に破壊に至るので、せん断破壊の前に曲げ降伏するようにします(1は○)。せん断補強筋を増やしてせん断力を高めて粘り強くし、靭性を高めます(2は×、3は○)。

【人生には粘りが必要】

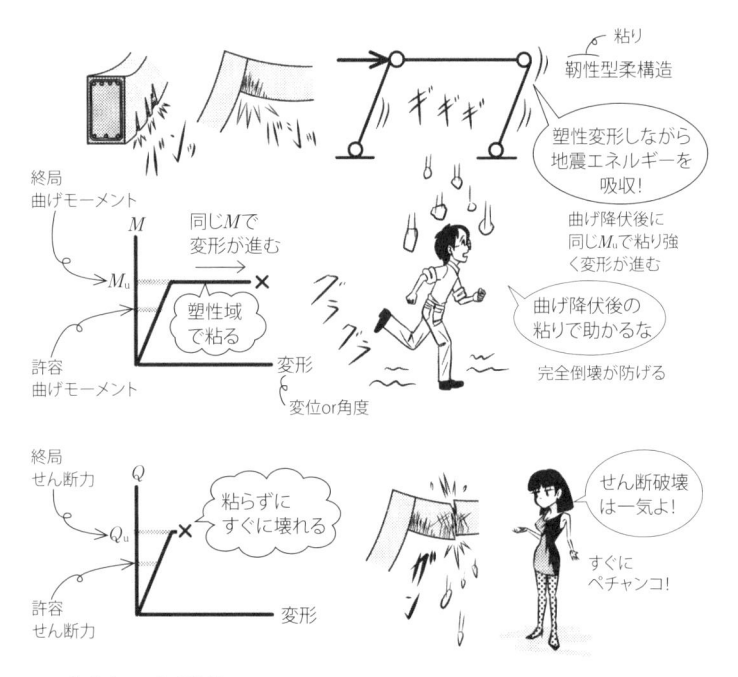

【　】内スーパー記憶術

答え ▶ 1.○　2.×　3.○

★ R076 ○×問題　　柱梁の塑性ヒンジ

Q 1. 大梁の端部に降伏ヒンジを設定する場合、この大梁に接続する柱の降伏曲げモーメントの値を、大梁のそれより小さくなるように設計する。
2. 建築物に崩壊機構を設定する場合、各層の梁の端部および1階の柱脚に塑性ヒンジが生じるような全体崩壊型とするのがよい。

A 2倍の力が加わると2倍変形し、力を抜くと元に戻るのが弾性。弾性が終わるのが降伏。降伏以降は塑性域で、同じ力で変形が続いて崩壊します。同じ力で抵抗しながら回転する降伏ヒンジが地震のエネルギーを吸収し、粘り強く壊れます。降伏点でのモーメント M_u の大きさが、柱の方を小さくすると、柱が先にヒンジ化します（1は×）。

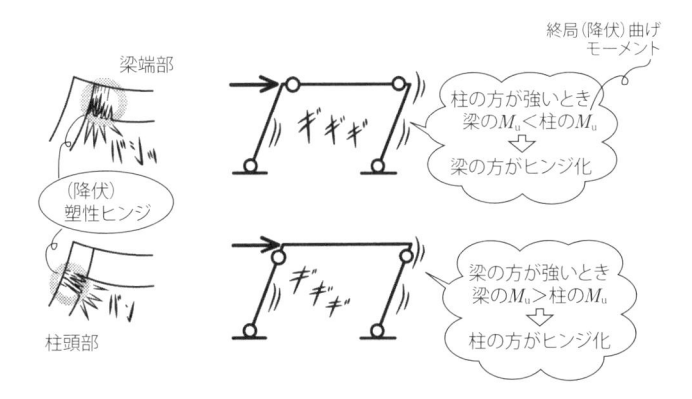

柱の方が強いとき
梁の M_u < 柱の M_u
→ 梁の方がヒンジ化

梁の方が強いとき
梁の M_u > 柱の M_u
→ 柱の方がヒンジ化

各層の梁端と1階の柱脚が塑性ヒンジになると、多くのヒンジが地震エネルギーを吸収しながら壊れる全体崩壊型となります。1階の柱頭と柱脚が塑性ヒンジになると、1階の柱だけの塑性ヒンジで抵抗する部分崩壊となり、一気に壊れてしまいます。ピロティの柱などは、この部分崩壊に至らないように柱の M_u を大きくするなどの工夫が必要です（2は○）。

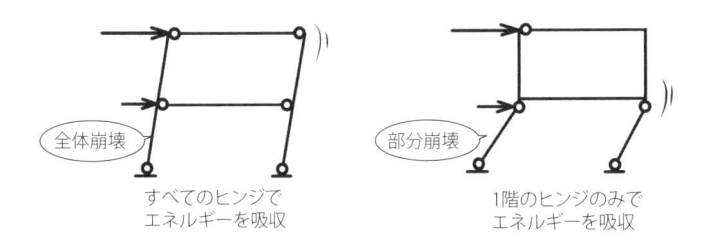

全体崩壊：すべてのヒンジでエネルギーを吸収

部分崩壊：1階のヒンジのみでエネルギーを吸収

答え ▶ 1.×　2.○

★ R077 まとめ

保有水平耐力について、まず、まとめておきます。高さが31m（約100尺）を超える建物に適用される耐震計算ルート③では、保有水平耐力の計算を行います。

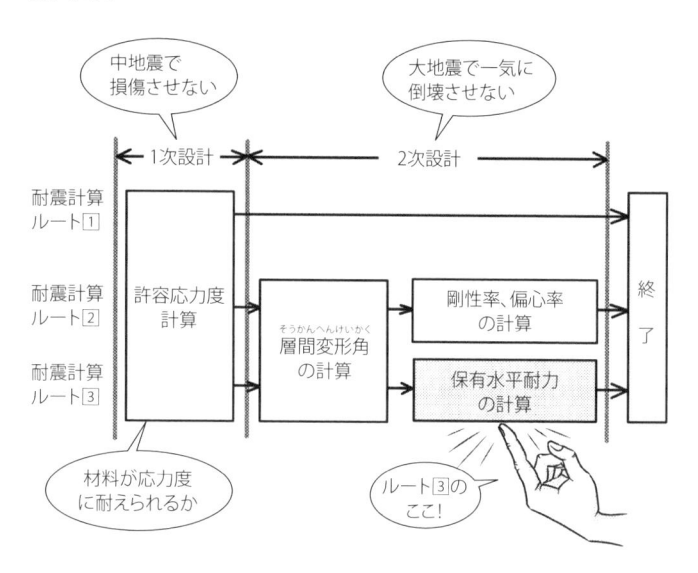

```
                中地震で                    大地震で一気に
              損傷させない                  倒壊させない

         ←―1次設計―→|←―――― 2次設計 ――――→

耐震計算
ルート①     ┌─────┐                                       ┐
            │許容応力度│                                    │
耐震計算     │  計算   │  ┌─────┐    ┌─────┐  │ 終
ルート②     │         │  │層間変形角│──→│剛性率、偏心率│ │ 了
            │         │  │ の計算  │    │ の計算    │  │
耐震計算     │         │  │         │    ├─────┤  │
ルート③     └─────┘  └─────┘    │保有水平耐力│ │
                                        │ の計算    │  ┘
            材料が応力度                  └─────┘
            に耐えられるか                  ルート③の
                                           ここ！
```

1次設計は、建物の各部にかかる応力度が降伏点以下の弾性範囲内にあることを確認します。降伏点から余裕分を引いて安全側に設定された許容応力度以下に、各応力度が納まるように設計します。

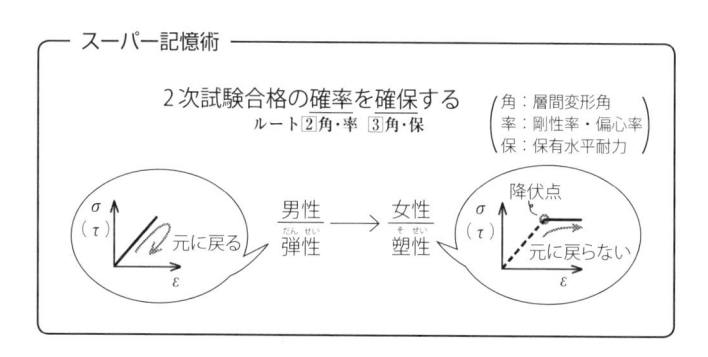

スーパー記憶術

2次試験合格の確率を確保する
ルート②角・率 ③角・保

（角：層間変形角
　率：剛性率・偏心率
　保：保有水平耐力）

$\sigma(\tau)$／ε 元に戻る → 男性 弾性 → 女性 塑性 → $\sigma(\tau)$ 降伏点 元に戻らない／ε

保有水平耐力　その1

2次設計では応力度が降伏点を越えて塑性域に入り、変形が進んで元に戻らない終局（ultimate）状態を扱います。全体でエネルギーを吸収しながら壊れる全体崩壊となるようにし、一部の層だけ壊れる部分崩壊や、一部の柱だけ壊れる局部崩壊は一気に倒壊して人命にかかわるため極力起こらないよう設計します。

全体崩壊メカニズム　　部分崩壊メカニズム　　局部崩壊メカニズム

全体で
エネルギーを吸収　○　　一気に崩壊　×　　一気に崩壊　×

こうならないように設計する

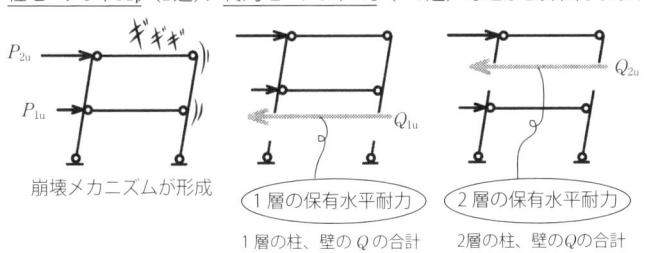

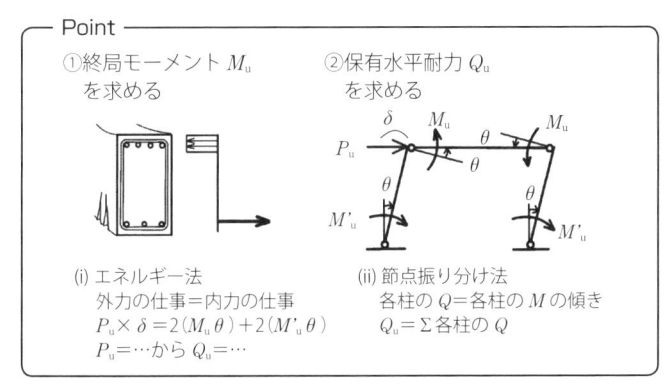

水平耐力とは、崩壊しはじめるときに各層がもつ最大の水平力、最大の層せん断力です。耐力とは降伏点と意味が近く、それより大きい力では弾性を抜けて塑性となり、骨組の変形が元に戻らなくなります。保有水平耐力とは、その骨組が現時点で保有する水平耐力で、各柱梁、耐力壁の全塑性モーメントM_p（S造）、終局モーメントM_u（RC造）などから算出します。

崩壊メカニズムが形成

1層の保有水平耐力　　2層の保有水平耐力

1層の柱、壁のQの合計　　2層の柱、壁のQの合計

- Point
  - ①終局モーメント M_u を求める
  - ②保有水平耐力 Q_u を求める

  (i) エネルギー法
  外力の仕事＝内力の仕事
  $P_u \times \delta = 2(M_u \theta) + 2(M'_u \theta)$
  $P_u = \cdots$ から $Q_u = \cdots$

  (ii) 節点振り分け法
  各柱の Q ＝各柱の M の傾き
  $Q_u = \Sigma$ 各柱の Q

★ R078 まとめ

崩壊メカニズムがひとつに定まらない場合、算定された保有水平耐力 Q_u にも大小が出ます。小さい Q_u の方が先に崩壊メカニズムが形成されるので、保有水平耐力は小さい方の Q_u とします。

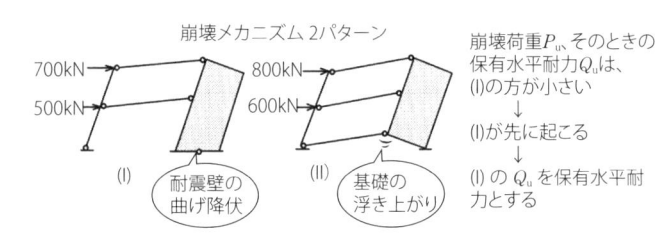

崩壊メカニズム 2パターン

(I) 700kN / 500kN 耐震壁の曲げ降伏
(II) 800kN / 600kN 基礎の浮き上がり

崩壊荷重 P_u、そのときの保有水平耐力 Q_u は、
(I)の方が小さい
↓
(I)が先に起こる
↓
(I)の Q_u を保有水平耐力とする

<u>必要保有水平耐力 Q_{un}</u> とは、法的に定めた保有水平耐力の必要量、最低値です。標準せん断力係数 $C_0 \geq 1$ として計算した層せん断力 Q_{ud} に、変形しやすさ、靭(じん)性の度合いで低減する構造特性係数 D_s と、平面的、立体的偏心、ずれの度合いで割り増す<u>形状係数 F_{es}</u> を掛けて求めます。

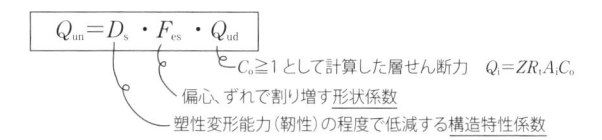

$$Q_{un} = D_s \cdot F_{es} \cdot Q_{ud}$$

- $C_0 \geq 1$ として計算した層せん断力　$Q_i = ZR_tA_iC_0$
- 偏心、ずれで割り増す形状係数
- 塑性変形能力(靭性)の程度で低減する構造特性係数

― スーパー記憶術 ―

<u>ディズニー</u>　<u>フェスティバル</u>　<u>感動</u>
　D_s　　　　　　F_{es}　　　　　Q_{ud}

D_s は低減係数、F_{es} は割り増し係数となります。柔らかくて変形しやすいと D_s は小さくなり、S造では 0.25〜0.5以上、RC造では 0.3〜0.55以上です。F_{es} は割り増し係数で、アンバランスの度合い、偏心やずれの程度で 1〜1.5 とします。

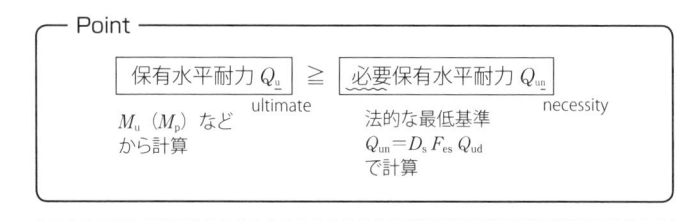

― Point ―

<u>保有水平耐力 Q_u</u> ≧ <u>必要保有水平耐力 Q_{un}</u>
　　　　　ultimate　　　　　　　　　　　necessity

M_u (M_p) など　　　　法的な最低基準
から計算　　　　　　　　$Q_{un} = D_s F_{es} Q_{ud}$
　　　　　　　　　　　　で計算

保有水平耐力 その2

塑性変形能力の大きい純ラーメンでは D_s は小さく、変形しにくくて固い耐力壁付きラーメンや壁式構造では D_s は大きくなります。

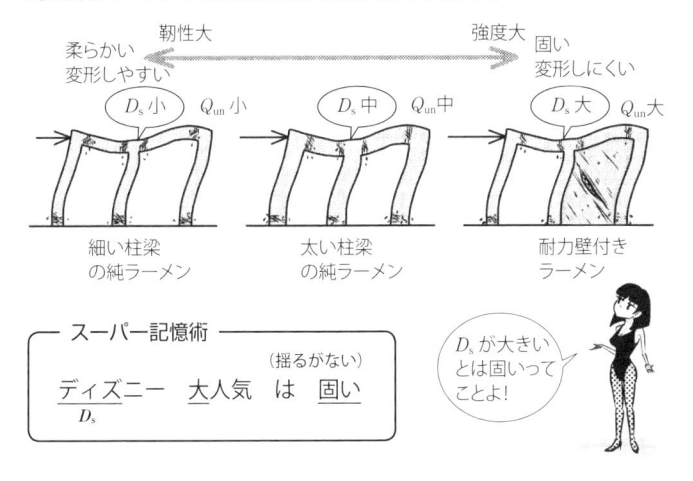

靭性大 ← → 強度大

柔らかい　　　　　　　　　　　　　　　　　　　　　固い
変形しやすい　　　　　　　　　　　　　　　　　　　変形しにくい

D_s 小　　Q_{un} 小　　　D_s 中　　Q_{un} 中　　　D_s 大　　Q_{un} 大

細い柱梁　　　　　　　　太い柱梁　　　　　　　耐力壁付き
の純ラーメン　　　　　　の純ラーメン　　　　　ラーメン

--- スーパー記憶術 ---

　　　　　　　　　　（揺るがない）
ディズニー　大人気　は　固い
　D_s

D_s が大きいとは固いってことよ！

D_s の求め方（国告）は、柱梁壁の各部材を変形しやすさ（靭性）の程度でA〜Dランクなどに分け、次にその部材が集まった部材群をランク分けし、耐力壁が分担する水平耐力の比 β_u と部材群のランクから D_s の値を決定します。

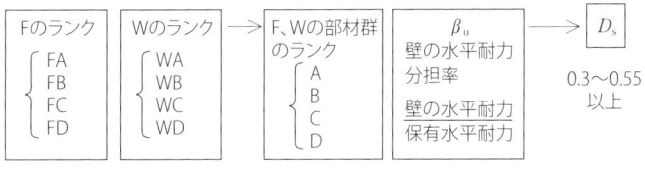

RC造
Flame（柱、梁）　Wall（壁）

Fのランク	Wのランク	→	F、Wの部材群のランク	β_u 壁の水平耐力分担率 $\dfrac{\text{壁の水平耐力}}{\text{保有水平耐力}}$	→	D_s 0.3〜0.55 以上
FA FB FC FD	WA WB WC WD		A B C D			

S造
Flame（柱、梁）　Brace（ブレース）

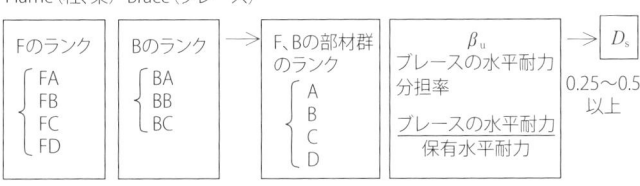

Fのランク	Bのランク	→	F、Bの部材群のランク	β_u ブレースの水平耐力分担率 $\dfrac{\text{ブレースの水平耐力}}{\text{保有水平耐力}}$	→	D_s 0.25〜0.5 以上
FA FB FC FD	BA BB BC		A B C D			

★ R079 ○×問題　　地震層せん断力係数 C_i

Q
1. 建築物の地上部分におけるある層に作用する地震層せん断力は、その層の全重量に、その層の地震層せん断力係数 C_i を乗じて計算する。
2. 地震地域係数 Z が1.0、振動特性係数 R_t が0.9、標準せん断力係数 C_o が0.2の場合、地上部分の最下層の1次設計用地震層せん断力係数 C_i は0.18としてよい。

A i 層の層せん断力の式 $Q_i = C_i \times W_i$ で、W_i は i 層から上の全重量のことで、i 層の重量ではないので注意してください（1は×）。C_i の分布係数 A_i は上階に行くほど大きくなり、最下層では $A_i = 1$ です。設問2では $A_i = 1$ となるので、$C_i = Z \times R_t \times A_i \times C_o = 1 \times 0.9 \times 1 \times 0.2 = 0.18$ となります（2は○）。

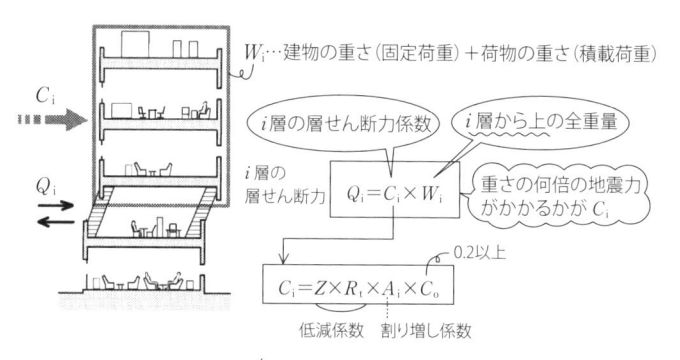

W_i …建物の重さ（固定荷重）＋荷物の重さ（積載荷重）

i 層の層せん断力係数　　　i 層から上の全重量

i 層の層せん断力　$Q_i = C_i \times W_i$　重さの何倍の地震力がかかるかが C_i

$C_i = Z \times R_t \times A_i \times C_o$　0.2以上

低減係数　割り増し係数

- Z：地域係数…地域によって0.7〜1
- R_t：振動特性係数…周期 T が長いと小さい
- A_i：C_i の分布係数…下階ほど小さく、最下階は1
- C_o：標準せん断力係数…1次設計では0.2以上

$C_i \times$ 頭の重さ ＝ 首にかかるせん断力

A_i のAはAmplification（増幅）の意。音響のアンプもここから来ている。上層ほどむち振りの効果で、加速度が増幅される。

重さの何倍の力がかかるかが C_i なのか

―― スーパー記憶術 ――
地震　は　絶対　ある、　あ　　した　にも
　Z　×　R_t　×　A_i　×　C_o

R_t、A_i などについては、『ゼロからはじめる建築の[構造]入門』を参照してください。

答え ▶ 1.×　2.○

★ R080 ○×問題　　　標準せん断力係数 C_o

Q 建築物の地上部分の必要保有水平耐力を計算する場合、標準せん断力係数 C_o は1.0以上としなければならない。

A $C_o=0.2$ とは地震加速度が重力加速度 G の約0.2倍、つまり $0.2G$、$C_o=1.0$ とは地震加速度が約 $1.0G$ ということです。$0.2G$ の加速度では重さの0.2倍、$1G$ では重さそのものの力が横からかかります。C_o には Z、R_t、A_i を掛けて調整します。1次設計の応力度計算では $0.2G$ 以上で層せん断力 Q_i を出し、2次設計の必要保有水平耐力 Q_{un} の計算では $1.0G$ 以上を使います（答えは○）。

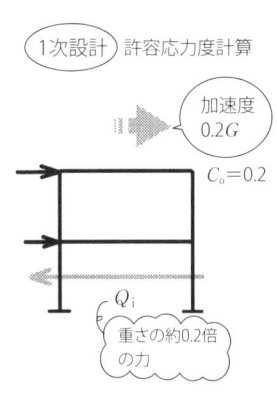

（1次設計）許容応力度計算
加速度 $0.2G$
$C_o=0.2$
Q_i
重さの約0.2倍の力

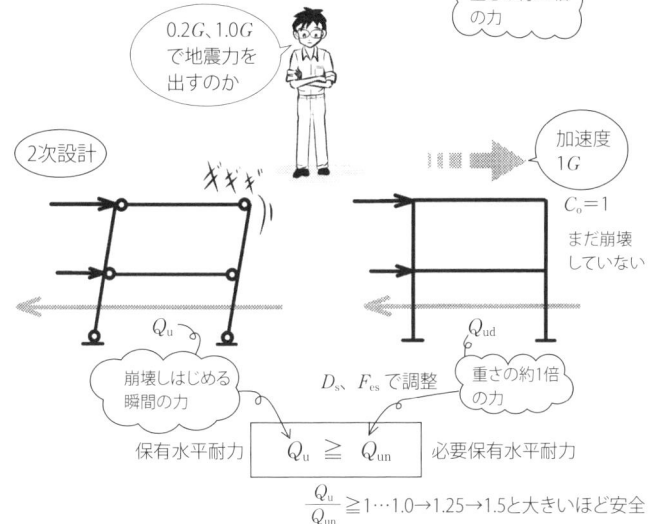

$0.2G$、$1.0G$ で地震力を出すのか

（2次設計）

加速度 $1G$
$C_o=1$
まだ崩壊していない

Q_u 崩壊しはじめる瞬間の力
Q_{ud} 重さの約1倍の力
D_s、F_{es} で調整

保有水平耐力　$Q_u \geq Q_{un}$　必要保有水平耐力

$\dfrac{Q_u}{Q_{un}} \geq 1 \cdots 1.0 \to 1.25 \to 1.5$ と大きいほど安全

--- Point ---

応力度計算 $\cdots C_o \geq 0.2$　　必要保有水平耐力計算 $\cdots C_o \geq 1$
（加速度 $\geq 0.2G$）　　　　　　　　　　　（加速度 $\geq 1G$）

答え ▶ ○

★ R081 まとめ　　　地震力のかけ方

地震力をどのようにフレームにかけるのか、ここでまとめておきます。Q_iは各層にかかる層せん断力（その層から上の水平力P_iの総和）なので、各層にかかる力P_iはQ_iを引き算して出します。

①1次設計
　フレームに力をかけて、各部の応力、応力度を計算する。

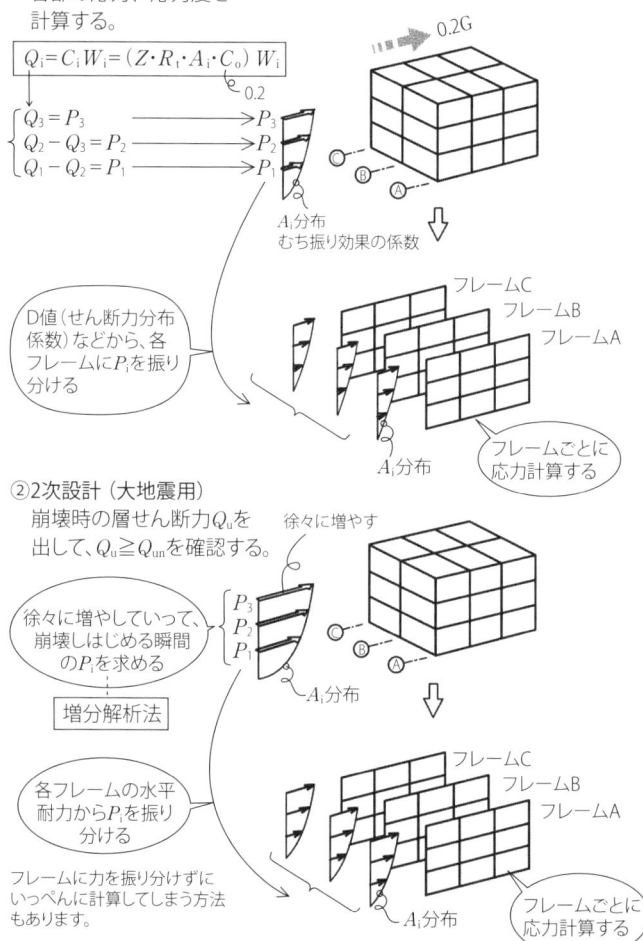

$$Q_i = C_i W_i = (Z \cdot R_t \cdot A_i \cdot C_0) W_i$$

$$\begin{cases} Q_3 = P_3 \\ Q_2 - Q_3 = P_2 \\ Q_1 - Q_2 = P_1 \end{cases} \longrightarrow \begin{matrix} P_3 \\ P_2 \\ P_1 \end{matrix}$$

0.2G

A_i分布
むち振り効果の係数

D値（せん断力分布係数）などから、各フレームにP_iを振り分ける

フレームC
フレームB
フレームA

A_i分布

フレームごとに応力計算する

②2次設計（大地震用）
　崩壊時の層せん断力Q_uを出して、$Q_u \geqq Q_{un}$を確認する。

徐々に増やす

徐々に増やしていって、崩壊しはじめる瞬間のP_iを求める

$\begin{matrix} P_3 \\ P_2 \\ P_1 \end{matrix}$

増分解析法

A_i分布

各フレームの水平耐力からP_iを振り分ける

フレームに力を振り分けずにいっぺんに計算してしまう方法もあります。

フレームC
フレームB
フレームA

A_i分布

フレームごとに応力計算する

★ R082 ○×問題 強度と靭性

Q 建築物の耐震安全性については、耐震強度が十分に大きい場合、靭(じん)性にはそれほど期待しなくてよい。

A 荷重Pと変形δ（デルタ）をモデル化したグラフが下図です。耐力壁（S造ではブレース）が多く入れられた建物は強度が大きく、左側のグラフとなります。壁のせん断破壊が先行するタイプで、粘り強い変形には期待しません（答えは○）。一方高層のラーメンなどは、<u>全体崩壊メカニズムとさせて粘りをもたせる靭性型</u>とします。地震エネルギーは骨組を変形させるエネルギーとして吸収させます。その変形させる<u>エネルギー量が等しいとき、耐震性も同じ</u>と判断します。

| 強度型 | 耐力壁(ブレース)付きラーメン、壁式など |

| 靭性型 | 高層のラーメンなど |

荷重P
弾性の最大
P_e ×
変形δ

変形させるエネルギー
$=(P\times\delta)$の合計
=3角形の面積 △

荷重P
P_e
P_p
D_s
$P_p = D_s \times P_e$
塑性時の最大 ×
変形δ

変形させるエネルギー
$=(P\times\delta)$の合計 $\cdots\int Pd\delta$
=台形の面積 ▭

△ = ▭ だと耐震性が同じ

(e : elasticity 弾性
 p : plasticity 塑性)

RC造の耐震計算ルート

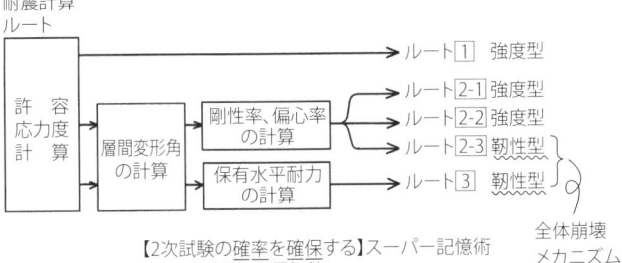

```
許容応力度計算 → ルート1 強度型
             → 層間変形角の計算 → 剛性率、偏心率の計算 → ルート2-1 強度型
                                              → ルート2-2 強度型
                                              → ルート2-3 靭性型
                          → 保有水平耐力の計算 → ルート3 靭性型
```
全体崩壊メカニズム

【2次試験の確率を確保する】スーパー記憶術
ルート２角・率 ３角・保

答え ▶ ○

R083 ○×問題　構造特性係数 D_s　その1

Q 鉄骨鉄筋コンクリート構造と鉄筋コンクリート構造の構造特性係数 D_s の最小値は、同じである。

A RC、SRC、Sの順に靭性が大きく、柔らかく、D_s は小さくなります。D_s の値は構造種別のほかに、柱梁のランク（FA～FD）、壁（ブレース）のランク（WA～WD、BA～BC）、部材群のランク（A～D）、壁（ブレース）の水平耐力分担率 β_u から求めます。固いほど D_s は大きく、柔らかいほど D_s は小さくなります。D_s の最小値はRCでは**0.3**、SRC、Sでは**0.25**です（答えは×）。

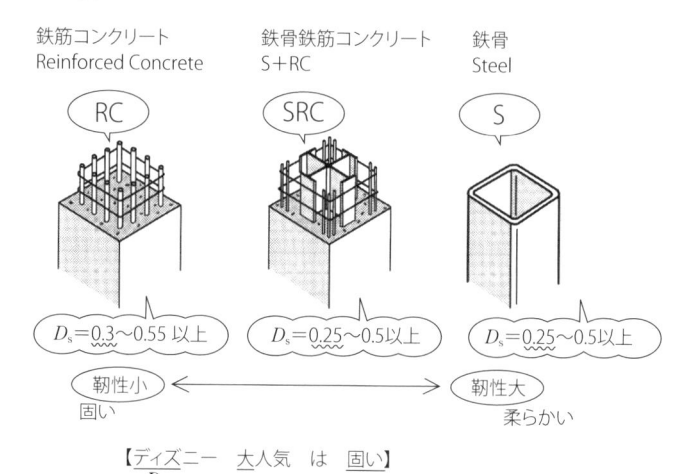

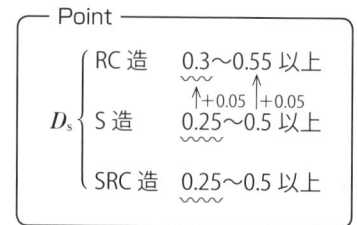

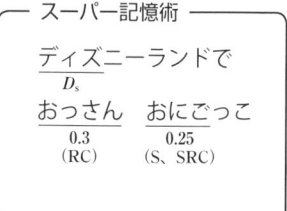

鉄筋コンクリート　Reinforced Concrete　RC　$D_s=0.3〜0.55$ 以上

鉄骨鉄筋コンクリート　S+RC　SRC　$D_s=0.25〜0.5$ 以上

鉄骨　Steel　S　$D_s=0.25〜0.5$ 以上

靭性小・固い ←→ 靭性大・柔らかい

【ディズニー　大人気　は　固い】
　D_s

― Point ―

$D_s \begin{cases} \text{RC造} & 0.3〜0.55 \text{ 以上} \\ \text{S造} & 0.25〜0.5 \text{ 以上} \\ \text{SRC造} & 0.25〜0.5 \text{ 以上} \end{cases}$

↑+0.05　↑+0.05

― スーパー記憶術 ―

ディズニーランドで
　D_s

おっさん　おにごっこ
　0.3　　　0.25
　(RC)　　(S、SRC)

【 】内スーパー記憶術

答え ▶ ×

★ R084 ○×問題　　構造特性係数 D_s　その2

Q 鉄骨造純ラーメン構造の耐震設計において、必要とされる構造特性係数 D_s は 0.25 であったが、0.30 として保有水平耐力の検討を行った。

A S造の純ラーメンは塑性変形能力に優れ、D_s の最低値は 0.25 です。$D_s \times F_{es} \times Q_{ud}$ で法的に必要とされる保有水平耐力 Q_{un} を出します。その D_s が 0.25 のところを 0.3 として計算すると Q_{un} も大きくなり、ラーメンが保有する水平耐力 Q_u を大きく設計しなければなりません。よって安全側の設計となります（答えは○）。

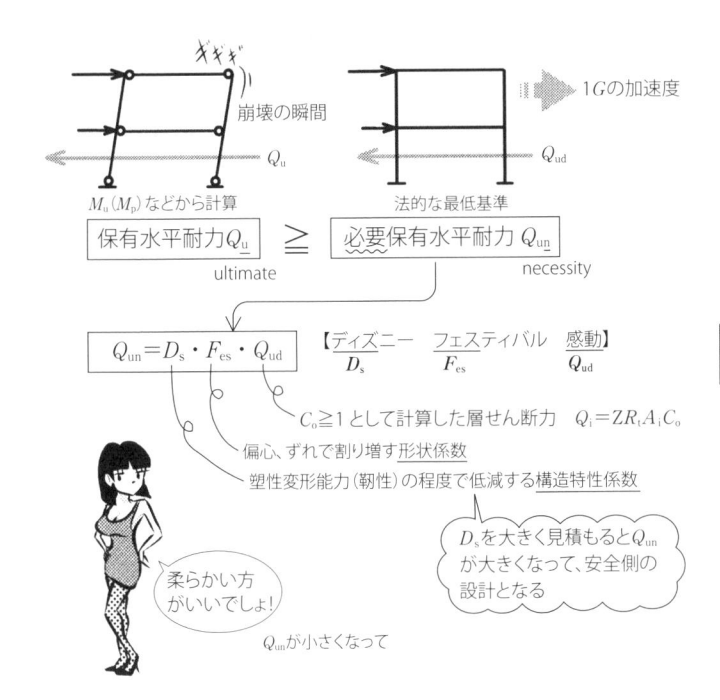

崩壊の瞬間
M_u (M_p) などから計算
1Gの加速度
法的な最低基準

保有水平耐力 Q_u ≧ 必要保有水平耐力 Q_{un}
　　ultimate　　　　　　　　　necessity

$Q_{un} = D_s \cdot F_{es} \cdot Q_{ud}$

【ディズニー　フェスティバル　感動】
　　D_s　　　　F_{es}　　　　Q_{ud}

$C_o \geq 1$ として計算した層せん断力　$Q_i = ZR_tA_iC_o$

偏心、ずれで割り増す形状係数

塑性変形能力（靭性）の程度で低減する構造特性係数

D_s を大きく見積もると Q_{un} が大きくなって、安全側の設計となる

柔らかい方がいいでしょ！

Q_{un} が小さくなって

Point

D_s 大（固い）→ Q_{un} 大 → Q_u を大きく設計しなければならない
D_s 小（柔らかい）→ Q_{un} 小 → Q_u を小さく設計できる

【　】内スーパー記憶術

答え ▶ ○

★ R085 ○×問題　構造特性係数 D_s　その3

Q 1. 剛節架構と耐力壁を併用した鉄筋コンクリート造の場合、柱、梁、耐力壁の部材群としての種別が同じであれば、耐力壁の水平耐力の和の保有水平耐力に対する比 $β_u$ については、0.2より0.7の場合の方が、構造特性係数 D_s を小さくすることができる。

2. 鉄骨造の必要保有水平耐力の検討に当たって、ある階の保有水平耐力に占める割合が50%となる筋かいを配置する場合は、筋かいのない純ラーメンの場合に比べて、構造特性係数 D_s を小さくすることができる。

A 設問1は耐力壁付きラーメン、設問2はブレース付きラーメンです。$β_u$ は耐力壁（ブレース）の水平力分担率で、ある階の水平力のうちどれくらい耐力壁（ブレース）が分担するかの割合です。柱梁のフレームのランク、耐力壁（ブレース）のランクから部材群のランクを出し、部材群のランクと $β_u$ から D_s を求めます。靱性による低減係数 D_s には、耐力壁（ブレース）による固さが大きく影響します。

水平力分担率　u：ultimate（終局の）

RC造（崩壊する瞬間）

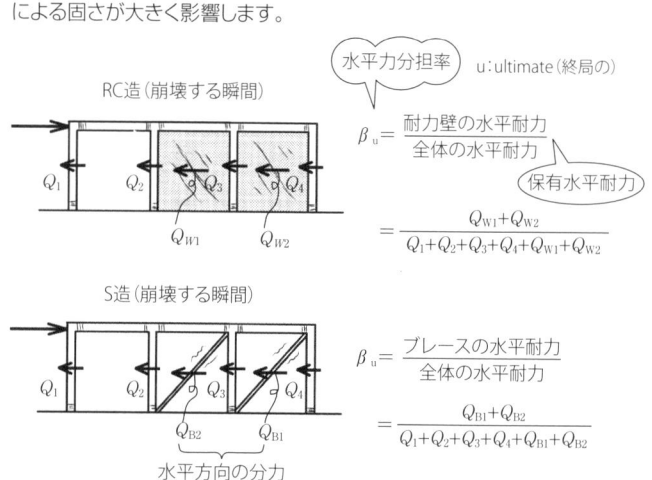

$$β_u = \frac{耐力壁の水平耐力}{全体の水平耐力}$$

保有水平耐力

$$= \frac{Q_{W1}+Q_{W2}}{Q_1+Q_2+Q_3+Q_4+Q_{W1}+Q_{W2}}$$

S造（崩壊する瞬間）

$$β_u = \frac{ブレースの水平耐力}{全体の水平耐力}$$

$$= \frac{Q_{B1}+Q_{B2}}{Q_1+Q_2+Q_3+Q_4+Q_{B1}+Q_{B2}}$$

水平方向の分力

$β_u$ が大きいと耐力壁（ブレース）の負担が大きくなり、柔軟性のない、固い、靱性の低い構造体となります。よって D_s は大きくなります（1、2は×）。

- Point -

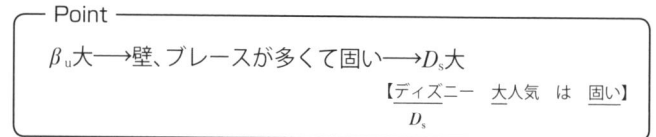

$β_u$ 大 → 壁、ブレースが多くて固い → D_s 大

【ディズニー　大人気　は　固い】
　　　　　　　D_s

【　】内スーパー記憶術

答え ▶ 1.× 2.×

R086 ○×問題　構造特性係数 D_s　その4

Q 鉄筋コンクリート構造の設計において、保有水平耐力を大きくするために耐力壁を多く配置すると、必要保有水平耐力も大きくなる場合がある。

A 耐力とは強さ、壊れにくさのこと、水平耐力とは構造物のある層（階）がどれくらい水平力に対して抵抗できるかの強さ、最大の層せん断力のことです。構造物のある層が保有している最大の層せん断力が、保有水平耐力 Q_u です。地震の水平力が Q_u になると、柱梁端部が塑性ヒンジ（降伏ヒンジ）となって、同じ水平力 Q_u で回転し、地震のエネルギーを吸収して、倒壊を防いだり遅らせたりします。壁やブレースを多くすると、倒れはじめる最大の層せん断力、保有水平耐力は大きくなります。

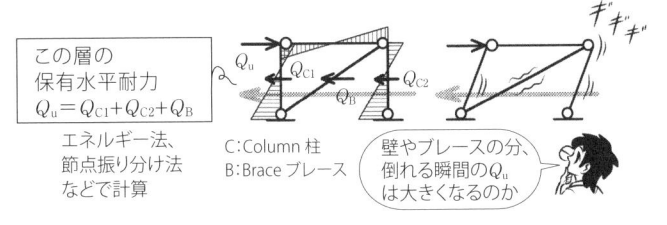

```
この層の
保有水平耐力
Q_u = Q_C1 + Q_C2 + Q_B

エネルギー法、
節点振り分け法
などで計算

C:Column 柱
B:Brace ブレース

壁やブレースの分、
倒れる瞬間のQ_u
は大きくなるのか
```

計算で出された保有水平耐力 Q_u が、ある一定の基準以上必要であると基準法で定めたのが必要保有水平耐力 Q_{un} です。$Q_{un} = D_s \times F_{es} \times Q_{ud}$ という計算式で出します。

> 保有水平耐力 $Q_u \geq$ 必要保有水平耐力 Q_{un}
> $= D_s \cdot F_{es} \cdot Q_{ud}$
> 【ディズニー・フェスティバル・感動】

D_s：構造特性係数…低減係数
F_{es}：形状係数…割り増し係数
Q_{ud}：$C_o = 1.0$ で計算した層せん断力

D_s の値は、変形能力が高いほど小さく、変形能力が低いほど大きくなります。構造体が柔らかくて靭性に富むほど小さくなる低減率で、その分、Q_{un} は小さくなります。耐力壁が多いと固くなって、D_s は大きくなり、必要保有水平耐力も大きくなります。D_s の値を求める際に、柱、梁、壁、ブレースの靭性のランクのほかに、壁、ブレースの水平耐力分担率 β_u を求めます。壁やブレースを増やすと β_u が大きくなり、最終的に靭性による低減率 D_s も大きくなる仕組みです。固いほどエネルギー吸収が少なくなり、水平耐力を大きくする必要があるということです（答えは○）。

【 】内スーパー記憶術

答え ▶ ○

★ R087 ○×問題

Q 「曲げ降伏型の柱・梁部材」と「せん断破壊型の耐力壁」により構成された鉄筋コンクリート構造の建築物の保有水平耐力は、それぞれの終局強度から求められる水平せん断力の和とすることができる。

A 柱梁のみの純ラーメンは、大きな変形で曲げ降伏して、塑性ヒンジとなってゆっくりと粘り強く倒壊します。一方、耐力壁は少しの変形で、せん断破壊し、一気に壊れます。

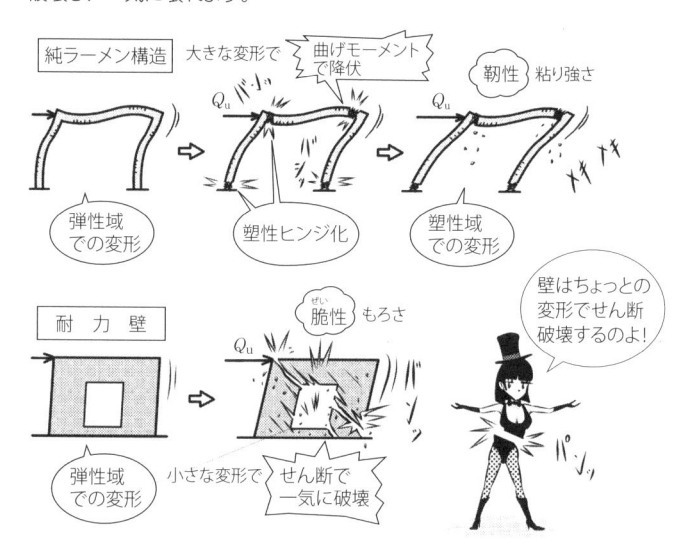

耐力壁をもつラーメンには、柱梁が曲げ降伏する前に耐力壁がせん断破壊するせん断破壊先行型があります。同時に壊れるわけではないので、純ラーメンの Q_u と耐力壁の Q_u の足し算で全体の Q_u（終局での水平力＝保有水平耐力）を計算することはできません（答えは×）。

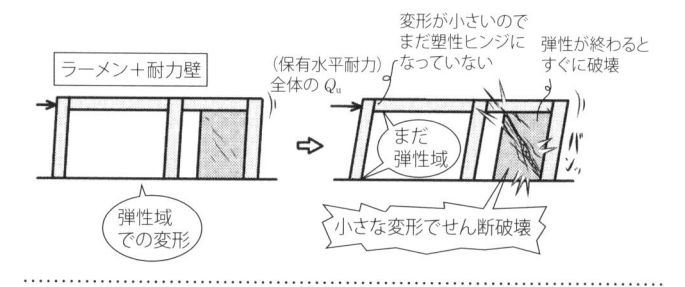

耐力壁のあるラーメンの保有水平耐力

耐力壁付きラーメンの水平力 Q と変形の関係をまとめてみます。中高層で耐力壁のせん断破壊（脆（ぜい）性破壊）が先行せずに、回転して曲げ降伏、降伏ヒンジ化する場合は下のようにはなりません。

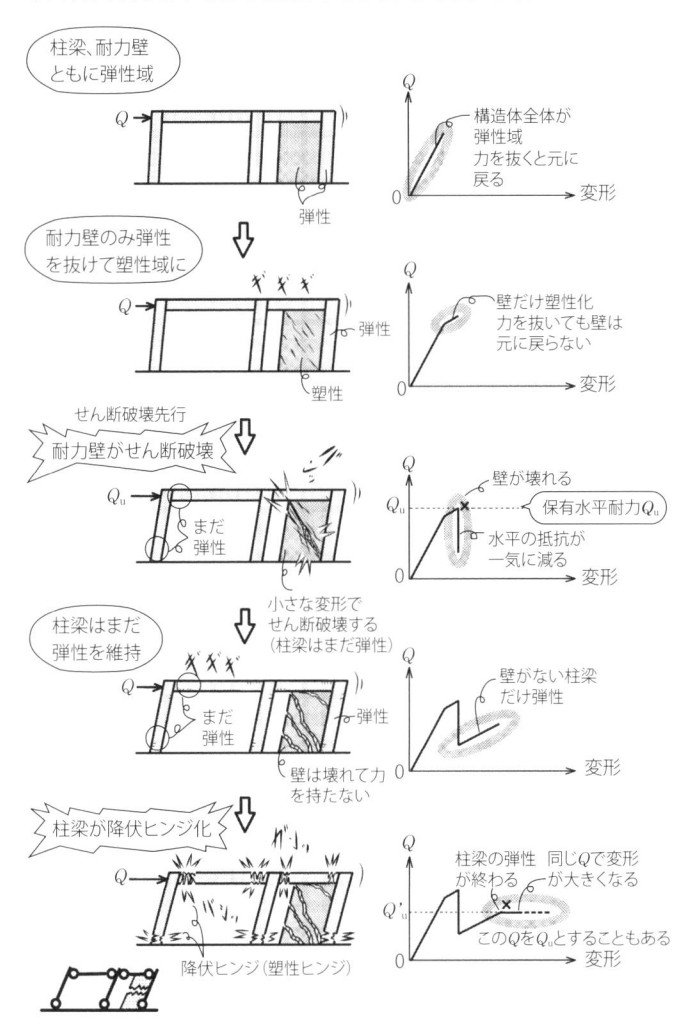

柱梁、耐力壁ともに弾性域
- 構造体全体が弾性域
- 力を抜くと元に戻る

耐力壁のみ弾性を抜けて塑性域に
- 壁だけ塑性化
- 力を抜いても壁は元に戻らない

せん断破壊先行　耐力壁がせん断破壊
- 壁が壊れる
- 保有水平耐力 Q_u
- 水平の抵抗が一気に減る

柱梁はまだ弾性を維持（小さな変形でせん断破壊する（柱梁はまだ弾性））
- 壁がない柱梁だけ弾性
- 壁は壊れて力を持たない

柱梁が降伏ヒンジ化
- 降伏ヒンジ（塑性ヒンジ）
- 柱梁の弾性が終わる
- 同じ Q で変形が大きくなる
- この Q を Q_u とすることもある
- Q'_u

- わかりやすいように1層の耐力壁付きラーメンとしましたが、実際は31mを超えるケースで保有水平耐力を計算します。

答え ▶ ✕

★ R088 ○×問題

Q 各階の保有水平耐力の計算による安全確認において、偏心率が一定の限度を超える場合や、剛性率が一定の限度を下回る場合には、必要保有水平耐力を大きくする。

A 平面方向、高さ方向の剛性、強さのバランスが悪いと、ねじれたり弱い階だけに変形が集中して壊れやすくなります。形状のバランスの悪さによって必要保有水平耐力を割り増さねばならないという考えから、形状係数 F_{es} がつくられました（答えは○）。阪神・淡路大震災（1995年）ではピロティの破壊が多かったので、F_{es} が改正されました。

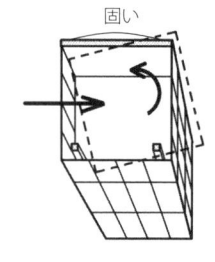

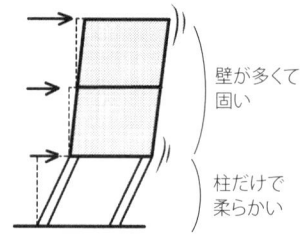

平面方向のバランス　　　　　　高さ方向のバランス　【　】内スーパー記憶術

各階の 偏心率 $R_e \leqq 0.15$ なら OK

【十五夜に変身！】
　0.15　　偏心

各階の 剛性率 $R_s \geqq 0.6$ なら OK

【豪勢なセックス】
剛性　シックス 0.6

R：Rate 率
e：eccentricity 偏心

s：stiffness 剛性

平面方向のバランスが悪く、
$R_e > 0.15$ だと $F_e > 1$

高さ方向のバランスが悪く、
$R_s < 0.6$ だと $F_s > 1$

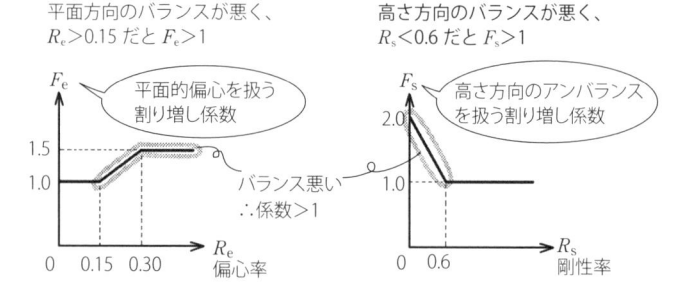

平面的偏心を扱う割り増し係数

高さ方向のアンバランスを扱う割り増し係数

バランス悪い
∴係数>1

F：Form

形状係数 F_{es} と必要保有水平耐力

平面方向のバランスは偏心率 R_e、高さ方向のバランスは剛性率 R_s で見ます。それぞれに割り増し係数 F_e、F_s を当てはめ、その積で F_{es} を求める仕組みです。

- 平面方向のバランス→偏心率 R_e→割り増し係数 F_e
- 高さ方向のバランス→剛性率 R_s→割り増し係数 F_s

骨組全体の割り増し係数
形状係数 $F_{es} = F_e \times F_s$

必要保有水平耐力 $Q_{un} = D_s \times F_{es} \times Q_{ud}$

靭性による低減係数
$1G$ 以上による層せん断力

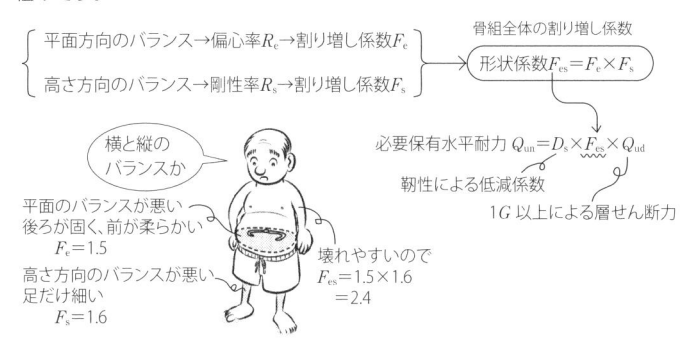

横と縦のバランスか

平面のバランスが悪い
後ろが固く、前が柔らかい
$F_e = 1.5$

高さ方向のバランスが悪い
足だけ細い
$F_s = 1.6$

壊れやすいので
$F_{es} = 1.5 \times 1.6 = 2.4$

偏心率 R_e、剛性率 R_s は、下図のように求めます。

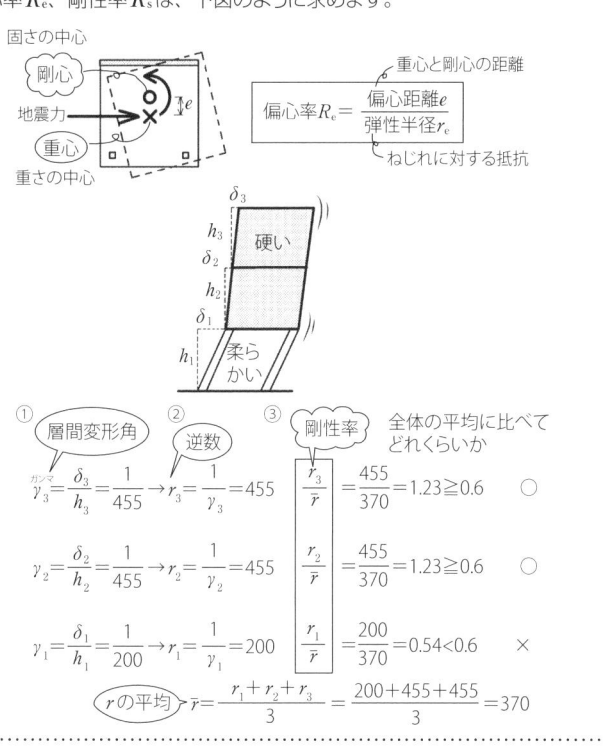

固さの中心
剛心
地震力
重心
重さの中心

$$偏心率 R_e = \frac{偏心距離 e}{弾性半径 r_e}$$

重心と剛心の距離
ねじれに対する抵抗

硬い
柔らかい

① 層間変形角　② 逆数　③ 剛性率　全体の平均に比べてどれくらいか

$$\gamma_3 = \frac{\delta_3}{h_3} = \frac{1}{455} \to r_3 = \frac{1}{\gamma_3} = 455 \quad \frac{r_3}{\bar{r}} = \frac{455}{370} = 1.23 \geq 0.6 \quad \bigcirc$$

$$\gamma_2 = \frac{\delta_2}{h_2} = \frac{1}{455} \to r_2 = \frac{1}{\gamma_2} = 455 \quad \frac{r_2}{\bar{r}} = \frac{455}{370} = 1.23 \geq 0.6 \quad \bigcirc$$

$$\gamma_1 = \frac{\delta_1}{h_1} = \frac{1}{200} \to r_1 = \frac{1}{\gamma_1} = 200 \quad \frac{r_1}{\bar{r}} = \frac{200}{370} = 0.54 < 0.6 \quad \times$$

r の平均　$\bar{r} = \dfrac{r_1 + r_2 + r_3}{3} = \dfrac{200 + 455 + 455}{3} = 370$

答え ▶ ○

★ R089 ○×問題

Q 鉄筋コンクリート造の耐震計算において
1. 耐震計算ルート②において、柱や耐力壁のせん断設計の検討および剛性率、偏心率の算定を行ったので、塔状比の検討は省略した。
2. 耐震計算ルート③において、脆（ぜい）性破壊する柱部材を有する建築物を対象として、当該柱部材の破壊が生じた時点において、当該階の保有水平耐力を計算した。

A 31m以下の建物はルート②までで普通はOKですが、塔状比 H/D が4を超える細長い建物の場合は、ルート③で保有水平耐力の計算が必要となります。そのためルート②で塔状比の確認は必要です（1は×）。

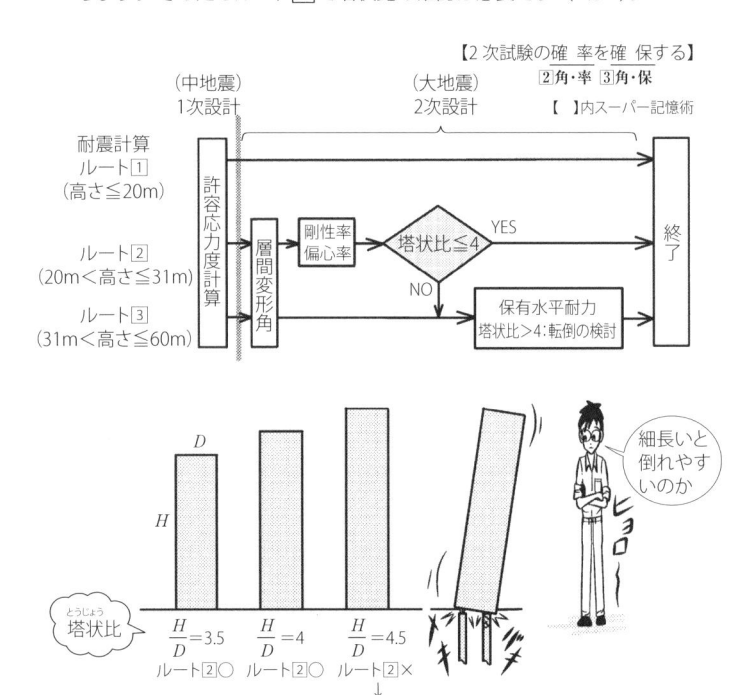

【2次試験の確 率を確 保する】
②角・率 ③角・保
【 】内スーパー記憶術

耐震計算
ルート①（高さ≦20m）
ルート②（20m<高さ≦31m）
ルート③（31m<高さ≦60m）

(中地震)1次設計 → 許容応力度計算 → 層間変形角 → 剛性率 偏心率 → 塔状比≦4
YES → 終了
NO → 保有水平耐力 塔状比>4：転倒の検討 → 終了

(大地震)2次設計

$\dfrac{H}{D}=3.5$ ルート②○
$\dfrac{H}{D}=4$ ルート②○
$\dfrac{H}{D}=4.5$ ルート②×
↓
ルート③ 保有水平耐力＋転倒の検討

細長いと倒れやすいのか

とうじょう
塔状比

--- スーパー記憶術 ---

戦闘機の搭乗員、死を覚悟する
　尖塔　　　塔状比　　　4

耐震計算ルート

ルート$\boxed{1}$～$\boxed{3}$は、RC造の場合さらに下図のように分岐します(技術基準より要約)。

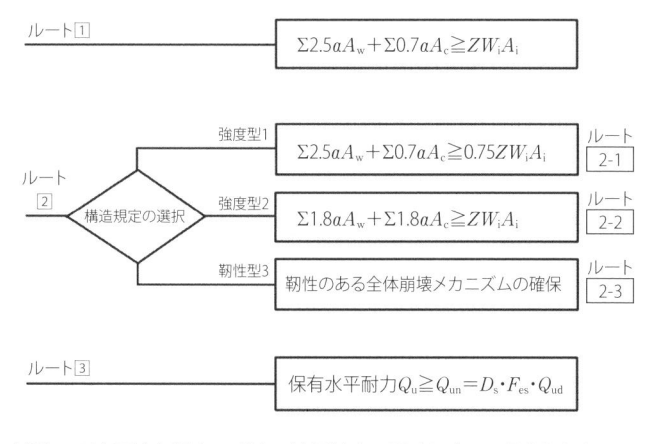

ルート$\boxed{1}$: $\Sigma 2.5\alpha A_w + \Sigma 0.7\alpha A_c \geq ZW_i A_i$

ルート$\boxed{2}$ 構造規定の選択:
- 強度型1: $\Sigma 2.5\alpha A_w + \Sigma 0.7\alpha A_c \geq 0.75ZW_i A_i$ → ルート$\boxed{2\text{-}1}$
- 強度型2: $\Sigma 1.8\alpha A_w + \Sigma 1.8\alpha A_c \geq ZW_i A_i$ → ルート$\boxed{2\text{-}2}$
- 靭性型3: 靭性のある全体崩壊メカニズムの確保 → ルート$\boxed{2\text{-}3}$

ルート$\boxed{3}$: 保有水平耐力 $Q_u \geq Q_{un} = D_s \cdot F_{es} \cdot Q_{ud}$

低層での終局せん断力の式は、地震被害の調査によって得られたもので、保有水平耐力の略算式ともいえます。ルート$\boxed{1}$～$\boxed{2\text{-}2}$はせん断強度で地震力に抵抗しようとするものです。

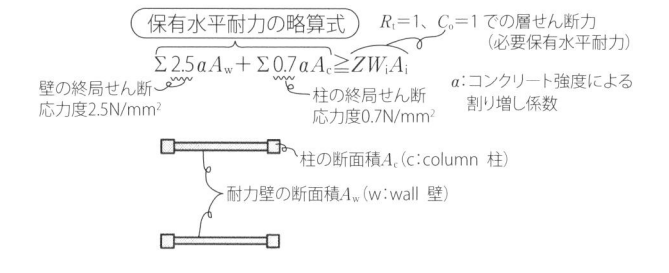

保有水平耐力の略算式 $R_t=1$、$C_0=1$ での層せん断力(必要保有水平耐力)

$$\Sigma 2.5\alpha A_w + \Sigma 0.7\alpha A_c \geq ZW_i A_i$$

- 壁の終局せん断応力度 2.5N/mm²
- 柱の終局せん断応力度 0.7N/mm²
- α:コンクリート強度による割り増し係数
- 柱の断面積 A_c (c:column 柱)
- 耐力壁の断面積 A_w (w:wall 壁)

せん断破壊や軸力破壊などの脆性破壊(粘りがなく一気に壊れる)が曲げ破壊(梁端部、柱脚が回転して粘りながら壊れる)よりも先行する場合、脆性破壊時を崩壊メカニズム形成時として保有水平耐力を計算します(2は○)。全体崩壊、局部崩壊、部分崩壊(本問のケース)で、最も小さいQ_uを保有水平耐力とします。局部崩壊、部分崩壊がなるべく起こらないように、各部の耐力を設計します。

答え ▶ 1.× 2.○

★ R090 まとめ

本書に関係する耐震規定と地震被害の歴史を、ここで簡単にまとめておきます。

| 1868（明治1） | 海外から多くの技術者が来日。レンガ造を多く導入。「明治の赤れんが建築」。当初は耐震よりも不燃に重点。 |

組積造
積んで造る

目地を互い違いにすると壊れにくい

イギリス積み

1891（明治24）	濃尾地震　レンガ造に大きな被害→以後鉄骨で補強される。
1901（明治34）～	20世紀初頭、S造、RC造が入ってくる。
1906（明治39）	サンフランシスコ大地震　中村達太郎と佐野利器が調査。
1919（大正8）	市街地建築物法　高さは100尺（31m）まで。当初は耐震規定なし。
1923（大正12）	関東大震災　死者、行方不明者約14万人。
1924（大正13）	関東大震災の被害から、市街地建築物法に世界で初めて水平震度 $k \geqq 0.1$ を規定する。水平震度 k とは、重力加速度 G（9.8m/s²）の何倍の加速度がかかるかの値、重さの何倍の力がかかるかの値。気象庁が発表する震度階とは別。

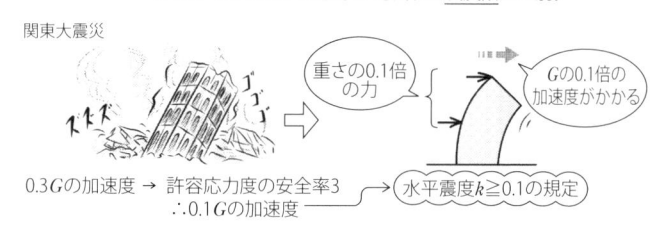

関東大震災

重さの0.1倍の力

Gの0.1倍の加速度がかかる

$0.3G$の加速度 → 許容応力度の安全率3
∴ $0.1G$の加速度 → 水平震度 $k \geqq 0.1$ の規定

1933（昭和8）	三陸沖地震　武藤清による D値法（横力分布係数法）。
1940（昭和15）	インペリアルバレー地震　エルセントロ（地名）波の振動記録に成功。
1950（昭和25）	建築基準法制定　長期（常時）と短期（非常時）の考え方を導入。許容応力度は、短期は長期の2倍。それに合わせて水平震度も2倍で $k \geqq 0.2$。

耐震規定の歴史

長期（常時）　重さ　　　　短期（非常時）　重さ＋地震力など

重さの0.2倍の力

水平震度 $k \geq 0.2$

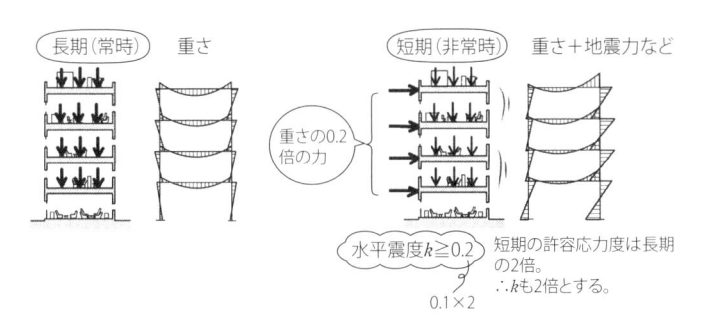

短期の許容応力度は長期の2倍。
∴ k も2倍とする。

0.1×2

1963（昭和38）	100尺（31m）の高さ制限撤廃→147mの霞が関ビル（1968）。
1964（昭和39）	新潟地震　液状化で建物が転倒。
1968（昭和43）	十勝沖地震　RCに被害。その対策として帯筋間隔を30cmから10cmへ（1971）。

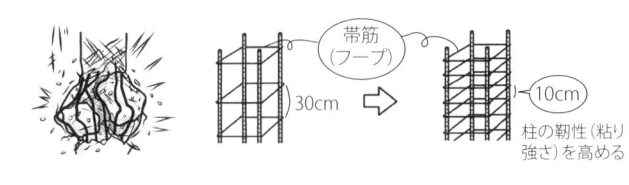

帯筋（フープ）

30cm ⇒ 10cm

柱の靱性（粘り強さ）を高める

1981（昭和56）	建築基準法改正　新耐震設計法（新耐震）。

- 中地震動 → 1次設計　許容応力度計算（$C_0 \geq 0.2$）………0.2G以上
- 大地震動 → 2次設計　保有水平耐力計算など（$C_0 \geq 1$）… 1G以上

水平震度 k は層せん断力係数 $C_i = Z \times R_t \times A_i \times C_0$ として精密化。

1995（平成7）	阪神・淡路大震災

ピロティの被害が多かったため、形状係数 F_{es} を改正（1995）。

≥ 0.2 は k と同じ

A_i 分布

むち振り効果によって上層ほど大きい

2000（平成12）	限界耐力計算の導入

地震加速度は、応答周期と応答加速度の関係（応答スペクトル）から求める。

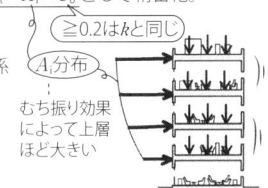

- 新耐震の成立過程については、石山祐二著『耐震規定と構造動力学』（三和書籍、2008）にくわしい。

★ R091 ○×問題　　　クリープ

Q 1. 軸圧縮力を受ける柱では、鉄筋の圧縮応力が、コンクリートのクリープによって徐々に減少する。
2. 鉄筋コンクリート構造の梁において、圧縮側の鉄筋量を増やしても、クリープによるたわみを小さくする効果はない。

A クリープ（creep）とは、力が長期間かかり続けると、ひずみが増加し続けることです。鋼はほとんどクリープ変形しませんが、コンクリートはクリープ変形します。柱に圧縮応力が長期間かかると、柱のコンクリートは縮み、鉄筋はそのままです。鉄筋がクリープの収縮に抵抗するために、鉄筋の圧縮応力は増大します（1は×）。

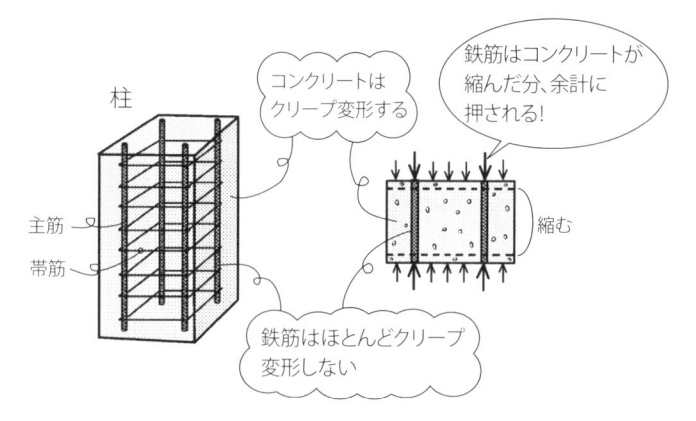

梁の圧縮側は鉄筋とコンクリート両方で縮むのに抵抗します。鉄筋量を増やすと、コンクリートにかかる圧縮力が減って、コンクリートのクリープ変形が軽減されます（2は×）。

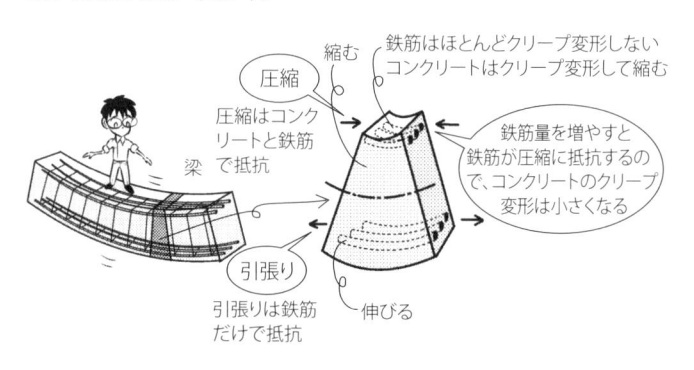

答え ▶ 1.×　2.×

★ R092 ○×問題　　　かぶり部分の圧縮力

Q 鉄筋コンクリート構造における
1. 鉄筋に対するコンクリートのかぶり厚については、鉄筋の耐火被覆、コンクリートの中性化速度、主筋の応力伝達機構などを考慮して決定する。
2. 許容応力度設計において、圧縮力の働く部分では、鉄筋に対するコンクリートのかぶり部分も圧縮力を負担するものとして設計する。

A 鉄筋の外側にコンクリートがどれくらいかぶっているかがかぶり厚です。かぶり厚が小さくて薄いと、はく離や亀裂の原因となります。また二酸化炭素によって表面から中性化が進んで、鉄筋がさびて膨張し、コンクリートが爆裂します。さらにコンクリートと鉄筋が一体化しない、火災の熱によって鉄筋が弱くなる、生コンの砂利が詰まりやすくなる、などの不具合も生じます。かぶり部分のコンクリートも、圧縮力を負担することができます（1、2は○）。ただしかぶり厚があまりにも大きいと、曲げ変形時の縁から鉄筋が遠くなり、鉄筋の効きが悪くなります。

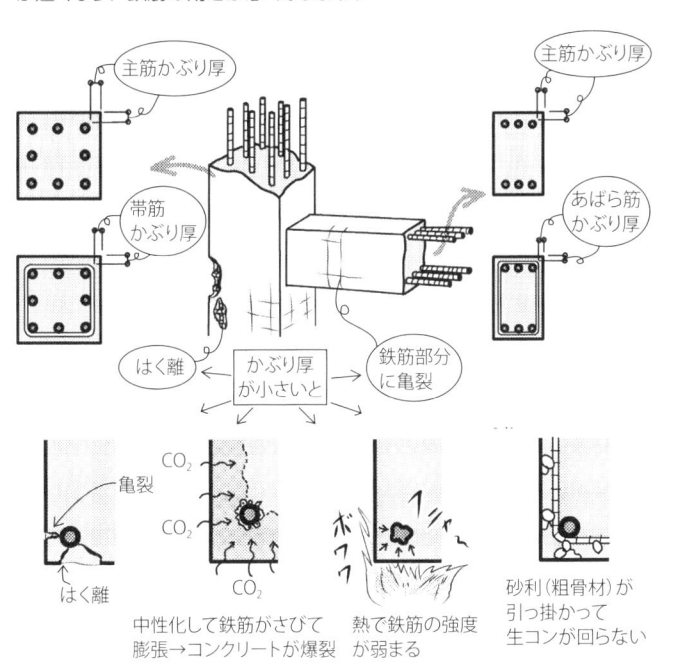

答え ▶ 1. ○　2. ○

★ R093 ○×問題 柱隅角部の鉄筋

Q 鉄筋コンクリート構造において、
1. 柱の付着割裂破壊を防止するために、柱の断面の隅角部に太径の鉄筋を用いない配筋とした。
2. 柱部材の脆（ぜい）性破壊である付着割裂破壊を避けるため、断面隅角部に細径の鉄筋を配置した。

A 柱のコーナー部分は、鉄筋のまわりのコンクリートが薄く、割れやすくなっています。太い鉄筋が上下に引っ張られたり押されたりすると、コンクリートとの接触面ですべって壊れやすくなります。コンクリートとの付着部分で割れて裂けて破壊するので、付着割裂破壊といいます。少ない変形ですぐに壊れるので、脆性破壊です。脆性とは粘りがないことで、靭（じん）性とは反対の性質です。梁端部が回転しながら壊れるのは、回転しながらエネルギーを吸収するので靭性のある破壊、付着割裂破壊やせん断破壊は粘らずにすぐに壊れるので脆性破壊です。

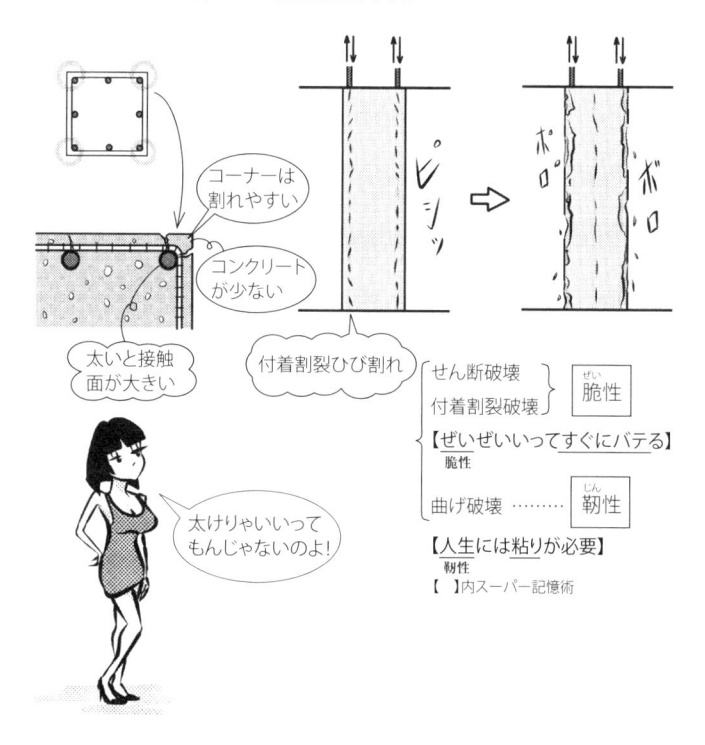

- せん断破壊 ／ 付着割裂破壊 → 脆性
- 【ぜいぜいいってすぐにバテる】脆性
- 曲げ破壊 …… 靭性
- 【人生には粘りが必要】靭性
- 【 】内スーパー記憶術

コーナーは割れやすい／コンクリートが少ない／太いと接触面が大きい／付着割裂ひび割れ

「太けりゃいいってもんじゃないのよ！」

答え ▶ 1. ○ 2. ○

★ R094 ○×問題　柱梁主筋のフック

Q 鉄筋コンクリート構造において、
1. 高さが5mの建築物で、柱の主筋に異形鉄筋を用いた場合には、その末端のすべてを直線定着とすることができる。
2. 柱の出隅部分に使用する鉄筋は、異形鉄筋を使用した場合、鉄筋の端部にフックを設けなくてよい。

A 鉄筋の末端にはフックを設けるのが原則です。コンクリートにしっかり定着、付着して抜けないように、すべらないようにするためです。ただし鉄筋表面に凹凸の付けられた異形鉄筋の場合は、抜けにくく、すべりにくいので、一部を除いてフックなしでOKとされています。必ずフックを使うべき例外は、柱梁の隅角部（出隅部）です。コンクリートが鉄筋周囲に少なく、すべって付着割裂破壊しやすいからです（基準法　1、2は×）。

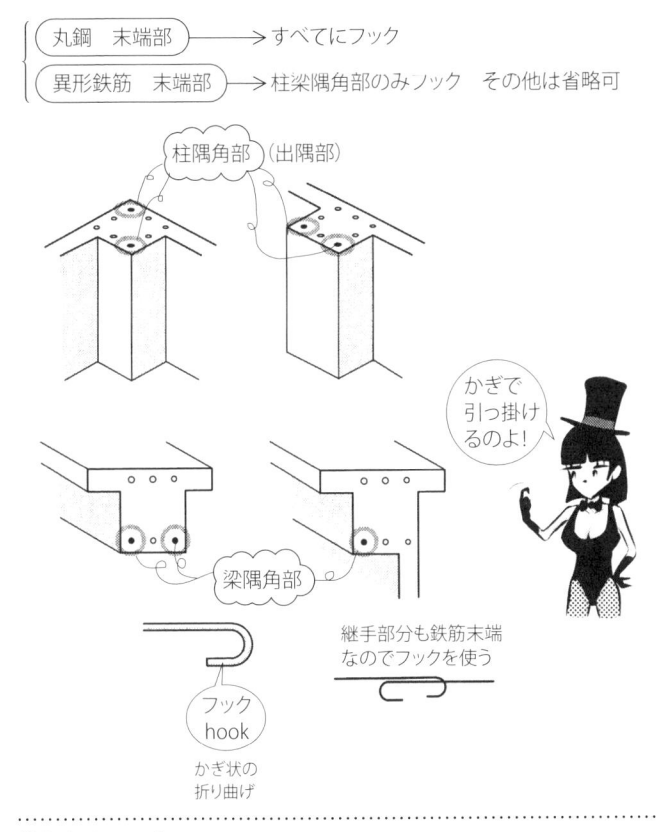

- 丸鋼　末端部 → すべてにフック
- 異形鉄筋　末端部 → 柱梁隅角部のみフック　その他は省略可

柱隅角部（出隅部）

梁隅角部

かぎで引っ掛けるのよ！

継手部分も鉄筋末端なのでフックを使う

フック hook

かぎ状の折り曲げ

答え ▶ 1.×　2.×

★ R095 ○×問題　柱の圧縮力と脆性破壊

Q 鉄筋コンクリート構造において、
1. 柱に作用する軸方向の圧縮力が大きいほど、せん断耐力は大きくなり、靭（じん）性は低下する。
2. コンクリートは圧縮に強く引張りに弱いので、大きな軸圧縮力を受ける柱の方が、靭性は高い。

A 曲げモーメント M が大きくなると、終局曲げモーメント M_u からは大きさ一定のままで回転が進み、粘りながら破壊へと至る靭（じん）性破壊となります。一方せん断力 Q が大きくなって終局せん断力（せん断耐力）Q_u に至ると、少しの変形ですぐに壊れてしまう、もろい破壊、脆（ぜい）性破壊となります。

$\begin{cases} M_u による曲げ破壊 \longrightarrow \boxed{靭性破壊}【人生には粘りが必要】\\ Q_u によるせん断破壊 \rightarrow \boxed{脆性破壊}【ぜいぜいいってすぐにバテる】 \end{cases}$

【 】内スーパー記憶術

柱の軸方向の力 N が大きくなると、変形しにくくなって、Q の最大も大きくなります。押されることによって摩擦などの効果で、横に変形しにくくなります。しかし一旦変形し始めると、すぐに破壊に至ります。上下に押す力が強いほど、粘らずにもろく小さな変形で壊れるようになります（1は○、2は×）。1階の柱は大きな N と Q がかかるので、せん断破壊しやすく、注意が必要です。

靭性：粘り強さ
脆性：もろさ

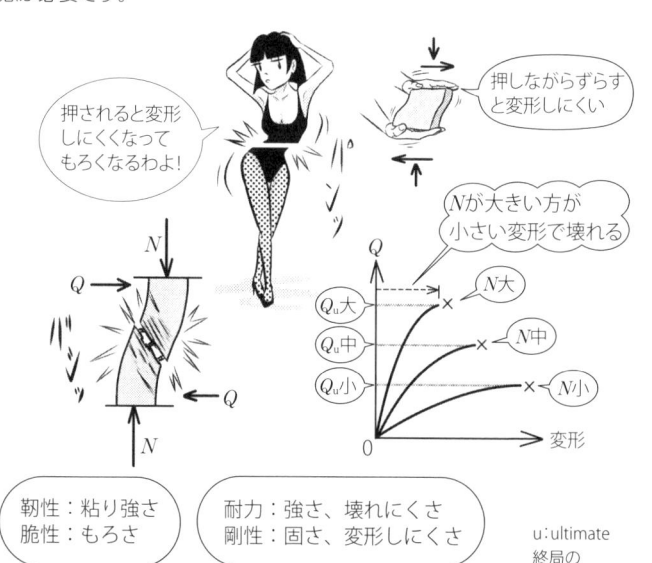

耐力：強さ、壊れにくさ
剛性：固さ、変形しにくさ

u：ultimate
終局の

答え ▶ 1.○　2.×

★ R096 ○×問題　　　　　　　　　　　　　　　内柱と外柱

Q 鉄筋コンクリート構造において、
1. コンクリートは引張りに弱く圧縮に強いが、大きな軸圧縮力を受ける柱ほど地震時の粘り強さが減少する。
2. 地震時に大きな変動軸力が作用する外柱の曲げ耐力および靭(じん)性能は、変動軸力が少ない同断面、同一配筋の内柱と同等である。

A 大きな軸圧縮力Nが作用すると、コンクリート内部の摩擦などにより、横にずれる変形がしにくくなります。そのためせん断力Qにより、粘らずにもろくせん断破壊に至ります。粘り、つまり靭性がNによって低下するわけです（1は○）。

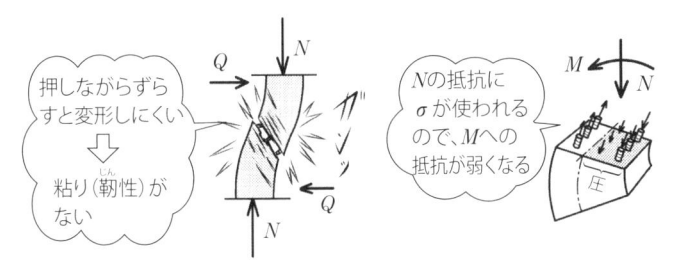

柱の主筋とコンクリートは、軸力Nと曲げモーメントMに抵抗します。Nが大きくなると、主筋とコンクリートの圧縮応力度が大きくとられ、Mに抵抗する分が減ります。そのためNが大きいと、Mの限界（耐力）に到達しやすくなります。

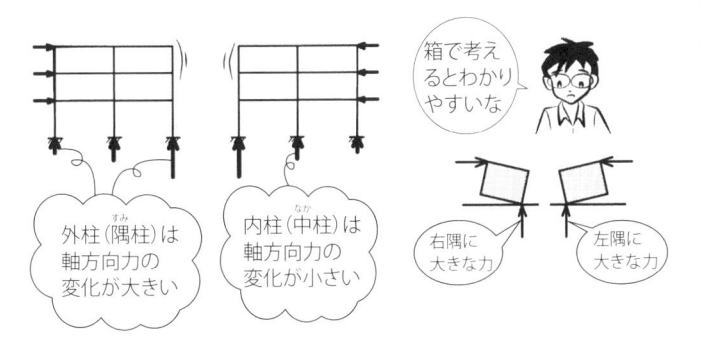

外柱は内柱と比べてNの変化が大きく、Nの最大も大きくなるので、条件が同じなら、曲げ耐力および靭性は低くなります（2は×）。

答え ▶ 1. ○　2. ×

★ **R097** ○×問題　　　　　　　　　　　　　　　柱のせん断強度

Q 鉄筋コンクリート構造の柱において、内法高さが短いほどせん断強度は大きくなるが、粘り強さは小さくなる。

A 柱の内法（うちのり）高さ（内-内の高さ寸法）が小さいほど、横にずらして壊れる力の強さ（せん断強度）は大きくなりますが、横への小さな変形で壊れるので、粘り強さ（靭（じん）性）はありません（答えは○）。ゴムやコンニャクのようなものを、横にずらして変形させることをイメージしてみましょう。

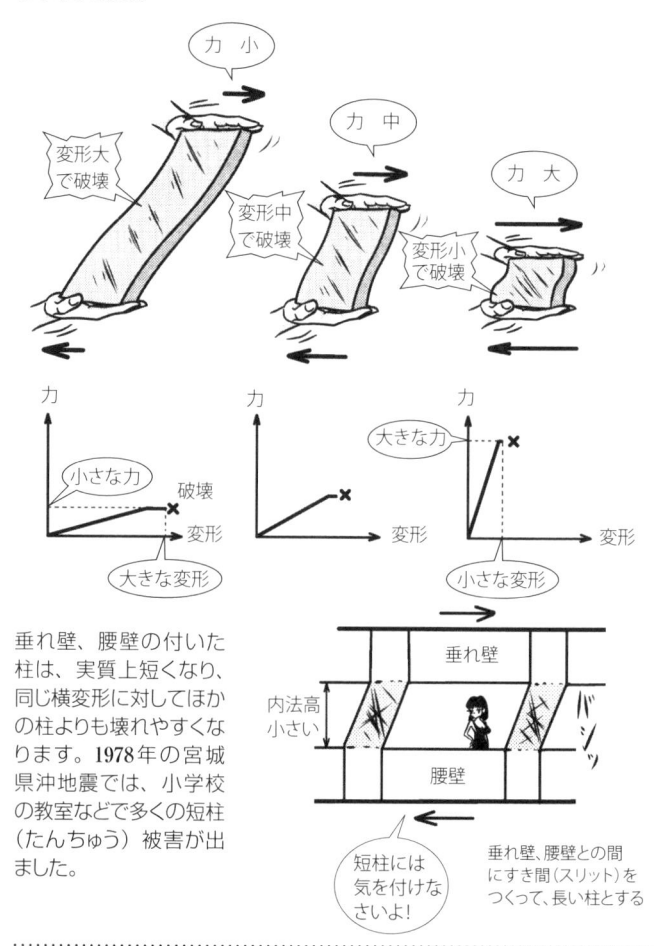

垂れ壁、腰壁の付いた柱は、実質上短くなり、同じ横変形に対してほかの柱よりも壊れやすくなります。1978年の宮城県沖地震では、小学校の教室などで多くの短柱（たんちゅう）被害が出ました。

答え ▶ ○

★ R098　○×問題　　　　　　　　　　　　　　　　短柱破壊

Q 鉄筋コンクリート構造において、
1. 太くて短い柱は、地震時に、曲げ破壊より先にせん断破壊が起こる場合がある。
2. 太くて短い柱は、曲げ耐力を増す必要があり、主筋を多く配置する。
3. 腰壁が取り付くことにより柱が短柱となることを防止するため、柱と腰壁の取り合い部に、十分なクリアランスを有する完全スリットを設けた。

A 下図のように床が固くて柱頭がまったく回転しないとすると（剛床（ごうしょう）仮定）、各柱にかかる水平力は断面2次モーメント I に比例し、h^3 に反比例します。太いと I は大きく、短いと I/h^3 は大きくなるので、水平力の分担は大きくなり、せん断破壊しやすくなります。せん断破壊は少しの横へのずれで起き、曲げ破壊は降伏後にしばらく回転してから起こります（1は○）。太くて短い柱はせん断力が大きくなりますが、<u>せん断力に抵抗するのは主筋ではなく帯筋です</u>（2は×）。

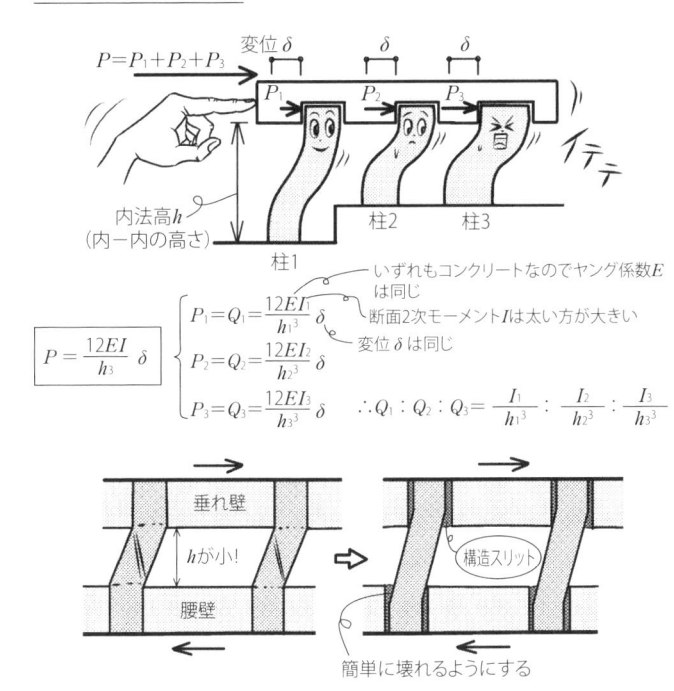

$$P = \frac{12EI}{h^3}\delta$$

$$\begin{cases} P_1 = Q_1 = \dfrac{12EI_1}{h_1^3}\delta \\ P_2 = Q_2 = \dfrac{12EI_2}{h_2^3}\delta \\ P_3 = Q_3 = \dfrac{12EI_3}{h_3^3}\delta \end{cases} \quad \therefore Q_1 : Q_2 : Q_3 = \dfrac{I_1}{h_1^3} : \dfrac{I_2}{h_2^3} : \dfrac{I_3}{h_3^3}$$

- いずれもコンクリートなのでヤング係数 E は同じ
- 断面2次モーメント I は太い方が大きい
- 変位 δ は同じ

腰壁、垂れ壁によって実質的に短くなる柱の場合、壁との接合部をカットするか壊れるようにして、柱を長くする工夫をします（3は○）。

答え ▶　1.○　2.×　3.○

★ R099 ○×問題　ピロティの強度、剛性

Q 鉄筋コンクリート構造において、
1. 1階をピロティとしたので、地震時に1階に応力が集中しないように、1階の水平剛性を小さくした。
2. 他の階と比べて剛性、強度が低い層は、大地震時に大きな変形が集中する恐れがあるので、当該層の柱には十分な強度および靭（じん）性を確保する必要がある。

A 剛性とは変形しにくさの度合いのことです。水平剛性とは、水平方向の変形しにくさです。ある階（層）に P の力が作用したときに水平方向に δ（デルタ）の変形があると、P、δ が一定範囲で $P = K\delta$（K は定数）の関係が成り立ちます。力を2倍にすると変形が2倍になる、力と変形が比例する式は、フックの法則といい、さまざまな場面で成り立ちます。ある階（層）にかかる水平力と変形の関係式 $P = K\delta$ の比例定数 K を、水平剛性といいます。K が大きいと変形しにくく、固い、K が小さいと変形しやすく、柔らかいということになります。

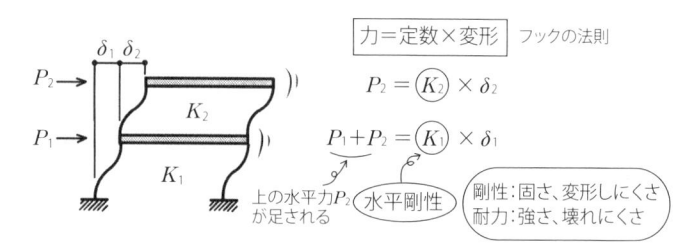

力＝定数×変形　フックの法則

$P_2 = (K_2) \times \delta_2$

$P_1 + P_2 = (K_1) \times \delta_1$

上の水平力 P_2 が足される　水平剛性

剛性：固さ、変形しにくさ
耐力：強さ、壊れにくさ

K_1 が小さいと δ_1 が大きくなって壊れてしまいます。ピロティは壁が少なく K_1 が小さくなりがちなので、柱を太くするなどして K_1 を大きくします（1は×）。柱を太くしたり、壁を増やすなどして K を大きくし、大きな δ でも壊れなくする（粘り、靭性を増やす）工夫をする必要があります（2は○）。

- Point

水平剛性が大 → $P = K\delta$ の K が大 —→ 変形しにくい（δ 小）
強度が大 → N、M、Q の最大が大 —→ 壊れにくい

ちなみに曲げ剛性とはヤング係数 E ×断面2次モーメント I で、曲げにくさを表す係数です。

答え ▶ 1.×　2.○

★ R100 ○×問題　　　　　　　　　　　帯筋・あばら筋　その1

Q 鉄筋コンクリート構造において、
1. 幅300mm、せい600mmの梁に、D10のあばら筋を200mm間隔（せん断補強筋比：0.23％）で配筋した。
2. 幅300mm、せい600mm、有効せい540mmの梁に、引張り鉄筋としてD22の主筋を3本（引張り鉄筋比：0.71％）配筋した。

A あばら筋は帯筋に比べて間隔が長く、D10の異形鉄筋では250mm以下、かつ$D/2$以下（D：梁せい）です。せん断補強筋比p_wは帯筋同様に0.2％以上です（1は○）。梁主筋は柱主筋と同様にD13以上です。引張り鉄筋比p_tは0.4％以上です（2は○）。この0.4％に加えてp_wの0.2％と、付帯ラーメンの梁の全主筋量p_gの0.8％を覚えておきましょう（RC規準）。

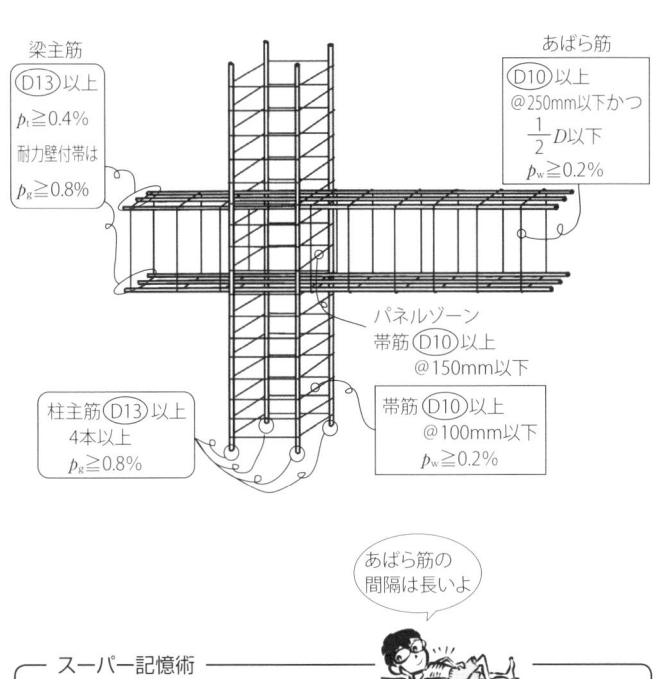

梁主筋
D13以上
$p_t \geq 0.4\%$
耐力壁付帯は
$p_g \geq 0.8\%$

あばら筋
D10以上
@250mm以下かつ
$\frac{1}{2}D$以下
$p_w \geq 0.2\%$

パネルゾーン
帯筋 D10以上
@150mm以下

柱主筋 D13以上
4本以上
$p_g \geq 0.8\%$

帯筋 D10以上
@100mm以下
$p_w \geq 0.2\%$

あばら筋の
間隔は長いよ

― スーパー記憶術 ―
（梁の上で）
あばらが出るほど日光浴！　体重半分に！
　　　　　　　　250mm　　　　　$\frac{1}{2}D$
　　　　　　　　以下

答え ▶ 1. ○　2. ○

★ R101 ○×問題　　　帯筋・あばら筋　その2

Q 鉄筋コンクリート構造において、
1. 600mm角の柱（主筋はD25）に、D13の帯筋を100mm間隔（せん断補強筋比：0.42％）で配筋した。
2. 600mm角の柱にD25の主筋を8本（全主筋比：1.1％）配筋した。

A 帯筋径は9φ（丸鋼）またはD10（異形鉄筋）以上とされています。間隔はD10の異形鉄筋を用いる場合は100mm以下、ただし柱の上下端より柱の最大径の1.5倍の範囲外では、1.5倍まで増やせるとしています（RC規準）。実際は柱中央部も100mm以下で並べることが多いです。せん断補強筋比（帯筋比）p_wは0.2％以上必要です（1は○）。

> 帯筋は
> 10cm間隔
> が普通よ！

柱の主筋はD13以上、4本以上で、全主筋比p_gは0.8％以上です（RC規準　2は○）。

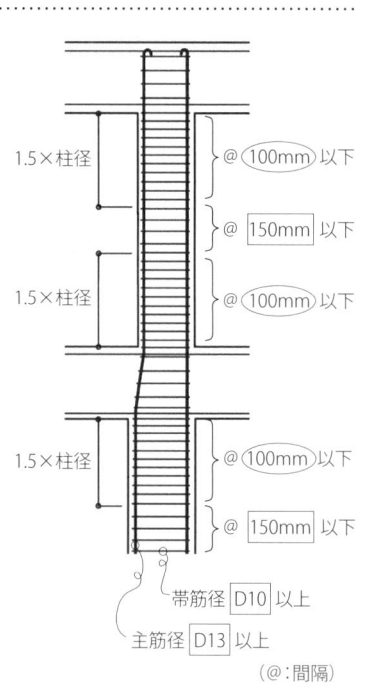

図中ラベル：
- 1.5×柱径 → @ 100mm 以下
- @ 150mm 以下
- 1.5×柱径 → @ 100mm 以下
- 1.5×柱径 → @ 100mm 以下
- @ 150mm 以下
- 帯筋径 D10 以上
- 主筋径 D13 以上
- （@：間隔）

スーパー記憶術

和服の	デート	で天まで行こう！	いざ	出勤！
帯筋	D10以上	10cm以下　1.5倍　15cm以下　中央部	D13以上	主筋

答え ▶ 1. ○　2. ○

★ R102 ○×問題　　　帯筋・あばら筋 その3

Q 鉄筋コンクリート構造において、
1. 柱梁接合部内の帯筋の間隔は150mm以下、かつ、その接合部に隣接する柱の帯筋間隔の1.5倍以下とする。
2. 帯筋を100mm間隔で配筋した700mm角の柱と、幅300mm、せい600mmの梁との交差部である柱梁接合部に、D13の帯筋を100mm間隔（せん断補強筋比：0.36%）で配筋した。

A 柱梁接合部（パネルゾーン）では、柱とは異なる応力、変形となります。柱ほど帯筋は重要ではなく、許容せん断力は、柱梁がどのように接合するかの形状と、柱梁の断面寸法、コンクリートのせん断強度 f_s で決まります（R107参照）。

— Point —
柱梁接合部の短期 Q
  ①接合部の形状
  ②断面寸法　　　で決まる
  ③コンクリートの f_s
帯筋量がない！

（長期荷重では安全なので長期 Q の式はない）

しかしパネルゾーンの帯筋を抜くと、主筋とコンクリートを拘束できなくなります。鉄筋は $\phi 9$ またはD10以上、間隔は150mm以下、かつ隣接帯筋間隔の1.5倍以下、せん断補強筋比は他の帯筋と同様に $p_w \geq 0.2\%$ とされています（RC規準　1、2は○）。

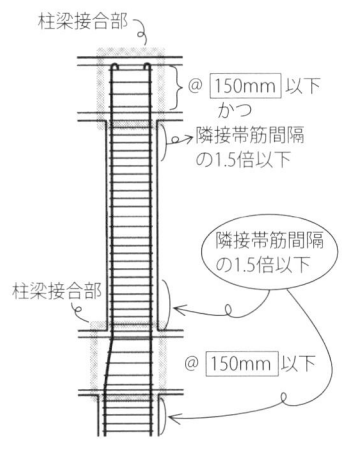

柱梁接合部
@ 150mm 以下
かつ
隣接帯筋間隔の1.5倍以下

隣接帯筋間隔の1.5倍以下

柱梁接合部
@ 150mm 以下

パネルゾーンの帯筋は150mm以下でOKよ！

— スーパー記憶術 —
和服のデートで天まで行こう！
帯筋　D10　10cm → 1.5倍　中央部
　　　以上　以下　15cm　&
　　　　　　　　　以下　パネルゾーン

答え ▶ 1. ○　2. ○

R103 ○×問題　帯筋・あばら筋　その4

Q 鉄筋コンクリート構造において、
1. 柱の帯筋は、せん断補強、内部のコンクリートの拘束、主筋の座屈防止に有効である。
2. 柱の帯筋は、せん断力に対する補強とともに、間隔を密に入れたり、副帯筋を併用したりすることなどによって、主筋で囲まれた内部のコンクリート部分を拘束し、大地震時の軸力保持にも効果がある。
3. 柱の帯筋は、曲げモーメントに抵抗する効果も期待できる。
4. 帯筋の効果は、端部の定着形状により異なる。

A 帯筋（hoop）はせん断力Qに対する補強で、曲げモーメントMには抵抗しません（3は×）。また主筋の外側をグルグルと巻くことによって、主筋が折れ曲がって座屈することや、鉄筋内部のコンクリートがはらみ出すことを防ぐ効果もあります（1、2は○）。大地震時に主筋と帯筋内部のコンクリートが生き残れば、とりあえず重さを支えることはできます。

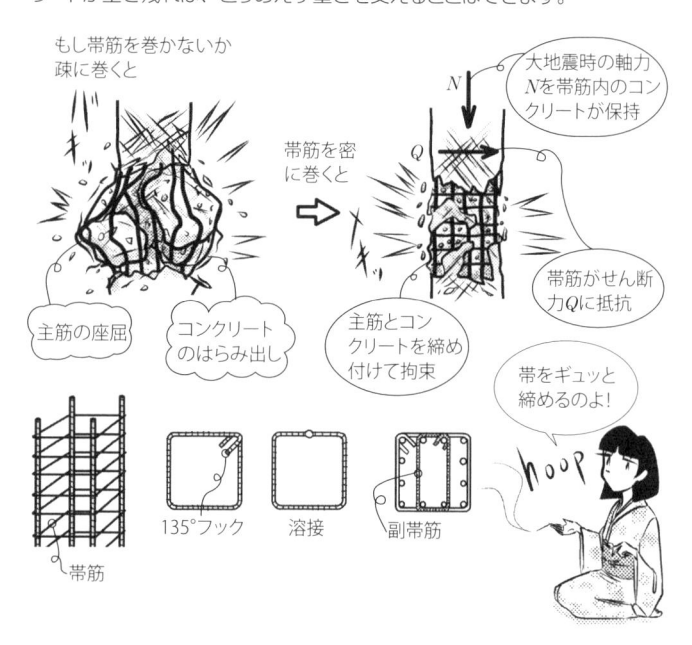

副帯筋とは、外周部ではなく柱内部に入れて、主筋どうしを結ぶ帯筋です。帯筋と同様に、主筋とコンクリートを締める役を担います。帯筋の端部がしっかりと留まっていないと、大地震時にはずれて柱が壊れやすくなります（4は○）。

答え ▶ 1. ○　2. ○　3. ×　4. ○

★ R104 ○×問題　　　帯筋・あばら筋　その5

Q 鉄筋コンクリート構造において、
1. 帯筋の末端部のフックは、90°以上に折り曲げて定着させる。
2. 帯筋の末端部は、135°以上に折り曲げて定着させるか、または相互に溶接する。
3. 端部に135°フックを有する帯筋は、柱の靭（じん）性を増すうえで、スパイラル筋よりも効果が大きい。

A 帯筋（フープ）は主筋のまわりにグルッと巻いて、しっかりとタガを締めます。柱が壊れる際にも、帯筋のタガがはずれなければコンクリートと主筋が拘束されて、コンクリートのはらみ出しや主筋の座屈を防ぎます。一気に崩壊せず、粘り強さ、靭（じん）性を柱に与えることができます。
定着とは鉄筋が抜けないように、しっかりと留めること。この場合は主筋にフックを引っ掛け、主筋からはずれないようにすること、帯筋の輪がはずれないようにすることです。90°フックでははずれる恐れがあるので、必ず<u>135°以上のフック</u>とします（配筋指針　1は×、2は○）。

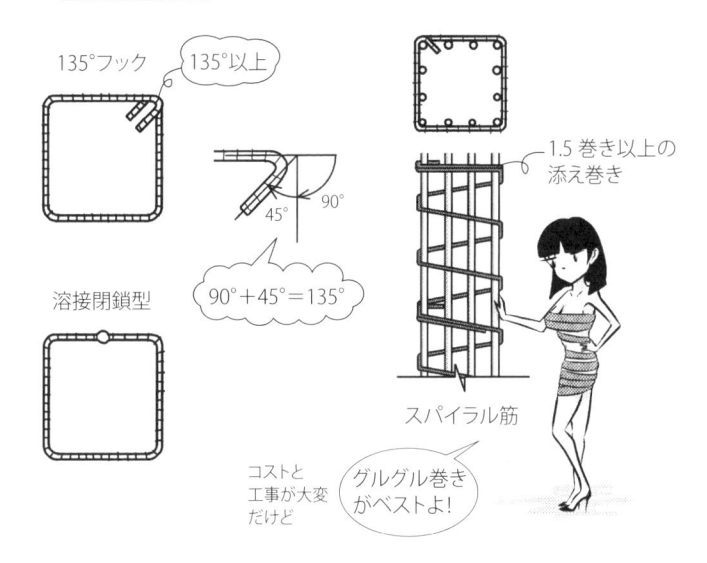

135°フック　135°以上
溶接閉鎖型
90°+45°=135°
1.5巻き以上の添え巻き
スパイラル筋
コストと工事が大変だけど
グルグル巻きがベストよ！

溶接で閉鎖した帯筋と、グルグル巻いたスパイラル筋（らせん型帯筋）は、135°フックよりもはずれにくく、柱はより粘り強くなります（3は×）。

答え ▶ 1.×　2.○　3.×

★ R105 ○×問題　　帯筋・あばら筋　その6

Q 鉄筋コンクリート構造における納まりを示す図として、正誤を判定せよ。

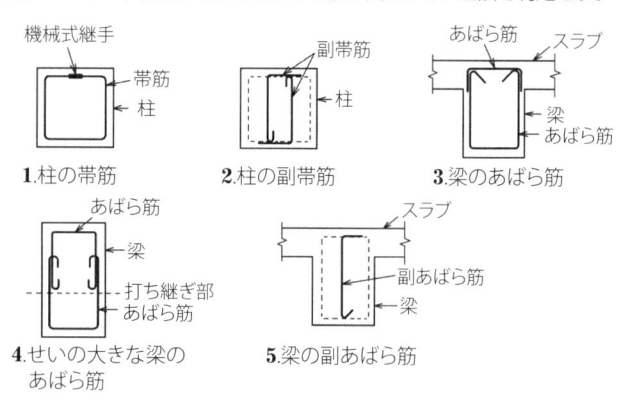

1. 柱の帯筋
2. 柱の副帯筋
3. 梁のあばら筋
4. せいの大きな梁のあばら筋
5. 梁の副あばら筋

A 機械式継手とは、ネジ状の節をもつ鉄筋（ネジバー）にカプラー（coupler：連結装置）という金具をねじ込み、グラウト材（grout：充てん材）を注入して鉄筋どうしをつなぐ方法です。ネジ以外にも、鉄筋2本を重ねて両者を輪状の金具で囲い、中央にクサビを打ち込んで留める継手や、金具を押しつぶして留めるグリップジョイントなどもあります（1は○）。

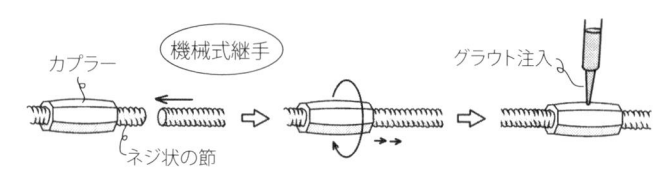

副帯筋、副あばら筋での90°折り曲げは不可、ただし副あばら筋でスラブ同時打ち込みの場合のみ可となります（配筋指針　2は×、5は○）。

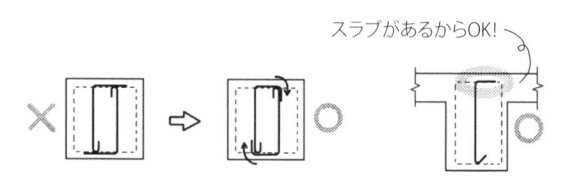

3の上から入れるU字形のあばら筋（キャップタイ）は、床スラブのあるT形梁なのでOK（配筋指針　3は○）。片方に床スラブのないL形梁では、スラブのない側は135°フックとします。せいの大きな梁で途中であばら筋を継手する場合、90°、135°、180°フックとします（配筋指針　4は○）。

答え ▶ 1.○　2.×　3.○　4.○　5.○

★ R106 ○×問題　　　帯筋・あばら筋　その7

Q 鉄筋コンクリート構造において、
1. 柱断面の長期許容せん断力の計算をするとき、コンクリートの許容せん断力に帯筋による効果を加算した。
2. 柱の短期許容せん断力は、帯筋比を大きくすると大きくなる。

A 長期応力は[常時かかる重さ]での部材内に生じる応力、短期応力は[常時かかる重さ+非常時にかかる地震力など]での応力です。各々の許容値が長期許容応力、短期許容応力です。
柱の長期許容せん断力Q_{AL}の式には、梁と違って、帯筋の効果が入っていません。また軸圧縮力Nが大きくなるとQの最大値も大きくなりますが、その効果も入っていません。柱のQを安全側に設定するためです（RC規準 1は×）。短期の場合は梁と同様に、帯筋の効果を入れます（2は○）。
あばら筋比とは、(あばら筋断面積)/(コンクリート断面積)のことです。

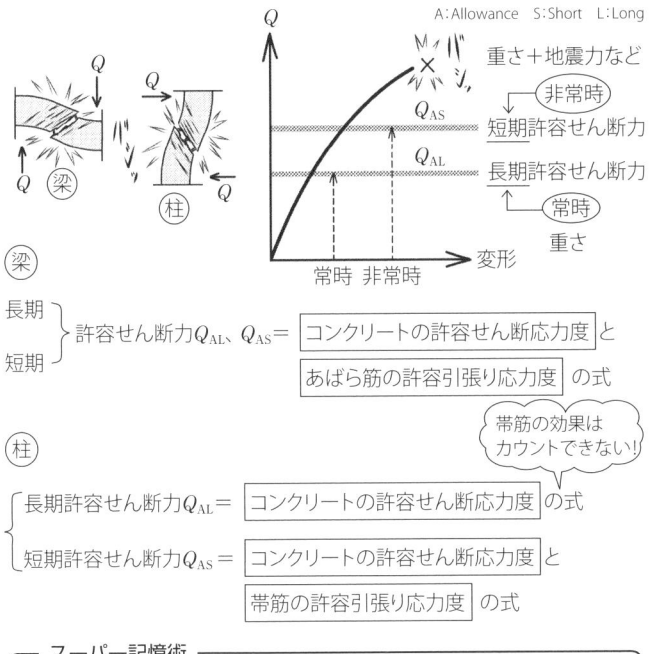

A:Allowance S:Short L:Long

重さ+地震力など
　↓ 非常時
Q_{AS} 短期許容せん断力
Q_{AL} 長期許容せん断力
　↑ 常時
　重さ

(梁)

長期
短期　｝許容せん断力 Q_{AL}、Q_{AS}＝ | コンクリートの許容せん断応力度 | と | あばら筋の許容引張り応力度 | の式

　　　　　　　　　　　　　　　帯筋の効果は
　　　　　　　　　　　　　　　カウントできない！

(柱)

長期許容せん断力 Q_{AL}＝ | コンクリートの許容せん断応力度 | の式

短期許容せん断力 Q_{AS}＝ | コンクリートの許容せん断応力度 | と | 帯筋の許容引張り応力度 | の式

スーパー記憶術

長時間、帯は締められない
長期許容　　帯筋の効果は算入できない

答え ▶ 1.×　2.○

★ R107 ○×問題　　帯筋・あばら筋　その8

Q 鉄筋コンクリート構造純ラーメン部分の柱梁接合部内において、帯筋量を増やすことは、柱梁接合部のせん断強度を高める効果が大きい。

A 純ラーメンとは、耐震壁のない柱梁だけのフレームのことです。柱梁接合部はパネルゾーンともいい、柱と梁の両方から力を受けるので、柱梁とは異なる動きをします。

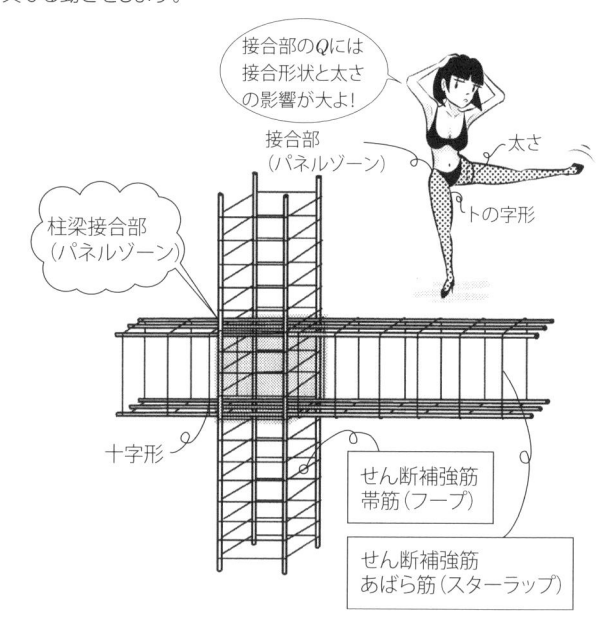

接合部のQには接合部形状と太さの影響が大よ！

接合部（パネルゾーン）

太さ

ト の字形

柱梁接合部（パネルゾーン）

十字形

せん断補強筋　帯筋（フープ）

せん断補強筋　あばら筋（スターラップ）

接合部では、帯筋だけ入れればコンクリートの拘束はできるので、あばら筋は不要となります。長期荷重（鉛直荷重）時、接合部には大きなQはかかりません。地震時にかかる横方向のQで生じる斜め方向の引張りには、柱と同様に帯筋で抵抗します。しかしQの最大強度は、帯筋よりも接合部が十字形なのかトの字形なのかという形状、柱梁の断面寸法、コンクリート強度の方が大きく作用します。接合部の短期許容せん断力Q_{Aj}、短期設計用せん断力Q_{Dj}の式には、帯筋量が入っていません（RC規準　答えは×）。

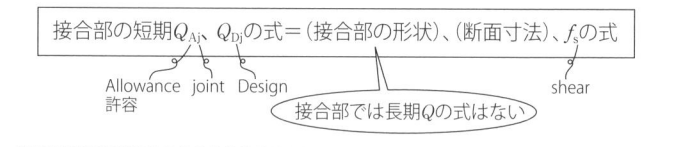

接合部の短期Q_{Aj}、Q_{Dj}の式＝（接合部の形状）、（断面寸法）、f_sの式

Allowance　joint　Design
許容

shear

接合部では長期Qの式はない

答え ▶ ×

R108 まとめ　帯筋・あばら筋　その9

- 主筋
  - 圧縮+引張りの偶力でMに抵抗
  - 圧縮でNに抵抗
- せん断補強筋（帯筋、あばら筋）
  - 引張りでQに抵抗 → 靭性（粘り強さ）の増大
  - （長期許容Qには帯筋効果入れない）
  - 【長時間、帯は締められない】
  - スーパー記憶術

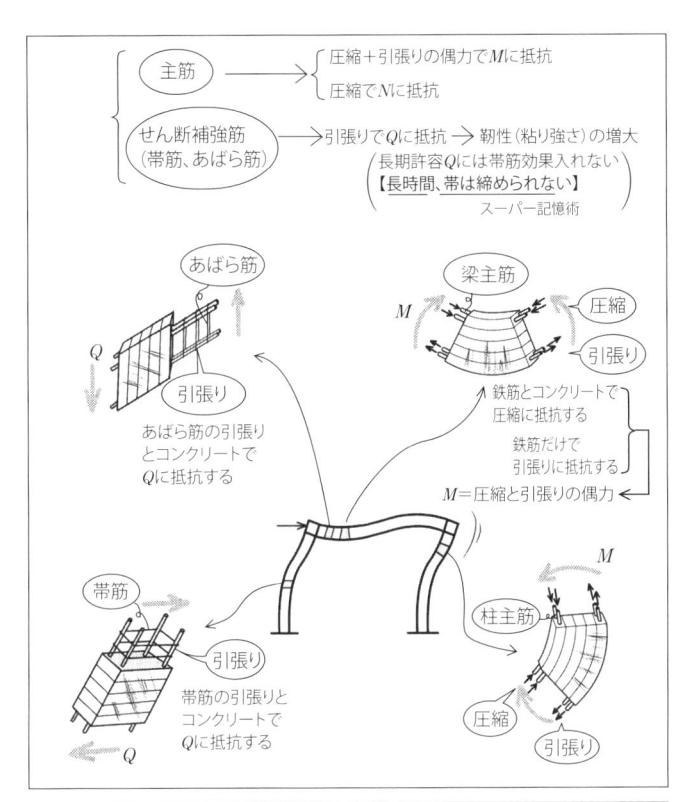

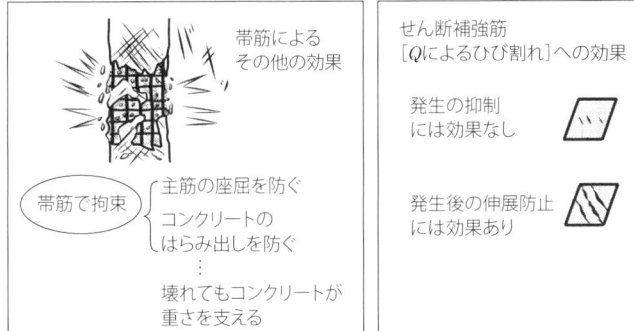

あばら筋

あばら筋の引張りとコンクリートでQに抵抗する

梁主筋 — 圧縮／引張り

鉄筋とコンクリートで圧縮に抵抗する
鉄筋だけで引張りに抵抗する
M＝圧縮と引張りの偶力

帯筋

帯の引張りとコンクリートでQに抵抗する

柱主筋 — 圧縮／引張り

帯筋によるその他の効果

帯筋で拘束
- 主筋の座屈を防ぐ
- コンクリートのはらみ出しを防ぐ
  ⋮
- 壊れてもコンクリートが重さを支える

せん断補強筋 [Qによるひび割れ] への効果

- 発生の抑制には効果なし
- 発生後の伸展防止には効果あり

5　RC造の柱

R109 計算問題　帯筋・あばら筋　その10

Q 図のように配筋された柱の帯筋比 p_w を求めよ。

$\begin{pmatrix} a_w &: 帯筋1本当たりの断面積 \\ b, D &: 柱の幅 \\ x &: 帯筋間隔 \end{pmatrix}$

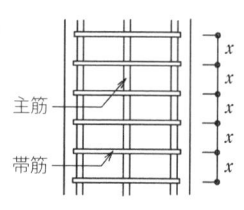

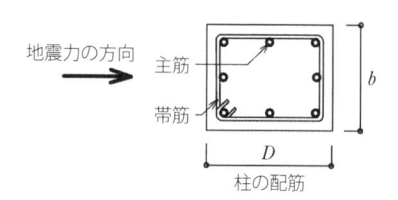

A 帯筋比 p_w とは、コンクリートの断面積に対する帯筋断面積の比です。柱全体のコンクリート断面で計算するのではなく、帯筋間隔ごとのコンクリート断面で計算します。

$$帯筋比\ p_w = \frac{1組の帯筋の断面積}{それに対するコンクリート断面積}$$

地震力に抵抗する帯筋は左右方向で、それに対するコンクリート面積は bx なので、

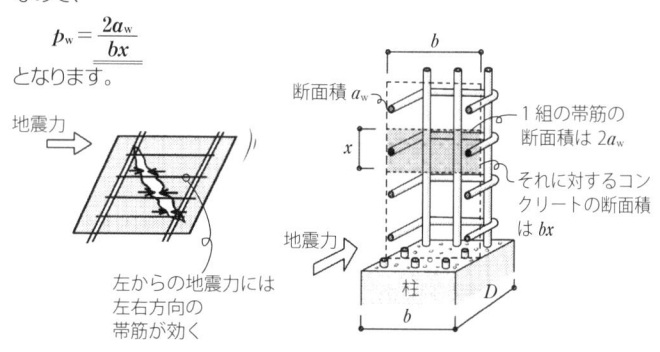

$$p_w = \frac{2a_w}{bx}$$

となります。

- p_w の語源はRC規準に書かれていませんが、PはProportion（比）かPercentage（%）、wはweb（構造材の腹部）かwall（せん断に抵抗するので）かと思われます。記号は多く出てくるので、当て字をして覚えておきましょう。

答え ▶ $p_w = \dfrac{2a_w}{bx}$

★ R110 計算問題　帯筋・あばら筋　その11

Q 図のように配筋された柱の全主筋比 p_g とせん断補強筋比 p_w を求めよ。ただしD19、D10の1本当たりの断面積は、それぞれ 2.87cm^2、0.71cm^2 とし、p_w は図に示す地震力の方向に対するものとして計算する。

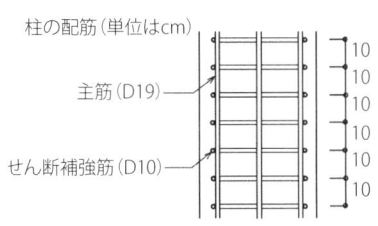

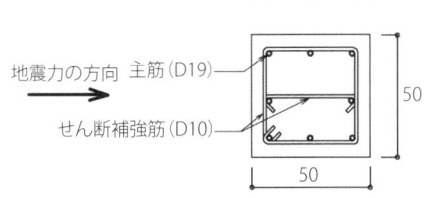

柱の配筋（単位はcm）
主筋（D19）
せん断補強筋（D10）
10 / 10 / 10 / 10 / 10 / 10

地震力の方向
主筋（D19）
せん断補強筋（D10）
50 × 50

A せん断力 Q の作用する方向で、帯筋、あばら筋が効かず、p_w に算入しない場合もあるので注意してください。副帯筋も同様です。

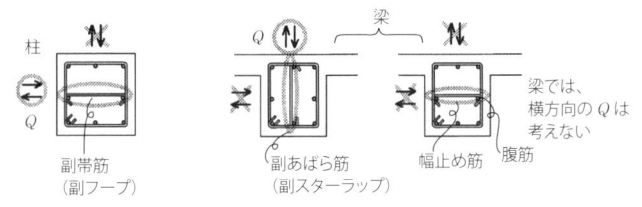

柱
副帯筋（副フープ）

梁
副あばら筋（副スターラップ）
幅止め筋
腹筋
梁では、横方向の Q は考えない

鉄筋の断面積÷コンクリートの断面積で p_g、p_w を求めます。副帯筋も提示された地震力によるせん断力 Q に効くので、本数に入れます。

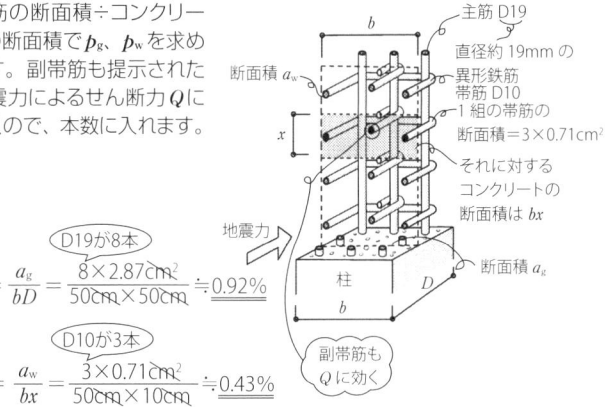

主筋 D19
直径約 19mm の異形鉄筋
帯筋 D10
1組の帯筋の断面積＝ $3 \times 0.71\text{cm}^2$
それに対するコンクリートの断面積は bx

断面積 a_w
断面積 a_g
副帯筋も Q に効く

D19が8本
$$p_g = \frac{a_g}{bD} = \frac{8 \times 2.87\text{cm}^2}{50\text{cm} \times 50\text{cm}} \fallingdotseq \underline{0.92\%}$$

D10が3本
$$p_w = \frac{a_w}{bx} = \frac{3 \times 0.71\text{cm}^2}{50\text{cm} \times 10\text{cm}} \fallingdotseq \underline{0.43\%}$$

P：Proportion　g：gross（全体）　w：web（構造材の腹部）

答え ▶ $p_g = 0.92\%$　$p_w = 0.43\%$

★ R111 ○×問題　帯筋・あばら筋　その12

Q 鉄筋コンクリート構造において、
1. 柱の帯筋比を0.2%以上とした。
2. 梁のあばら筋比を0.1%以上とした。
3. 耐震壁の壁板のせん断補強筋比は、直交する方向に関し、それぞれ0.25%以上とした。
4. 床スラブの各方向の全幅について、鉄筋全断面積のコンクリート全断面積に対する割合は0.2%以上とした。

A 梁の引張り鉄筋比 p_t の0.4%を中心として各鉄筋量を覚えておきましょう。鉄筋量は鉄筋断面積 a ÷構造体断面積 A で計算します。$A-a$ としてコンクリート断面積を出すことはしません。引張り鉄筋比 $p_t = \dfrac{a_t}{bd}$ の d は、梁の有効せいであり、bd は全断面積ではないので、注意してください。

$p_t \geq 0.4\%$ の2倍 1/2倍よ！

ピチピチ

--- Point ---

柱梁の全主筋比　　　　　$p_g \geq 0.8\%$
（梁は耐震壁付帯）

梁の引張り鉄筋比　　　　$p_t \geq 0.4\%$

帯筋比、あばら筋比　　　$p_w \geq 0.2\%$
（せん断補強筋比）

スラブの鉄筋比　　　　　$p_g \geq 0.2\%$

耐震壁のせん断　　　　　$p_s \geq 0.25\%$
補強筋比

--- スーパー記憶術 ---

全主筋　$p_g \geq 0.8\%$

　　　　↑(×2)…t(引)とc(圧)で

梁 $p_t \geq 0.4\%$　ピチピチしたおしり
　　　　　　　　　　　0.4
　　　　↓(×1/2)…細いので

帯、あばら $p_w \geq 0.2\%$

スラブ　$p_g \geq 0.2\%$　(+0.05)

耐震壁　$p_s \geq 0.25\%$　重要なので

梁の $p_t \geq 0.4\%$ または応力で必要とされる量×$\dfrac{4}{3}$以上
$p_t = a_t/bd$ の d は有効せいで全高ではない
g：gross（全体、tとcを合わせたもの）
t：tension（引張り）
c：compression（圧縮）
s：shear（せん断）
w：web（構造材の腹部）
a：area（鉄筋の面積）

梁の引張り主筋の $p_t \geq 0.4\%$ を中心にして、主筋全体（gross）では、引張りtと圧縮cと2倍だから0.4%×2＝0.8%。せん断補強筋などの細い鉄筋は0.4%×$\dfrac{1}{2}$＝0.2%。耐震壁は耐震と付くほど重要なので、＋0.05%で0.25%、と覚えましょう。

答え ▶ 1. ○　2. ×　3. ○　4. ○

★ R112 計算問題　柱の応力計算　その1

Q 図1のような断面をもつ鉄筋コンクリート構造の柱に曲げモーメントMと軸力Nが作用した場合、この柱のひずみ度分布が図2であるときの軸力Nの値を求めよ。ただし条件は、イ～トの通りとする。

条件
- イ. 軸力は柱の中心に作用する。
- ロ. 主筋（4-D25）の断面積の和 $a = 2028\text{mm}^2$
- ハ. 主筋の降伏応力度 $\sigma_y = 345\text{N/mm}^2$
- ニ. コンクリートの圧縮応力度 $\sigma_c = 30\text{N/mm}^2$
- ホ. コンクリートおよび主筋の「応力度－ひずみ度」の関係は、図3の(a)、(b)とする。
- ヘ. コンクリートの終局ひずみ度 ε_u は、主筋の降伏ひずみ度 ε_y の2倍とする。
- ト. コンクリートは圧縮力のみを、主筋は圧縮および引張り力を負担する。

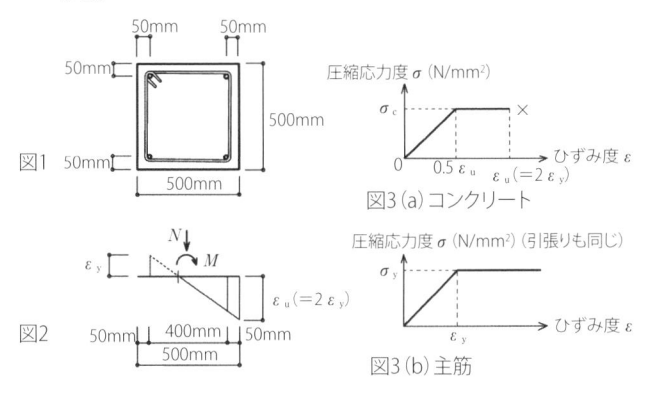

図1

図3(a) コンクリート

図2

図3(b) 主筋

A ①軸力Nだけが作用する柱では、Nが均等に断面全体にかかるので、断面全体が均等に沈むひずみとなります。柱がコンクリートだけでできている場合は、その圧縮応力度 $_c\sigma_c$ は、断面積Aに均等に分散するので、$_c\sigma_c = \dfrac{N}{A}$ となります。よって $N = {_c\sigma_c} \cdot A$ となります。

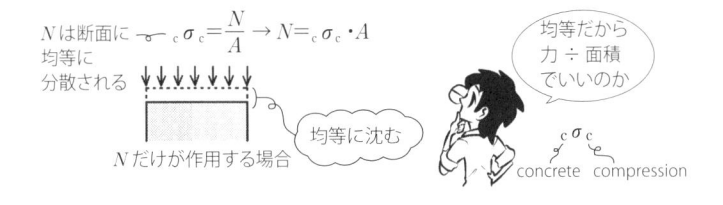

Nは断面に均等に分散される　$_c\sigma_c = \dfrac{N}{A} \rightarrow N = {_c\sigma_c} \cdot A$

Nだけが作用する場合　均等に沈む

均等だから力÷面積でいいのか

$_c\sigma_c$　concrete compression

②鉄筋コンクリートの場合は、同じひずみでもコンクリートの圧縮応力度 $_c\sigma_c$ よりも鉄筋の圧縮応力度 $_s\sigma_c$ の方が大きくなります。
{(各圧縮応力度)×(各断面積)} の和が、圧縮力 N になります。

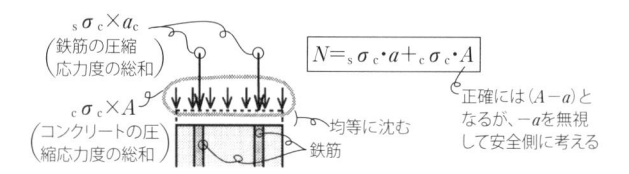

$_s\sigma_c \times a_c$
(鉄筋の圧縮応力度の総和)

$_c\sigma_c \times A$
(コンクリートの圧縮応力度の総和)

$$N = {_s\sigma_c} \cdot a + {_c\sigma_c} \cdot A$$

正確には $(A-a)$ となるが、$-a$ を無視して安全側に考える

均等に沈む
鉄筋

③鉄筋コンクリートに曲げモーメント M だけが作用する場合、右側の圧縮はコンクリートの $_c\sigma_c$ と鉄筋の $_s\sigma_c$ の合計となります。コンクリートは縁に行くほど変形が大きいので、縁に行くほど $_c\sigma_c$ は大きくなります。一方左側の引張りは鉄筋だけが効いて、$_s\sigma_t$ の合計です。左の引張り T と右の圧縮 C は大きさが等しく逆向きの力（偶力）となり、その偶力の大きさが M と等しくなります。

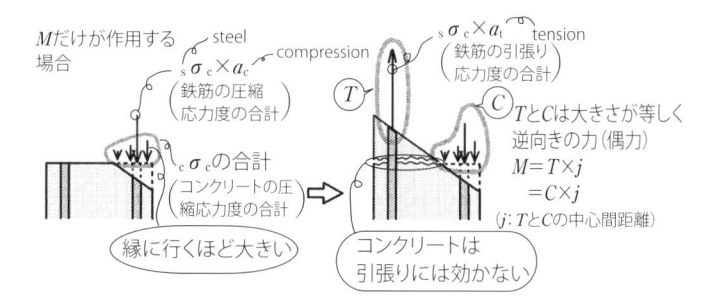

M だけが作用する場合

steel
$_s\sigma_c \times a_c$
(鉄筋の圧縮応力度の合計)
compression

$_c\sigma_c$ の合計
(コンクリートの圧縮応力度の合計)

$_s\sigma_c \times a_t$
(鉄筋の引張り応力度の合計)
tension

T

C T と C は大きさが等しく逆向きの力（偶力）
$M = T \times j$
$= C \times j$
(j: T と C の中心間距離)

縁に行くほど大きい

コンクリートは引張りには効かない

④ N と M が同時に作用すると、右側のコンクリートと鉄筋が N と偶力の片方をもち、左側の鉄筋が偶力のもう片方をもちます。N が作用するので、右側の圧縮の範囲は広がります。

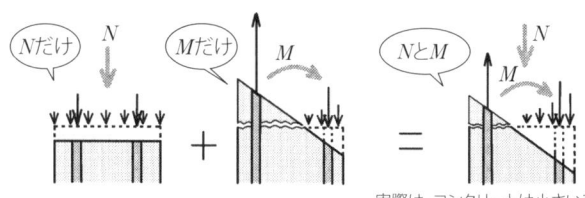

N だけ M だけ N と M

実際は、コンクリートは小さい変形では引張りにも効きますが、安全を見てそれは無視します。

⑤ひずみを表す図2から、下図のように相似の3角形の比を使って、x、z の長さを求めます。

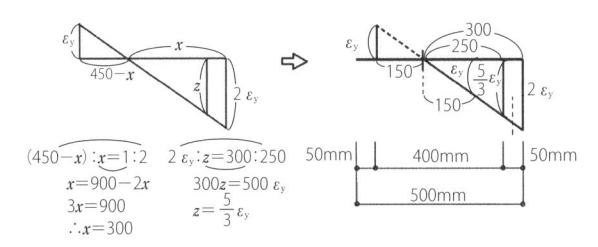

$(450-x):x=1:2$ 　　　$2\varepsilon_y:z=300:250$
$x=900-2x$ 　　　　　$300z=500\varepsilon_y$
$3x=900$ 　　　　　　$z=\dfrac{5}{3}\varepsilon_y$
$\therefore x=300$

⑥ 上のひずみと$\sigma-\varepsilon$のグラフから、鉄筋は両方とも降伏に至っていて、応力度はσ_y。コンクリートは点Aで降伏してそれ以降はσ_c、その前は0〜σ_cとなります。

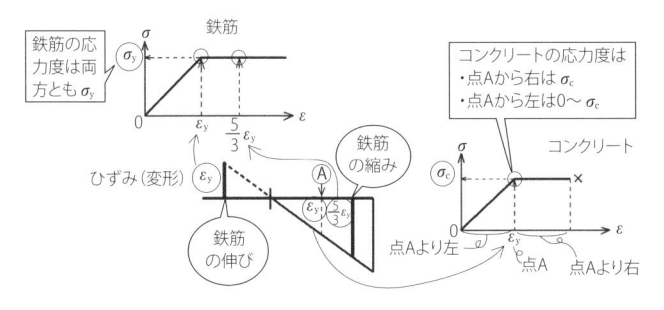

鉄筋の応力度は両方ともσ_y

コンクリートの応力度は
・点Aから右は σ_c
・点Aから左は0〜 σ_c

ひずみ(変形)　　鉄筋の伸び　　鉄筋の縮み

点Aより左　　点A　点Aより右

⑦ ひずみεとσを対応させて、圧縮力C、引張り力Tを出し、$C-T$からNを出します。

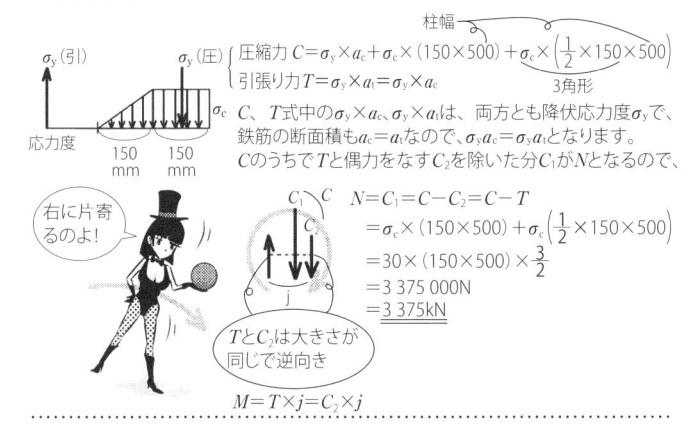

$\begin{cases} 圧縮力\ C=\sigma_y\times a_c+\sigma_c\times(150\times 500)+\sigma_c\times\left(\dfrac{1}{2}\times150\times500\right) \\ 引張り力\ T=\sigma_y\times a_t=\sigma_y\times a_c \end{cases}$

C、T式中の$\sigma_y\times a_c$、$\sigma_y\times a_t$は、両方とも降伏応力度σ_yで、鉄筋の断面積も$a_c=a_t$なので、$\sigma_y a_c=\sigma_y a_t$となります。
CのうちでTと偶力をなすC_2を除いた分C_1がNとなるので、

$N=C_1=C-C_2=C-T$
$=\sigma_c\times(150\times500)+\sigma_c\left(\dfrac{1}{2}\times150\times500\right)$
$=30\times(150\times500)\times\dfrac{3}{2}$
$=3\ 375\ 000\text{N}$
$=\underline{3\ 375\text{kN}}$

TとC_2は大きさが同じで逆向き

$M=T\times j=C_2\times j$

右に片寄るのよ！

答え ▶ 3375kN

★ R113 ○×問題 柱の応力計算 その2

Q 柱の許容曲げモーメントは、「圧縮縁がコンクリートの許容圧縮応力度に達したとき」「圧縮鉄筋が許容応力度に達したとき」および「引張り鉄筋が許容応力度に達したとき」に対して算定した曲げモーメントのうちの最小値である。

A 梁には軸方向力Nは作用しないとして、曲げモーメントMから断面設計します。床スラブ全体が地震などの水平力をもつとして、梁にかかる水平の軸方向力は無視してMのみで考えます。一方柱には必ず重みの軸方向力Nが作用します。常に圧縮力Nがかかるうえに、鉛直荷重によるMや、水平荷重による大きなMもかかります。よって柱はNとMの両方を考えて断面設計する必要があります。

$$\begin{cases} 梁 \rightarrow \widehat{M}から断面設計 \cdots\cdots\cdots Mから断面形、鉄筋量を決める。 \\ 柱 \rightarrow \widehat{N}と\widehat{M}から断面設計 \cdots MとNから断面形、鉄筋量を決める。 \end{cases}$$

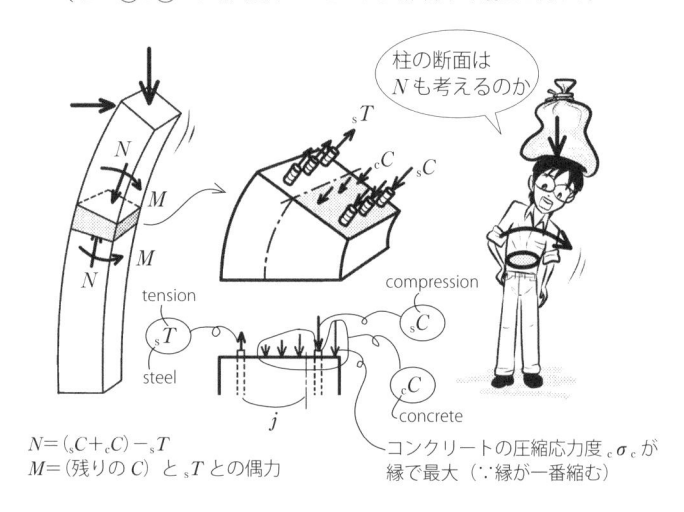

$N = (_sC + _cC) - _sT$
$M = (残りの _cC)$ と $_sT$ との偶力

コンクリートの圧縮応力度 $_c\sigma_c$ が縁で最大（∵縁が一番縮む）

Nに対しては、コンクリートと主筋が抵抗します。コンクリートに作用する圧縮応力度$_c\sigma_c$は、圧縮側の縁が一番縮むので、ひずみεに比例する$_c\sigma_c$は縁で最大となります。Mに対しては、コンクリートと主筋の圧縮と、主筋の引張りが偶力となって抵抗します。許容曲げモーメントを計算するには、Nに抵抗する分を除いた圧縮と引張りによる偶力から出します。主筋、コンクリートのいずれも材料の許容応力度以下である必要があります。圧縮、引張りのいずれに対しても、材料の許容応力度以下でなければ危険となります。

答え ▶ ○

★ R114 ○×問題　柱の応力計算　その3

Q 鉄筋コンクリート構造の、地震時に曲げモーメントが特に増大する柱の設計において、短期軸方向力（圧縮）を柱のコンクリート全断面積で除した値は、コンクリートの設計基準強度の1/3以下とすることが望ましい。

A 設問の文章は、RC規準に書かれています（答えは○）。設計基準強度 F_c とは、文字通り構造設計の基準となるコンクリートの強度で、生コンを打ってから4週経った、材齢4週の強度です。圧縮の許容応力度 f_c は、長期で $f_c = F_c/3$、短期で $f_c = 2F_c/3$ とされています。長期荷重時のコンクリートのある部分にかかる圧縮応力度 σ_c は、$F_c/3$ を許容値とし、地震などの長期と短期の荷重が同時にかかるときは、$2F_c/3$ を許容値とするという意味です。この計算では、軸方向力 N で発生する σ_c のほかに、曲げモーメント M から発生する σ_c も足された値が、許容値以下であるか否かが確認されます。

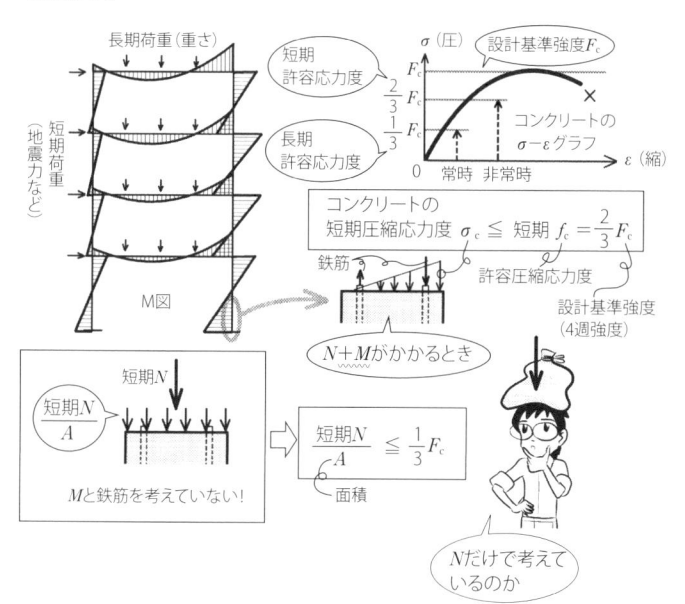

設問の $\dfrac{短期N}{A}$ には M による σ_c や鉄筋の負担は入っていません。一般の許容応力度計算とは別の、短期 N だけによる σ_c の許容値を提示しています。(短期 N)$/A \geq \dfrac{1}{3}F_c$ を満たせば、短期 M が加わっても圧縮側のコンクリートは大丈夫ということです。

答え ▶ ○

★ R115 まとめ

柱梁の主筋量 a_t、a_c を決める手順をまとめておきます。

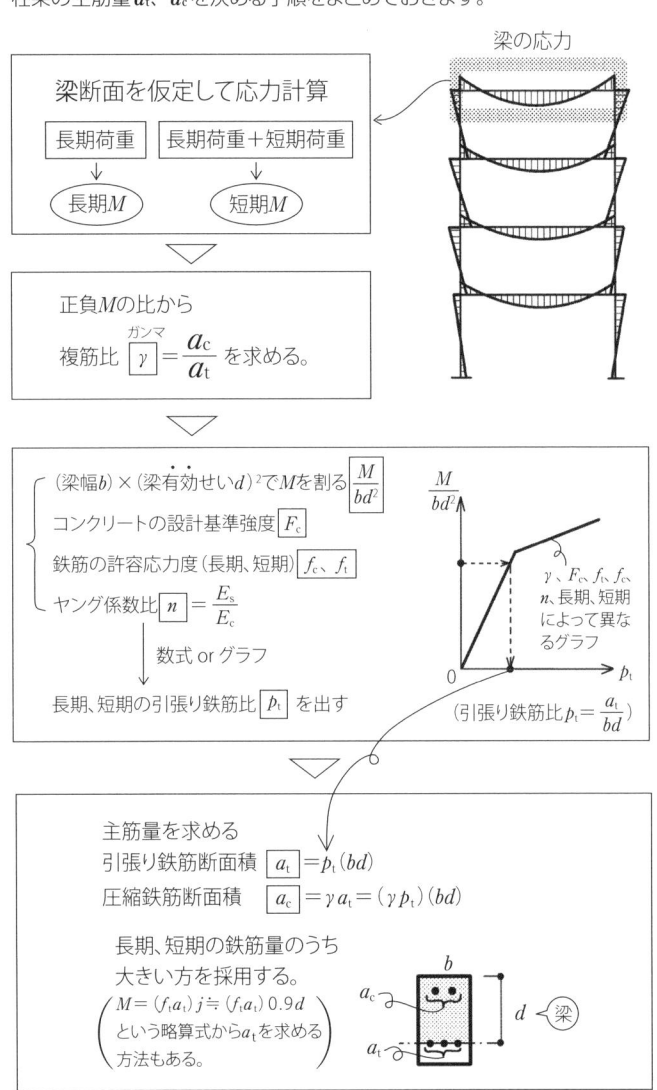

梁断面を仮定して応力計算

- 長期荷重 → 長期 M
- 長期荷重 + 短期荷重 → 短期 M

梁の応力

正負 M の比から

複筋比 $\boxed{\gamma}$(ガンマ) $= \dfrac{a_c}{a_t}$ を求める。

- (梁幅 b) × (梁有効せい d)^2 で M を割る $\boxed{\dfrac{M}{bd^2}}$
- コンクリートの設計基準強度 $\boxed{F_c}$
- 鉄筋の許容応力度(長期、短期) $\boxed{f_c,\ f_t}$
- ヤング係数比 $\boxed{n} = \dfrac{E_s}{E_c}$

↓ 数式 or グラフ

長期、短期の引張り鉄筋比 $\boxed{p_t}$ を出す

(引張り鉄筋比 $p_t = \dfrac{a_t}{bd}$)

グラフ: 縦軸 $\dfrac{M}{bd^2}$、横軸 p_t — γ、F_c、f_t、f_c、n、長期、短期によって異なるグラフ

主筋量を求める

引張り鉄筋断面積 $\boxed{a_t} = p_t(bd)$

圧縮鉄筋断面積 $\boxed{a_c} = \gamma\, a_t = (\gamma p_t)(bd)$

長期、短期の鉄筋量のうち大きい方を採用する。

($M = (f_t a_t) j \fallingdotseq (f_t a_t)\, 0.9 d$ という略算式から a_t を求める方法もある。)

梁: 幅 b、有効せい d、上に a_c、下に a_t

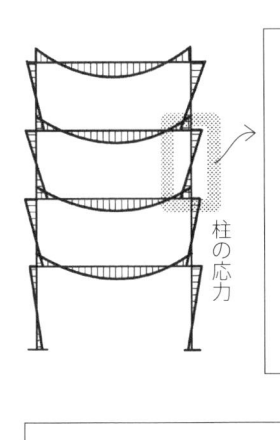

柱梁主筋量の決め方

柱断面を仮定して応力計算

長期荷重	長期荷重＋短期荷重
↓	↓
長期 N、M	短期 N、M

（圧縮応力度 $_c\sigma_c$、$_s\sigma_c$ は N にも抵抗するので、N も考える必要あり）

- (柱幅 b) × (柱せい D) で N を割る $\dfrac{N}{bD}$
- (柱幅 b) × (柱せい D)² で M を割る $\dfrac{M}{bD^2}$
- コンクリートの設計基準強度 F_c
- 鉄筋の許容応力度（長期、短期）f_c、f_t
- ヤング係数比 $n = \dfrac{E_s}{E_c}$

↓ 数式 or グラフ

長期、短期の引張り鉄筋比 p_t を出す

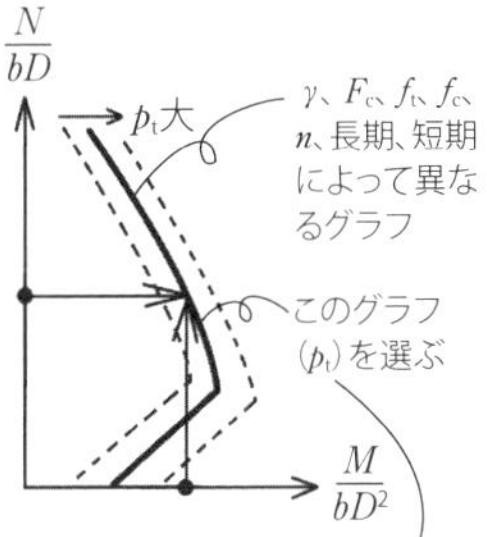

p_t 大

γ、F_c、f_t、f_c、n、長期、短期によって異なるグラフ

このグラフ (p_t) を選ぶ

主筋量を求める

- 引張り鉄筋断面積 $a_t = p_t(bD)$
- 圧縮鉄筋断面積 $a_c = a_t$

長期、短期の鉄筋量のうち大きい方を採用する。

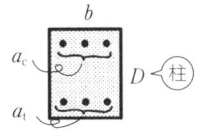

柱

★ R116 ○×問題　スラブ　その1

Q 図の構造物が条件イ〜ニの状態にある場合、次の記述の正誤を判定せよ。

条件
- イ. 水平な長方形の剛な床が4本の柱によって支持されている。
- ロ. すべての柱の柱脚は固定支持であり、柱頭と床は剛接合である。
- ハ. すべての柱は、同一材料、同一正方形断面、同一長さである。
- ニ. 図の②構面に水平抵抗要素として筋かいが設けられている。

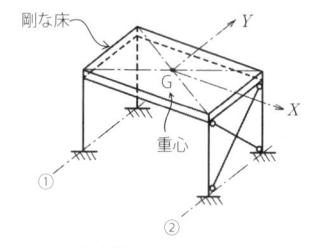

1. 地震による慣性力の合力は、重心Gにかかると考えてよい。
2. 平面上の剛心の位置と重心Gの位置は異なる。
3. 重心GにX方向にのみ水平力が作用したとき、各柱の分担水平力は等しい。
4. 重心GにY方向にのみ水平力が作用したとき、図の①構面と②構面の分担水平力は異なる。
5. 重心GにY方向にのみ水平力が作用したとき、すべての柱頭のY方向の変位は等しい。

A 水平方向に床が縮まない、床の長方形がゆがまないとする（剛床仮定）と、柱頭の水平変位が等しくなって、構造計算が単純化されます。D値法で水平荷重を解く際にも、剛床仮定とします。その場合は柱頭の梁のたわみは考慮に入れます。 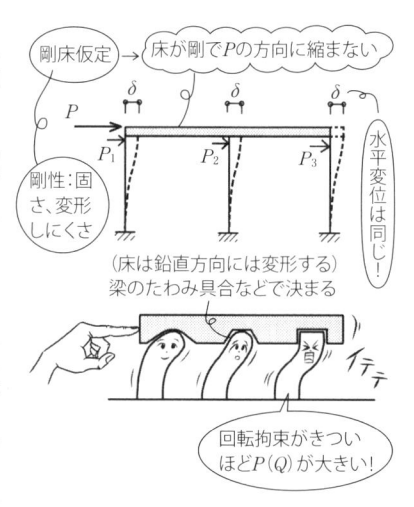
慣性力とは加速度と逆向きに受ける力で、地面が左に動くと右向きに水平力を受けます。力は質量の中心にかかって、大きさは質量×加速度となります（1は○）。
剛心は固さの中心で、ブレース（壁）のある②の面に寄ります（2は○）。ブレースはX方向には働かないので、X方向の分担水平力は同じです（3は○）。ブレースはY方向に効くので、②の柱の分担水平力は小さくなります（4は○）。重心GにY方向の力がかかると、②に片寄った剛心のまわりに回転するので、各柱頭の変位は等しくなりません（5は×）。

答え ▶ 1.○　2.○　3.○　4.○　5.×

★ R117 ○×問題　　　　スラブ　その2

Q 鉄筋コンクリート構造において
1. 一辺が4mの正方形床スラブの厚さを、スパンの1/25とした。
2. 長さ1.5mのはね出しスラブの厚さを、はね出し長さの1/8とした。
3. 建築物の使用上の支障が起こらないことを確認しなかったので、片持ち以外の床版の厚さを、床版の短辺方向の有効梁間長さの1/25である200mmとした。

A スラブ（slab）は板が原義ですが、建築では床版（しょうばん）、床スラブを指します。片持ちとは片方に張り出された構造、キャンティレバーのことです。長方形スラブの場合、主に短辺方向の床で荷重に抵抗しています。スラブの厚みは、一般に短方向のスパンで決められます。

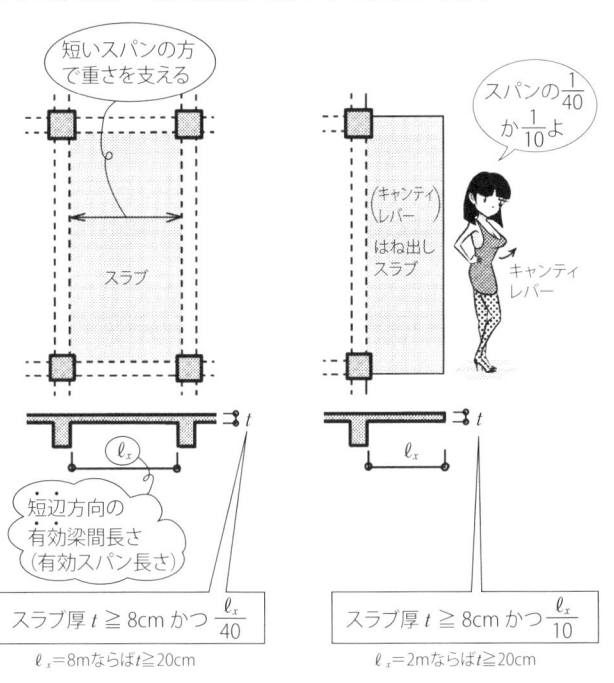

$$\text{スラブ厚 } t \geq 8\text{cm かつ } \frac{\ell_x}{40}$$

$\ell_x = 8\text{m ならば } t \geq 20\text{cm}$

$$\text{スラブ厚 } t \geq 8\text{cm かつ } \frac{\ell_x}{10}$$

$\ell_x = 2\text{m ならば } t \geq 20\text{cm}$

スラブ厚 t は上記のように、ℓ_x の1/40、1/10以上とされています（告示）。

― スーパー記憶術 ―

　　　　<u>床</u>がよれない<u>十</u>分な厚み
　　　　1/40　　　　1/10

答え ▶ 1. ○　2. ○　3. ○

★ R118 ○×問題　スラブ　その3

Q 鉄筋コンクリート構造において、
1. 床スラブの各方向の全幅について、コンクリート全断面積に対する鉄筋全断面積の割合を、0.2%とした。
2. 普通コンクリートを用いた厚さ15cmの床スラブの正負最大曲げモーメントを受ける部分においては、長辺方向の引張り鉄筋として異形鉄筋D10を用い、間隔を30cm以下とした。

A スラブ筋の鉄筋量p_gは、各方向で0.2%以上です（RC規準　1は○）。梁の引張り鉄筋比$p_t ≧ 0.4$%の半分で、同じように細い鉄筋で組む帯筋比p_w、あばら筋比p_wと同じと覚えておきましょう（R111参照）。
棒を十字に組んで持ち上げる場合、短い棒の方が負担が大きくなります。スラブ筋も短辺方向に負荷が大きくなります。

「短い方が大変よ!」

RC規準では下記のように、スラブ筋を規定しています（2は○）。

〈普通コンクリートの床スラブ〉
　　　　　　　　　間隔
{ 短辺方向…D10以上　@200mm以下
{ 長辺方向…D10以上　@300mm以下
　　　　　　　かつ　@スラブ厚×3以下

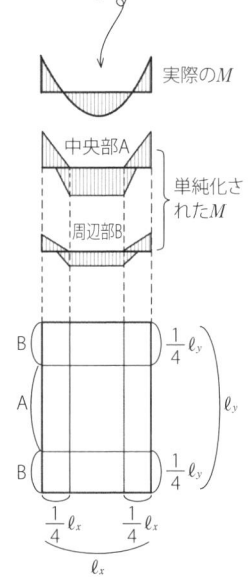

実際のM

中央部A ┐
　　　　├ 単純化されたM
周辺部B ┘

B　　$\frac{1}{4}\ell_y$
A　　　　　　ℓ_y
B　　$\frac{1}{4}\ell_y$

$\frac{1}{4}\ell_x$　$\frac{1}{4}\ell_x$
　　ℓ_x

--- スーパー記憶術 ---
スラブ人の	兄	さん	筋肉隆々
	200以下	300以下 3倍	鉄筋

答え ▶ 1. ○　2. ○

★ R119 ○×問題　構造体の太さ、厚さ　その1

Q 鉄筋コンクリート構造において、
1. 階高4mの耐力壁の厚さを、階高の1/40とした。
2. コンクリートの充てん性や、面外曲げに対する安定性などを考慮して、耐力壁の厚さを、壁板の内法（うちのり）高さの1/20である150mmとした。
3. 耐震壁の厚さは100mm以上、かつ、内法高さの1/30以上とする。

A 鉛直、水平の荷重に抵抗する構造壁が耐力壁、耐力壁のうち柱と梁で囲まれた地震の水平荷重に抵抗するものを耐震壁といいます。耐力壁の方が広義の意味に使われます。荷重を負担しない壁は、非構造壁（非耐力壁）といいます。

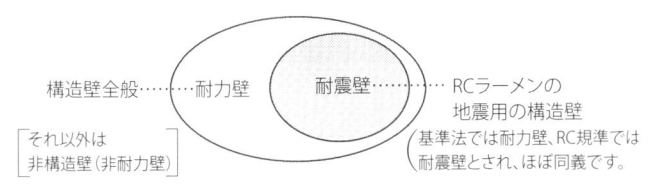

- 構造壁全般……耐力壁　　耐震壁……RCラーメンの地震用の構造壁
- 基準法では耐力壁、RC規準では耐震壁とされ、ほぼ同義です。
- それ以外は非構造壁（非耐力壁）

耐震壁の厚さは120mm以上、かつ内法高さの1/30以上とされています（RC規準　1は×、2は○、3は×）。RC壁式構造の「耐力壁（鉛直荷重も負担）」の厚さには別の規定があります（R150、151参照）。

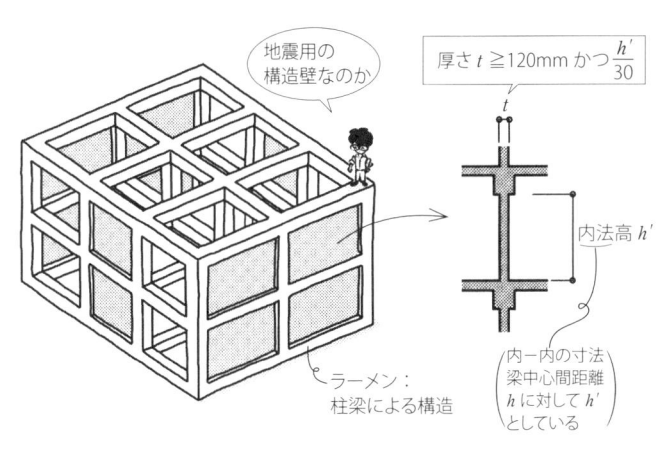

厚さ $t \geq 120$ mm かつ $\dfrac{h'}{30}$

内法高 h'

（内-内の寸法　梁中心間距離 h に対して h' としている）

ラーメン：柱梁による構造

― スーパー記憶術 ―

体力のある 30 まで自由に生きよう！
耐力壁　　1/30以上　　12cm以上

答え ▶ 1.×　2.○　3.×

R120 まとめ　構造体の太さ、厚さ　その2

スパンの何分の1かで太さや厚さを決めてるのか

柱幅 $d_1 \geqq \dfrac{h}{15}$ ← 梁心間高さ

耐震壁厚 $t \geqq \dfrac{h'}{30}$ ← 内法高さ
かつ120mm以上

梁せい $d_2 \geqq \dfrac{\ell}{10}$ ← 柱心間スパン

スラブ厚 $t \geqq \dfrac{\ell_x}{40}$ ← 短辺方向の有効スパン
かつ80mm以上

片持ちスラブ厚 $t \geqq \dfrac{\ell_x}{10}$ ← はね出し長さ
かつ80mm以上

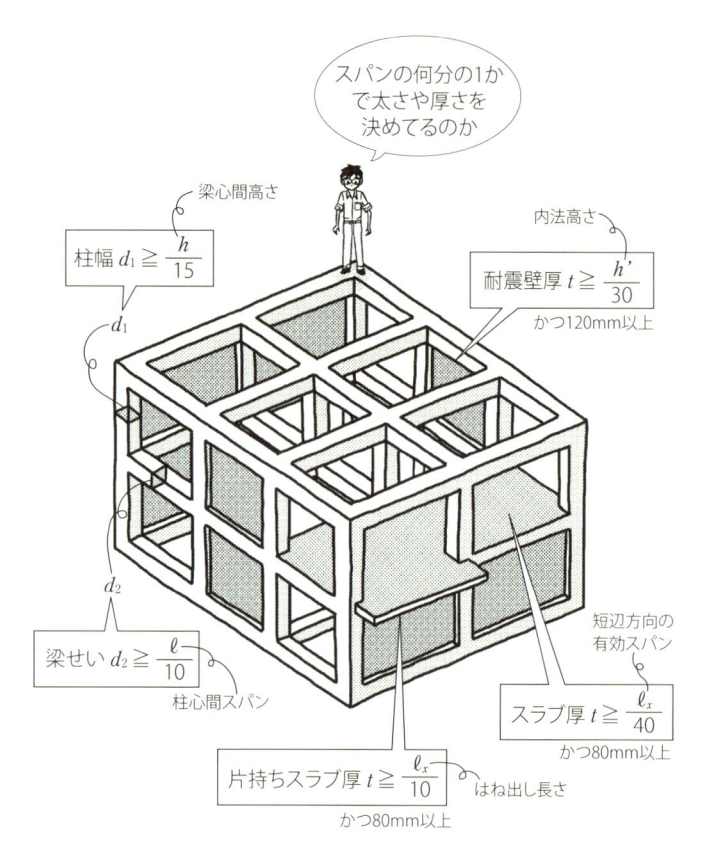

スーパー記憶術

柱幅	$\dfrac{1}{15}$	<u>太</u>くて<u>重</u>厚な<u>RC柱</u>　1/15
梁せい	$\dfrac{1}{10}$	<u>遠い</u> スパンを<u>架け渡す</u>　10分の1
耐震壁厚	$\dfrac{1}{30}$	<u>体</u>力のある <u>30</u> まで<u>自由</u>に生きよう！　1/30　12cm
スラブ厚	$\dfrac{1}{40}$	<u>床</u>が<u>よ</u>れない<u>十分</u>な厚み
片持ちスラブ厚	$\dfrac{1}{10}$	1/40　1/10

完ぺきに覚えるのよ！

★ R121 ○×問題　　　耐力壁 その1

Q 鉄筋コンクリート構造において、耐力壁周囲の柱および梁は耐力壁を拘束する効果があるので、周囲に柱および梁を設けた方が、耐力壁の靭（じん）性は増大する。

A 耐力壁（耐震壁）は柱梁で拘束されると、せん断ひび割れの進展、貫通がしにくくなり、壊れにくく粘り強い、靭性のある構造となります（答えは○）。下の図では①＜②＜③の順に粘り強くなります。

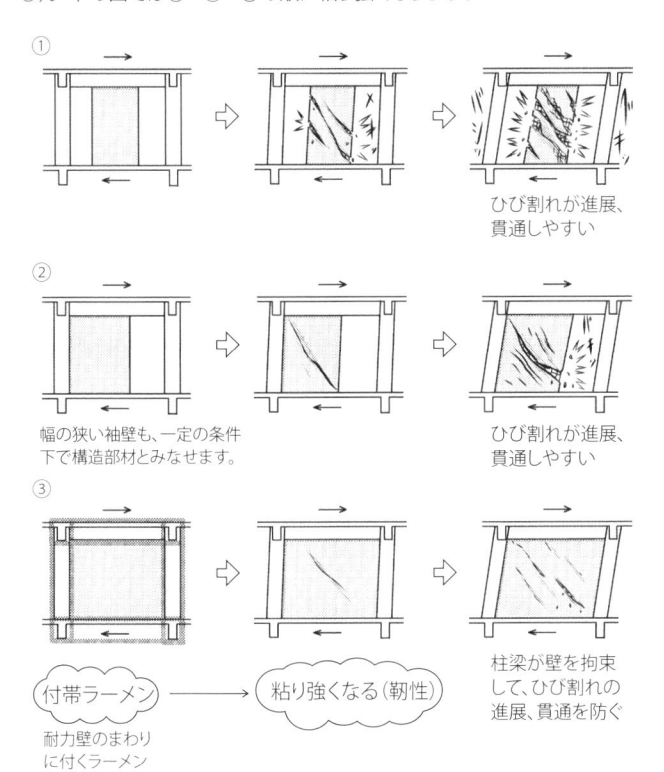

① ひび割れが進展、貫通しやすい

② 幅の狭い袖壁も、一定の条件下で構造部材とみなせます。 ひび割れが進展、貫通しやすい

③ 柱梁が壁を拘束して、ひび割れの進展、貫通を防ぐ

付帯ラーメン → 粘り強くなる（靭性）
耐力壁のまわりに付くラーメン

答え ▶ ○

★ R122 ○×問題　　　耐力壁　その2

Q 曲げ降伏する耐力壁の靭（じん）性を高めるため、圧縮部分に当たる側柱（がわばしら、そくちゅう）のせん断補強筋を増やした。

A 側柱とは耐力壁の左右の側にある柱で、上下の梁とともに付帯ラーメンとして耐力壁を拘束します。耐力壁が曲げで降伏する（弾性域が終わって、元に戻らない塑性変形をして壊れる）ときには、引張り側は、コンクリートが割れて、柱と壁の鉄筋だけで引っ張り、圧縮側はコンクリートと鉄筋で圧縮に抵抗します。柱が圧壊する際には、帯筋が少ないと主筋の座屈とコンクリートのはらみ出しが起こるので、帯筋を密にしてそれを防ぎます。（R103参照　答えは○）。

答え ▶ ○

★ R123 ○×問題　耐力壁　その3

Q 図に示す開口を有する鉄筋コンクリート構造の壁部材に関する次の記述のうち、基準法に照らして、正誤を判定せよ。

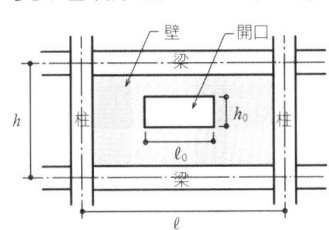

h（梁心間高さ）：3.2m
ℓ（柱心間長さ）：6.0m
h_0（開口高さ）：0.8m
ℓ_0（開口長さ）：2.0m

式① $\gamma_0 = \sqrt{\dfrac{h_0 \cdot \ell_0}{h \cdot \ell}} = \sqrt{\dfrac{0.8 \times 2.0}{3.2 \times 6.0}} \fallingdotseq 0.29$

1. 式①を用いて算定した値が0.4以下であるので、開口のある耐力壁とみなす。
2. 開口補強筋の量は開口の大きさを考慮して算定し、開口補強筋はD13以上、かつ、壁筋と同径以上の鉄筋を用いる。

A 耐力壁に大きな開口をあけると、地震の際に壊れやすく、耐震の用をなしません。「耐力壁全体の面積」に対する「開口の面積」の比にルートを掛けたものが開口周比γ_0です。$\gamma_0 \leqq 0.4$とされています（告示　1は○）。

$$\text{開口周比 } \gamma_0 = \sqrt{\dfrac{\text{開口の面積}}{\text{耐力壁1区画の面積}}} = \dfrac{h_0、\ell_0 \text{の相乗平均}}{h、\ell \text{の相乗平均}} = \sqrt{\dfrac{h_0 \cdot \ell_0}{h \cdot \ell}} = \leqq 0.4$$

開口周囲には、少し太めの鉄筋D13を入れて補強します。さもないと地震などの際、開口部からひび割れが生じてしまいます（2は○）。

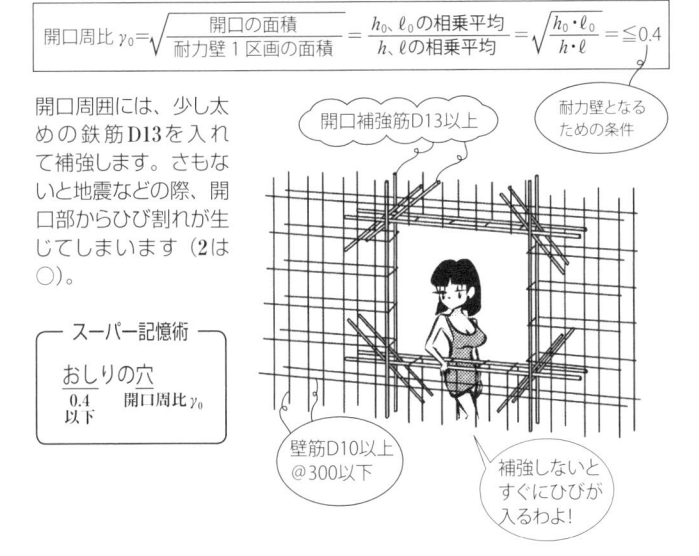

- 開口補強筋D13以上
- 耐力壁となるための条件
- 壁筋D10以上 @300以下
- 補強しないとすぐにひびが入るわよ！

― スーパー記憶術 ―

お**し**りの穴
0.4以下　開口周比γ_0

答え ▶ 1. ○　2. ○

★ R124 ○×問題　　　耐力壁　その4

Q 図に示す開口を有する鉄筋コンクリート構造の壁部材に関する次の記述のうち、建築基準法に照らして、正誤を判定せよ。

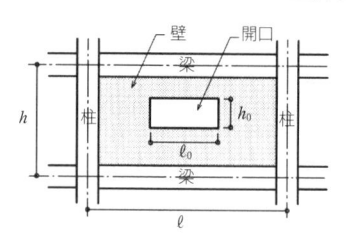

h（梁心間高さ）：3.2m
ℓ（柱心間長さ）：6.0m
h_0（開口高さ）：0.8m
ℓ_0（開口長さ）：2.0m

式① $\gamma_0 = \sqrt{\dfrac{h_0 \cdot \ell_0}{h \cdot \ell}} = \sqrt{\dfrac{0.8 \times 2.0}{3.2 \times 6.0}} \fallingdotseq 0.29$

式② $\gamma_1 = 1 - 1.25\gamma_0 = 0.64$

式③ $\gamma_2 = 1 - \max\left\{\gamma_0, \dfrac{h_0}{h}, \dfrac{\ell_0}{\ell}\right\} = 0.67$

1. 1次設計時に用いるせん断剛性の低減率を、式②を用いて算定する。
2. 1次設計時に用いる許容せん断耐力の低減率を、式①、②および③のうち最小値を用いて算定する。

A 開口周比γ_0が0.4以下だと、その壁を耐力壁として扱うことができます。ただし、開口部があるため剛性と耐力を減らして計算します。剛性とは変形しにくさで、耐力とは許される限度の力です。平行四辺形への変形にくさの係数（せん断剛性）にはγ_1の低減率を使い（1は○）、断面積×コンクリートのf_sなどの係数（許容せん断耐力）にはγ_2の低減率を使います（2は×）。$\max\{x, y, z\}$とはx、y、zのうちの最大値を選ぶということです。

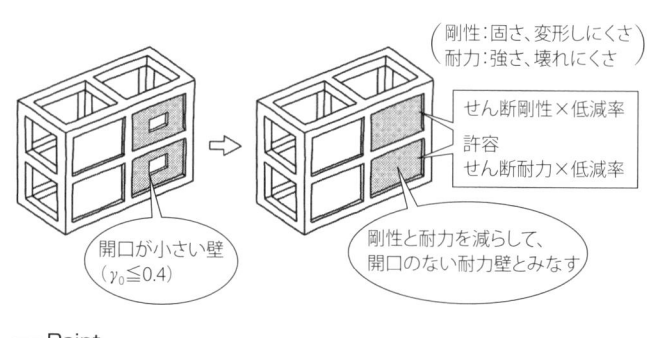

（剛性：固さ、変形しにくさ）
（耐力：強さ、壊れにくさ）

せん断剛性×低減率
許容せん断耐力×低減率

開口が小さい壁（$\gamma_0 \leq 0.4$）

剛性と耐力を減らして、開口のない耐力壁とみなす

- Point

$\gamma_0 \leq 0.4$ → 耐力壁　　　　$\gamma_0 > 0.4$ → 非耐力壁
（開口小さい）剛性、耐力を減らす　（開口大きい）計算に入れない

答え ▶ 1. ○　2. ×

★ R125 ○×問題　　耐力壁　その5

Q 図に示す耐力壁を有する鉄筋コンクリート構造の建築物の耐震設計に関する次の記述の正誤を判定せよ。

1. 図1に示す壁について、開口周比γ_0が0.4以下であることから、無開口耐力壁のせん断剛性およびせん断耐力に、開口周比γ_0を乗じて低減を行った。
2. 図2に示す壁について、開口部の上端が上部梁に、下端が床版に接しているので、各階とも1枚の耐力壁として扱わなかった。

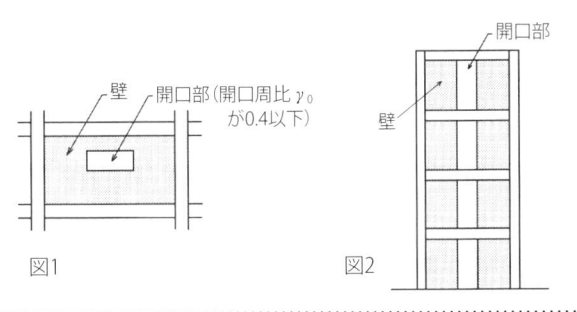

図1

図2

A 開口周比$\gamma_0 \leq 0.4$から、無開口の耐力壁とみなすことができます。その場合、開口の影響を考えて剛性と耐力を減らしますが、剛性の低減率γ_1、許容せん断耐力の低減率γ_2は、右のような計算式となります（告示　1は×）。

開口が上下に長くなり、上端は梁、下端は梁と床版に達した場合は、いくら開口の横幅ℓ_0が小さくても一体の耐力壁としての効果は発揮できません。左右2枚の耐力壁となるか、非構造壁となるかは、各々の壁の仕様で判断することになります（2は○）。

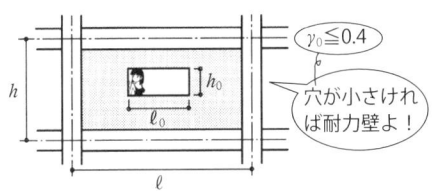

$\gamma_0 \leq 0.4$

穴が小さければ耐力壁よ！

$$\begin{cases} 開口周比\cdots\cdots\cdots\gamma_0 = \sqrt{\dfrac{h_0 \cdot \ell_0}{h \cdot \ell}} \\ 剛性の低減率\cdots\cdots\gamma_1 = 1 - 1.25\gamma_0 \\ 許容せん断耐力\cdots\gamma_2 = 1 - \max\left\{\gamma_0, \dfrac{h_0}{h}, \dfrac{\ell_0}{\ell}\right\} \\ の低減率\cdots \end{cases}$$

─ スーパー記憶術 ─
（壁を）

$\underset{1マイナス}{\underline{1枚}}$ $\underset{1マイナス}{\underline{1枚}}$ 計算して　低減する
$(1-□)$ $(1-△)$
　∥　　　∥
　γ_1　　γ_2

答え ▶ 1.×　2.○

★ R126 ○×問題　　耐力壁　その6

Q 図に示す耐力壁を有する鉄筋コンクリート構造の建築物の耐震設計に関する次の記述の正誤を判定せよ。

1. 図に示す架構について、連層耐力壁の回転変形が大きいことが想定されたので、壁脚部の固定条件を考慮して、負担せん断力を求めた。
2. 図に示す連層耐力壁が全体曲げ降伏する場合、曲げ降伏する耐力壁が脆（ぜい）性破壊せずに靭（じん）性を確保できるように、崩壊メカニズム時に負担しているせん断力を割り増しして検討を行った。

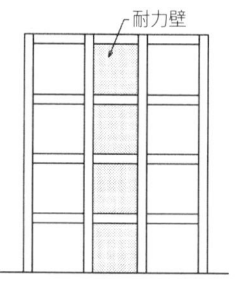

A 上下で連続した耐力壁（連層耐力壁）の場合、全体が回転して基礎が浮き上がることがあります。最下階の耐力壁脚部の固定条件を考えて、せん断力の負担を求める必要があります（1は○）。

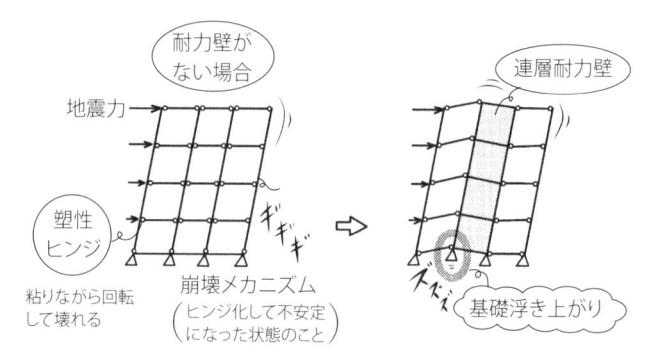

平行四辺形になってせん断破壊する場合、一気に脆性（もろく）破壊します。曲げ破壊は粘りながら壊れるので、せん断耐力を上げて曲げ破壊するようにすると、靭性（粘り強さ）を上げることができます（2は○）。

答え ▶ 1. ○　2. ○

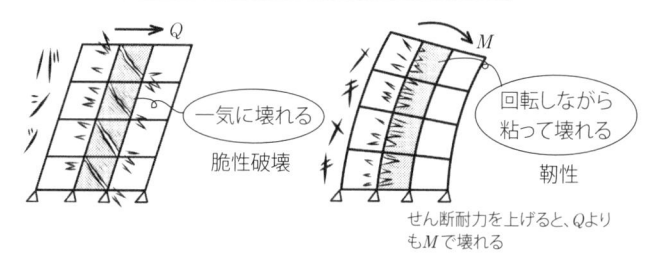

★ R127 ○×問題　　　耐力壁　その7

Q 鉄筋コンクリート構造において、変形性能を高めるために、耐力壁の破壊形式を基礎浮き上がり型にならないようにした。

A 基礎浮き上がり型で壊れる場合、変形しながら粘って壊れます。粘らずに一気に壊れるせん断破壊型は避け、基礎浮き上がり型か曲げ降伏型とします（答えは×）。

耐力壁の破壊形式

小さい変形で一気に壊れる（脆性破壊）
せん断破壊型

コンクリートはせん断に弱く、少しの変形で斜めに割れが生じてしまう（せん断では斜めに引っ張る力が働くため）

固くて変形しない
浮き上がる

基礎が浮き上がり、変形しながら粘って壊れる
基礎浮き上がり型

引張りに弱いコンクリートが割れる
コンクリートは圧縮に強い

耐力壁が曲がって変形しながら粘って壊れる
曲げ降伏型

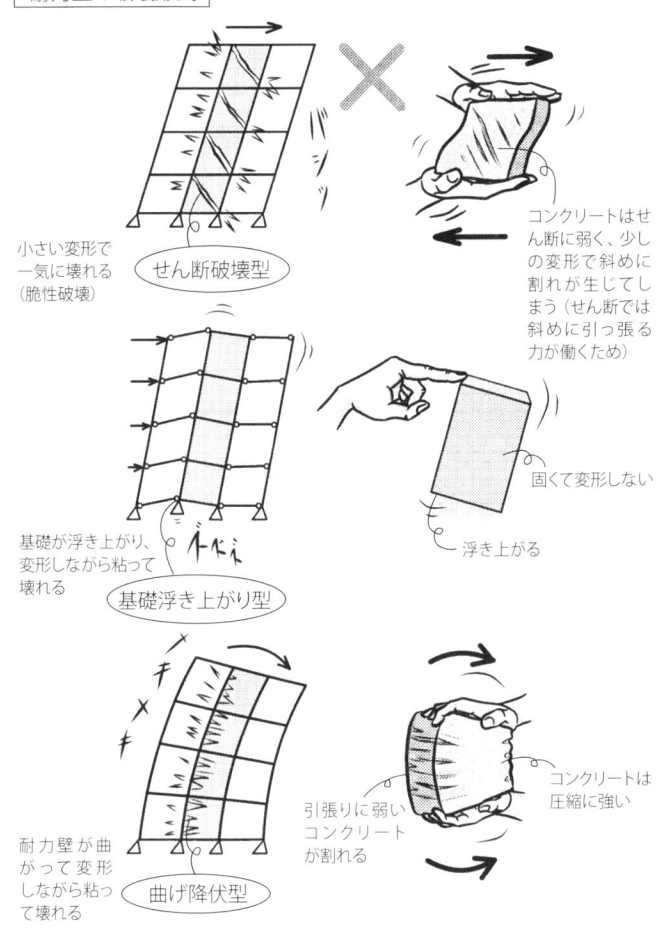

答え ▶ ×

★ R128 ○×問題　　耐力壁　その8

Q 多スパンラーメン架構の1スパンに連層耐力壁を設ける場合、転倒に対する抵抗性を高めるためには、架構内の最外端部に配置するより中央部に配置する方が有利である。

A 連層耐力壁の両側に梁がある場合、両側から基礎浮き上がりを押さえ込むので、片側だけに梁がある場合より浮き上がらずにすみます。そのため多スパンラーメンでは、連層耐力壁は外端部より中央部に置いた方が、基礎が浮き上がりにくくなります（答えは○）。

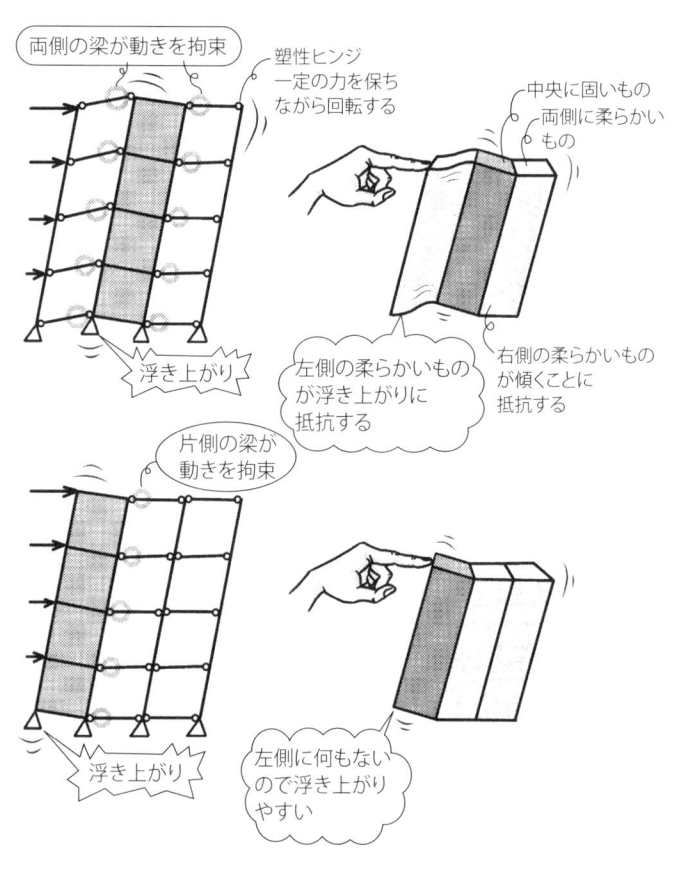

答え ▶ ○

★ R129 ○×問題　　耐力壁　その9

Q 図に示す耐力壁を有する鉄筋コンクリート構造の建築物の耐力壁の破壊形式を特定するために、耐力壁と同一面内（検討方向）の架構の部材に加え、耐力壁と直交する方向の架構の部材を考慮して検討を行った。

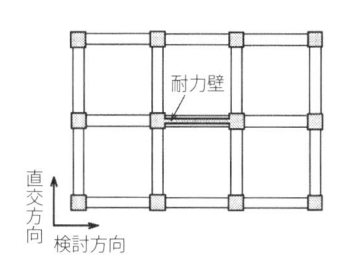

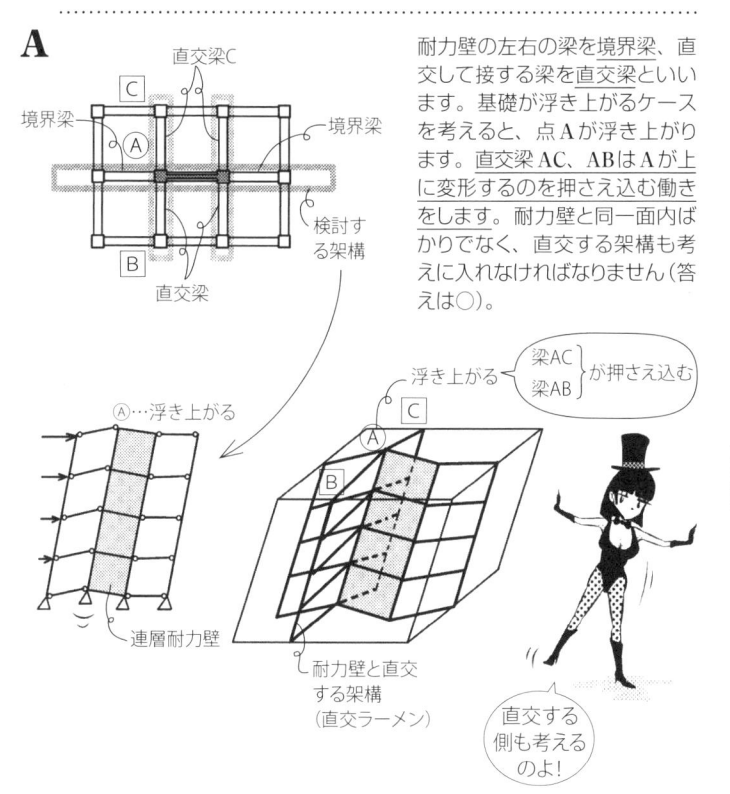

A 耐力壁の左右の梁を境界梁、直交して接する梁を直交梁といいます。基礎が浮き上がるケースを考えると、点Aが浮き上がります。直交梁AC、ABはAが上に変形するのを押さえ込む働きをします。耐力壁と同一面内ばかりでなく、直交する架構も考えに入れなければなりません（答えは○）。

答え ▶ 1.○

★ / **R130** / ○×問題　　　　　　　　　　　　　　　耐力壁　その10

Q 鉄筋コンクリート構造の建築物において、最上階から基礎まで連続していない壁でも、力の流れを考慮した設計によってその壁を耐力壁とすることができる。

A 耐力壁は上下で重なる連層耐力壁とするのが、上下で一体の壁となって働くので好ましい姿です。壁に開口をつくる場合は、開口周比$γ_0$が**0.4**以下となるように、小さなものとします。

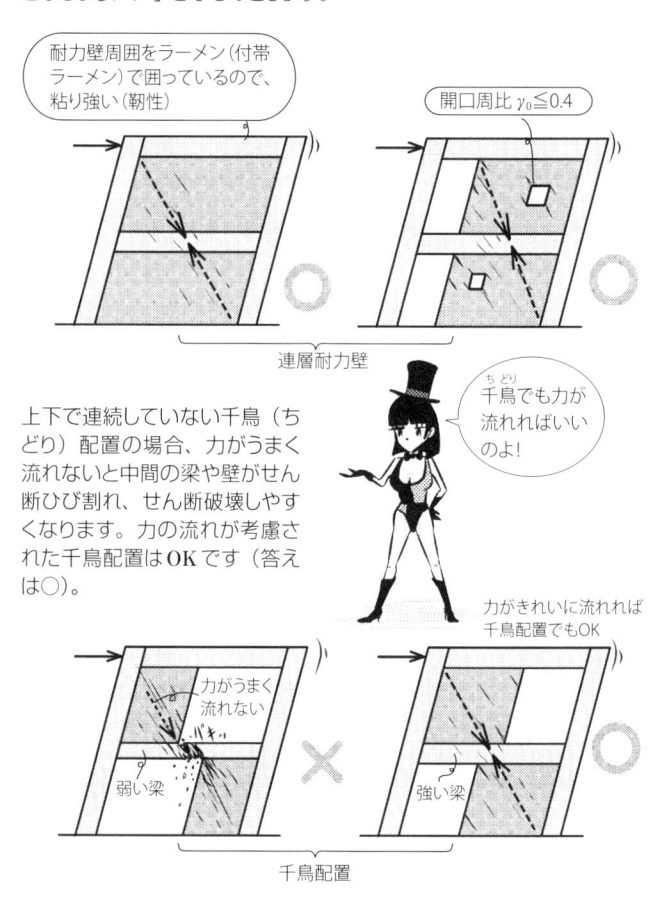

耐力壁周囲をラーメン（付帯ラーメン）で囲っているので、粘り強い（靭性）

開口周比 $γ_0 ≦ 0.4$

連層耐力壁

上下で連続していない千鳥（ちどり）配置の場合、力がうまく流れないと中間の梁や壁がせん断ひび割れ、せん断破壊しやすくなります。力の流れが考慮された千鳥配置はOKです（答えは○）。

千鳥でも力が流れればいいのよ！

力がきれいに流れれば千鳥配置でもOK

力がうまく流れない

弱い梁

強い梁

千鳥配置

答え ▶ ○

★ R131 ○×問題　　　耐力壁　その11

Q 鉄筋コンクリート構造において、厚さが120mmの耐力壁に、400mm間隔でD10の鉄筋をシングル配筋とした。

A 耐力壁に入れる鉄筋は、帯筋、あばら筋と同様に、引張り力でせん断力 Q による平行四辺形への変形に抵抗します。せん断補強筋と呼ばれるのはそのためです。鉄筋の入れ方には下図の3種があり、D10以上、間隔は300mm以下、千鳥配筋では450mm以下とされています（答えは×）。

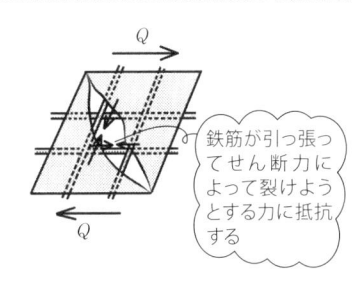

> 鉄筋が引っ張ってせん断力によって裂けようとする力に抵抗する

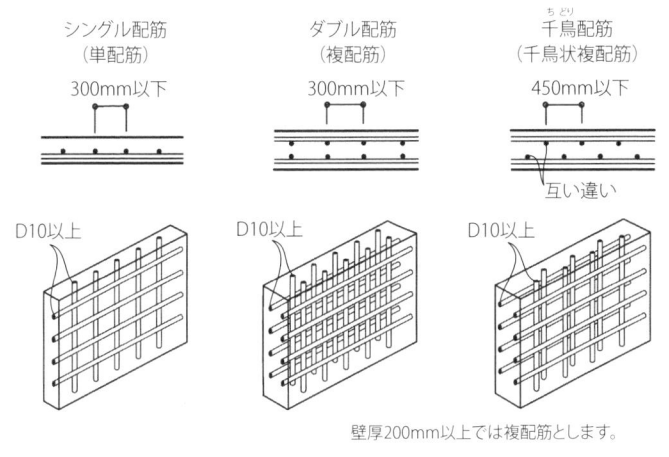

シングル配筋（単配筋）　300mm以下　D10以上

ダブル配筋（複配筋）　300mm以下　D10以上

千鳥配筋（千鳥状複配筋）　450mm以下　互い違い　D10以上

壁厚200mm以上では複配筋とします。

―― スーパー記憶術 ――

振動にさおさす耐力壁　　さおを 横 にずらした千鳥配筋
　　　30cm以下　　　　　　　　　45cm以下

答え ▶ ×

★ R132 ○×問題　　耐力壁 その12

Q 鉄筋コンクリート構造の耐力壁において、D10の異形鉄筋を壁筋として用いる場合、耐力壁の断面 1 ～ 5 について、せん断補強筋比 P_s を計算し、その可否を求めよ。ただし壁筋は縦横ともに等間隔に配置され、D10の1本当たりの断面積を 0.7cm^2 とする。

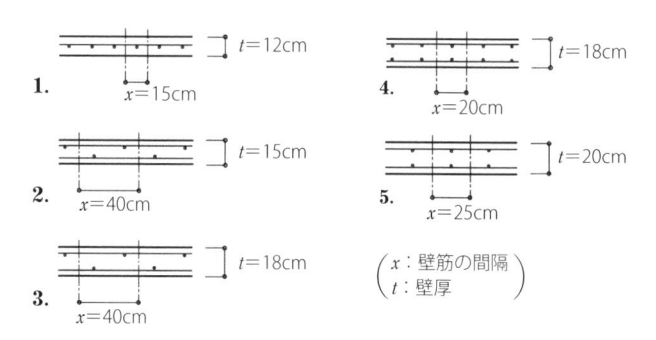

1. $t=12\text{cm}$, $x=15\text{cm}$
2. $t=15\text{cm}$, $x=40\text{cm}$
3. $t=18\text{cm}$, $x=40\text{cm}$
4. $t=18\text{cm}$, $x=20\text{cm}$
5. $t=20\text{cm}$, $x=25\text{cm}$

$\begin{pmatrix} x：壁筋の間隔 \\ t：壁厚 \end{pmatrix}$

A 壁の中にもち網状に鉄筋を入れて、壁が斜めに引き裂かれるのを引っ張って防ぎます。1重に入れるシングル配筋、2重に入れるダブル配筋、千鳥配筋などがあり、壁正面から見て45°に傾けて入れることもあります。p_s は鉄筋の断面積÷コンクリートの断面積で計算します。

せん断補強筋比
$p_s = \dfrac{a_t}{xt} \geq 0.25\%$ 耐力壁
shear せん断 　【梁 $p_t \geq 0.4\%$ の $\dfrac{1}{2}+0.05\%$】

1. $p_s = \dfrac{0.7}{15 \times 12} \fallingdotseq 0.39\% \geq 0.25\%$ ○
2. $p_s = \dfrac{0.7 \times 2}{40 \times 15} \fallingdotseq 0.23\% < 0.25\%$ ×
3. $p_s = \dfrac{0.7 \times 2}{40 \times 18} \fallingdotseq 0.19\% < 0.25\%$ ×
4. $p_s = \dfrac{0.7 \times 2}{20 \times 18} \fallingdotseq 0.39\% \geq 0.25\%$ ○
5. $p_s = \dfrac{0.7 \times 2}{25 \times 20} \fallingdotseq 0.28\% \geq 0.25\%$ ○

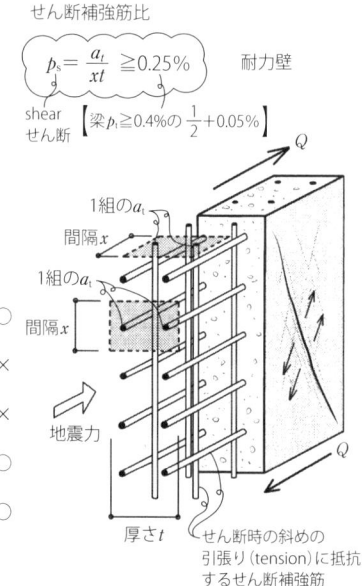

答え ▶ 1.○　2.×　3.×　4.○　5.○

★ R133 選択問題　構造体の鉄筋量　その1

Q 表は、鉄筋コンクリート構造における配筋を示したものである。日本建築学会「鉄筋コンクリート構造計算規準」における鉄筋量の最小規定を満たしていないものは、次のうちどれか。ただし、鉄筋1本の断面積は、「D10：0.7cm²」「D13：1.3cm²」「D25：5.0cm²」とする。

	梁端部	柱	耐力壁
断面（単位cm）	あばら筋／上端筋／下端筋　66, 54, 6, 6, 6, 28, 6, 40	主筋／帯筋　70, 58, 6, 58, 6, 70	横筋／縦筋　4, 10, 4, 18
配筋	上端筋　3-D25 下端筋　3-D25 あばら筋　D10@20cm	主筋　8-D25 帯筋　D13@10cm	縦筋　D10@20cmダブル 横筋　D10@20cmダブル

1. 梁端部の引張り鉄筋量
2. 梁端部のせん断補強筋量
3. 柱の全主筋量
4. 柱のせん断補強筋量
5. 耐力壁のせん断補強筋量

A 各構造部材の鉄筋断面積を部材断面積で割って、p_t、p_w、p_gを出します。

1. （梁）引張り鉄筋比　$p_t = \dfrac{a_t}{bd} = \dfrac{3 \times 5 \text{cm}^2}{40\text{cm} \times 60\text{cm}} \fallingdotseq 0.0063 = 0.63\% \geq 0.4\%$　○
   （有効せい）

2. （梁）あばら筋比　$p_w = \dfrac{a_w}{bx} = \dfrac{2 \times 0.7 \text{cm}^2}{40\text{cm} \times 20\text{cm}} \fallingdotseq 0.0018 = 0.18\% < 0.2\%$　×
   （間隔）

3. （柱）全主筋比　$p_g = \dfrac{a_g}{bD} = \dfrac{8 \times 5 \text{cm}^2}{70\text{cm} \times 70\text{cm}} \fallingdotseq 0.0082 = 0.82\% \geq 0.8\%$　○

4. （柱）帯筋比　$p_w = \dfrac{a_w}{bx} = \dfrac{2 \times 1.3 \text{cm}^2}{70\text{cm} \times 10\text{cm}} \fallingdotseq 0.0037 = 0.37\% \geq 0.2\%$　○
   （x方向、y方向同じ）

5. （壁）せん断補強筋比　$p_s = \dfrac{a_t}{tx} = \dfrac{2 \times 0.7 \text{cm}^2}{18\text{cm} \times 20\text{cm}} \fallingdotseq 0.0039 = 0.39\% \geq 0.25\%$　○
   （x方向、y方向同じ）（厚さ）

答え ▶ **2**

★ R134 まとめ　構造体の鉄筋量　その2

各構造体の鉄筋量をまとめて覚えなおしておきましょう。

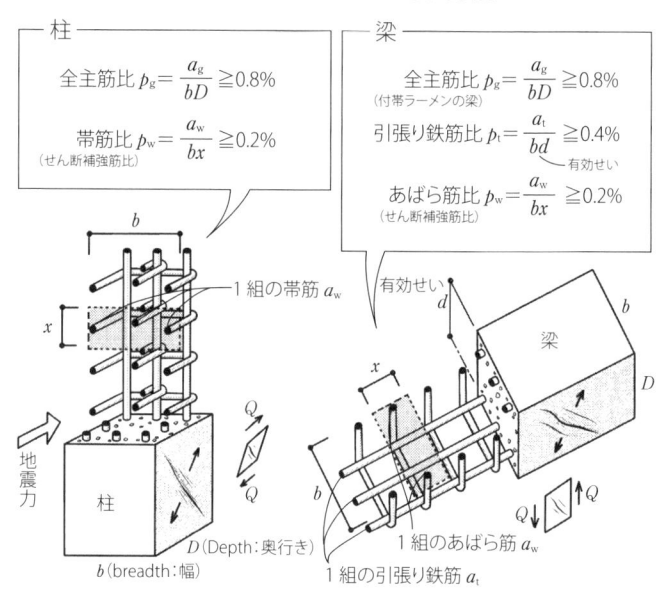

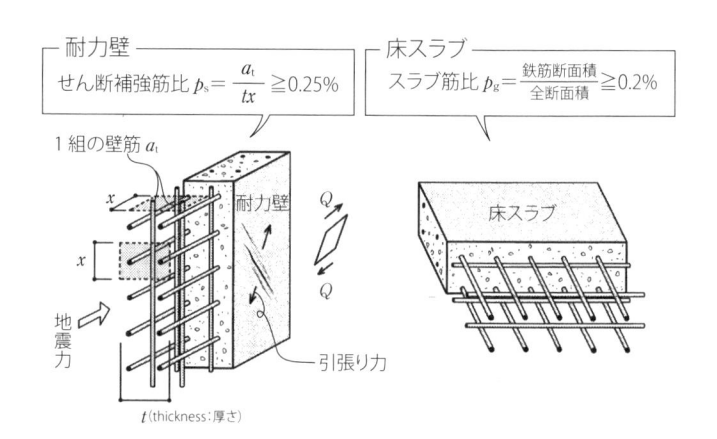

---柱---
全主筋比　$p_g = \dfrac{a_g}{bD} \geqq 0.8\%$

帯筋比　$p_w = \dfrac{a_w}{bx} \geqq 0.2\%$
（せん断補強筋比）

---梁---
全主筋比　$p_g = \dfrac{a_g}{bD} \geqq 0.8\%$
（付帯ラーメンの梁）

引張り鉄筋比　$p_t = \dfrac{a_t}{bd} \geqq 0.4\%$
　　　　　　　　　　　　　　有効せい

あばら筋比　$p_w = \dfrac{a_w}{bx} \geqq 0.2\%$
（せん断補強筋比）

- 1組の帯筋 a_w
- D (Depth：奥行き)
- b (breadth：幅)
- 地震力
- 柱
- 有効せい d
- 梁
- 1組のあばら筋 a_w
- 1組の引張り鉄筋 a_t

---耐力壁---
せん断補強筋比　$p_s = \dfrac{a_t}{tx} \geqq 0.25\%$

---床スラブ---
スラブ筋比　$p_g = \dfrac{鉄筋断面積}{全断面積} \geqq 0.2\%$

- 1組の壁筋 a_t
- 耐力壁
- 地震力
- 引張り力
- t (thickness：厚さ)
- 床スラブ

164

★ R135 まとめ　　　構造体の鉄筋量　その3

梁の引張り鉄筋比 $p_t \geq 0.4\%$ を中心に、その倍の **0.8%**、その半分の **0.2%**、もう少し多い **0.25%** として記憶しましょう。

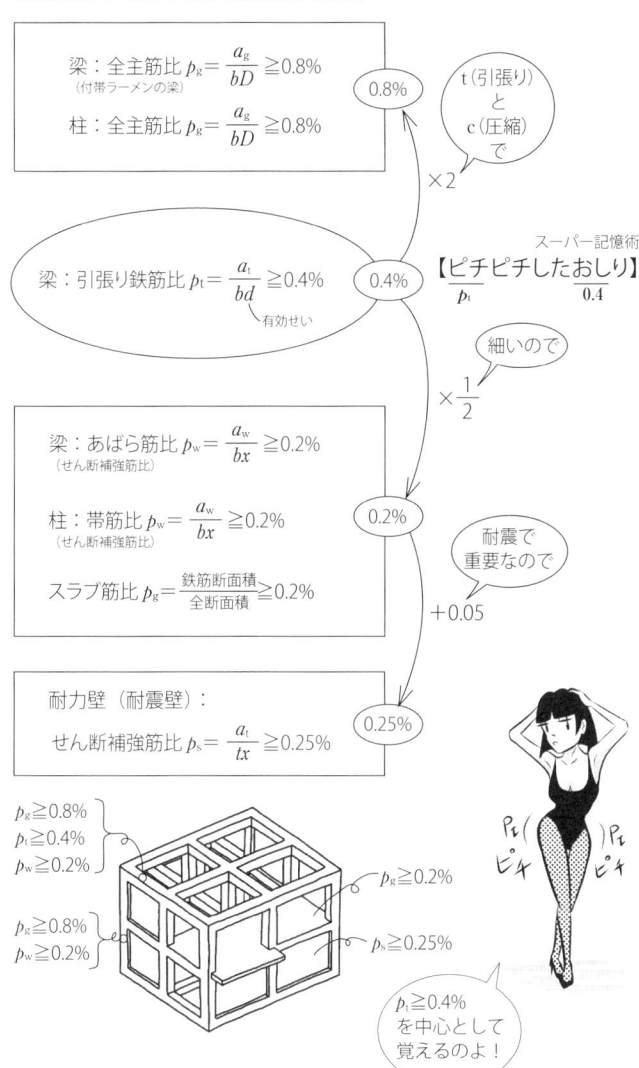

梁：全主筋比 $p_g = \dfrac{a_g}{bD} \geq 0.8\%$
（付帯ラーメンの梁）

柱：全主筋比 $p_g = \dfrac{a_g}{bD} \geq 0.8\%$

（0.8%）

t（引張り）と c（圧縮）で ×2

梁：引張り鉄筋比 $p_t = \dfrac{a_t}{bd} \geq 0.4\%$
　　　　　　　　　　　　　　有効せい

（0.4%）

スーパー記憶術
【ピチピチしたおしり】
　p_t　　　　　0.4

細いので ×$\dfrac{1}{2}$

梁：あばら筋比 $p_w = \dfrac{a_w}{bx} \geq 0.2\%$
（せん断補強筋比）

柱：帯筋比 $p_w = \dfrac{a_w}{bx} \geq 0.2\%$
（せん断補強筋比）

スラブ筋比 $p_g = \dfrac{\text{鉄筋断面積}}{\text{全断面積}} \geq 0.2\%$

（0.2%）

耐震で重要なので +0.05

耐力壁（耐震壁）：
せん断補強筋比 $p_s = \dfrac{a_t}{tx} \geq 0.25\%$

（0.25%）

$p_g \geq 0.8\%$
$p_t \geq 0.4\%$
$p_w \geq 0.2\%$

$p_g \geq 0.2\%$

$p_g \geq 0.8\%$
$p_w \geq 0.2\%$

$p_s \geq 0.25\%$

$p_t \geq 0.4\%$ を中心として覚えるのよ！

P_t ピチ　P_t ピチ

添え字は、a:area　p:proportion　g:gross　t:tension　c:compression　w:web　s:shear

★ R136 ○×問題　　　　　　　　　　鉄筋の継手　その1

Q 鉄筋コンクリート構造において、
1. フック付き重ね継手の長さは、鉄筋相互の折り曲げ開始点間の距離とした。
2. D35以上の異形鉄筋の継手には、原則として重ね継手を設けない。
3. 鉄筋の径（呼び名の数値）の差が7mmを超える場合には、原則として、ガス圧接継手を設けない。
4. ガス圧接継手において、圧接箇所は鉄筋の直線部とし、曲げ加工部およびその付近を避けた。

A 長い鉄筋は搬入や組み立ての際に困るので、ある程度の長さに切って、現場でつぐことになります。鉄筋をつぐことを継手といいますが、重ねるだけの重ね継手、ガスで熱してさらに圧力をかけて一体化させるガス圧接のほかに、ネジ型の継手やグリップジョイントなどの機械式継手があります。

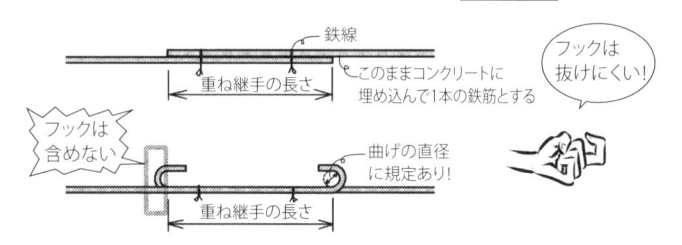

フック付きの方が抜けにくいので、継手長さは直線の場合より短めに規定されています。フック付きの重ね継手のフックの部分は長さに含めません（1は○）。D35以上の太い鉄筋はガス圧接とします（2は○）。7mm以上径が違う場合、および曲がった部分は、ガス圧接は不可です（3、4は○）。

スーパー記憶術

サンゴは炭酸ガスを
　D35以上　　　ガス圧接
　　　吸収する

斜めに圧接しない
　径の差7mm以上

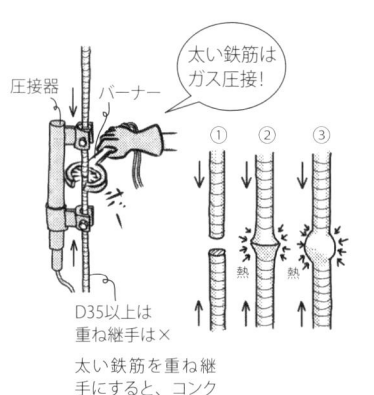

答え ▶ 1. ○　2. ○　3. ○　4. ○

★ R137 ○×問題　　　鉄筋の継手　その2

Q 鉄筋コンクリート構造において、
1. 鉄筋の継手は、原則として、部材に生じる応力の小さい箇所で、かつ常時はコンクリートに圧縮応力が生じている部分に設ける。
2. 柱主筋の継手位置は、部材応力と作業性を考慮して、柱の内法（うちのり）高さの下から1/4の位置に設けた。

A 2本の鉄筋をついだ継手部分は、強い力で引っ張るとはずれる心配があります。鉛直荷重は常時働いており、それによって継手部分が常に引っ張られているのは、好ましい状態ではありません。鉄筋や周囲のコンクリートに圧縮応力が常にかかっていれば、とりあえずは安心です。JASS 5の継手位置を見ると、鉛直荷重時に圧縮のかかる部分で、かつ、柱梁の付け根から離れた部分とされています。梁は接合部から柱幅 D 以上離し、柱は接合部から内法高さ（内-内の高さ寸法）の1/4倍以上離すとしています。柱梁の付け根は、常時の鉛直荷重や非常時の水平荷重で大きな曲げモーメントがかかり、上下の縁には大きな引張りが発生するからです（1、2は○）。

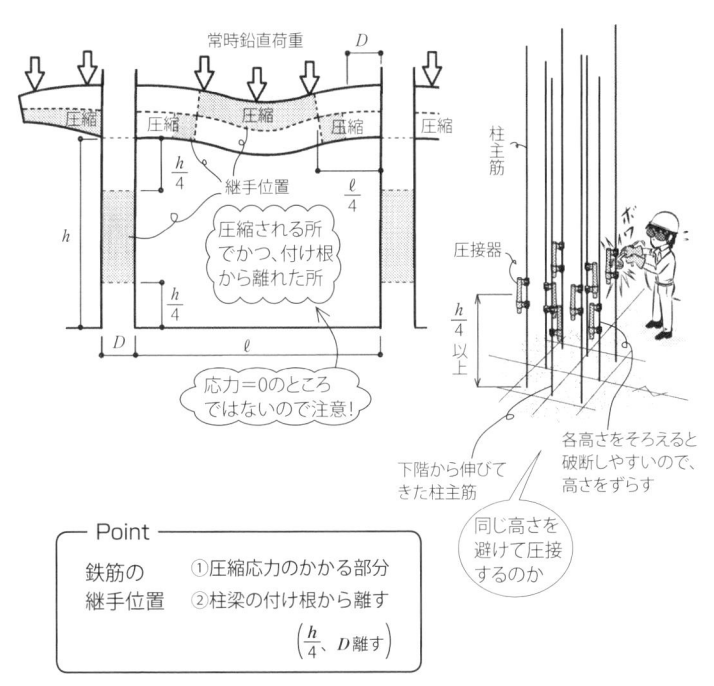

- **Point**

鉄筋の継手位置	①圧縮応力のかかる部分 ②柱梁の付け根から離す $\left(\dfrac{h}{4},\ D\ \text{離す}\right)$

答え ▶ 1. ○　2. ○

★ / R138 / ○×問題　　コンクリートのひび割れ　その1

Q 鉄筋コンクリート構造の建築物において、図のような向きの鉛直荷重または水平荷重を受けるときのひび割れの正誤を判定せよ。

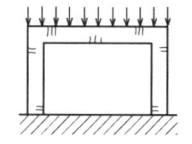

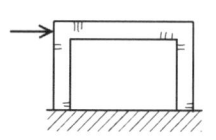

1. 鉛直荷重による柱および梁の曲げひび割れ
2. 水平荷重による柱および梁の曲げひび割れ

A 曲げモーメントMがかかると、凸の側が引っ張られ、凹の側が圧縮されます。コンクリートの引張り強度は圧縮の1/10しかなく、すぐに割れてしまいます。M図の側は凸に変形する側なので、M図の側の部材に垂直にひびが入ります。

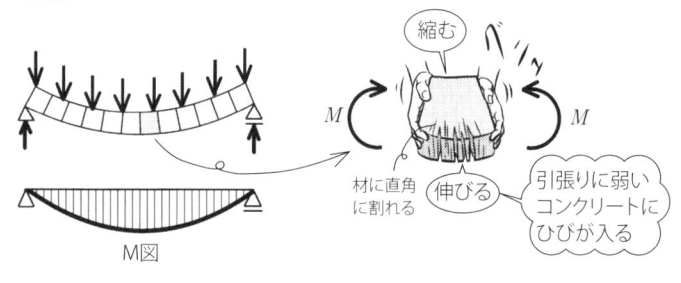

門形ラーメンのM図と変形は下図のようになり、M図の側、すなわち凸に変形する側にひび割れが材に直角に生じます（1は○、2は×）。このM図と変形は考えてもなかなか難しいので、まるごと覚えてしまいましょう。

答え ▶ 1. ○　2. ×

★ R139 ○×問題　コンクリートのひび割れ　その2

Q 鉄筋コンクリート構造において、地震時に水平力を受ける柱のひび割れは、柱頭および柱脚に発生しやすい。

A 地震の際には鉛直荷重①のほかに、地震の水平荷重②が同時にかかります。各応力は足されて③のようになります。曲げモーメント M は、柱頭、柱脚で大きくなります。そして凸の側、引っ張られる側で、引張りに弱いコンクリートにひびが入ります（答えは○）。震災被害の建物を見ると、柱頭、柱脚が壊れている例が多くありますが、M が大きくて、さらに Q もかかるためです。

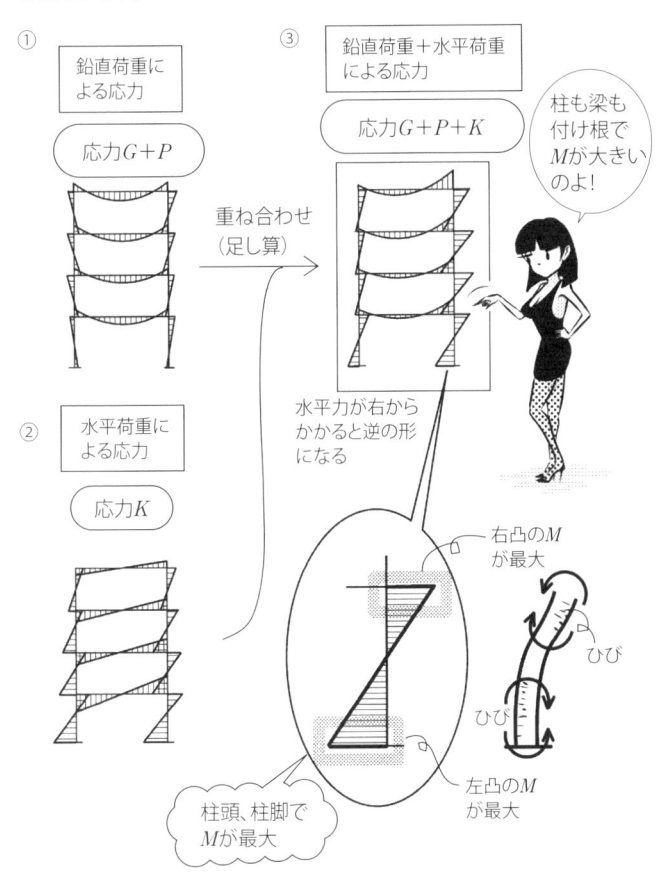

① 鉛直荷重による応力　応力 $G+P$

② 水平荷重による応力　応力 K

③ 鉛直荷重＋水平荷重による応力　応力 $G+P+K$

柱も梁も付け根で M が大きいのよ！

水平力が右からかかると逆の形になる

右凸の M が最大

柱頭、柱脚で M が最大

左凸の M が最大

ひび

答え ▶ ○

★ R140 ○×問題　　コンクリートのひび割れ　その3

Q 鉄筋コンクリート構造の建築物において、図のような向きの水平荷重を受けるときのひび割れの正誤を判定せよ。

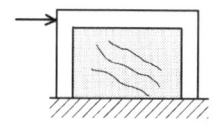

1. 水平荷重による耐力壁のせん断ひび割れ
2. 水平荷重による梁のせん断ひび割れ

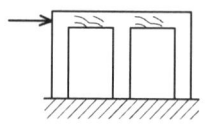

A せん断力 Q は平行四辺形にずらそうとする力です。極端な平行四辺形への変形を考えると、引っ張られる対角線と圧縮される対角線があることがわかります。その<u>引っ張られる対角線と直交するように、せん断ひび割れが入ります</u>。

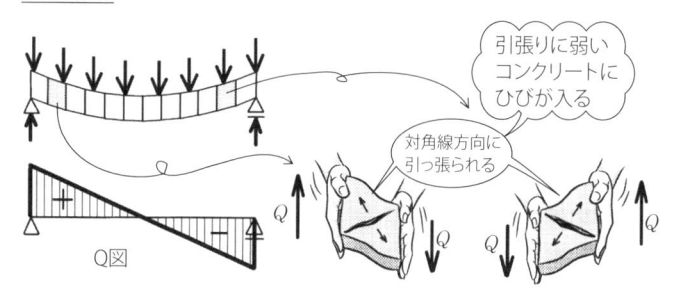

> 引張りに弱いコンクリートにひびが入る

> 対角線方向に引っ張られる

門形ラーメンを極端な平行四辺形に変形させると、引っ張られる対角線の方向がわかります（1、2は○）。水平荷重は左右からかかるので、<u>せん断ひび割れはバッテン（×）方向に入ります</u>。

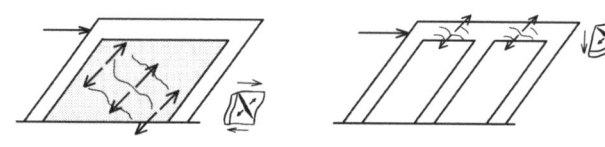

--- スーパー記憶術 ---

　　選　　　抜　　野球のカーブは　縦 横　のみ
　せん断　バツ(×)方向　　　　　　　曲げ　縦横方向

R138で述べたように、M によるひび割れは梁は縦に、柱は横に入ります。

答え ▶ 1. ○　2. ○

★ R141 ○×問題　コンクリートのひび割れ　その4

Q 鉄筋コンクリート構造の柱梁接合部および梁端部に図のような力がかかるとき、ひび割れの正誤を判定せよ。

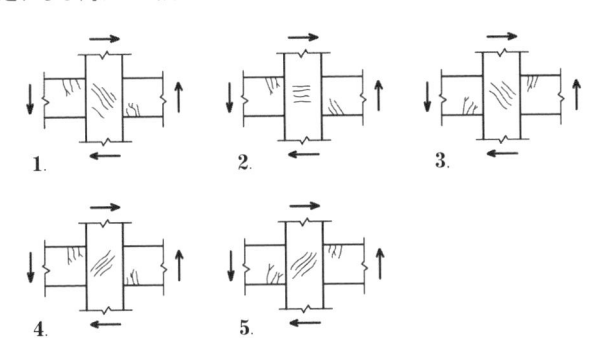

A ラーメンに左から水平力がかかって、柱が右に倒れるケースです。柱梁を極端な平行四辺形に変形させれば、柱梁のひび割れはわかります。しかし柱梁接合部（パネルゾーン）は、柱の両側を梁で押さえられた特殊な部位です。力のかかり方と変形がそこだけ変わります。

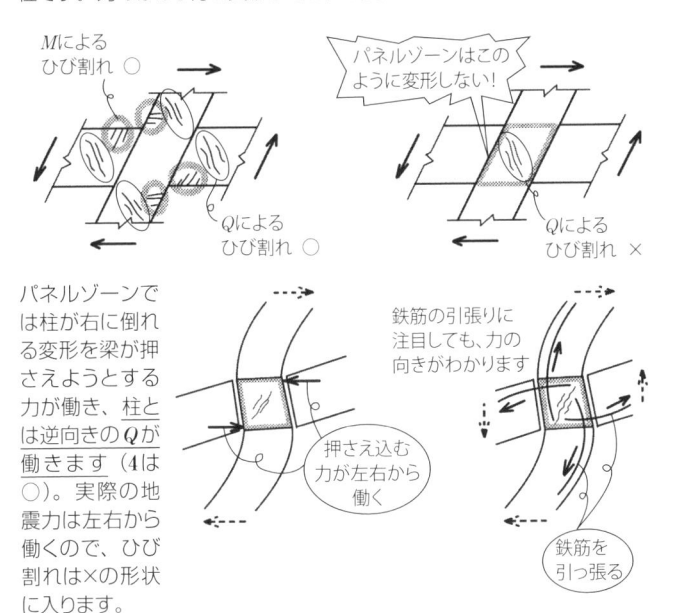

- *M*による ひび割れ ○
- *Q*による ひび割れ ○
- パネルゾーンはこのように変形しない！
- *Q*による ひび割れ ×

パネルゾーンでは柱が右に倒れる変形を梁が押さえようとする力が働き、<u>柱とは逆向きの*Q*が働きます</u>（4は○）。実際の地震力は左右から働くので、ひび割れは×の形状に入ります。

- 押さえ込む力が左右から働く
- 鉄筋の引張りに注目しても、力の向きがわかります
- 鉄筋を引っ張る

答え▶ 1.×　2.×　3.×　4.○　5.×

★ R142 ○×問題　コンクリートのひび割れ　その5

Q 鉄筋コンクリート構造の建築物に図のような力がかかるとき、ひび割れの正誤を判定せよ。

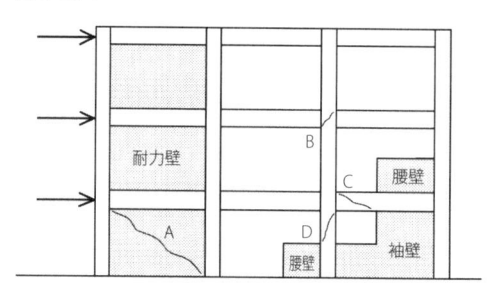

1. 耐力壁に生じる斜めひび割れ「A」
2. 柱梁接合部に生じる斜めひび割れ「B」
3. 梁部材に生じる斜めひび割れ「C」
4. 柱部材に生じる斜めひび割れ「D」

A 右に平行四辺形に倒せば、パネルゾーン以外のひび割れは、すぐに想像がつきます。平行四辺形の対角線のうち伸びる方＝引っ張られる方に直交する方向に、引張りに弱いコンクリートが割れるはずです（1は○、3は○、4は×）。

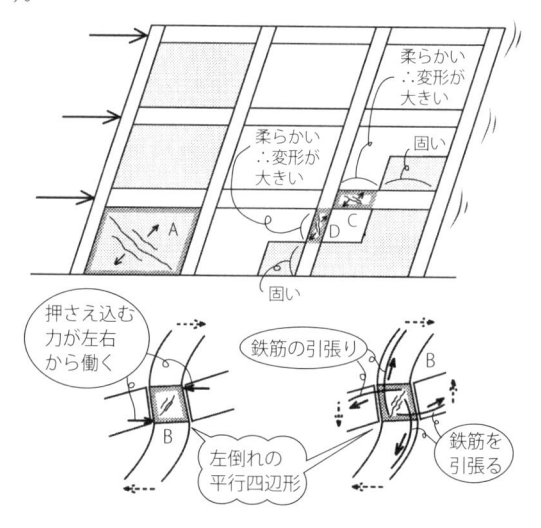

パネルゾーンの変形は、前項と同様に、右倒れの柱を左右の梁が押さえる変形や、鉄筋の引張りから考えて、左倒れの平行四辺形となります（2は○）。

答え ▶ 1.○　2.○　3.○　4.×

★ R143 ○×問題　　コンクリートのひび割れ　その6

Q 図の鉄筋コンクリート構造の、ひび割れと原因の正誤を判定せよ。

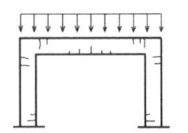

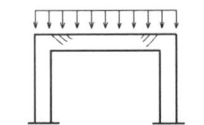

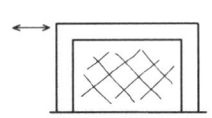

1. 鉛直荷重による柱および梁の曲げひび割れ
2. 鉛直荷重による梁のせん断ひび割れ
3. 水平荷重による耐力壁のせん断ひび割れ
4. 水平荷重による柱のせん断ひび割れ
5. アルカリ骨材反応による柱、梁および耐力壁のひび割れ

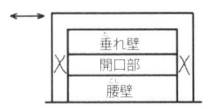

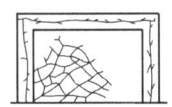

A 柱梁はM図の側に凸となり、凸の側はコンクリートが引っ張られて材に垂直にひびがはいります。

Qによって柱と壁は平行四辺形となり、伸びる(引っ張られる)対角線に直交する方向にひびが入ります。

アルカリ骨材反応とは、コンクリート中のアルカリ性水溶液が骨材のシリカと反応して膨張することです(R026参照)。アルカリ骨材反応によるひび割れは、柱梁は中立軸上に線状に、壁は亀甲状に入ります。(5は○)。

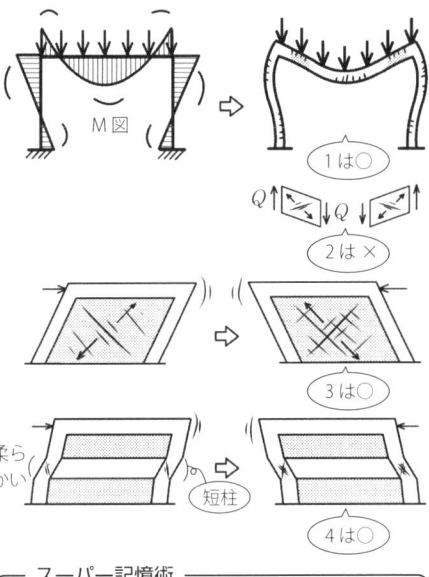

1は○
2は×
3は○
4は○

― スーパー記憶術 ―

根気よく歩くジイさん、年の功より亀の甲
コンクリート　アルカリ骨材反応　　　　　　　亀甲

答え ▶ 1.○　2.×　3.○　4.○　5.○

★ R144 ○×問題　　RC壁式構造の規準

Q 壁式鉄筋コンクリート構造において、
1. 地上5階建で軒の高さ16mの建築物を設計した。
2. コンクリートの設計基準強度を15N/mm²とした。

A

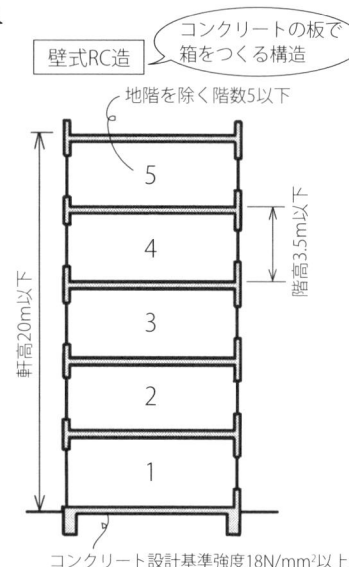

壁式RC造／コンクリートの板で箱をつくる構造

地階を除く階数5以下
軒高20m以下
階高3.5m以下
コンクリート設計基準強度18N/mm²以上

壁式構造は壁だけで支えるため、太い柱梁のラーメンのように大型の建物はつくれません。地上5階以下、軒高20m以下の中低層、階高3.5m以下という制限があります。また、コンクリートの設計基準強度は18N/mm²以上必要とされています（告示1は○、2は×）。壁式RC造の中低層集合住宅は地震に強く、震災での被害もあまり出ていません。

- Point
  - 地上階数………5以下
  - 軒高……………20m以下
  - 階高……………3.5m以下
  - 設計基準強度…18N/mm²以上

（壁規準では軒高≦16m）

- スーパー記憶術

軒高 → 軒軒 → 20m

階高 → 階 → 3.5m

岩 の 壁 でつくる
18N/mm²　壁構造

なんとかして覚えるのよ！

答え ▶ 1. ○　2. ×

174

★ R145 ○×問題　　RC壁式構造の靱性

Q 壁式鉄筋コンクリート構造は、耐震強度は大きいが、優れた靭（じん）性は期待できない。

A 靭性は粘り強さで、弾（だん）性が終わり塑（そ）性化した後、倒壊に至るまでに大きな変形をすることです。その変形によって地震のエネルギーを吸収します。壁は平行四辺形に変形させるのに大きな力が必要（強度大）ですが、小さく変形しただけで壊れてしまいます（靱性小　答えは○）。壁のない純ラーメン構造は、耐震強度は小さいけれど、塑性ヒンジ化して大きく変形した後に破壊に至ります。一旦塑性化すると力が弱まっても元に戻らなくなって建物は使えませんが、中にいる人間を破壊までの間は守ることができます。

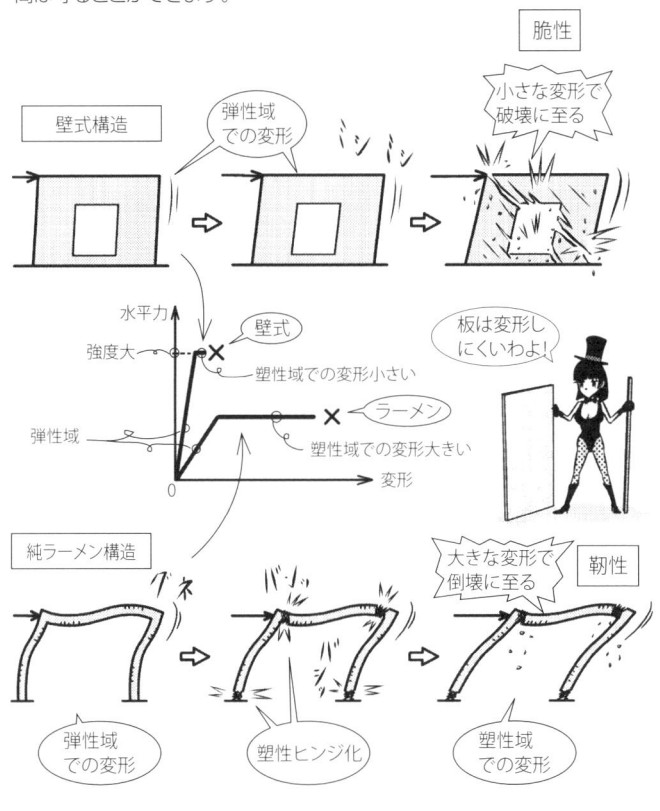

答え ▶ ○

★ R146 ○×問題　耐力壁の長さ・開口　その1

Q 壁式鉄筋コンクリート構造の住宅において、
1. 耐力壁の実長を45cm以上とした。
2. 壁梁は、梁せいを45cm以上とした。

A 壁（式）構造は重さや水平力を壁で支えるため、x、y方向ともに合計が一定長さ以上の耐力壁が必要です。また各耐力壁があまり短いと、支える力が弱く、地震ですぐに壊れてしまうので、45cm以上とされています。開口の上に梁がなくて床スラブだけ載ると、床スラブが折れやすく、また壁も一体化しません。開口の上に壁を少し付けて壁梁としますが、そのせい（高さ）も45cm以上とされています（壁規準）。

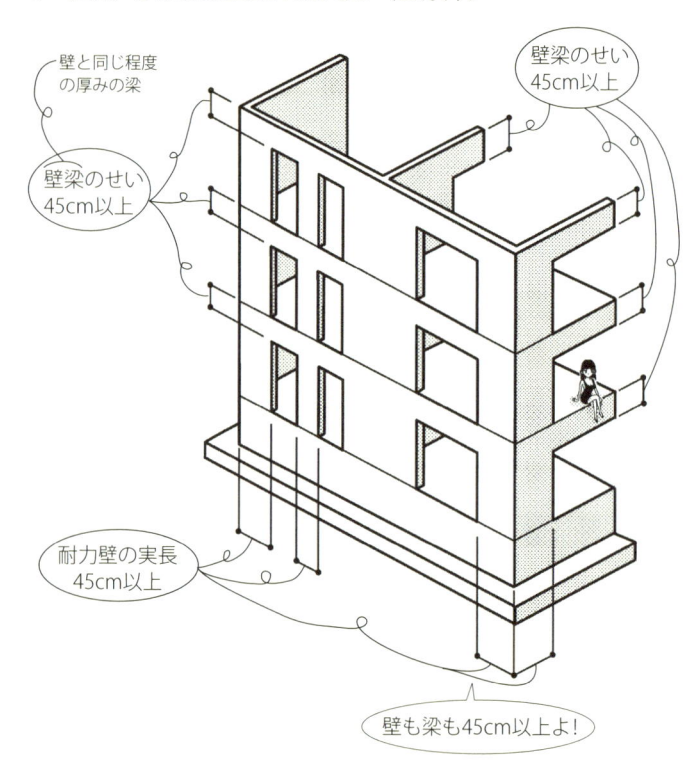

- 壁と同じ程度の厚みの梁
- 壁梁のせい 45cm以上
- 壁梁のせい 45cm以上
- 耐力壁の実長 45cm以上
- 壁も梁も45cm以上よ！

― スーパー記憶術 ―

壁の <u>横</u> の長さ
45cm以上 → 壁梁のせいも同じ

答え ▶ 1. ○　2. ○

★ R147 ○×問題　耐力壁の長さ・開口　その2

Q 壁式鉄筋コンクリート構造において、
1. 耐力壁の実長は、同一の実長を有する部分の高さの30%以上となる値として30cmを採用した。
2. 1階の実長50cmの壁について、その壁の両側に高さ2mの出入口となる開口部があるので、この壁を耐力壁とみなさなかった。

A 「実長」とは心一心ではなく実際の長さ、端から端までの長さを指します。「同一の実長を有する部分」(ℓ) とは右図で開口の間に挟まれた部分で、その高さ (h) は挟まれた部分のみの高さです。ℓはhの30%以上かつ45cm以上という規定です（壁規準）。耐力壁の実長は45cm以上【壁の横の長さ】に加えて、$\ell \geq 0.3h$の規定もあるので注意してください。問の1は30cm＜45cmなので×です。

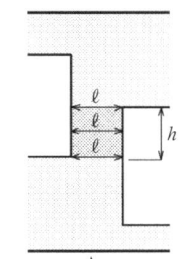

ℓ：耐力壁の実長
h：同一の実長を有する部分の高さ

$\ell \geq 45$cmかつ$\ell \geq 0.3h$

0.3h以上よ！

問の2では、hの30%は60cmであり50cmでは、耐力壁とすることができません（2は○）。

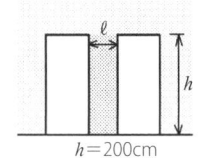

$h = 200$cm
$\begin{pmatrix} 0.3h = 60\text{cm} \\ \therefore \ell \geq 60\text{cm} \end{pmatrix}$

― スーパー記憶術 ―
高　さ
$h \times 3$割

【　】内スーパー記憶術

答え ▶ 1.×　2.○

★ R148 ○×問題　耐力壁の長さ・開口　その3

Q 壁式鉄筋コンクリート構造において、
1. 耐力壁の長さの計算において、換気扇程度の大きさの小開口で適切な補強を行ったものは、開口部として考慮しなくてよい。
2. 耐力壁に設ける30cm角の小開口については、適切な補強設計を行い、かつ隣接する開口端間の距離が40cmあったので、当該小開口を無視して壁量を算定した。

A 換気扇程度の小さな開口はないものとして、壁量計算を行います。耐力壁の実長からその孔の長さを引く必要がなく、$\ell \geq 45\text{cm}$以上かつ$\ell \geq 0.3h$も考える必要はありません（1は○）。

無視してよい換気扇程度の小開口を具体的な数字とした規準が下図左(1)～(4)です（壁規準）。下図右では、$\ell_0 = 30\text{cm}$、$h_0 = 30\text{cm}$、$\ell_1 = \ell_2 = 40\text{cm}$とすると、各規準をクリアするので、開口がないとして壁量計算をすることができます（2は○）。

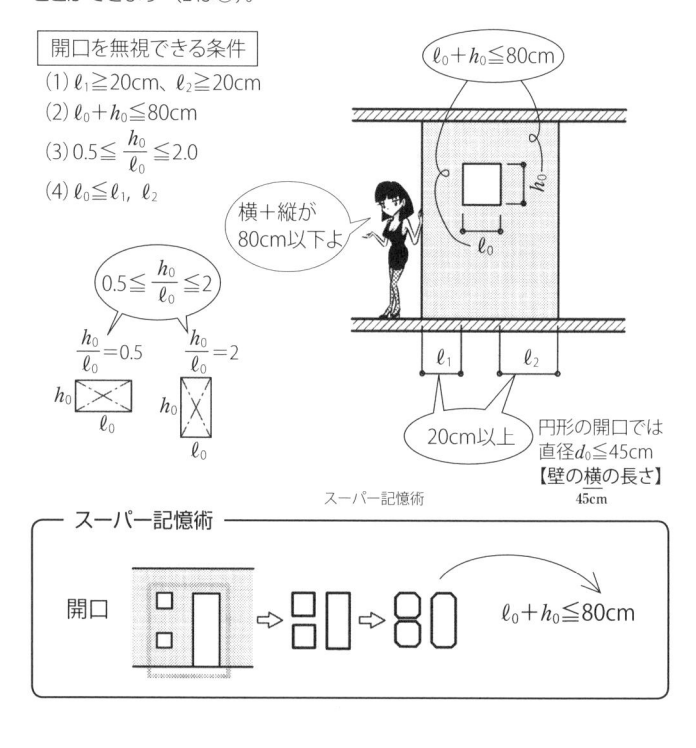

開口を無視できる条件
(1) $\ell_1 \geq 20\text{cm}$、$\ell_2 \geq 20\text{cm}$
(2) $\ell_0 + h_0 \leq 80\text{cm}$
(3) $0.5 \leq \dfrac{h_0}{\ell_0} \leq 2.0$
(4) $\ell_0 \leq \ell_1, \ell_2$

横＋縦が80cm以下よ

$\ell_0 + h_0 \leq 80\text{cm}$

$0.5 \leq \dfrac{h_0}{\ell_0} \leq 2$

$\dfrac{h_0}{\ell_0} = 0.5$　　$\dfrac{h_0}{\ell_0} = 2$

20cm以上

円形の開口では直径$d_0 \leq 45\text{cm}$
【壁の横の長さ】45cm

スーパー記憶術

開口　→　□□　→　80　　$\ell_0 + h_0 \leq 80\text{cm}$

答え ▶ 1. ○　2. ○

★ R149 計算問題　　耐力壁の長さ・開口　その4

Q 図のような平面を有する壁式鉄筋コンクリート構造平屋建ての建築物の構造計算において、x方向の壁量の値を求めよ。ただし階高は3m、壁厚は12cmとする。

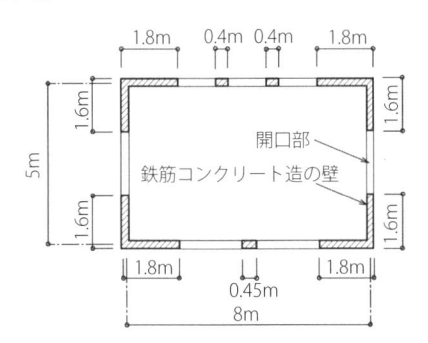

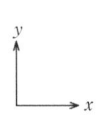

A RC壁式構造では、x、y各方向の耐力壁の長さを合計し、その階の床面積1m²当たりに直した値＝壁量が、一定以上必要と定められています（壁規準）。耐力壁の長さは45cm以上必要で、長さは壁端部から壁端部で測ります。

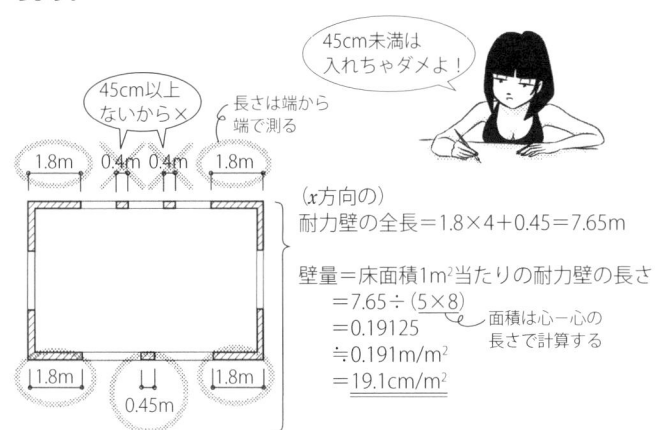

45cm未満は入れちゃダメよ！

45cm以上ないから×

長さは端から端で測る

（x方向の）
耐力壁の全長＝1.8×4＋0.45＝7.65m

壁量＝床面積1m²当たりの耐力壁の長さ
　　＝7.65÷(5×8)　　面積は心一心の長さで計算する
　　＝0.19125
　　≒0.191m/m²
　　＝19.1cm/m²

（正確には0.45mの壁が有効かどうかは、開口高が与えられていないと判断できません。
壁の長さℓ、開口に挟まれた部分の壁の高さhではℓ≧0.3hの規定があります（R147参照）。）

木造の壁量の場合は、壁端部にある柱心から柱心間で長さを測ります。そしてx、y各方向での合計の長さを壁量と呼びます。

答え ▶ **19.1cm/m²**

★ R150 ○×問題　　　壁量・壁厚の規準　その1

Q 壁式鉄筋コンクリート構造、地上5階建ての建築物において、
1. 1階の耐力壁の梁間方向および桁行方向の壁量については、それぞれ15cm/m²とした。
2. 2階の耐力壁の梁間方向および桁行方向の壁量については、それぞれ12cm/m²とした。
3. 3階の耐力壁の梁間方向および桁行方向の壁量については、それぞれ12cm/m²とした。
4. 4階の耐力壁の梁間方向および桁行方向の壁量については、それぞれ12cm/m²とした。

A 長方形平面で、木造の梁は普通短辺方向に架け、その梁を軒桁（のきげた）が受ける方法をとります。そこから<u>短辺方向を梁間方向、長辺方向を桁（けた）行方向</u>と呼ぶようになりました。

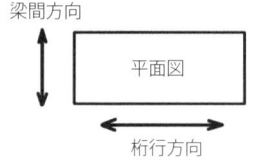

壁量は最上階から数えて3階分までは12cm/m²、下の残りの階は15cm/m²、地下は多めで20cm/m²と規定されています。まず上から3階分は12cm/m²を覚えましょう。

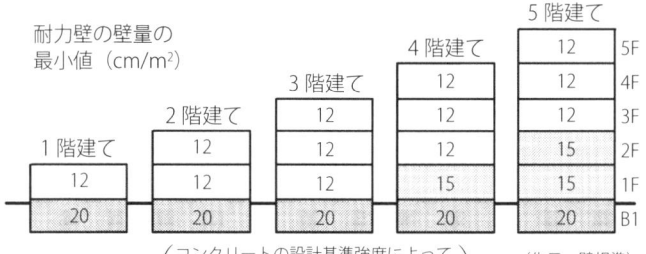

耐力壁の壁量の最小値（cm/m²）

				5階建て
			4階建て	12　5F
		3階建て	12	12　4F
	2階建て	12	12	12　3F
1階建て	12	12	12	15　2F
12	12	12	15	15　1F
20	20	20	20	20　B1

（コンクリートの設計基準強度によって、壁量を低減することができます）

（告示、壁規準）

--- スーパー記憶術 ---

<u>イチ、ニ</u>の<u>サン</u>と飛ぶ<u>距離</u>
　12cm/m²　　上から3階　　　長さ

答え ▶ 1.○　2.×　3.○　4.○

★ R151 ○×問題　　壁量・壁厚の規準　その2

Q 壁式鉄筋コンクリート構造の建築物において、
1. 階高が3mの平屋建てとしたので、耐力壁の厚さを10cmとした。
2. 地上3階建ての各階の耐力壁について、その厚さを12cm、かつ構造耐力上主要な鉛直支点間距離の1/25とした。
3. 地上4階建ての耐力壁の厚さは、1階から3階までを18cmとし、4階を15cmとした。

A 下図のように、階数とhから耐力壁の厚さが規定されています。実務ではすべて18cm＋かぶり厚2cmなどとすればよいのですが、建築士の試験などでは暗記する必要があります。そこで頂部だけ細い枝葉の出るシュロのような木の太さから連想する記憶術をつくってみました。

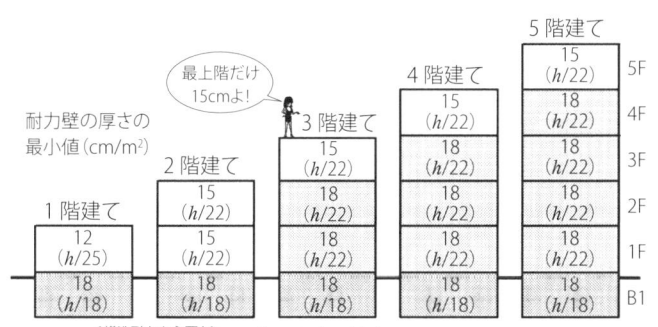

耐力壁の厚さの最小値(cm/m²)

1階建て: 1F 12 ($h/25$)、B1 18 ($h/18$)

2階建て: 2F 15 ($h/22$)、1F 15 ($h/22$)、B1 18 ($h/18$)

3階建て（最上階だけ15cmよ！）: 3F 15 ($h/22$)、2F 18 ($h/22$)、1F 18 ($h/22$)、B1 18 ($h/18$)

4階建て: 4F 15 ($h/22$)、3F 18 ($h/22$)、2F 18 ($h/22$)、1F 18 ($h/22$)、B1 18 ($h/18$)

5階建て: 5F 15 ($h/22$)、4F 18 ($h/22$)、3F 18 ($h/22$)、2F 18 ($h/22$)、1F 18 ($h/22$)、B1 18 ($h/18$)

h：高さ（構造耐力上主要な鉛直支点間距離）　地下階：土に接すると＋1cm

(告示、壁規準)

図中の「12（$h/25$）」は、「12cmかつ$h/25$以上」を表します。

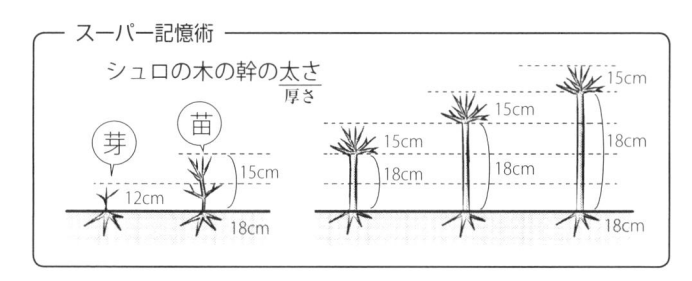

― スーパー記憶術 ―

シュロの木の幹の太さ／厚さ

芽 12cm
苗 15cm / 18cm
15cm / 18cm / 18cm
15cm / 18cm / 18cm / 18cm

答え ▶ 1.×　2.×　3.○

★ R152 ○×問題　　　　耐力壁の鉄筋　その1

Q 壁式鉄筋コンクリート構造において、
1. 耐力壁の見付け面積に対する横筋および縦筋の間隔については、それぞれ30cm以下とした。
2. 平屋建ての建築物において、耐力壁の開口部の鉛直縁に配筋する曲げ補強筋として、1-D13を用いた。

A 見付け面積とは立面を正面から見た（投影した）面積のことで、見付け面積に対する間隔とは壁を切断面ではなく立面から見た間隔です。壁式構造の耐力壁における縦筋、横筋はD10以上を300mm以下間隔、千鳥配筋では450mm以下間隔とします（壁規準　1は○）。ラーメン構造の耐震壁の規準と同じです。

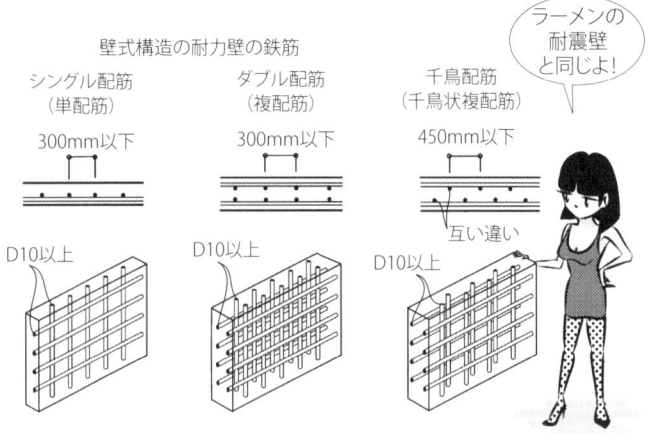

壁式構造の耐力壁の鉄筋

シングル配筋　　ダブル配筋　　千鳥配筋
（単配筋）　　　（複配筋）　　（千鳥状複配筋）

300mm以下　　300mm以下　　450mm以下

D10以上　　D10以上　　互い違い　D10以上

ラーメンの耐震壁と同じよ！

【振動にさおさす耐力壁】壁厚200mm以上では【横にずらした千鳥配筋】
300mm以下　　複配筋　　450mm以下

1-D13の1は、鉄筋が1本ということ。耐力壁端部、交差部、開口部の鉛直縁などには、D10より太いD13、D16を1本か2本入れて補強する必要があります。建物の階数、最上階からの階数、開口の高さなどで変わります。平屋の場合の開口部鉛直縁では、1-D13でOKです（壁規準　2は○）。

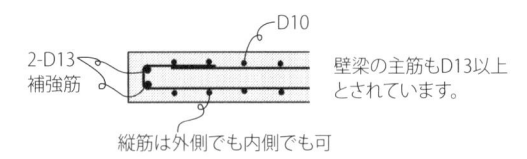

2-D13補強筋　　D10
縦筋は外側でも内側でも可

壁梁の主筋もD13以上とされています。

【　】内スーパー記憶術

答え ▶ 1. ○　2. ○

★ R153 ○×問題　　　耐力壁の鉄筋　その2

Q 壁式鉄筋コンクリート構造において、
1. 地上4階建ての建築物で、4階の耐力壁の縦筋および横筋の鉄筋比をそれぞれ0.1%とした。
2. 地上5階建ての建築物で、すべての階の耐力壁の縦方向および横方向のせん断補強筋比をそれぞれ0.25%とした。

A 耐力壁の鉄筋比（せん断補強筋比 p_s）は、ラーメン構造の耐震壁とほぼ同じで0.25%以上です。ただし最上階から2つ目の階は0.2%以上、最上階は0.15%以上と低くなります。上に行くほど、層にかかるせん断力が小さくなるからです。ラーメンの鉄筋比と対応させて覚えておきましょう。

$$せん断補強筋比\, p_s = \frac{1組の鉄筋の断面積}{それに対するコンクリートの断面積}$$
　　　　　　　　　shear

耐力壁のせん断補強筋比 p_s の最小値

1階建て	2階建て	3階建て	4階建て	5階建て	
				0.15	5F
			0.15	0.2	4F
		0.15	0.2	0.25	3F
	0.2	0.25	0.25	0.25	2F
0.15	0.25	0.25	0.25	0.25	1F
0.25	0.25	0.25	0.25	0.25	B1

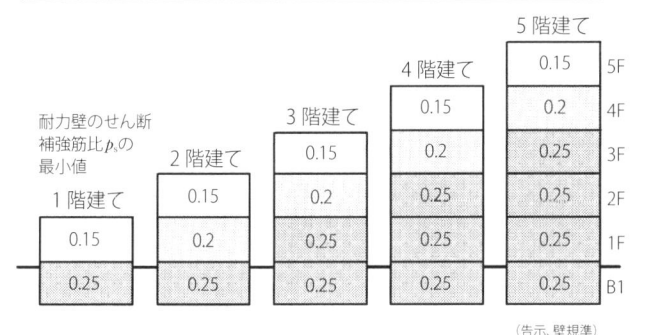

（告示、壁規準）

（壁量が規定値より大きい場合、p_s を低減できる　　$p_s = p_s$ の規定値 $\times \dfrac{壁量の規定値}{設計壁量}$）

― スーパー記憶術 ―

上2つ
0.25から−0.05、−0.05

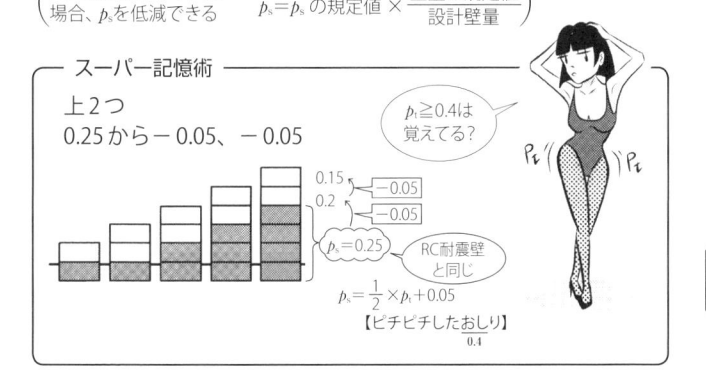

$p_t \geq 0.4$ は覚えてる？

0.15　−0.05
0.2　　−0.05
$p_s = 0.25$　RC耐震壁と同じ

$p_s = \dfrac{1}{2} \times p_t + 0.05$
【ピチピチしたおしり】
　　　　　　　0.4

答え ▶ 1.×　2.○

★ R154 ○×問題　　　　壁梁の主筋

Q 壁式鉄筋コンクリート構造地上5階建ての建築物（各階の階高3m）において、壁梁の主筋をD13以上とした。

A 壁梁の主筋は、ラーメン柱梁の主筋と同様にD13以上です（壁規準）。D13、D16などを上下に数本ずつ入れます。

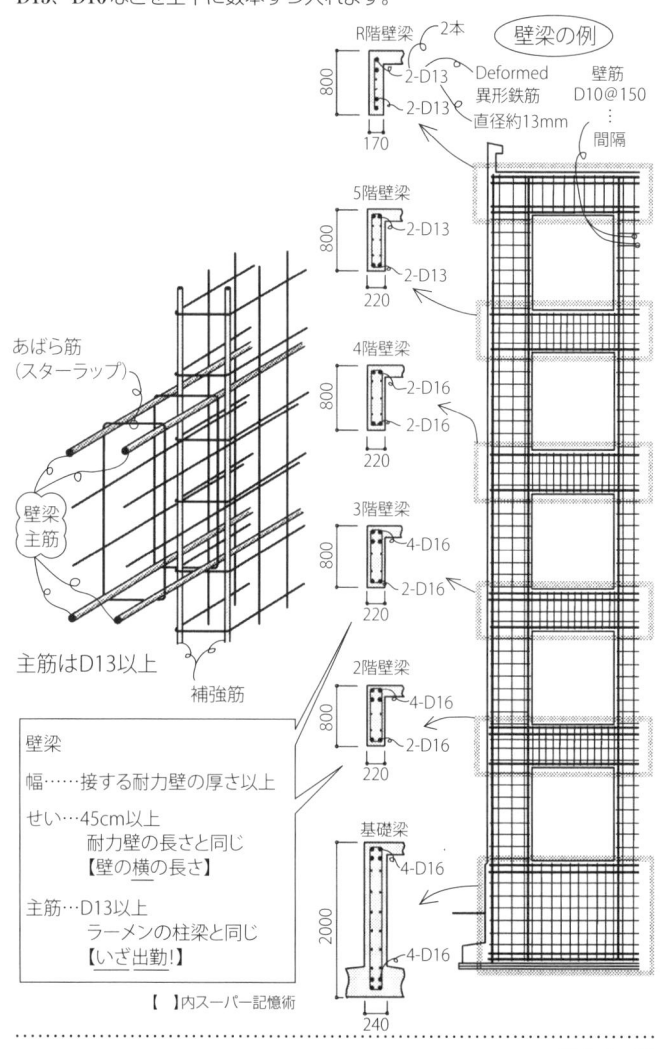

壁梁の例

Deformed
異形鉄筋
直径約13mm

壁筋 D10@150
間隔

あばら筋（スターラップ）

壁梁主筋

主筋はD13以上

補強筋

壁梁

幅……接する耐力壁の厚さ以上

せい…45cm以上
　　　耐力壁の長さと同じ
　　　【壁の横の長さ】

主筋…D13以上
　　　ラーメンの柱梁と同じ
　　　【いざ出勤！】

【　】内スーパー記憶術

答え ▶ ○

★ R155 ○×問題　　　鋼の含有物　その1

Q 1. 鋼材は、炭素含有量が多くなると溶接性が向上する。
2. 鋼を熱間圧延して製造するときに生じる黒いさび（黒皮）は、鋼の表面に被膜を形成するので防食効果がある。

A 鉄の歴史は文明発生時までさかのぼれますが、鉄骨造は産業革命後になります。製造法などから鋳鉄、錬鉄と変化しましたが、現在目にする鉄は、ほとんどが鋼です。粘り強さ（靭性：じん性）に富んだ強い鋼は、優れた構造材です。

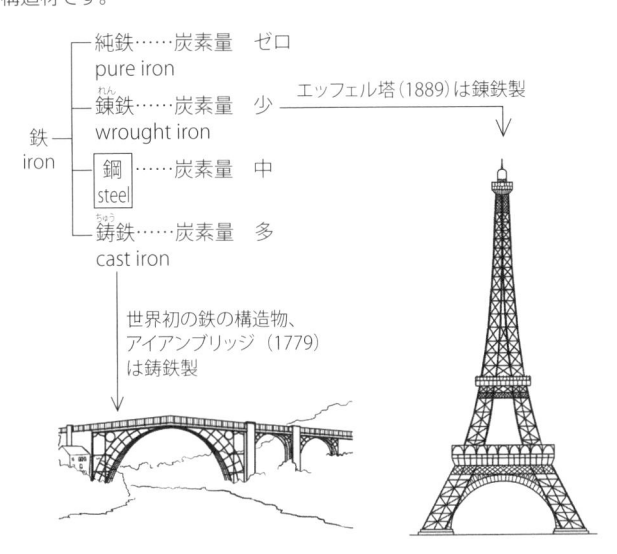

```
         ┌─ 純鉄……炭素量 ゼロ
         │  pure iron
         │                      エッフェル塔（1889）は錬鉄製
         ├─ 錬鉄……炭素量 少
鉄       │  wrought iron
iron     ├─ 鋼  ……炭素量 中
         │  steel
         └─ 鋳鉄……炭素量 多
            cast iron
```

世界初の鉄の構造物、
アイアンブリッジ（1779）
は鋳鉄製

鋼は炭素量が増えると、強度と硬さが増加、靭性と溶接性が低下します（1は×）。さび（酸化鉄）には、赤さびと黒さびがあり、工場出荷時の黒さびはミルスケール（mill scale）とも呼ばれます。ミルは工場、スケールは酸化被膜のことです。ミルスケールは緻密な組織の層で、それ以上のさびを防ぐ効果があります（2は○）。

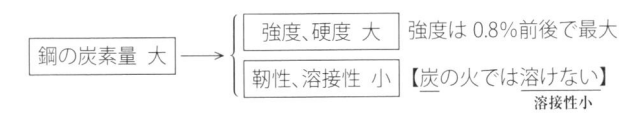

```
              ┌─ 強度、硬度 大  強度は 0.8％前後で最大
鋼の炭素量 大 ─┤
              └─ 靭性、溶接性 小  【炭の火では溶けない】
                                              溶接性小
```

【　】内スーパー記憶術

答え▶ 1.×　2.○

R156 ○×問題　鋼の含有物　その2

Q 1. リン（P）や硫黄（いおう）（S）は、鋼材や溶接部の靭性を改善するために添加される元素であり、多い方が望ましい。
2. 鋼は硫黄の含有量が少ないほど、シャルピー吸収エネルギーおよび板厚方向の絞り値は大きくなる。

A リンや硫黄が鋼に含まれると、粘り強さ（靭性）と延性（引張りに対する変形能力）が低下します（1は×、2は○）。
シャルピー衝撃試験とは、下図のように円形中央部に衝撃刃を持つハンマーを振り下げて、10mm角断面でノッチ（notch：切れ込み）の入れられた試験片を割って、その後に振り上がる角度から衝撃吸収エネルギーを測定する方法です。吸収エネルギー（シャルピー吸収エネルギー）が大きいほど（振り上がり角度が小さいほど）、衝撃に対する抵抗性、粘り強さ（靭性）、変形性能（延性）が大きいとわかります。

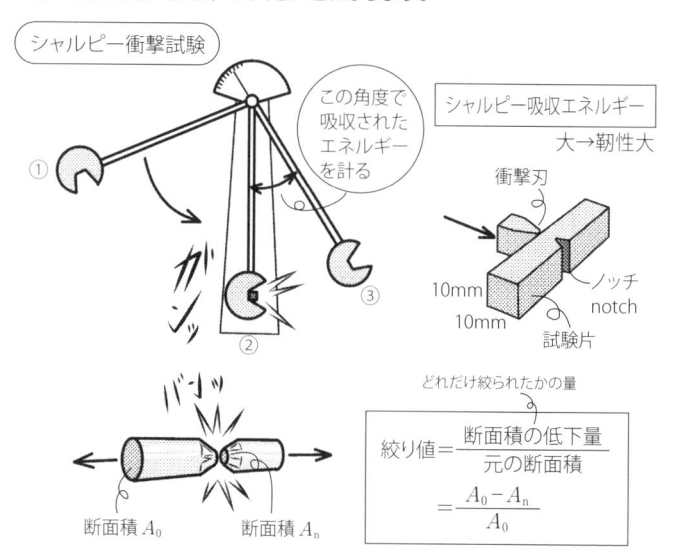

$$絞り値 = \frac{断面積の低下量}{元の断面積} = \frac{A_0 - A_n}{A_0}$$

絞り値とは、引張り試験で断面積がどれくらい絞られたかの比です。絞り値が大きいほど、靭性、延性が高いことになります。圧延時に板方向に結晶、不純物が延ばされて板厚方向の引張りに弱くなるので、板厚方向の靭性を低下させない必要があります。

スーパー記憶術

くびれのあるオシャレな娘に、粘り強くアタック
　絞り値 大　　　シャルピー 大　　　靭性大

答え ▶ 1.×　2.○

★ R157 ○×問題　　　鋼の強度と温度　その1

Q 鋼のシャルピー衝撃試験において、試験温度を低くしていき、ある温度以下になると吸収エネルギーが急激に低下し、脆（ぜい）性破壊を起こしやすくなる。

A 金属は一般に、低温になるともろくなり、脆性破壊しやすくなります。鋼は粘り強く靭（じん）性に富む材料ですが、低温では粘りがなくなり、もろく簡単に脆性破壊します。シャルピー衝撃試験では、低温では小さなエネルギーで試験片が折れ曲がります（答えは○）。鋼材は低温状態の負荷のほかに、瞬間的負荷でも脆性破壊します。

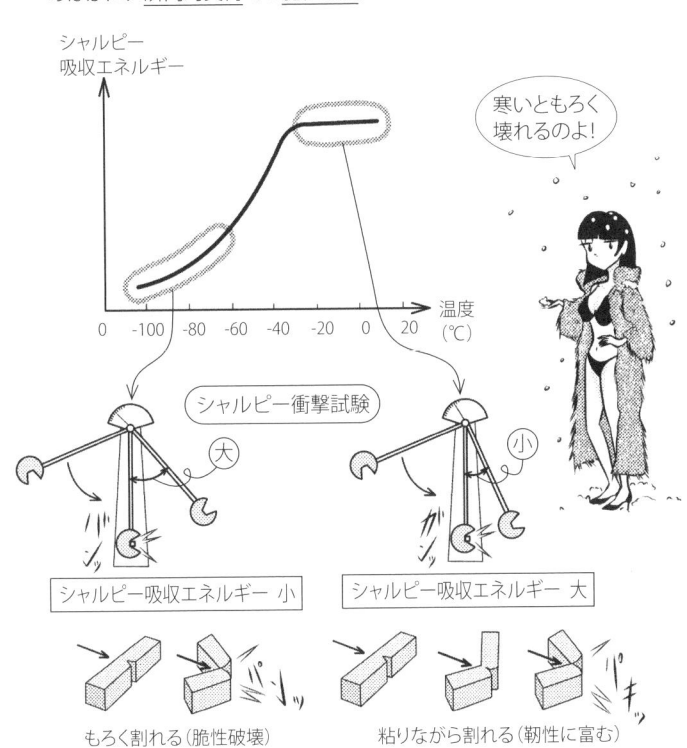

- 鋼の脆性破壊では、第2次世界大戦時に大量に急造された、戦時標準貨物船、リバティ船の事故が有名です。約2700隻のリバティ船のうち約1000隻が脆性破壊、そのうち約300隻が沈没。結果として鋼や溶接技術の進化を促しました。戦争や震災、事故などの暗い出来事が、工学技術を進歩させる原動力のひとつであることに間違いありません。

答え ▶ ○

★ / **R158** / ○×問題　　　　　　　鋼の強度と温度　その2

Q 1. 鋼材の引張り強さは、温度200〜300℃程度で最大となり、それ以上の温度になると急激に低下する。
2. 鋼材の降伏点は、温度が350℃程度で常温時の約3分の2になる。
3. 鋼材の温度が高くなると、ヤング係数および降伏点は低下する。

A 鋼は熱でアメのように軟らかくなるので耐火被覆が必要となりますが、200〜300℃では逆に強度が増します。強度が増す一方で粘りがなくなり、変形しにくく、もろくて割れやすくなります（1は○）。鋼を加熱して曲げ加工する場合、青熱状態（200〜400℃）を避けて、赤熱（せきねつ）状態（850〜900℃）で行います。500℃で強度は約2分の1、900℃では約10分の1となります。降伏点が下がると、原点から降伏点までの直線の傾きはゆるやかになります。その傾きがヤング係数で、ヤング係数は降伏点が下がると低下します（2、3は○）。

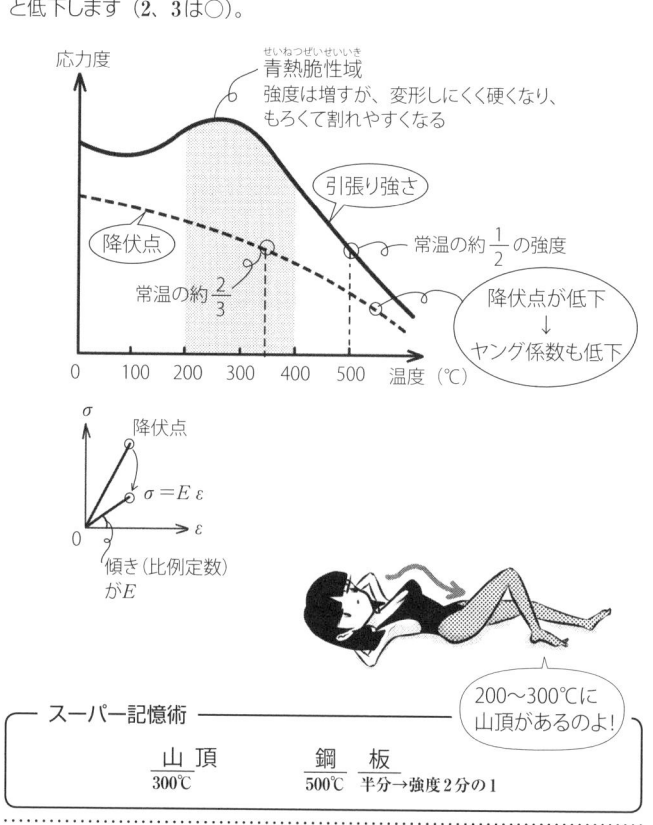

応力度

青熱脆性域
強度は増すが、変形しにくく硬くなり、もろくて割れやすくなる

引張り強さ
降伏点
常温の約 $\frac{1}{2}$ の強度
常温の約 $\frac{2}{3}$

降伏点が低下
→ヤング係数も低下

0　100　200　300　400　500　温度（℃）

σ
降伏点
$\sigma = E\varepsilon$
ε
傾き（比例定数）がE

200〜300℃に山頂があるのよ！

── スーパー記憶術 ──

山頂	鋼板
300℃	500℃　半分→強度2分の1

答え ▶ 1. ○　2. ○　3. ○

★ R159 ○×問題　　　鋼の強度と温度　その3

Q 1. 鋼材を焼入れすると、強さ、硬さ、耐摩耗性が減少するが、粘り強くなる。
2. 調質鋼は、製造工程において焼入れ、焼戻しの熱処理を行った鋼材である。

A オレンジ色に焼いた鋼を水や油にジュッと入れて急冷するのが焼入れです。強さ、硬さ、耐摩耗性は増加しますが、伸びにくく粘りがなくなり、もろく欠ける（脆性破壊する）ようになります（1は×）。粘り強さを得るために、再度焼くことを、焼戻しといいます。調質とは焼入れ、焼戻しを繰り返して鉄の組織を変質させ、硬く粘りのあるものにすることで、そうしてできた鋼を調質鋼と呼びます（2は○）。焼いた後に徐々に冷やすことを焼きなますといい、軟らかくなります。鉄筋の組み立てに使う細い番線（なまし鉄線）は、焼きなまして軟らかくしたものです。

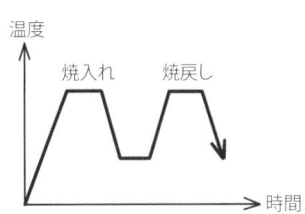

焼きを入れましょうか？

刃 ← 焼き刃から
焼入れして硬くして
焼戻して粘りを与える

温度
焼入れ　焼戻し
→ 時間

- 刃物は焼入れ、焼戻しを繰り返して、硬いけれどすぐには刃こぼれしないようにつくります。焼いて水に入れることから焼入れとなったと思われますが、鉄に硬さ、強さを入れる、鍛えるというニュアンスがあります。そこから転じて、活を入れる、しごく、制裁するという意味の「焼きを入れる」という言葉が出てきました。

答え ▶ 1. ×　2. ○

★ R160 まとめ — 温度、炭素量との関係

鋼の強度、伸びなどと温度、炭素量との関係をまとめておきます。

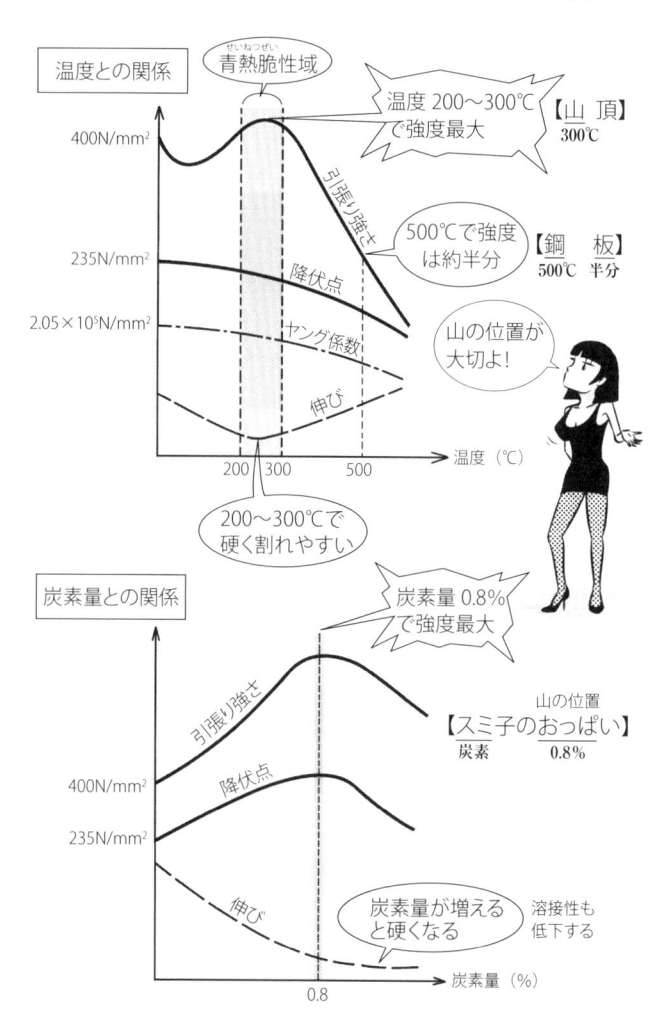

温度との関係

- 青熱脆性域（せいねつぜい）
- 温度200～300℃で強度最大 【山 頂】 300℃
- 400N/mm²
- 引張り強さ
- 500℃で強度は約半分 【鋼 板】 500℃ 半分
- 235N/mm² — 降伏点
- 2.05×10^5 N/mm² — ヤング係数
- 伸び
- 山の位置が大切よ！
- 200～300℃で硬く割れやすい
- 温度（℃）： 200　300　500

炭素量との関係

- 炭素量0.8%で強度最大
- 引張り強さ
- 山の位置 【スミ子のおっぱい】 炭素 0.8%
- 400N/mm² — 降伏点
- 235N/mm²
- 伸び
- 炭素量が増えると硬くなる　溶接性も低下する
- 炭素量（%）： 0.8

【　】内スーパー記憶術

★ R161 ○×問題　鋼の硬さと引張り強さ

Q 鋼材の硬さは引張り強さと相関関係があり、ビッカース硬さなどを測定することにより、その鋼材の引張り強さに換算することができる。

A ビッカース硬さとは、角度の決まった正4角錐形（ピラミッド形）のダイヤモンドを押し付けて傷を付け、そのくぼみの大きさと力から計算した硬さの指標です。小さなくぼみの対角線を測って、その表面積を角度から計算し、力を表面積で割って算出します。硬さの指標はビッカース硬さのほかに、ロックウェル硬さ、ブリネル硬さ、ショア硬さなどがあります。<u>鋼材の硬さと引張り強さには相関関係があり、硬さから引張り強さを計算することができます</u>（答えは○）。

【美化すべき！と硬いご意見】
　　ビッカース

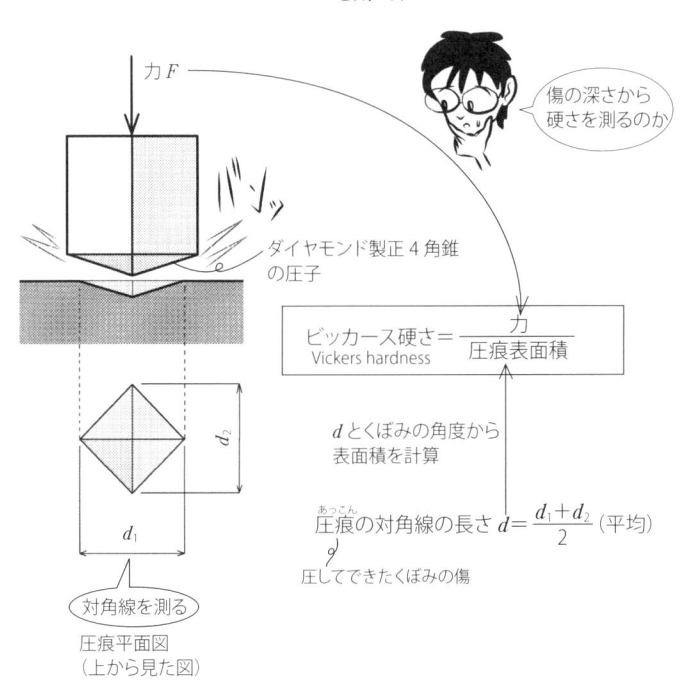

力 F

ダイヤモンド製正4角錐の圧子

傷の深さから硬さを測るのか

$$\text{ビッカース硬さ} = \frac{\text{力}}{\text{圧痕表面積}}$$
Vickers hardness

d とくぼみの角度から表面積を計算

圧痕の対角線の長さ $d = \dfrac{d_1 + d_2}{2}$ （平均）

圧してできたくぼみの傷

対角線を測る

圧痕平面図（上から見た図）

【　】内スーパー記憶術

答え ▶ ○

★ R162 ○×問題　鋼の応力度とひずみ度　その1

Q 図は建築構造用圧延鋼材から切り出した試験片が、引張り力を受けたときの応力度とひずみ度の関係を表す概略図である。図中の点a～eに関する次の記述の正誤を判定せよ。

1. 点aは比例限界である。
2. 点bは弾性限界である。
3. 点cの応力度を下降伏点という。
4. 点dの応力度を引張り強さという。
5. 点eは破断点である。

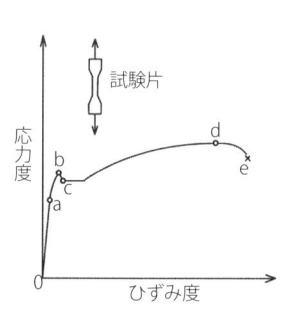

A 鋼の$\sigma-\varepsilon$グラフは原点からの直線が、降伏点で折れてほぼ水平になります。力を2倍にすると2倍伸びて、力を抜くと元に戻るのが弾性状態で、原点からの比例直線となります。材料が降伏すると、そこから先はほぼ同じ力で伸びて元に戻らない、塑性（そせい）状態となります。直線が折れる部分を精度の良い測定器で見ると、比例が終わって原点を通らない直線となる比例限界、力を抜いても元に戻らなくなる弾性限界、力が落ちてグラフが下に折れ曲がる上（かみ）降伏点、水平にグラフが折れ曲がり同じ力で伸びるようになる下（しも）降伏点の4点があります。

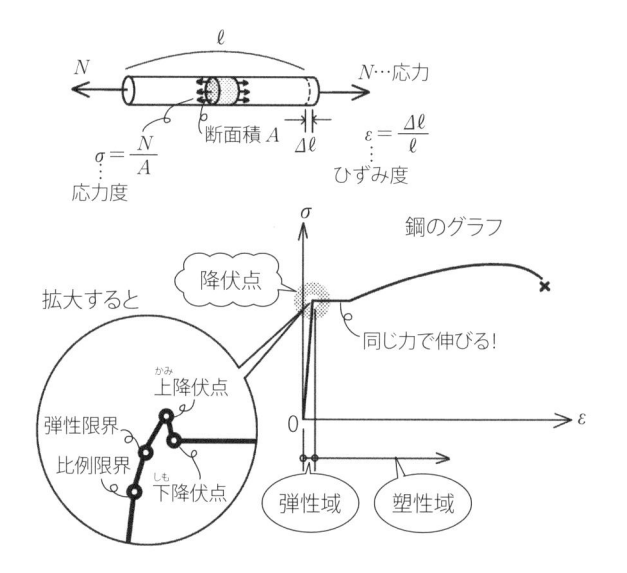

$$\sigma = \frac{N}{A} \quad \text{応力度}$$

$$\varepsilon = \frac{\Delta\ell}{\ell} \quad \text{ひずみ度}$$

答え ▶ 1. ○　2. ×　3. ○　4. ○　5. ○

★ R163 ○×問題　　鋼の応力度とひずみ度　その2

Q 鉄骨構造において骨組の靭（じん）性を高めるため、塑（そ）性化が予想される部位に降伏比の大きい材料を使用した。

A 降伏比とは降伏点が最大強度に対してどれくらいかという比、山の高さに対する降伏点の比、降伏点／引張り強さです。鋼の$\sigma-\varepsilon$グラフでは、降伏点で右に折れてほぼ水平となる降伏棚があり、それを過ぎると最後の山となります。降伏比が小さいとは、降伏点から最大強度まで余裕があり、塑性変形し始めてから破断まで余裕がある、粘りがある、靭性があるということです。降伏比が70%だと30%分の力の余裕がありますが、95%だとあと5%の力で山頂（最大強度）に達してしまいます（答えは×）。

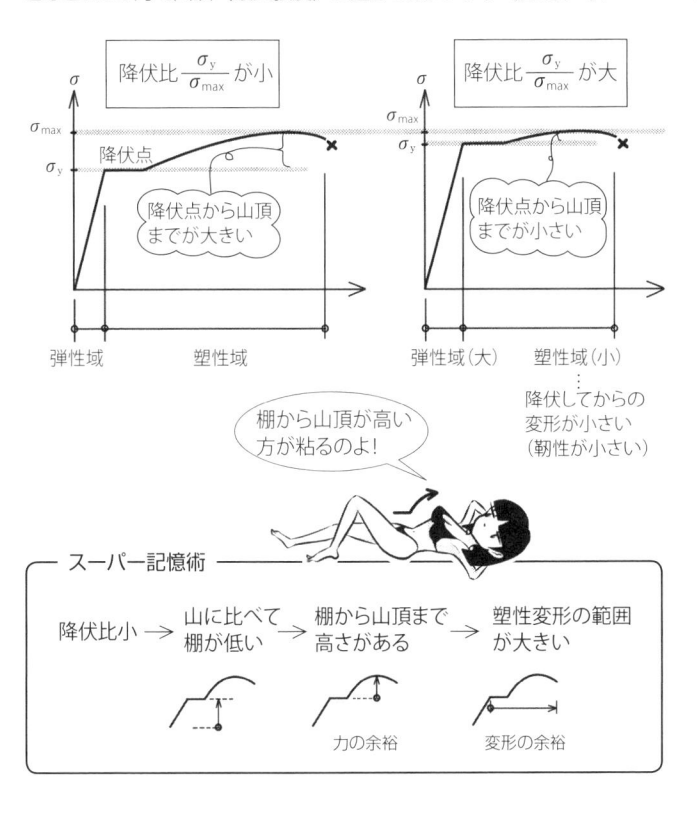

9
鋼材

```
       降伏比 σy/σmax が小              降伏比 σy/σmax が大
  σ                               σ
σmax                            σmax
      降伏点                      σy
σy                     ×                              ×
      ┌──────────────┐              ┌──────────────┐
      │ 降伏点から山頂 │              │ 降伏点から山頂 │
      │ までが大きい   │              │ までが小さい   │
      └──────────────┘              └──────────────┘

  弾性域    塑性域              弾性域(大)  塑性域(小)
                                         降伏してからの
                                         変形が小さい
                                         （靭性が小さい）
```

（棚から山頂が高い方が粘るのよ！）

--- スーパー記憶術 ---

降伏比小 → 山に比べて棚が低い → 棚から山頂まで高さがある → 塑性変形の範囲が大きい

　　　　　　　　　　　　　　　力の余裕　　　　変形の余裕

答え ▶ ×

★ R164 ○×問題　鋼の応力度とひずみ度　その3

Q 降伏点240N/mm²、引張り強さ420N/mm²である鋼材の降伏比は、1.75である。

A 降伏比は、$\sigma-\varepsilon$グラフでは山全体の高さに対する降伏点（降伏棚）の高さの比で、1より大きくなることはありません（答えは×）。引張り強さが400N/mm²クラスのSN400、SS400、SM400では、降伏比は0.6程度です。設問の場合の降伏比は、

$$降伏比 = \frac{降伏点 \ \sigma_y}{引張り強さ \ \sigma_{max}} = \frac{240}{420} ≒ 0.57$$　となります。

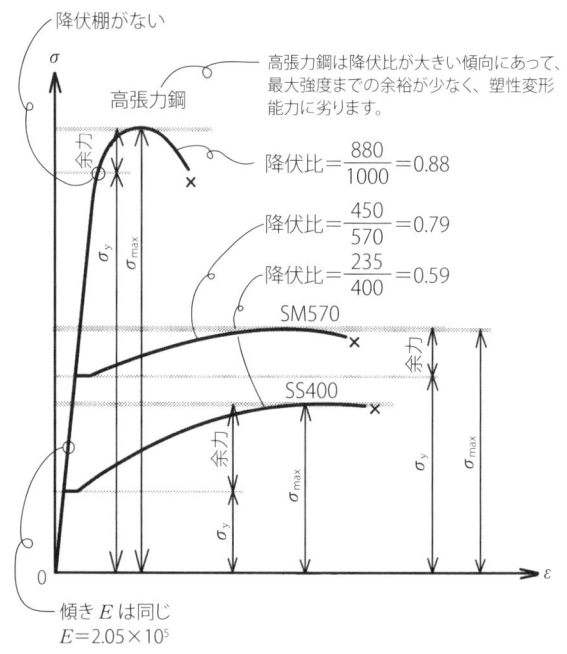

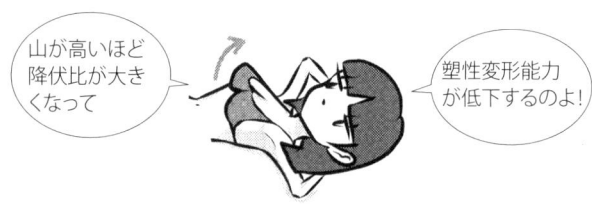

- 降伏棚がない
- 高張力鋼は降伏比が大きい傾向にあって、最大強度までの余裕が少なく、塑性変形能力に劣ります。

$$降伏比 = \frac{880}{1000} = 0.88$$

$$降伏比 = \frac{450}{570} = 0.79$$

$$降伏比 = \frac{235}{400} = 0.59$$

SM570
SS400

傾き E は同じ
$E = 2.05 \times 10^5$

山が高いほど降伏比が大きくなって

塑性変形能力が低下するのよ！

答え ▶ ×

★ R165 ○×問題　鋼の応力度とひずみ度　その4

Q 1. 常温における鋼材のヤング係数は、すべての鋼種において$205×10^3$N/mm² 程度である。
2. 常温における鋼材のヤング係数は、SN400材よりSN490材の方が大きい。
3. 長さ10mの鋼材は、常温において、全長にわたって20N/mm²の引張り応力度を生じる場合、長さが約1mm伸びる。

A 弾性域では$\sigma-\varepsilon$グラフは原点を通る直線で、その傾き、比例定数がヤング係数Eです。鋼のEは$2.05×10^5 = 205×10^{-2}×10^5 = 205×10^3$ (N/mm²) です（1は○）。

SN (Steel New structure) は建築構造用圧延（あつえん）鋼材のことで、400、490の数字は引張り強さの下限値を表します。製品の強度に誤差はあっても、その数字以上は保証されているということです。鋼材では最大強度、$\sigma-\varepsilon$グラフの山の高さが変わっても、最初の直線の傾きEは同じです（2は×）。

3は$\sigma = E\varepsilon = E × \dfrac{\text{伸びた長さ}}{\text{元の長さ}} = E × \dfrac{\Delta\ell}{\ell}$ に数値を代入して$\Delta\ell$を求めます。
εは変化率なので、分母と分子の単位を合わせれば、単位はなくなり、σとEは同じ単位（N/mm²など）となります。

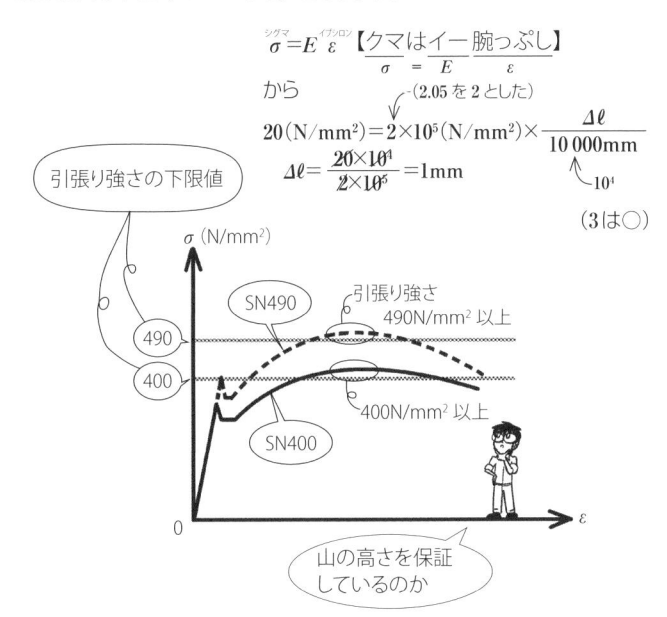

$$\overset{シグマ}{\sigma} = E\overset{イプシロン}{\varepsilon}\ 【\underset{\sigma}{クマ}はつ\underset{E}{イー}\ \underset{\varepsilon}{腕っぷし}】$$

から　（2.05を2とした）
$$20(\text{N/mm}^2) = 2×10^5(\text{N/mm}^2) × \dfrac{\Delta\ell}{10\,000\text{mm}}$$
$$\Delta\ell = \dfrac{20×10^4}{2×10^5} = 1\text{mm}$$

（3は○）

引張り強さの下限値

σ (N/mm²)

SN490　引張り強さ　490N/mm² 以上
490
400
400N/mm² 以上
SN400

ε

山の高さを保証しているのか

【　】内スーパー記憶術

答え ▶ 1. ○　2. ×　3. ○

★ R166 ○×問題　鋼材の種類　その1

Q 鋼材の種類の記号とその説明との組み合わせの正誤を判定せよ。
1. SN490C ── 建築構造用圧延鋼材の一種
2. SS400 ── 一般構造用角形鋼管の一種
3. SNR400B ── 建築構造用圧延棒鋼の一種
4. SM490A ── 溶接構造用圧延鋼材の一種
5. BCP235 ── 建築構造用冷間プレス成形角形鋼管の一種

A 代表的な鋼材規格記号を列記します。

- **SN** 建築構造用圧延鋼材　SS材、SM材を建築用に改良した新規格【新建築】
  Steel New structure

- **SS** 一般構造用圧延鋼材
  Steel Structure

- **SM** 溶接構造用圧延鋼材　Marineは海の、船のという意味で、造船用に開発された溶接しやすい鋼
  Steel Marine
  【SMプレーはローソクを溶かす】

- **BCR** 建築構造用冷間ロール成形鋼管【ビックリ　整形】
  Box Column Roll

- **BCP** 建築構造用冷間プレス成形鋼管
  Box Column Press

- **STKN** 一般構造用円形鋼管【捨て缶】
  Steel Tube "Kozo" New

- **STKR** 一般構造用角形鋼管
  Steel Tube "Kozo" Rectangular

- **SD** 異形棒鋼（異形鉄筋）
  Steel Deformed bar

- **SR** 丸鋼
  Steel Round bar

- **SNR** 建築構造用圧延棒鋼　SN規格の棒鋼
  Steel New structure

- **S( )T** トルシア形高力ボルト
  Structual joint ( ) Tension　( )内数字

- **F( )T** 高力6角ボルト
  Friction joint ( ) Tension　( )内数字

【SF映画はラストを引っ張る】

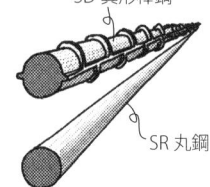

【　】内スーパー記憶術

答え ▶ 1.○　2.×　3.○　4.○　5.○

R167 ○×問題　　　鋼材の種類　その2

Q 1. SN400Bは降伏比の上限を規定した鋼材であり、SS400に比べて塑性変形能力が優れている。
2. ラーメン構造において、柱および梁にSN490Bを用い、小梁にはSN400Aを用いた。
3. SN400Aは、溶接加工時を含め板厚方向に大きな引張り応力を受ける部材、部位に使用する。

A 建築構造用圧延鋼材のSN材は下のように、A種、B種、C種があり、建築以外でも一般的に使われるSS材、SM材よりも耐震性を高めるために開発されました。

- SN-A （SN400A）　溶接に不適、弾性範囲内のみ → 小梁
- SN-B （SN400B、SN490B）　塑性変形能力と溶接性に優れる → ラーメンの柱梁
- SN-C （SN400C、SN490C）　板厚方向の引張りに優れる → ダイアフラム

圧延すると不純物が板厚方向に引き延ばされて、板厚方向の引張りで割れる恐れがあります。C種はそれを改善したものです（3はC種の説明）。

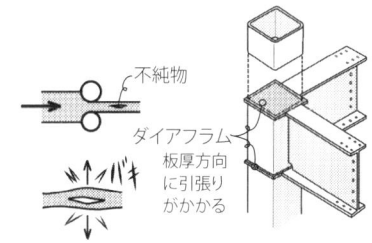

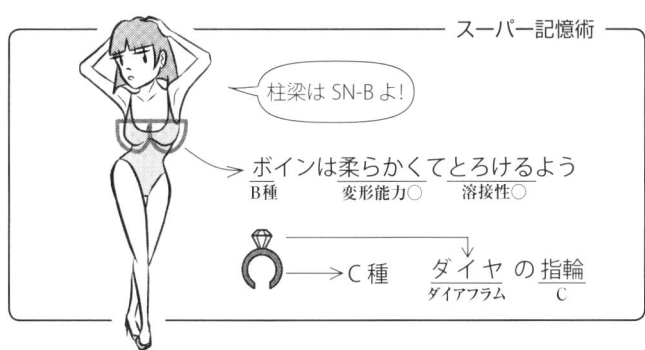

― スーパー記憶術 ―

柱梁はSN-Bよ！

ボインは柔らかくてとろけるよう
B種　　変形能力○　溶接性○

→ C種　　ダイヤ の 指輪
　　　　ダイアフラム　　C

答え ▶ 1.○　2.○　3.×

★ R168 ○×問題　　　鋼材の種類　その3

Q 建築構造用圧延鋼材（SN材）にはA、B、Cの3つの鋼種があるが、いずれもシャルピー吸収エネルギーの規定値がある。

A 1981年に建築基準法施行令が改正され、中地震で各部の応力度が弾性域の基準以内とする1次設計と、大地震で塑性域ですぐに倒壊しないとする2次設計が定められました（新耐震）。そこでは所定の降伏点と降伏後の変形能力が求められています。またSM材の鋼板が板厚方向に開いて割れる事例などから、建築構造用のSN材がつくられました。

シャルピー衝撃試験（R156参照）では、試験片を割る際に使われるエネルギーを測定することにより、変形性能、延性を知ることができます。吸収エネルギーが大きいほど粘り強く、簡単にもろく破壊（脆性破壊）しないことになります。SN-B、SN-Cは粘りの必要な材で、シャルピー吸収エネルギーが27J（ジュール）以上と決められていますが、SN-Aにはその定めはありません（答えは×）。

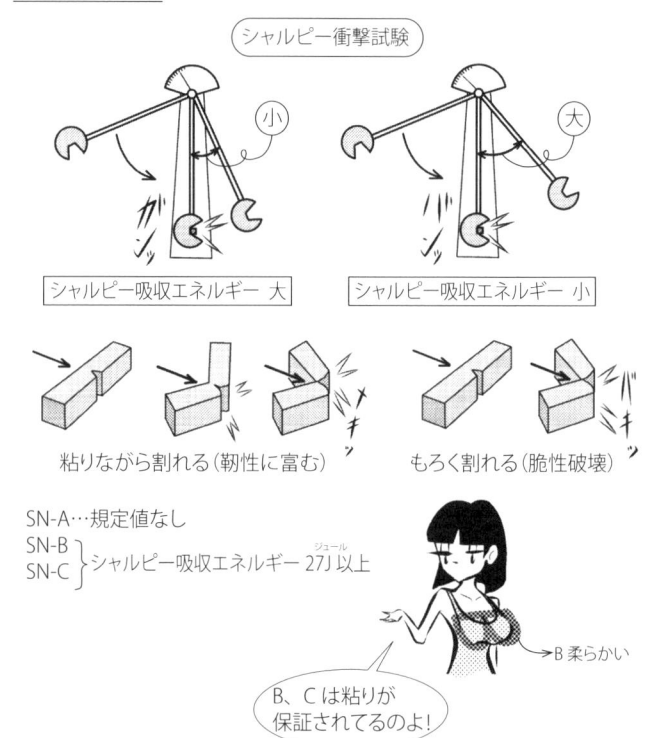

シャルピー衝撃試験

シャルピー吸収エネルギー 大　　シャルピー吸収エネルギー 小

粘りながら割れる（靭性に富む）　　もろく割れる（脆性破壊）

SN-A…規定値なし
SN-B ┐
SN-C ┘ シャルピー吸収エネルギー 27J以上

→B 柔らかい

B、Cは粘りが保証されてるのよ！

答え ▶ ×

★ R169 ○×問題　　　鋼材の種類　その4

Q 熱間圧延鋼材の強度は、圧延方向（L方向）や圧延方向に直角の方向（C方向）に比べ、板厚方向（Z方向）は小さい傾向にある。

A 熱く溶けたオレンジ色の鋼を上下のローラーの間から押し出して（圧延して）鋼板をつくります。圧延する際に上下に圧力をかけるので、鉄の結晶組織や不純物が横長に押しつぶされた形になります。鋼板は等方性の鋼ではなくなり、板厚方向の引張りで割れやすく、脆（ぜい）性破壊（もろく壊れる）しやすくなります（答えは○）。

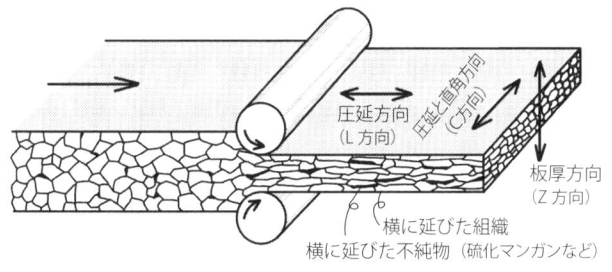

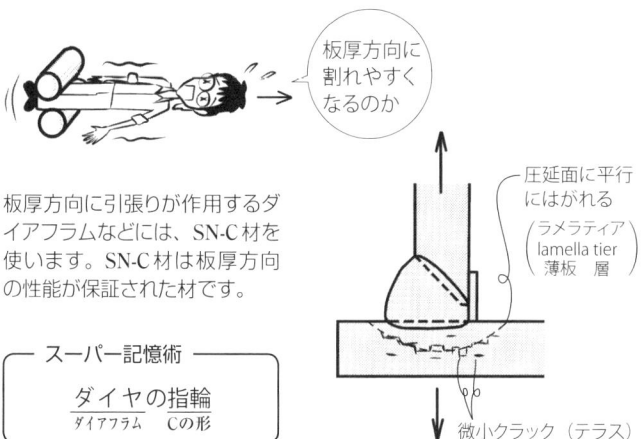

板厚方向に引張りが作用するダイアフラムなどには、SN-C材を使います。SN-C材は板厚方向の性能が保証された材です。

--- スーパー記憶術 ---
ダイヤの指輪
ダイアフラム　Cの形

答え ▶ ○

★ R170 ○×問題　　　鋼材の種類　その5

Q 1. 建築構造用圧延鋼材SN400と一般構造用圧延鋼材SS400のそれぞれの引張り強さの範囲は同じである。
2. 建築構造用冷間ロール成形角形鋼管BCR295の降伏点または耐力の下限値は295N/mm²である。

A SN、SSの後ろに付く数字は、引張り強さ（最大強度）の下限値を指します。SN400、SS400はいずれも引張り強さが400N/mm²以上、$\sigma-\varepsilon$グラフの山の高さが400N/mm²以上です。また引張り強さの上限の規定まで入れると400～510N/mm²で、両者は同じです（1は○）。

柱によく使う角形鋼管には、BCRとBCPがあります。一般構造用角形鋼管STKR（こちらも冷間成形）に比べて、建築の柱に適しています。BCR295、BCP325の数字は降伏点を示します。耐力は金属で使う場合は降伏点とほぼ同義で、降伏点がはっきりしない場合は弾性が終了する点を指します（2は○）。鉄筋のSD、SRに続く数字も降伏点です。

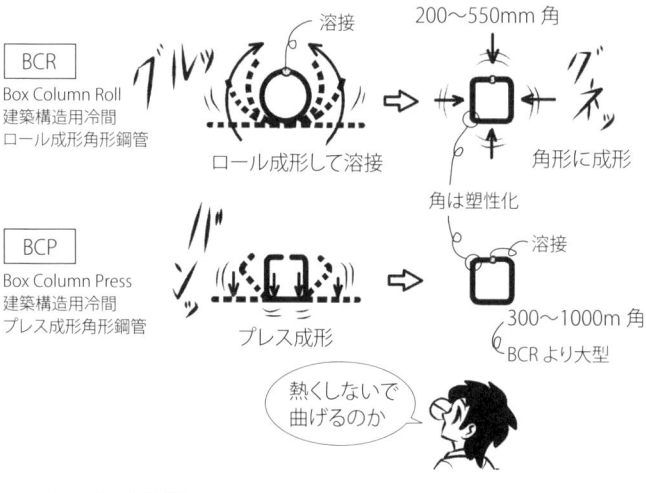

BCR
Box Column Roll
建築構造用冷間
ロール成形角形鋼管

ロール成形して溶接 ⇒ 角形に成形
200～550mm角

BCP
Box Column Press
建築構造用冷間
プレス成形角形鋼管

プレス成形 ⇒ 角は塑性化／溶接
300～1000m角
BCRより大型

熱くしないで曲げるのか

スーパー記憶術

新人の <u>SM</u> 嬢はロープの引張り 加 減を知らない
　　　SN　SM　　　　　　　引張り強さ　下限値

ビックリ 整形で幸福をつかむ
BCR　　成形　降伏点

ドクターの幸福は強い
SD SR　　降伏点

答え ▶ 1. ○　2. ○

★ R171 ○×問題　鋼材の種類　その6

Q 1. 常温曲げ加工による内側曲げ半径は、板厚の2倍以上とする。
2. 塑性変形能力を要求される柱および梁等の部材の常温曲げ加工による内側曲げ半径は、板厚の4倍以上とする。
3. 鋼材を板厚の3倍程度の曲げ半径で冷間曲げ加工を行うと、強度が上昇し、変形性能が素材と比較して低下する。

A 常温（冷間）曲げ加工の内側曲げ半径（曲げ内半径）は、<u>2t以上</u>、塑性変形能力を要求される部分では<u>4t以上</u>と決められています（1、2は○）。

$r \geq 2t$
塑性変形能力必要 → $r \geq 4t$
t …thickness（厚み）

板を曲げると外側は伸び、内側は縮み、弾性域を超えて力をかけると、元に戻らなくなります。ひずみが残るので残留ひずみといいますが、曲げ加工された板や鋼管は、塑性変形後のひずみが残った状態です。再度力をかけると、下図右側のように、材料本来のグラフ（点線）とは違った挙動をします。強度は上がり、変形能力は下がります（3は○）。

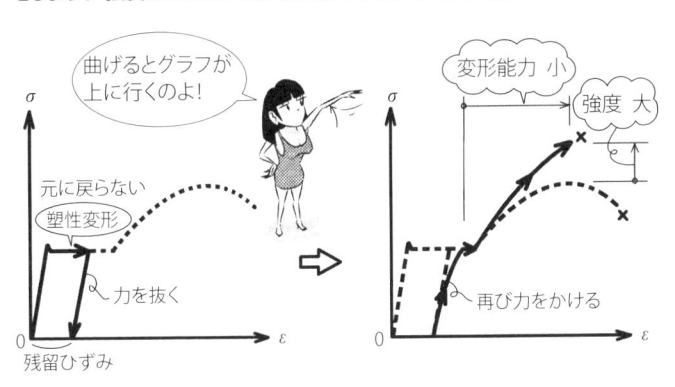

曲げるとグラフが上に行くのよ！

元に戻らない
塑性変形
力を抜く
残留ひずみ

変形能力 小
強度 大
再び力をかける

― スーパー記憶術 ―

<u>夜</u>に<u>夜這</u>いせい！　<u>そうせい</u>！
冷間　4倍　　　　　塑性変形能力

答え ▶ 1. ○　2. ○　3. ○

★ R172 ○×問題　　鋼材の種類　その7

Q 冷間成形により加工された角形鋼管（厚さ6mm以上）を柱に用いる場合は、その鋼材の種別並びに柱および梁の接合部の構造方法に応じて、応力の割り増しなどの措置を講ずる。

A ラーメン構造に用いる重量鉄骨は6mm以上、薄板を曲げた材で構成する軽量鉄骨は6mm未満です。<u>冷間曲げ加工すると塑性化して硬くなり、粘りがなくなります</u>。そのため角形鋼管の角の部分は脆性（粘りのない）破壊しやすいので、応力を計算値よりも割り増しする、柱の耐力を低減するなどの対策をとります（答えは○）。

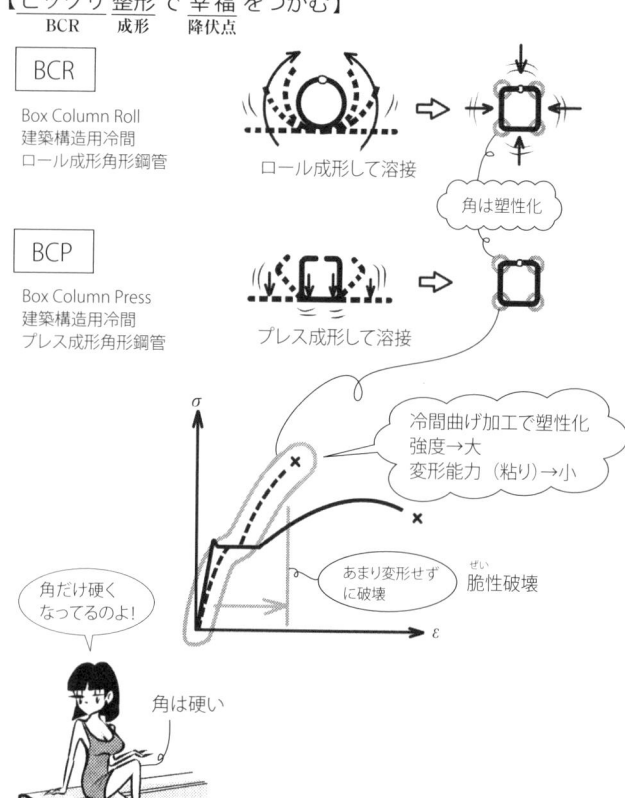

【 ビックリ　整形　で　幸福　をつかむ 】
　BCR　　成形　　　降伏点

BCR
Box Column Roll
建築構造用冷間
ロール成形角形鋼管

ロール成形して溶接

角は塑性化

BCP
Box Column Press
建築構造用冷間
プレス成形角形鋼管

プレス成形して溶接

冷間曲げ加工で塑性化
強度→大
変形能力（粘り）→小

あまり変形せずに破壊

脆性破壊

角だけ硬くなってるのよ！

角は硬い

【　】内スーパー記憶術

答え ▶ ○

★ R173 ○×問題　　　鋼材の種類　その8

Q
1. SN400材の降伏点応力度の下限値は、400N/mm² である。
2. BCR295材の降伏点応力度の下限値は、295N/mm² である。
3. STKN400材の降伏点応力度の下限値は、400N/mm² である。
4. SD345材の降伏点応力度の下限値は、345N/mm² である。
5. 高力6角ボルトF10Tの降伏点応力度の下限値は、10tf/cm² ＝1000N/mm² である。

A SN、BCRなどのアルファベット記号の後ろに付く数字は、引張り強さの場合と、降伏点の場合があります。工場から出荷された製品には誤差がありますが、各々の下限値を保証しています。

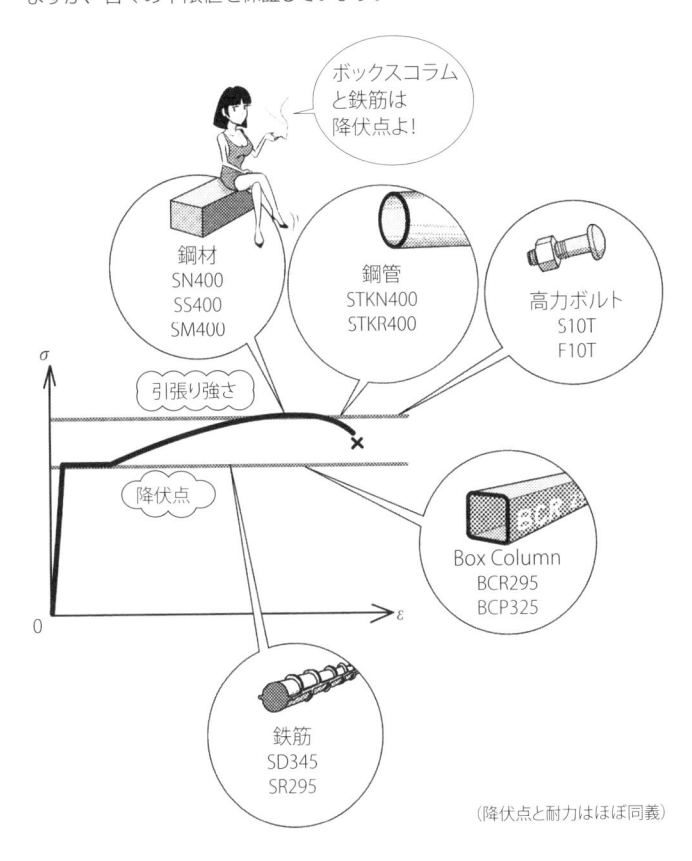

ボックスコラムと鉄筋は降伏点よ！

鋼材
SN400
SS400
SM400

鋼管
STKN400
STKR400

高力ボルト
S10T
F10T

引張り強さ

降伏点

Box Column
BCR295
BCP325

鉄筋
SD345
SR295

（降伏点と耐力はほぼ同義）

答え ▶ 1.× 2.○ 3.× 4.○ 5.×

★ R174 ○×問題　鋼材の種類　その9

Q 1. 応力が許容応力度以下となった小梁のたわみを小さくするため、同じ断面寸法で降伏強度の大きい材料に変更した。
2. 剛節架構において、SN400材を用いる代わりに同一断面のSN490材を用いても、弾性変形を小さくする効果はない。

A 両端固定の最大たわみの式を見ると、荷重 W、スパン ℓ、ヤング係数 E、断面2次モーメント I でたわみ δ が決まっています。鋼の E は 2.05×10^5 と一定です。たわみを小さくするには梁せいを高くするなどで、I を大きくする、スパン ℓ を短くする、梁の支える荷重 W を小さくする必要があります。梁の強度や降伏点を変えても E は同じなので、δ を小さくする効果はありません（1は×、2は○）。

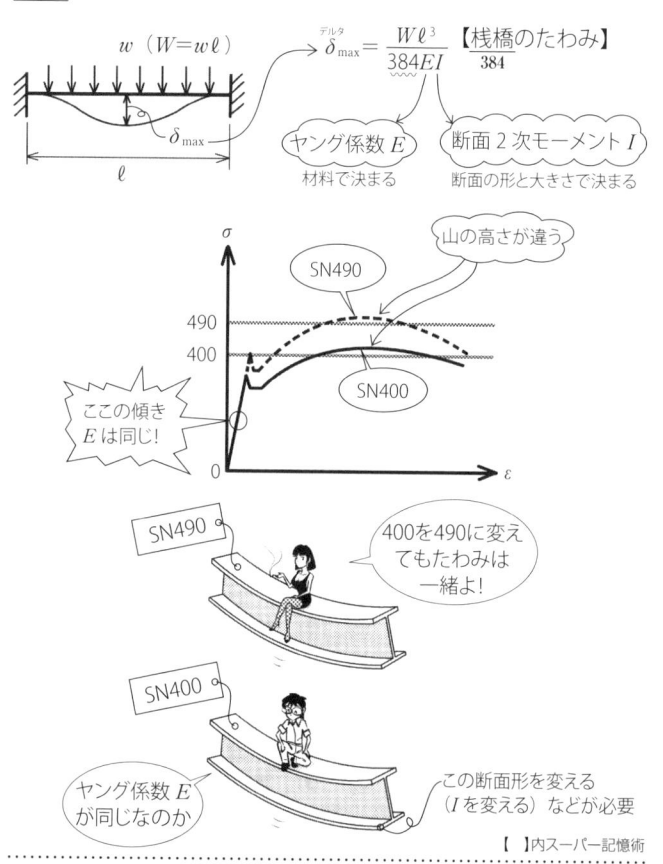

$$\delta_{max} = \frac{W\ell^3}{384EI}$$

【桟橋のたわみ】
384

ヤング係数 E　材料で決まる

断面2次モーメント I　断面の形と大きさで決まる

山の高さが違う

SN490
SN400

ここの傾き E は同じ！

SN490　400を490に変えてもたわみは一緒よ！

SN400　ヤング係数 E が同じなのか

この断面形を変える（I を変える）などが必要

【　】内スーパー記憶術

答え ▶ 1.×　2.○

★ R175 ○×問題　　　鋼材の種類　その10

Q 1. 鋼材の温度上昇に伴って、降伏点が常温時の3分の2まで低下する温度は、一般構造用鋼材では約350℃であり、耐火鋼（FR鋼）では600℃以上である。
2. 常温において、耐火鋼（FR鋼）のヤング係数、降伏点、引張り強さ等は、同一種類の一般鋼材とほぼ同等である。

A 鋼は強度と粘りのある優れた材ですが、火災の熱でアメのように軟らかくなってしまうこととさびることが欠点です。そこで火（Fire）に抵抗（Resistant）するように開発されたのが耐火鋼（FR鋼）です。降伏点が3分の2になるのが、一般の鋼で約350℃、FR鋼で600℃以上です。常温時の強度、降伏点、ヤング係数は、同一種類の一般鋼材とほぼ同じです（1、2は○）。耐火被覆が不要、あるいは薄くした耐火構造が可能となります。降伏点は一般の鋼、FR鋼ともに、温度とともに下がりますが、強度は300℃付近に山があります（R158参照）。

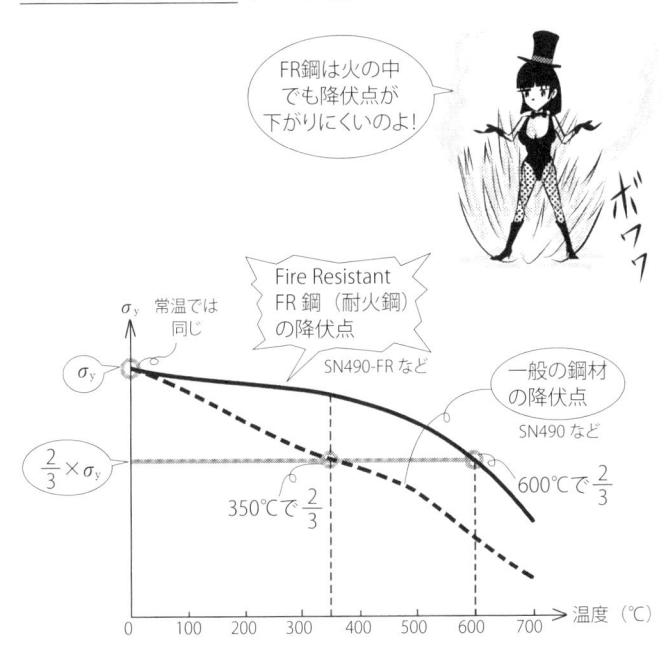

> FR鋼は火の中でも降伏点が下がりにくいのよ!

> Fire Resistant
> FR鋼（耐火鋼）の降伏点
> SN490-FR など

> 一般の鋼材の降伏点
> SN490 など

σ_y 常温では同じ

$\frac{2}{3} \times \sigma_y$

350℃で$\frac{2}{3}$

600℃で$\frac{2}{3}$

温度（℃）

答え ▶ 1. ○　2. ○

★ R176 ○×問題　基準強度 F その1

Q 1. 鋼材の基準強度 F の数値は、鋼材の降伏点か、引張り強さの70％のうち小さい方の値としている。
2. 筋かい材として厚さ40mm以下のSN400B材を用いる場合、その基準強度を235N/mm²とした。
3. 一般構造用圧延鋼材SS400を厚さ25mmで用いる場合、その基準強度を235N/mm²とした。

A 基準強度 F は、超えてはいけない法的規準である許容応力度を求めるための、基準となる強度です。鋼材の F は降伏点か、引張り強さの70％のうち、小さい方の値とします（1は○）。$\sigma-\varepsilon$ グラフで、降伏点の高さか、山の高さ×0.7のうちの低い方を F とするわけです。

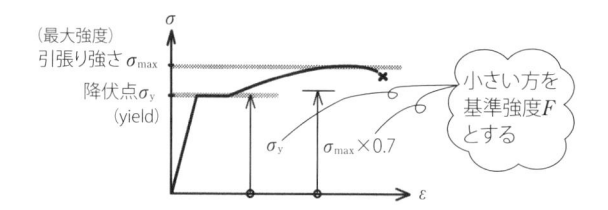

（最大強度）引張り強さ σ_{max}
降伏点 σ_y (yield)
σ_y　$\sigma_{max}\times 0.7$
小さい方を基準強度 F とする

SN400、SS400、SM400では、引張り強度（$\sigma-\varepsilon$ の山の高さ）はみな400N/mm²で 400×0.7＝280N/mm² ですが、降伏点はどれも235N/mm² なので、F値は小さい方の235N/mm² となります（2、3は○）。

F値	厚さ≦40mm	40mm＜厚さ≦100mm
SN400 (A、B、C)	235	215
SS400	235	215
SM400	235	215

(N/mm²)

SN400のFは235!

スーパー記憶術

トラック1周、兄さん GO！
　400m　　　2　3　　5 N/mm²
　　↓
SN400、40mm

答え ▶ 1.○　2.○　3.○

206

★ R177 ○×問題　　　基準強度 F　その2

Q 同じ鋼塊から圧延された鋼材の降伏点は、板厚の厚いものに比べて、板厚の薄いものの方が高くなる。

A 高温で溶けた鋼を圧延機のロールに通して圧して引き延ばして成形したのが、圧延鋼です。同じ鋼から圧延した場合、厚みによって降伏点やそれをもとに定めた基準強度 F に多少の差が出ます。薄い材ほど細いすき間を通るので、厚いものに比べて組織が高密化されるからです。薄いほど、圧されて高密となり、降伏点は高くなります（答えは○）。

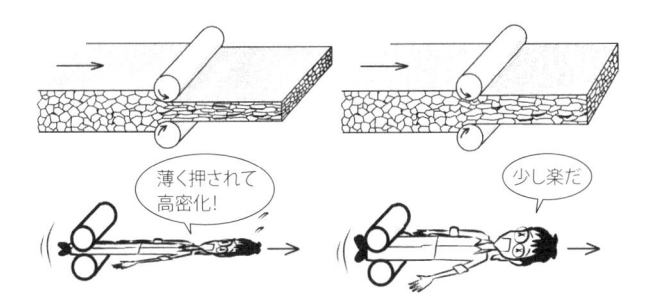

基準強度 F （≒降伏点）　　　　　　　　　　　　　　　　　　　　　　　　(N/mm²)

	厚さ≦40mm	40mm＜厚さ≦100mm
SN400(A、B、C)	235	215
SS400	235	215
SM400	235	215

薄い　降伏点 σ_y 大　　　　厚い　降伏点 σ_y 小

【トラック一周、兄さん GO！】
　400m→SN400　2　3　5 N/mm²
　40mm

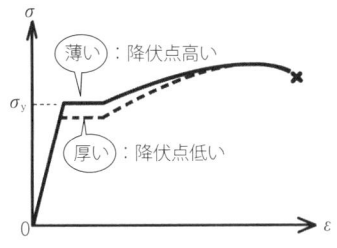

【　】内スーパー記憶術

- Point -

板厚薄い ⇨ 降伏点 σ_y、基準強度 F　大

答え ▶ ○

★ R178 ○×問題　基準強度 F　その3

Q 1. 鋼材の長期許容応力度は、基準強度 F に基づいて、圧縮、引張り、曲げは $\frac{F}{1.5}$、せん断は $\frac{F}{1.5\sqrt{3}}$ である。
2. 鋼材の長期許容せん断応力度は、長期許容引張り応力度の $1/\sqrt{3}$ である。
3. SN400の短期許容応力度は、長期許容応力度の2倍である。

A 構造計算で出た各部の応力度は許容応力度以下としなければなりません。鋼は圧縮も引張りも、まったく同じ $\sigma - \varepsilon$ のグラフとなるので、許容応力度も同じです。曲げモーメントは、圧縮、引張りの応力度に分解されるので、曲げ応力度は圧縮、引張りと同じになります。せん断だけは断面に沿った異種の応力なので、他の応力度に $\frac{1}{\sqrt{3}}$ をかけたものとされています。鉛直荷重（長期荷重）のみの場合の $\frac{F}{1.5}$ $\left(=\frac{2}{3}F\right)$ は、$\frac{1}{3}F$ 分は F $(≒\sigma_y)$ から余裕を持たせていることになります。一方鉛直荷重プラス水平荷重の場合は F となり、降伏点 σ_y（または、引張り強さ×0.7）目いっぱいになります。

鋼材の許容応力度

長期許容応力度				短期許容応力度			
圧縮	引張り	曲げ	せん断	圧縮	引張り	曲げ	せん断
$\frac{F}{1.5}$	$\frac{F}{1.5}$	$\frac{F}{1.5}$	$\frac{F}{1.5\sqrt{3}}$	長期の1.5倍			

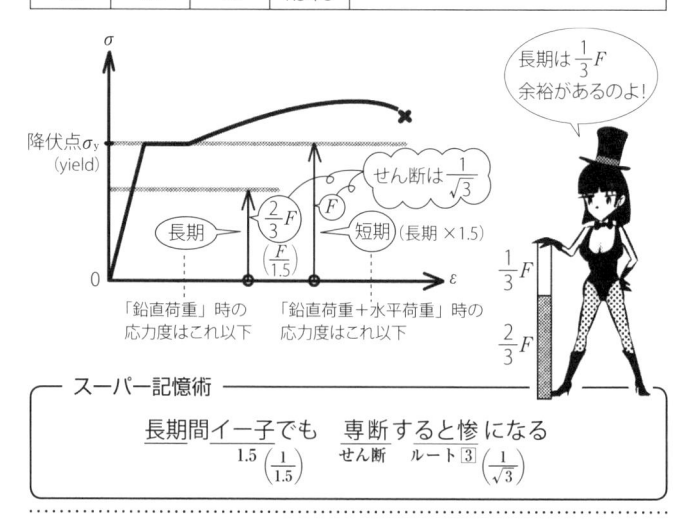

― スーパー記憶術 ―

<u>長期</u>間<u>イー子</u>でも　<u>専断</u>すると<u>惨</u>になる
　　　1.5 $\left(\frac{1}{1.5}\right)$　　せん断　ルート$\boxed{3}$ $\left(\frac{1}{\sqrt{3}}\right)$

答え ▶ 1. ○　2. ○　3. ×

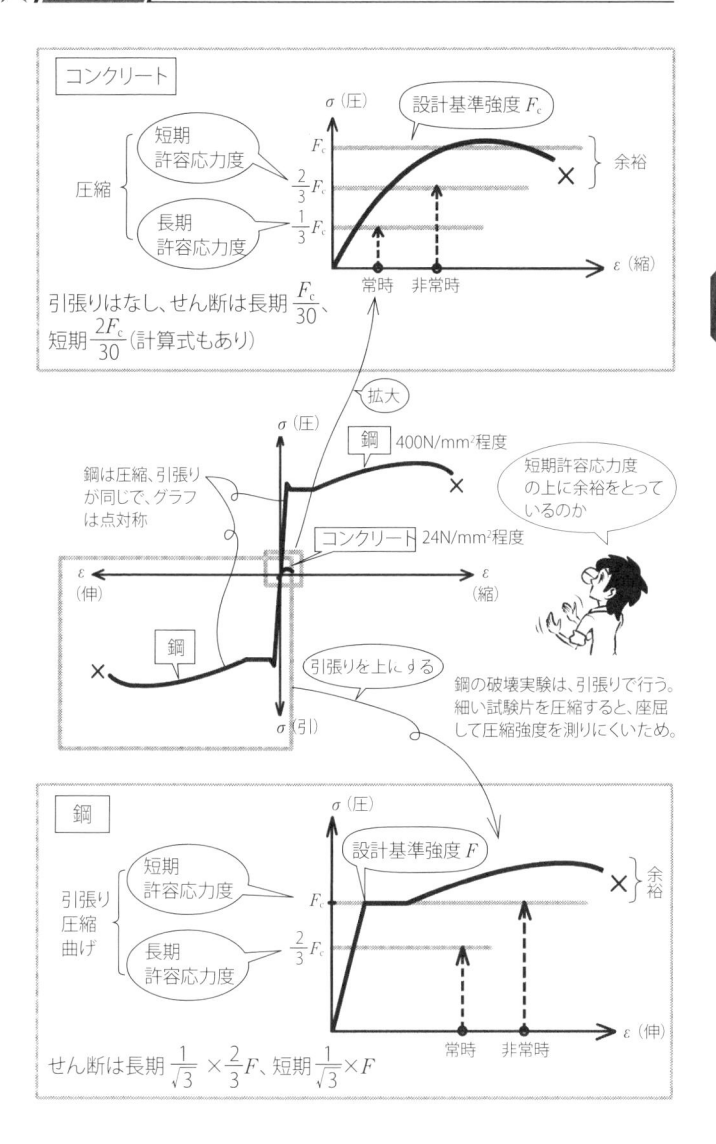

★ R179 まとめ　基準強度 F　その4

コンクリート

圧縮
- 短期許容応力度: $\frac{2}{3}F_c$
- 長期許容応力度: $\frac{1}{3}F_c$

設計基準強度 F_c

余裕

常時／非常時

引張りはなし、せん断は長期 $\frac{F_c}{30}$、短期 $\frac{2F_c}{30}$（計算式もあり）

鋼 400N/mm² 程度
コンクリート 24N/mm² 程度

鋼は圧縮、引張りが同じで、グラフは点対称

引張りを上にする

短期許容応力度の上に余裕をとっているのか

鋼の破壊実験は、引張りで行う。細い試験片を圧縮すると、座屈して圧縮強度を測りにくいため。

鋼

引張り・圧縮・曲げ
- 短期許容応力度: F_c
- 長期許容応力度: $\frac{2}{3}F_c$

設計基準強度 F

余裕

常時／非常時

せん断は長期 $\frac{1}{\sqrt{3}} \times \frac{2}{3}F$、短期 $\frac{1}{\sqrt{3}} \times F$

★ R180 ○×問題 基準強度 F その5

Q 1. 保有水平耐力の算定に当たって、鋼材にJIS規格品を使用する条件でその設計基準強度を割り増しした。
2. 鉄筋コンクリート構造の保有水平耐力計算において、梁の曲げ強度を算定する際に、主筋にJISに適合するSD345を用いたので、設計基準強度を規格値の1.1倍とした。

A 各層が保有する水平耐力 Q_u を計算し、加速度 $1G$ がかかった場合に生じる層せん断力 Q_{un} 以上であることを確認するのが、保有水平耐力計算です。Q_u を計算する際に、梁端部や柱脚がどれくらいのモーメントでヒンジ化するかを表す降伏曲げモーメント M_p をまず計算します。M_p は降伏点応力度 σ_y（y：yield）$= F$（設計基準強度）を使って出します。その F 値は鋼材のJIS規格では1.1倍まで割り増ししてよいとされています（建告 1、2 は○）。

この層の
保有水平耐力
$Q_u = Q_{C1} + Q_{C2} + Q_B$

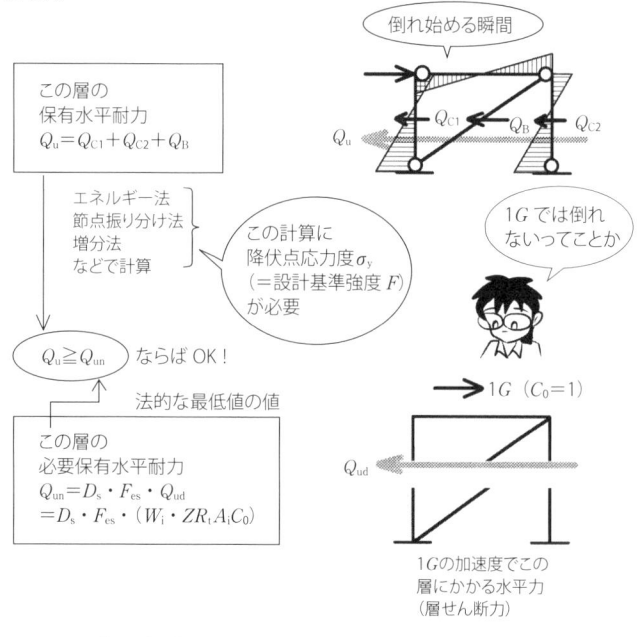

エネルギー法
節点振り分け法
増分法
などで計算

この計算に
降伏点応力度 σ_y
（=設計基準強度 F）
が必要

$Q_u \geq Q_{un}$ ならば OK !

法的な最低値の値

この層の
必要保有水平耐力
$Q_{un} = D_s \cdot F_{es} \cdot Q_{ud}$
$= D_s \cdot F_{es} \cdot (W_i \cdot ZR_tA_iC_0)$

倒れ始める瞬間

$1G$ では倒れないってことか

$\rightarrow 1G$（$C_0=1$）

Q_{ud}

$1G$ の加速度でこの層にかかる水平力（層せん断力）

スーパー記憶術

JIS → **J I S** → **1.1** → 1.1倍

答え ▶ 1. ○ 2. ○

★ R181 ○×問題　SUS304A その1

Q 1. 建築構造用ステンレス鋼材 SUS304A の σ–ε グラフには、明確な降伏点がない。
2. SUS304A は、降伏点が明確でないので、0.1%オフセット耐力をもとに基準強度を定める。
3. SUS304A は、他のステンレス鋼に比べて溶接性に優れている。

A ステンレスはクロム18%、ニッケル8%（いわゆる18-8ステンレス）を含有する鋼で、stain（しみ、この場合はさび）less（より少ない）の名の通り、さびにくい鋼です。SUS304の溶接性能を上げたのがSUS304Aで（3は○）、304という数字は、強度、降伏点に対応していない規格番号です。SUS304Aにははっきりとした降伏点、降伏棚（グラフの水平部分）がないので、下図のようにεが0.1%右にずれた（offsetした）直線とグラフの交点、0.1%オフセット耐力を仮の降伏点とします。高張力鋼や加工された鉄筋（R049参照）などのように降伏点が不明確な場合は、0.2%オフセット耐力を使います（1、2は○）。

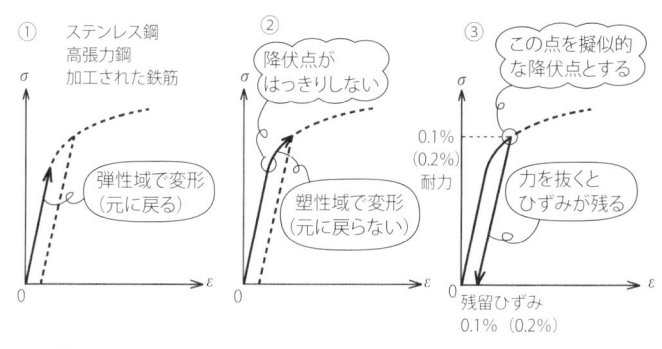

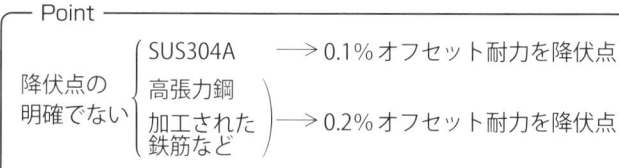

① ステンレス鋼
　高張力鋼
　加工された鉄筋
　σ
　弾性域で変形（元に戻る）

② 降伏点がはっきりしない
　σ
　塑性域で変形（元に戻らない）

③ この点を擬似的な降伏点とする
　σ
　0.1%（0.2%）耐力
　力を抜くとひずみが残る
　残留ひずみ 0.1%（0.2%）

— Point —

降伏点の明確でない { SUS304A → 0.1%オフセット耐力を降伏点
　　　　　　　　　　 高張力鋼
　　　　　　　　　　 加工された鉄筋など } → 0.2%オフセット耐力を降伏点

答え ▶ 1. ○　2. ○　3. ○

★ R182 ○×問題　SUS304A　その2

Q 構造用ステンレス鋼材に定めるSUS304Aの基準強度は、板厚が40mm以下のSN400Bと同じである。

A SUS304Aは降伏点がはっきりしないので、**0.1%オフセット耐力**を仮の降伏点とし、その点を基準強度とします。一方SN材、SS材、SM材は降伏棚があって降伏点が明確なので、降伏点か引張り強さの**70%**のうち小さい方を基準強度とします。SUS304A、SN400Bは、いずれも基準強度は**235N/mm²**となります（答えは○）。

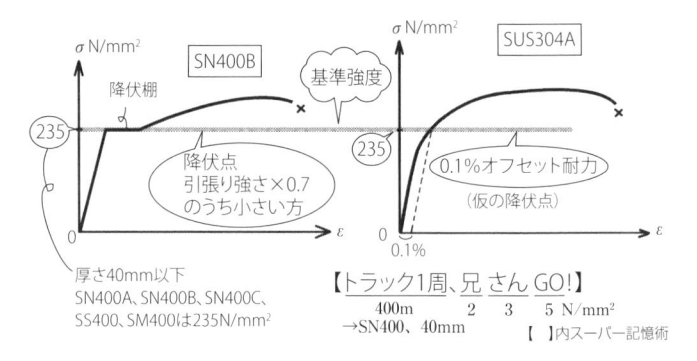

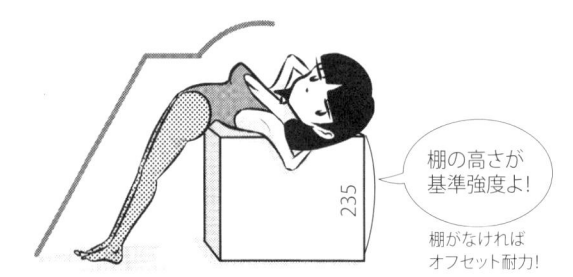

【SN400B のグラフ】
σ N/mm²、降伏棚、基準強度、(235)、降伏点 引張り強さ×0.7 のうち小さい方、ε

厚さ40mm以下
SN400A、SN400B、SN400C、
SS400、SM400は235N/mm²

【SUS304A のグラフ】
σ N/mm²、基準強度、(235)、0.1%オフセット耐力（仮の降伏点）、0.1%、ε

【トラック1周、兄 さん GO!】
　　　　400m　　　2　3　5 N/mm²
　→SN400、40mm　　【　】内スーパー記憶術

棚の高さが基準強度よ！
棚がなければオフセット耐力！
235

● SUS304Aは山の高さ（520N/mm²）に比べて**0.1%オフセット耐力**（235N/mm²）が低いので、降伏比は小さくなります。

答え ▶ ○

★ R183 ○×問題　　SUS304A　その3

Q 建築構造用ステンレス鋼SUS304Aのヤング係数は、普通鋼であるSS400より小さい。

A ステンレス鋼SUS304Aのヤング係数Eは、鋼よりも少し小さく、鋼より変形しやすい性質を持ちます（答えは○）。アルミニウムのヤング係数は鋼の約3分の1、コンクリートは約10分の1です。

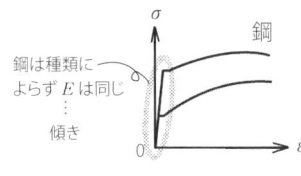

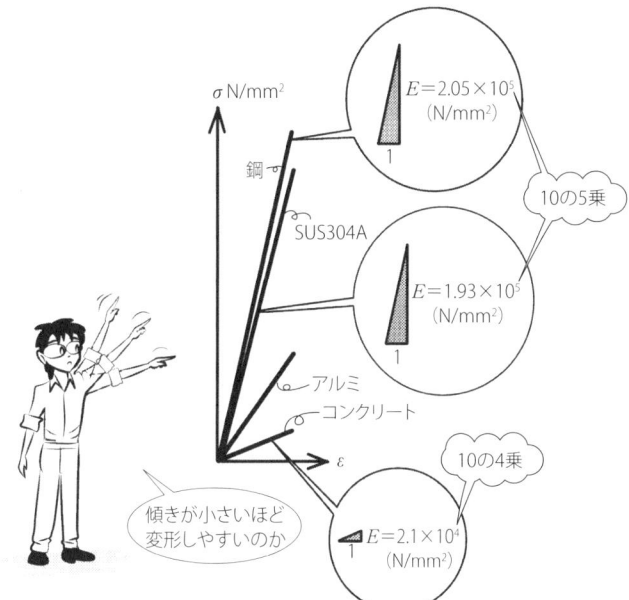

Eの大小（同じ変形における力の大小）
鋼 > ステンレス鋼 > アルミ > コンクリート

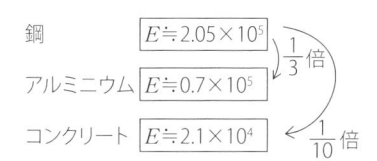

鋼　　　　　$E ≒ 2.05 × 10^5$　　$\dfrac{1}{3}$倍
アルミニウム $E ≒ 0.7 × 10^5$
コンクリート $E ≒ 2.1 × 10^4$　　$\dfrac{1}{10}$倍

― スーパー記憶術 ―
$\dfrac{鋼}{5乗}$　$\dfrac{アルミ}{1/3倍}$　$\dfrac{RC}{4乗}$

答え ▶ ○

★ R184 ○×問題　SUS304A　その4

Q 1. 建築構造用ステンレス鋼SUS304Aの線膨張係数は、普通鋼であるSS400より小さい。
2. 建築構造用ステンレス鋼SUS304Aは他のステンレス鋼に比べ、構造骨組とするために不可欠な溶接性に優れている。

A コンクリートと鋼の線膨張係数は、ともに$1 \times 10^{-5}/℃$です（R037参照）。熱に対して同じだけ伸びるので、鉄筋コンクリートが可能となります。

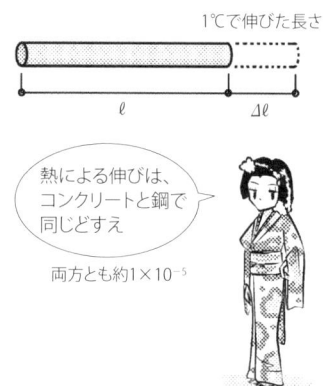

1℃で伸びた長さ ― 長さの単位なし

$$線膨張係数 = \frac{\Delta \ell}{\ell} (/℃)$$

コンクリート、鋼の線膨張係数 = 1×10^{-5} (/℃)

熱による伸びは、コンクリートと鋼で同じどすえ
両方とも約1×10^{-5}

― スーパー記憶術 ―
羨望の舞子嬢
線膨張　マイナス5乗

鋼に対してアルミは約2倍、ステンレス鋼は約1.5倍、熱に対して伸びやすい性質があります（1は×）。下のPointを見ると、鋼が熱にも力に対しても変形しにくい優れた材料であることがわかります。

― Point ―
線膨張係数 ……鋼≒コンクリート＜ステンレス鋼＜アルミ
（熱による変形しやすさ）　(1×10^{-5})　　　　　　　(1.7×10^{-5})　(2.3×10^{-5})

ヤング係数 E ……鋼＞ステンレス鋼＞アルミ＞コンクリート
（力による変形しにくさ）　(2.05×10^{5})　(1.93×10^{5})　(0.7×10^{5})　(2.1×10^{4})

建築構造用ステンレス鋼SUS304Aは、溶接しやすいように成分調整されています（2は○）。また、耐火性、耐低温性にも優れています。

― Point ―
SUS304A ⇨ 耐腐食性、溶接性、耐火性、耐低温性　○

答え ▶ 1.×　2.○

★ R185 ○×問題　アルミニウム　その1

Q 1. 鋼の比重は、アルミニウムの約3倍である。
2. アルミニウムの比重は、鋼に比べて約3分の1と軽く、比強度も小さい。
3. アルミニウムのヤング係数は、鋼の約3分の1である。

A 比重とは水と比べた重さで、水の比重は1、鋼は7.85、RCは2.4、アルミは2.7、ガラスは2.5です（1は○）。水は1m³で1t（トン）の重さ（正確には質量）があるので、重さを考えるのに便利です。比重にtを付ければ、1m³の重さとなります。比重が1より小さいと、水に浮きます。

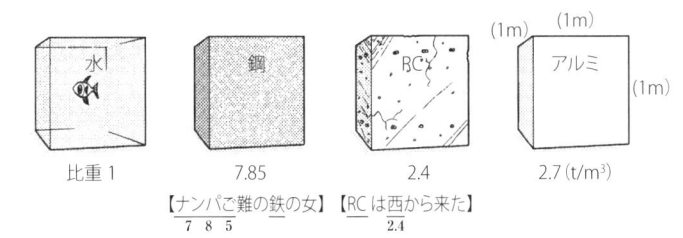

水	鋼	RC	アルミ (1m×1m×1m)
比重 1	7.85	2.4	2.7 (t/m³)

【ナンパご難の鉄の女】 7 8 5　【RCは西から来た】 2.4

比強度とは重さに比べた強度、強度/比重のこと。アルミニウムや木材（比重0.5程度）は比重が小さい分、鋼よりも比強度は大きくなります（2は×）。
ヤング係数Eは$\sigma - \varepsilon$グラフの傾きで、アルミニウムは鋼の約3分の1です（3は○）。

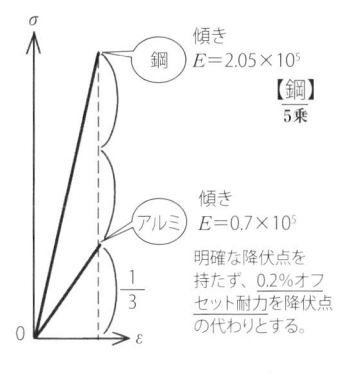

鋼：傾き $E = 2.05 \times 10^5$
【鋼】5乗

アルミ：傾き $E = 0.7 \times 10^5$
$\frac{1}{3}$

明確な降伏点を持たず、0.2%オフセット耐力を降伏点の代わりとする。

> アルミは軽いけど変形しやすいのよ！

Point

アルミニウム
- 軽い……比重　【アルミ】$\frac{1}{3}$
- 力で変形しやすい……ヤング係数E　鋼の$\frac{1}{3}$
- 熱で変形しやすい……線膨張係数……鋼の2倍

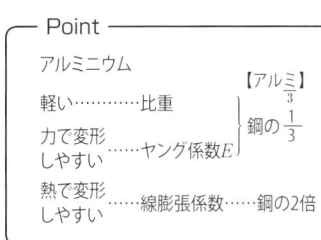

【　】内スーパー記憶術

答え ▶ 1. ○　2. ×　3. ○

★ R186 ○×問題　　アルミニウム　その2

Q 1. アルミニウム合金材の梁の接合に用いる高力ボルトは、接触腐食が起こらないように溶融亜鉛めっき高力ボルトを用いる。
2. アルミニウムペイントは、熱線を反射し、素地材料の温度上昇を防ぐので、鉄板屋根や設備配管などの塗装に用いる。

A 金属を水につけると、電子（マイナス）を放出して自らは陽イオンとなって水に溶ける性質があります。それを金属のイオン化傾向といい、その大小関係をイオン化列といいます（下表）。K、Ca、Naは常温でも水と激しく反応しますが、Pbは熱湯で反応、Auは海水の中でも溶けたりさびたりしません。建築でよく使うAl、Zn、Feは中程度のイオン化傾向です。

― Point ―

イオン化傾向大　　　　　　　　　　　　　　　　イオン化傾向小
（酸化されやすい）　　　　　　　　　　　　　（酸化されにくい）

K	Ca	Na	Mg	Al	Zn	Fe	Ni	Sn	Pb	(H)	Cu	Hg	Ag	Pt	Au
カリウム	カルシウム	ナトリウム	マグネシウム	アルミニウム	亜鉛	鉄	ニッケル	スズ	鉛	水素	銅	水銀	銀	白金	金

【借りよ　か　な　ま　あ　あ　て　に　すん　な、　ひ　ど　す　ぎる　借　金】

【　】内スーパー記憶術　　□内：建築でよく使われる金属

イオン化傾向が異なるAlとFeを接触させると、Al → Al³⁺ + 3e⁻と水にイオンとなって溶けて電子e⁻を出し、e⁻はFeの側に流れて水のH⁺と反応してH₂となります。金属がイオン化して溶出する腐食を電食といいますが、イオン化傾向が大きく異なる金属を接触させると、電池の原理で電流が流れ、電食が起きやすくなります。Feの表面を亜鉛めっきすると、亜鉛の酸化被膜ができて、それ以上さびが進行しなくなります。AlとFeの接解面を亜鉛の酸化被膜で遮断して、電食を防ぐこともできます（1は○）。アルミニウムのサッシはAlの酸化被膜でさびを防いでいます。
アルミニウムは熱線を反射する性質を持っているので、屋根材などに塗ることで熱を防ぎます（2は○）。また断熱材の片側に張って、壁体内中空層での熱放射を反射することができます。

答え ▶ 1. ○　2. ○

R187 ○×問題　高力ボルト接合　その1

Q 1. F10Tの高力ボルトの引張り強さは、1000〜1200N/mm²である。
2. H形鋼の梁の現場接合部には、遅れ破壊が生じないF10Tの高力ボルトを用いる。

A JISの定める高力ボルトには、F8T、F10T、F11Tがあります。F10Tの10は、引張り強さの下限値が10tf/cm²であることを示していて、ニュートンに換算すると1000N/mm²です。規格値は1000〜1200N/mm²とされています（1は○）。ボルト軸の太さはM12、M16、M20…などとメートル系のねじであることを示すMを付けて、直径12mm、16mm、20mm…を表します。

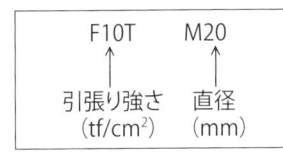

```
   F10T        M20
    ↑          ↑
 引張り強さ   直径
  (tf/cm²)   (mm)
```

トルシア形高力ボルトはJISではなく日本鋼構造協会の規格の高力ボルトで、S10TはF10Tと同じ性能です。

遅れ破壊とは静的荷重下で一定期間後にいきなり壊れることをいい、鋼の中に入った水素によってもろくなることが原因とされています。F11Tは遅れ破壊することが多く報告されているので、実質上使用禁止とされ、F10Tが多く使われています（2は○）。

高力6角ボルト（JIS）

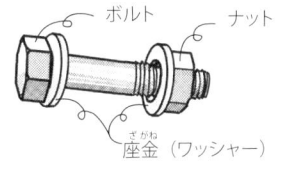

ボルト　ナット
座金（ワッシャー）

Friction　摩擦
　　　↑　Tension（Tensile strength）
　　　　　↑ 引張り
F ⑩ T
　↓
10tf/cm² = 10・10kN/(10mm)²
　　　　 = 1000N/mm²

【10T→10トン】

【トンテンカン】
　1tf　－　1kN

トルシア形高力ボルト

丸い　座金は1枚　ピンテール
　　　　　　　　（ピン状のしっぽ）

S ⑩ T
　↓
10tf/cm² = 1000N/mm²

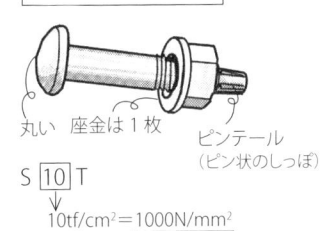

【 S　F 映画はラストを引っ張る】
　S10T　F10T

【 】内スーパー記憶術

答え ▶ 1. ○　2. ○

★ R188 ○×問題　高力ボルト接合　その2

Q 高力ボルトF10Tの基準強度は、900N/mm²である。

A 基準強度とは基準法で定める材料強度の基準となる値で、F10Tは900N/mm²と定められています（告示　答えは○）。鋼の基準強度は一般に降伏点とされていますが、高張力鋼・高力ボルトのように降伏点がはっきりしない場合は、オフセット耐力を基準強度としています。基準張力 T_0 は施工時の初期導入張力や摩擦力を計算するための値で、告示に定められています。

基準強度 ┌ 鋼……　降伏点 （または、最大強度の70%のうちの小さい方）
　　　　└ 高張力鋼、高力ボルト、SUS…擬似的な降伏点
　　　　　　　　　　　　　　　　　　　＝ オフセット耐力

（降伏点の代わり）
（0.2%オフセット耐力）　（材料強度の基準）　（最大強度）

高力ボルトの機械的性質による等級	耐力	基準強度	引張り強度
F8T	640以上	640	800 ～ 1000
F10T	900以上	900	1000 ～ 1200
F11T	950以上	950	1100 ～ 1300

（単位：N/mm²）

遅れ破壊の恐れがあるため使わない

引張り応力度 σ (N/mm²)

引張り強度
1000
900
（擬似的な降伏点）
耐力＝基準強度

F10Tの山の高さは1000
直線が曲がるのが900よ！

[SN400の山の高さ400　降伏点235]

0.2%オフセット（直線をずらす）　ひずみ度 ε (%)

【　】内スーパー記憶術

答え ▶ ○

★ R189 ○×問題　　　高力ボルト接合　その3

Q 1. 高力ボルト摩擦接合においては締め付け力の確保が重要なので、ボルト、ナット、ワッシャーをセットで用いた。
2. 高力ボルト摩擦接合におけるボルト1本当たりのすべり耐力は、接合面の状態によらず、せん断面の数と初期導入張力から求めた。
3. 高力ボルト摩擦接合においては、摩擦面の密着性が悪くなるとすべり耐力が著しく低下する。

A JISで定められた高力ボルトは、6角ボルト、6角ナット、平座金（ワッシャー）でセットです（1は○）。高力ボルト摩擦接合は接合面の状態で最大摩擦力＝すべり耐力が大きく変わります（2は×）。浮きさび、黒皮（クロカワ、黒さび、ミルスケール）、じんあい（ちり、ほこり）、油、塗料（さび止めも不可）、溶接スパッタ（spatter：溶接中に飛散した金属粒）などは取り除き、赤さびが一様に出た状態で接合します。溶融亜鉛めっき面はブラスト処理（ザラザラに）します。ボルト孔周囲にまくれや垂れなどがあると接合面が密着しなくなるので、グラインダ（grinder：研削機）などで取り除きます（3は○）。

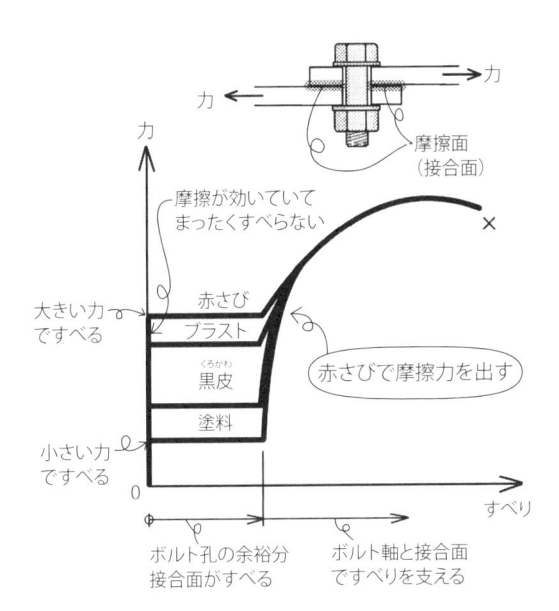

答え ▶ 1. ○　2. ×　3. ○

★ R190 ○×問題　　高力ボルト接合　その4

Q 高力ボルト摩擦接合において、肌すきが2mmとなったので、母材および添え板と同様の表面処理を施したフィラーを挿入した。

A 接合面（摩擦面）のすき間（肌すき）が1mmを超える場合は、フィラーを入れます。フィラー（filler）とはすき間を埋める（fill）板のことで、フィラープレートともいいます。フィラーも他の接合面のように、一様な赤さびかブラスト処理面として、摩擦力が出るようにします（答えは○）。

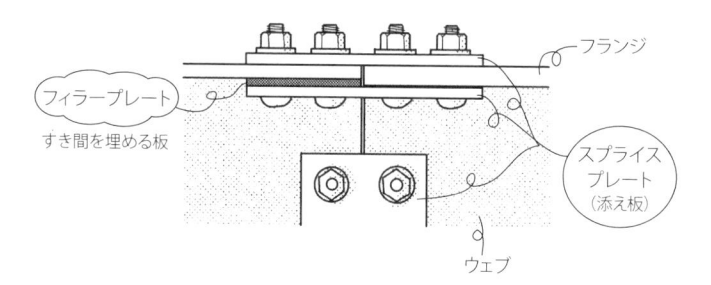

鋼板（plate）は使う場所によって、さまざまな名称が付けられています。フィラープレートのほかに、スプライスプレート、ガセットプレート、スチフナー、ダイアフラム、フランジ、ウェブなどを覚えておきましょう。

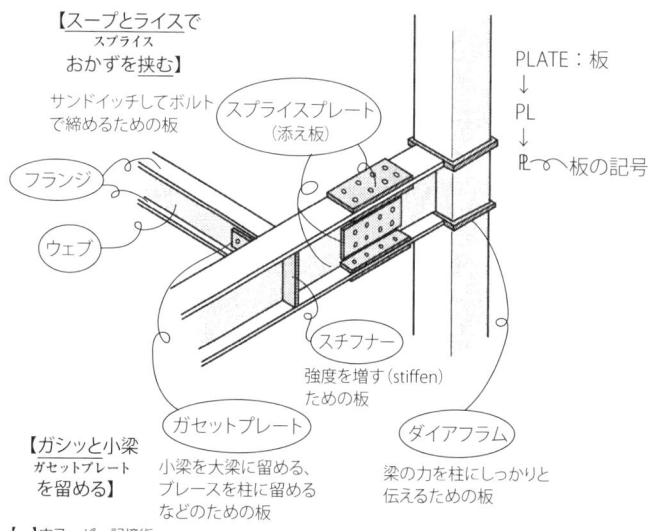

【スープとライスで
　スプライス
　おかずを挟む】
サンドイッチしてボルトで締めるための板

【ガシッと小梁
　ガセットプレート
　を留める】
小梁を大梁に留める、ブレースを柱に留めるなどのための板

スチフナー
強度を増す（stiffen）ための板

ダイアフラム
梁の力を柱にしっかりと伝えるための板

PLATE：板
↓
PL
↓
PL　板の記号

【　】内スーパー記憶術

答え ▶ ○

★ R191 ○×問題　高力ボルト接合　その5

Q 1. 高力ボルト摩擦接合は、ボルト軸部のせん断力と母材の支圧力によって応力を伝達する接合方法である。
2. 高力ボルト摩擦接合の接合部の許容応力度は、締め付けられる鋼材間の摩擦力と高力ボルトのせん断力の和として応力が伝達されるものとして計算する。

A 高力ボルトは強い引張りにも耐えるボルトで、その張力による摩擦によって接合するのが高力ボルト摩擦接合です。下図で高力ボルトを力Tで引っ張ると、接合面にはTとつり合う圧縮力Cが働きます。上下の鋼板を左右に力Pで引っ張ると、接合面にPとつり合う摩擦力Rが働きます。Pを増やすとRも増えます。またボルトを通す孔はボルトの軸径よりも大きく、一旦摩擦接合すると鋼板は左右にまったく動かなくなるので、鋼板からボルト軸に力は伝わりません（1、2は×）。

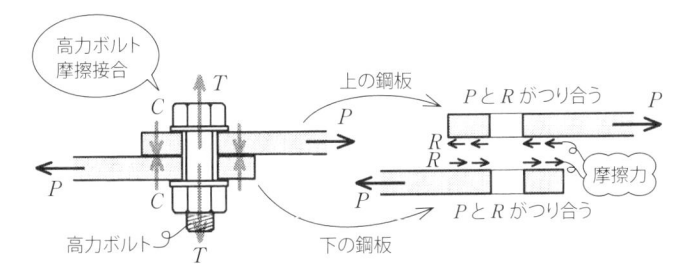

普通ボルトによる接合では、力Pで左右に引っ張ると鋼板がずれてボルト軸に当たります。ボルト軸に鋼板から支圧力（局部的圧縮力）Pがかかり、ボルト軸のせん断力Qとバランスします（1は普通ボルトの説明）。

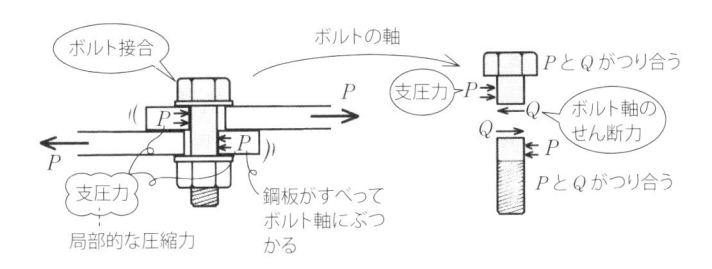

答え ▶ 1.×　2.×

★ **R192** ○×問題　　　　　　　　　　　　　　　高力ボルト接合　その6

Q 高力ボルト摩擦接合は、短期荷重に対して、ボルト軸部のせん断力と母材の支圧力によって応力を伝達する接合方法である。

A 長期荷重は常時かかる重さ、鉛直荷重のこと。短期荷重は地震や台風などの非常時にかかる水平荷重と鉛直荷重の合計のことです。高力ボルト摩擦接合では、非常時（短期荷重時）でも、鋼板どうしの摩擦が効いている必要があります（答えは×）。さらに大きな力がかかると、摩擦では対応できずに鋼板がすべります。ボルトの孔には余裕があり、その余裕分鋼板がすべってボルト軸に当たって止まります。その後はボルト軸の頑張り、鋼板のボルト軸と当たる部分の頑張りで、破断するまで力を伝えます。

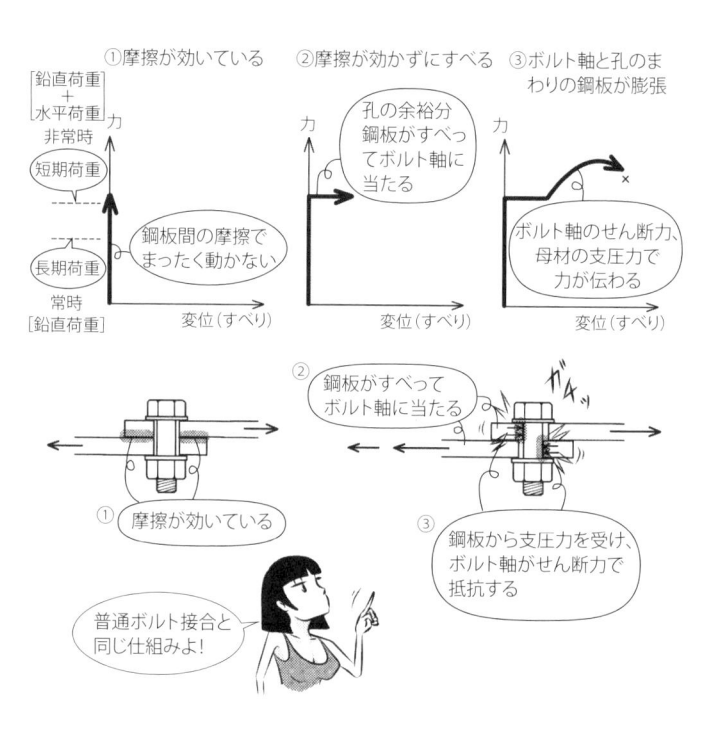

①摩擦が効いている　②摩擦が効かずにすべる　③ボルト軸と孔のまわりの鋼板が膨張

- 高力ボルトと普通ボルトを併用すると、高力ボルトの締め付けで板がすべらなくなり、普通ボルトが効かなくなります。併用すると応力分担ができません。

答え ▶ ×

★ R193 ○×問題　高力ボルト接合　その7

Q 1. 高力ボルト摩擦接合の接合部においては、すべり耐力以下の繰り返し応力であれば、ボルト張力の低下、摩擦面の状態の変化を考えなくてよい。

2. 普通ボルトは、振動、衝撃または繰り返し応力を受ける接合部には使用しない。

A 高力ボルト摩擦接合では、すべり耐力以下では摩擦が効いていて、ピクリとも動きません。そのため繰り返し応力が作用してもボルト張力や摩擦面に変化はありません（1は○）。一方、普通ボルト接合で力の方向が変わると、ボルト軸が受ける支圧力の向きも変わり、疲労して張力も変わる恐れがあり、接合面もすべりを繰り返すと、摩擦力が低下してしまいます（2は○）。

答え ▶ 1. ○　2. ○

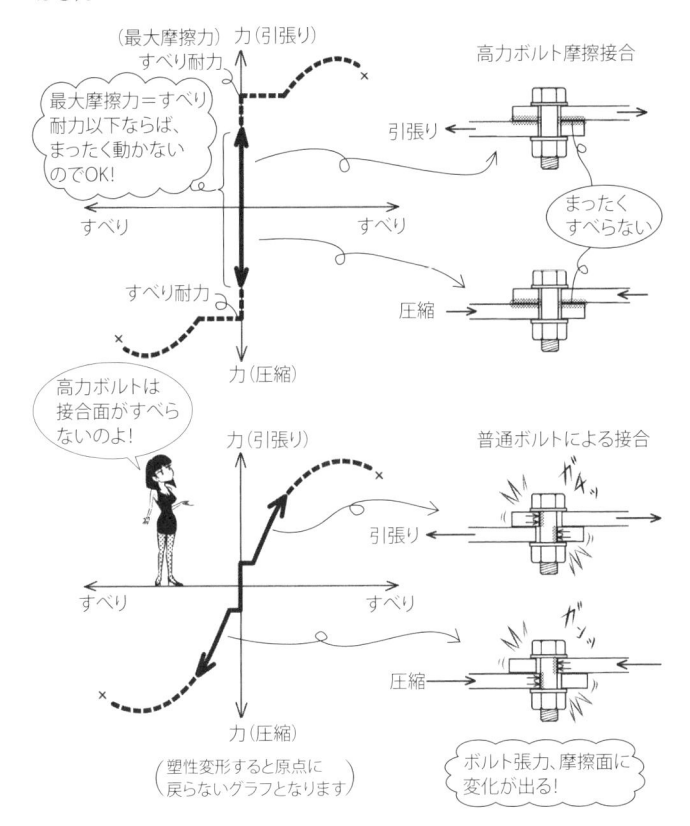

★ **R194** ○×問題　　　　　　　　　　　　　　高力ボルト接合　その8

Q 1. 高力ボルト摩擦接合部の許容せん断応力度は、すべり係数を0.45として定められている。
2. 溶融亜鉛めっき高力ボルト摩擦接合の許容せん断応力度は、すべり係数を0.4として定められている。

A 物体を横にすべらそうとすると、小さい力では摩擦力とつり合って動きません。力を大きくすると摩擦力も大きくなり、摩擦力の最大を超えた瞬間に動き出します。摩擦力の最大は摩擦面の状態で決まる摩擦係数と、物体を垂直に押し返す力、垂直反力との積で求まります。

摩擦力の最大＝摩擦係数 × 垂直反力
　　　　　　　　μ　　　　　V

すべり係数は摩擦係数とほぼ同義です。すべり係数で使われる張力＝垂直反力は、すべり出す瞬間ではなく、最初に締める際の初期導入張力なので多少の違いがあります。赤さび状態の面では0.45、溶融亜鉛めっき面では赤さび面よりすべりやすく0.4です（1、2は○）。亜鉛めっき面はブラスト処理＊などして、摩擦を大きくする必要があります。

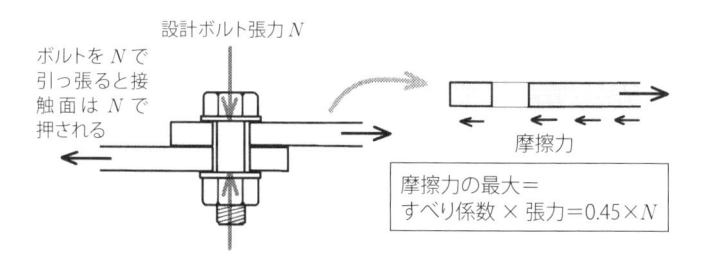

摩擦力の最大＝
すべり係数 × 張力＝0.45×N

＊ブラスト処理：鉄粉や砂などを強く吹き付け（blast）、細かい傷を付けること

答え ▶ 1.○　2.○

★ R195 ○×問題 高力ボルト接合 その9

Q 1. 高力ボルト摩擦接合部（浮きさびを除去した赤さび面）の1面せん断の短期許容せん断応力度は、高力ボルトの基準張力の0.45倍である。

2. 高力ボルト摩擦接合部（浮きさびを除去した赤さび面）の1面せん断の長期許容せん断応力度は、高力ボルトの基準張力の0.3倍である。

A ①ボルト張力は、基準張力（T_0、種別により400N/mm^{2}などと告示で決められている）にボルト軸の断面積を掛けて求めます。

$$\boxed{\text{設計ボルト張力}N} = \text{ボルト断面積} \times \text{基準張力}$$

$$= \left\{\pi\left(\frac{d}{2}\right)^2\right\} \times T_0 = \frac{\pi d^2}{4} T_0 \quad \begin{bmatrix} \text{diameter} \\ d\text{はボルトの直径、} \\ \text{M20は直径20mmの} \\ \text{メートル系のネジ} \end{bmatrix}$$

円の面積

②高力ボルトの最大摩擦力は、摩擦面の垂直反力（=張力）にすべり係数（≒摩擦係数）0.45を掛けて求めます。

$$\boxed{\text{最大摩擦力}} = \text{すべり係数} \times \text{張力} = 0.45 \times N = 0.45 \times \frac{\pi d^2}{4} T_0$$

③摩擦面が1枚の1面せん断（1面摩擦）でボルト1本の場合は上記の通り、摩擦面が2面になると2倍、ボルトが2本、3本、4本になると2倍、3倍、4倍となります。摩擦面2面、ボルト4本では2×4=8倍となります。

④せん断応力度とはこの場合、ボルト軸のせん断ではなく、接合面どうしをずらそうとするせん断力を、ボルトの軸断面1mm^{2}当たりに換算した値です。短期では最大摩擦力、長期では他の鋼材と同様に短期の2/3としています。

$$\begin{cases} \text{短期許容せん断応力度} = \dfrac{\text{接合面どうしの最大摩擦力}}{\text{ボルト軸断面積}} \\[6pt] \qquad\qquad\qquad = \dfrac{0.45 \times \frac{\pi d^2}{4} T_0}{\frac{\pi d^2}{4}} = \underline{\underline{0.45 T_0}} \quad (1\text{は}\bigcirc) \\[10pt] \text{長期許容せん断応力度} = \dfrac{2}{3} \times 0.45 T_0 = \underline{\underline{0.3 T_0}} \quad (2\text{は}\bigcirc) \end{cases}$$

スーパー記憶術

$$\underbrace{\text{オッサンの}}_{0.\ 3} \underbrace{\text{オシッコ}}_{\text{(立ちしょん)}\ 0.4\ 5} \underbrace{\text{許容せん！}}_{\text{許容せん断応力度}}$$

ダメ？

答え ▶ 1. ○ 2. ○

★ R196 ○×問題　　高力ボルト接合　その10

Q 高力ボルト摩擦接合の接合部にせん断力と引張り力が同時に作用する場合、作用する応力の方向が異なるので、許容せん断応力度は低減しなくてよい。

A ボルトを軸方向に引っ張ると、その分、摩擦面を押す力が弱まります。弱まった力×すべり係数の分だけ、最大摩擦力も減り、それに対応する許容せん断応力度も減ることになります（1は×）。

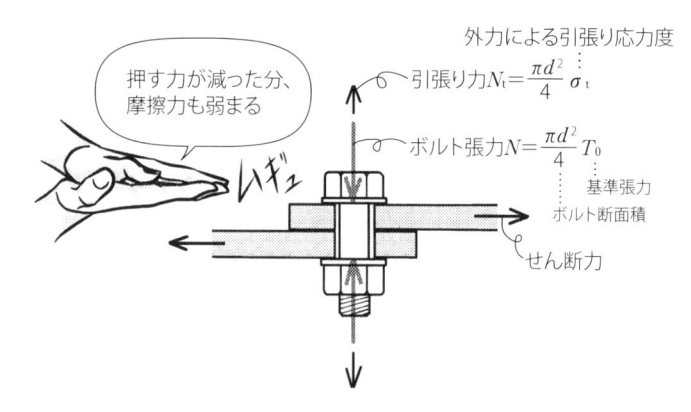

「押す力が減った分、摩擦力も弱まる」

ハギュ

- 引張り力 $N_t = \dfrac{\pi d^2}{4} \sigma_t$ ← 外力による引張り応力度
- ボルト張力 $N = \dfrac{\pi d^2}{4} T_0$ ← 基準張力／ボルト断面積
- せん断力

- 摩擦面を押す力 ＝ ボルト張力 N － 外力による引張り力 N_t
  $$= \frac{\pi d^2}{4} T_0 - \frac{\pi d^2}{4} \sigma_t = \frac{\pi d^2}{4}(T_0 - \sigma_t)$$

- 最大摩擦力 ＝ 0.45×摩擦面を押す力
  $$= 0.45 \cdot \frac{\pi d^2}{4}(T_0 - \sigma_t)$$

- 単位断面積当たりの最大摩擦力 ＝ $\dfrac{\text{最大摩擦力}}{\text{ボルト軸断面積}}$
  （1mm² 当たり）
  $$= \frac{0.45 \cdot \dfrac{\pi d^2}{4}(T_0 - \sigma_t)}{\dfrac{\pi d^2}{4}} = 0.45(T_0 - \sigma_t)$$

- $\begin{cases} \text{短期許容せん断応力度} = 0.45(T_0 - \sigma_t) \\ \text{長期許容せん断応力度} = \dfrac{2}{3} \cdot 0.45(T_0 - \sigma_t) = 0.3(T_0 - \sigma_t) \end{cases}$

  基準法では $0.45(T_0 - \sigma_t) = 0.45 T_0 \left(1 - \dfrac{\sigma_t}{T_0}\right)$ という式にしています。

答え ▶ ×

★ R197 ○×問題　　高力ボルト接合　その11

Q 1. 高力ボルト摩擦接合において、2面摩擦の許容せん断力を、1面摩擦の許容せん断力の2倍とした。
2. F10Tの高力ボルト摩擦接合において、使用するボルトが同一径の場合、1面摩擦4本締めの許容せん断力は、2面摩擦2本締めの場合と同じ値である。

A 同じ張力をかけた場合、各摩擦面にかかる摩擦力の最大＝0.45×張力となり、それが2面あると2倍となります（1は○）。

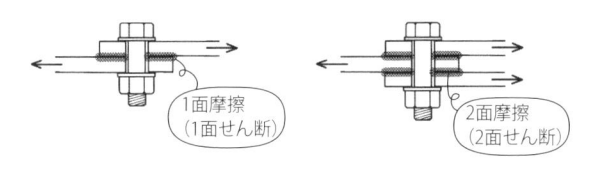

1面摩擦（1面せん断）
2面摩擦（2面せん断）

摩擦力の最大値は、垂直反力（＝ボルト張力）×すべり係数0.45で求まります。1本の最大摩擦力は0.45N、2本の最大摩擦力は2×（0.45N）となって、2本の方は2倍となります。

1面摩擦1本締めを1とすると、1面摩擦4本は1×4＝4、2面摩擦2本締めは2×2＝4となり、摩擦の力は同じになります（2は○）。2面摩擦は2面せん断ともいいます。

― Point ―
1面摩擦1本…1×1＝1
1面摩擦2本…1×2＝2
2面摩擦1本…2×1＝2
2面摩擦2本…2×2＝4

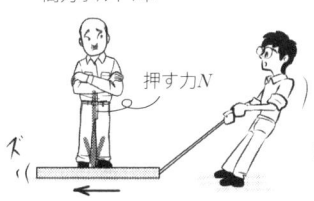

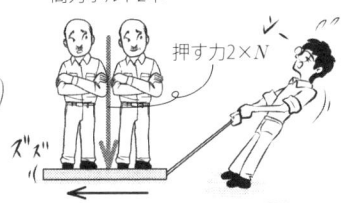

高力ボルト1本
押す力N
最大摩擦力＝0.45×N

高力ボルト2本
押す力2×N
最大摩擦力＝0.45×2N（1本の2倍）

答え ▶ 1. ○　2. ○

★ R198 計算問題　　　高力ボルト接合　その12

Q 図のような2枚の鋼板を4本の高力ボルトを用いて摩擦接合した場合、接合部の短期許容せん断力と等しくなるような引張り力P(N)の値を求めよ。ただしボルト1本当たりの1面摩擦の長期許容せん断力を47kNとする。

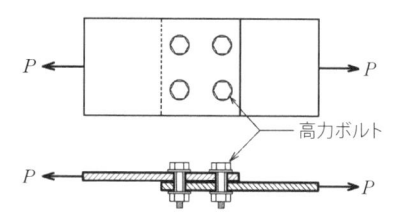

A 鋼では短期許容応力度をFとすると長期は$\frac{2}{3}F\left(\frac{F}{1.5}\right)$とすることが多く、高力ボルト接合部の許容せん断力も同様です。

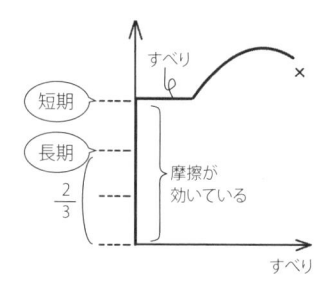

① 1面摩擦1本締めの短期許容せん断力=R_1とすると

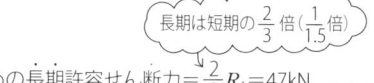

> 長期は短期の$\frac{2}{3}$倍($\frac{1}{1.5}$倍)

② 1面摩擦1本締めの長期許容せん断力=$\frac{2}{3}R_1$=47kN　設問から

$$\therefore R_1 = \frac{3}{2} \cdot 47 = 70.5\text{kN}$$

③ 1面摩擦4本締めの短期許容せん断力=$4 \times R_1$

> 高力ボルト4本だから4倍

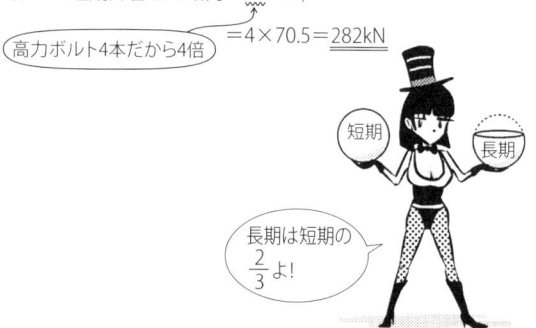

$$= 4 \times 70.5 = \underline{282\text{kN}}$$

> 長期は短期の$\frac{2}{3}$よ!

答え ▶ **282kN**

★ R199 ○×問題　　　高力ボルト接合　その13

Q 構造耐力上主要な接合部に高力ボルト接合を用いる場合、高力ボルトは2本以上配置する。

A 高力ボルトの接合は、2本以上とされています（答えは○）。2本にすると張力は2倍になり、最大摩擦力（＝すべり係数×張力）も2倍になります。張力は1本で確保できたとしても、その1本が何らかの原因で破損すると、接合部が壊れてしまいます。ギリギリでつくらずに、余剰性を与えておく、いざというときのバックアップを用意しておくことを冗長性（リダンダンシー：redundancy）といいます。建築は現場作業の多い製作物ですから、機械など他の製作物よりもリダンダンシーを多めにとる必要があります。

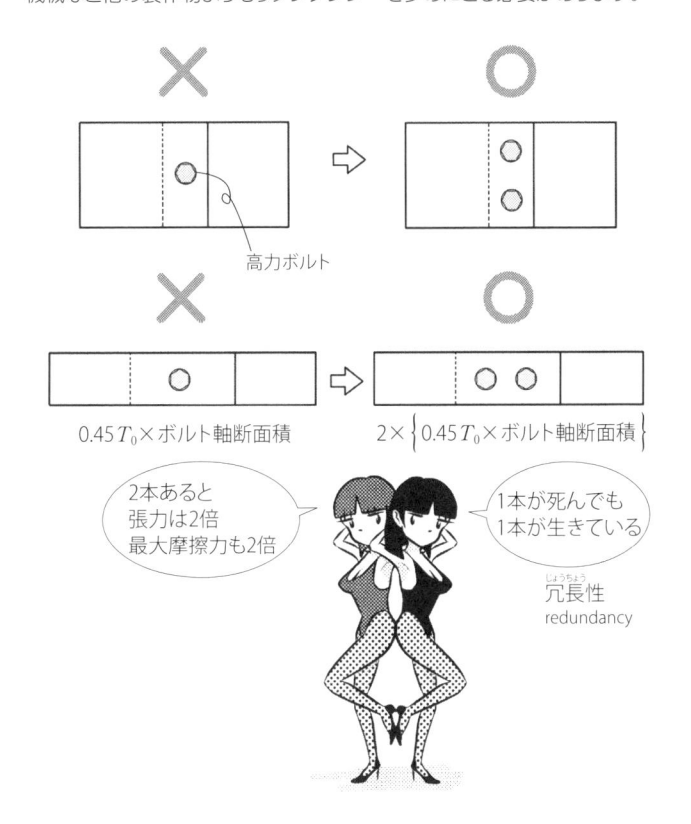

高力ボルト

$0.45 T_0 ×$ ボルト軸断面積　　　　$2 × \{0.45 T_0 ×$ ボルト軸断面積$\}$

2本あると
張力は2倍
最大摩擦力も2倍

1本が死んでも
1本が生きている

冗長性
redundancy

答え ▶ ○

★ R200 ○×問題　高力ボルト接合　その14

Q 1. 高力ボルトM22を使用する場合、ボルト相互の中心間距離を55mm以上とし、孔径は24mm以下とした。
2. 高力ボルトの径が27mm以上で、かつ構造耐力上支障がない場合において、孔径は高力ボルトの径より3mmまで大きくすることができる。

A ボルトの中心間距離を小さくすると、孔と孔との間が狭くなり、鋼板が力を保てなくなります。そのため中心間距離はボルトの直径の2.5倍以上とされています。M22とはメートル系列のネジで、直径が22mmを表します。F10T-M22とはJIS規定の高力6角ボルト、引張り強度10tf/cm² (1000N/mm²) で、直径が22mmのものを指します。

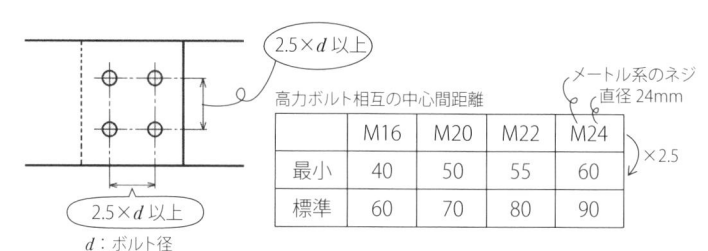

高力ボルト相互の中心間距離

	M16	M20	M22	M24
最小	40	50	55	60
標準	60	70	80	90

メートル系のネジ　直径24mm　×2.5

d：ボルト径　2.5×d 以上

孔径がボルト径ピッタリだと入らないので余裕を持たせますが、余裕がありすぎるとボルトの力が鋼板に伝わりづらく、またすべったときの変位量が大きくなってしまいます。ボルト径により+2mm以下、+3mm以下と決められています。

余裕（クリアランス）clearance

孔径 = $\begin{cases} d+2\text{mm 以下} & (d<27\text{mm}) \\ d+3\text{mm 以下} & (d\geqq 27\text{mm}) \end{cases}$

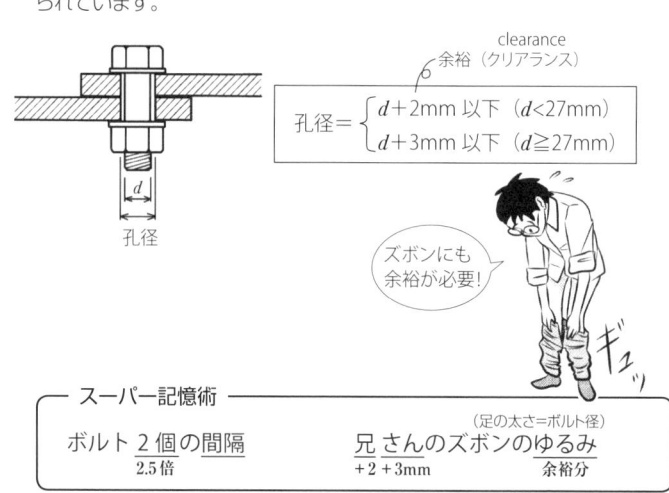

ズボンにも余裕が必要！

--- スーパー記憶術 ---

ボルト <u>2 個の間隔</u>
　　　　2.5倍

<u>兄</u> さんの<u>ズボンのゆるみ</u>
+2 +3mm　　　余裕分
(足の太さ＝ボルト径)

答え ▶ 1. ○　2. ○

★ R201 ○×問題　高力ボルト接合　その15

Q 1. 高力ボルトの最小縁端（えんたん）距離は、所定の構造計算を行わない場合、せん断縁（ふち）であるか、自動ガス切断縁であるかによって異なる。
2. 高力ボルトの最小縁端距離は、所定の構造計算を行わない場合、手動ガス切断縁より自動ガス切断縁の方が小さい値である。
3. 引張り材の接合部において、せん断を受ける高力ボルトが応力方向に3本以上並ばない場合は、高力ボルト孔中心から応力方向の接合部材端までの距離は、高力ボルトの公称軸径の2.5倍以上とする。

A 縁（ふち）までの距離が短いと、引っ張られたときに接合部が壊れてしまいます。高力ボルトが3本以上並ばない場合、ボルト径の2.5倍以上離すように規定されています（3は○）。ボルト間隔2.5d以上と一緒に覚えておきましょう。また切断の仕方によっては信頼性が劣るので、長めに設定されています。

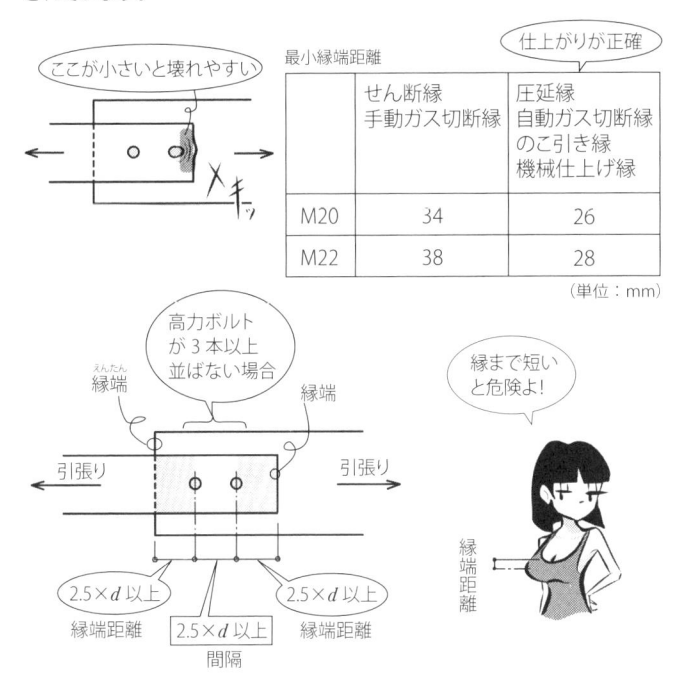

最小縁端距離

	せん断縁 手動ガス切断縁	圧延縁 自動ガス切断縁 のこ引き縁 機械仕上げ縁
M20	34	26
M22	38	28

（単位：mm）

答え ▶ 1. ○　2. ○　3. ○

R202 ○×問題　高力ボルトと溶接の併用継手

Q 1. 1つの継手に高力ボルト摩擦接合と溶接接合を併用する場合、高力ボルトの締め付けを溶接に先立って行うことにより、両方の許容耐力を加算した。

2. 1つの継手に高力ボルト摩擦接合と溶接接合を併用する場合、両方の耐力を加算できるように、溶接をした後に高力ボルトを締め付けた。

A 高力ボルト締めと溶接では、高力ボルト締めを必ず先に行います。溶接を先に行うと、鋼板が熱で変形して接合面が密着しなくなったり、孔の位置がずれたりしてしまうからです。高力ボルト締め→溶接という順で行った場合のみ、両方の耐力を加算することができます（鋼接指針）。

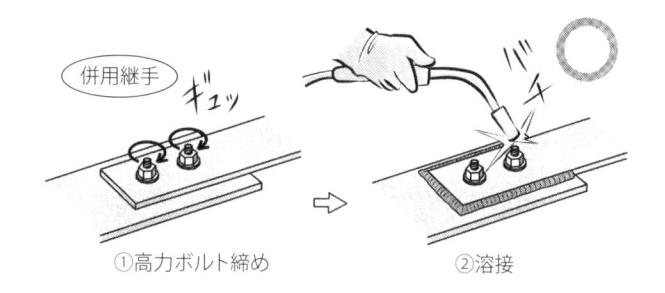

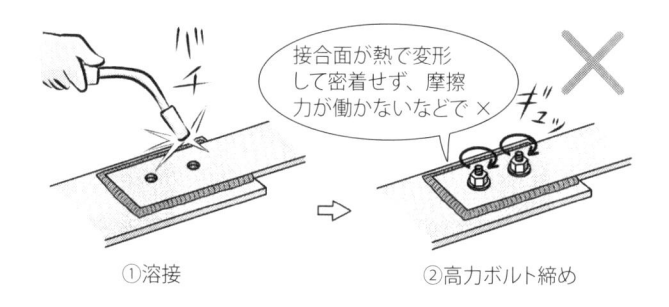

答え ▶ 1. ○　2. ×

★ R203 ○×問題　　　　　　　　普通ボルト接合の注意点

Q 1. ボルト接合を行う場合、「2重ナット」や「コンクリートへの埋め込み」などの戻り止めの措置を講じる。
2. 普通ボルトで締め付ける板の総厚は、ボルト径の5倍以下とする。

A 高力ボルトは高張力で締め付けるので、緩むことはありません。「ボルト接合」とは普通ボルトによる接合で、緩む可能性があります。そこで下図のように、ナットを2重にする方法がよく使われます。ナットどうしが押し合うことで、ナットが回転しにくくなります。またコンクリートに埋め込む、ナットを溶接するなどの方法もあります。座金（ワッシャー）をスプリング状にしたり（スプリングワッシャー）、戻りにくいようにクサビ状の凹凸を座金に付けたり、さらにはネジとのすき間を極小にするロッキング機構付きのボルトもあります（1は○）。

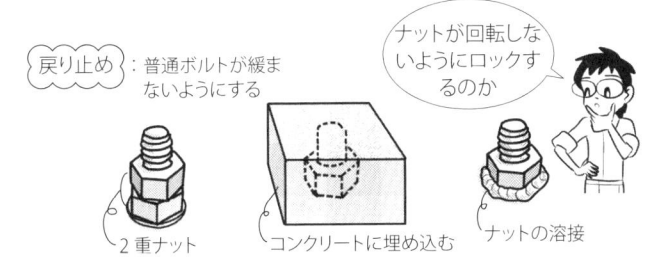

> 戻り止め：普通ボルトが緩まないようにする

> ナットが回転しないようにロックするのか

- 2重ナット
- コンクリートに埋め込む
- ナットの溶接

普通ボルトで締め付ける板の総厚は、ボルト径の5倍以下とされています（2は○）。5倍を超える場合は、ボルト本数を増やして対応します。

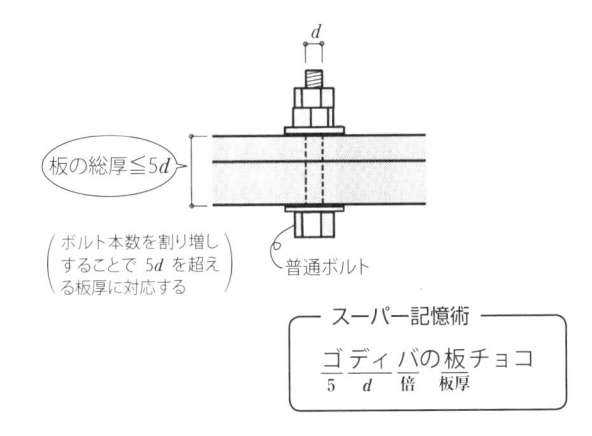

- 板の総厚 ≦ 5d
- ボルト本数を割り増しすることで 5d を超える板厚に対応する
- 普通ボルト

---- スーパー記憶術 ----
　ゴ　ディ　バの板チョコ
　5　 d　倍　板厚

答え ▶ 1. ○　2. ○

★ R204 ○×問題　　　溶接継目の3形式

Q 1. 応力を伝達すべき溶接継目の形式は、「完全溶込み溶接」「隅肉溶接」および「部分溶込み溶接」である。
2. 完全溶込み溶接は、全長にわたり断続しないように溶接する。

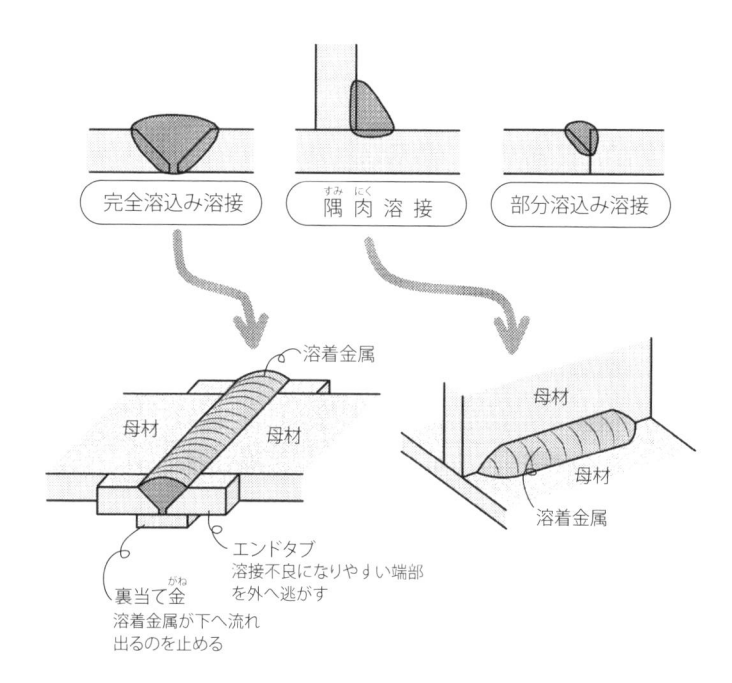

A 溶接棒（溶接ワイヤ）を熱で溶かし、少し溶けた母材と一体化させて継ぐのが溶接です。溝（開先（かいさき）、グルーブともいう）をつくって、溶接部全長にわたって、母材の厚み全体に、溶着金属が完全に溶け込んだ溶接を、完全溶込み溶接といいます（2は○）。断面全体で応力が伝わります。L字形の部分に3角形状に溶着金属を盛るのが、隅肉溶接です。下図の隅肉溶接で上の材を引き上げると、溶着金属の部分にしか応力が伝わりません。右側の図のように、母材を突き合わせた形で溝が小さかったりなかったりすると、部分的にしか溶け込まない部分溶込み溶接となります（1は○）。

- 完全溶込み溶接は、突き合わせ溶接とも呼ばれます。母材を突き合わせて溶接するから突き合わせ溶接ですが、溶込みが完全か不完全かわからないので、不正確な用語といえます。

答え ▶ 1. ○　2. ○

★ R205 ○×問題　　　　エンドタブ、裏はつり

Q 1. 完全溶込み溶接を鋼材の両面から行う場合、先に溶接した面の裏側から溶接部分の第1層を削り落とすことを、裏はつりという。
2. エンドタブは、完全溶込み溶接の始端部、終端部における欠陥の発生を避けるために用いる。
3. 金属疲労を生じるような荷重が作用せず、かつ応力伝達などに支障のないことを確認したので、エンドタブを除去せずにそのまま残した。

A 裏当て金は、溶着金属が下へこぼれ出ないように先に付けておく（組立て溶接）鋼板のことです。溶接後も残るのでデザイン上すっきりさせたいときは、裏側の溶接部を削り取って（裏はつり）、裏から溶接することがあります。（1は○）

溶接端部は溶着金属がまわりにくかったり、温度がほかと違ったりして溶接不良となりやすい部分です。裏当て金を延ばし、鋼製やセラミック製のエンドタブ（end：端、tab：小さなつまみ）を付けて、接合部から外へ延長して逃がすことで、溶接の欠陥を避けます（2は○）。エンドタブは、支障がなければそのまま残すこともできます（3は○）。

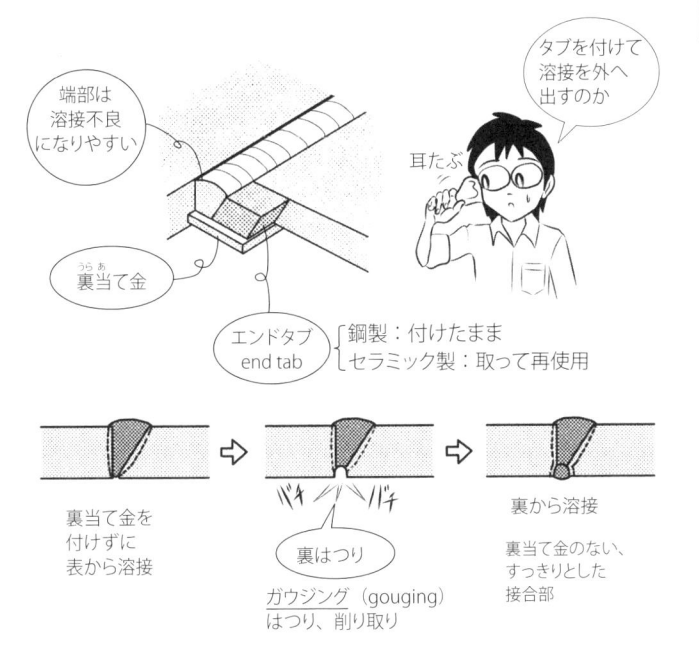

- 端部は溶接不良になりやすい
- 裏当て金
- タブを付けて溶接を外へ出すのか
- 耳たぶ
- エンドタブ end tab ｛鋼製：付けたまま／セラミック製：取って再使用｝

裏当て金を付けずに表から溶接 ⇒ 裏はつり／ガウジング（gouging）はつり、削り取り ⇒ 裏から溶接／裏当て金のない、すっきりとした接合部

答え ▶ 1. ○　2. ○　3. ○

★ R206 ○×問題　　溶接金属、溶着金属、熱影響部

Q 1. 図の溶接金属は、溶接材料から溶接部に移行した溶着金属と、溶接部の中で母材が溶融した部分から成る。
2. 図の（a）の部分は熱影響部といい、溶接などの熱で組織、冶金（やきん）的性質、機械的性質などが変化を生じた、溶融していない母材の部分である。

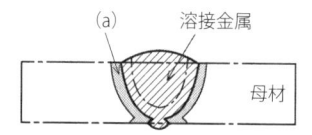

A ワイヤや溶接棒の金属は、熱で溶けて<u>溶着金属</u>となります。母材も熱で少し溶けて、溶着金属と一緒に固まって一体となります。<u>溶着金属＋溶融母材＝溶接金属</u>（1は○）です。溶けなかった母材も、隣接部では熱の影響を受けて変質し、その部分を熱影響部といいます（2は○）。設問の図は裏はつりしていますが、下図は裏当て金を付ける一般的な完全溶込み溶接です。

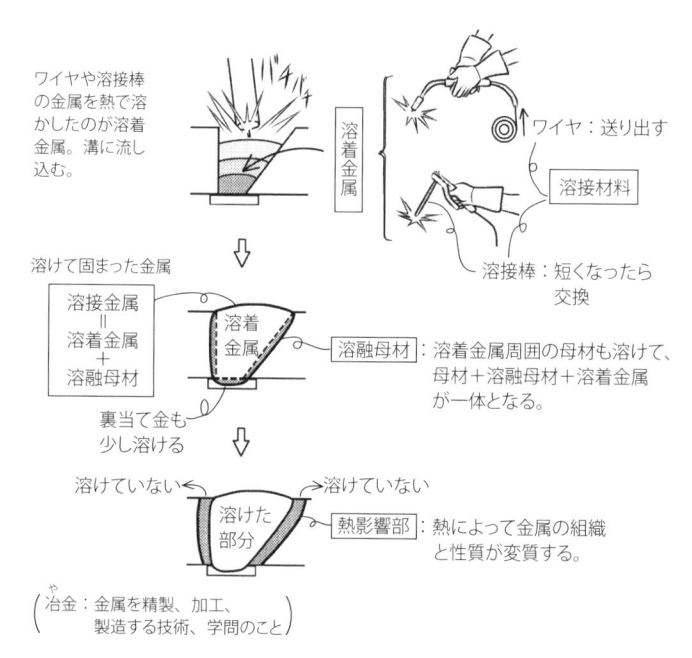

ワイヤや溶接棒の金属を熱で溶かしたのが溶着金属。溝に流し込む。

溶けて固まった金属
溶接金属 ＝ 溶着金属 ＋ 溶融母材

裏当て金も少し溶ける

溶着金属

溶融母材：溶着金属周囲の母材も溶けて、母材＋溶融母材＋溶着金属が一体となる。

溶けていない ← → 溶けていない
溶けた部分

熱影響部：熱によって金属の組織と性質が変質する。

（冶金：金属を精製、加工、製造する技術、学問のこと）

答え ▶ 1. ○　2. ○

★ R207 ○×問題　　　溶接記号

Q 図の溶接方法のJISにおける記号表示は ─┐▷ である。

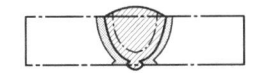

A 図は完全溶込み溶接ですが、設問の記号は隅肉溶接です（答えは×）。溶接記号でわかりにくいのは、材のどちら側に溶接するかです。矢印の側、材の手前側に溶接する場合は、水平線の下に書く決まりです。

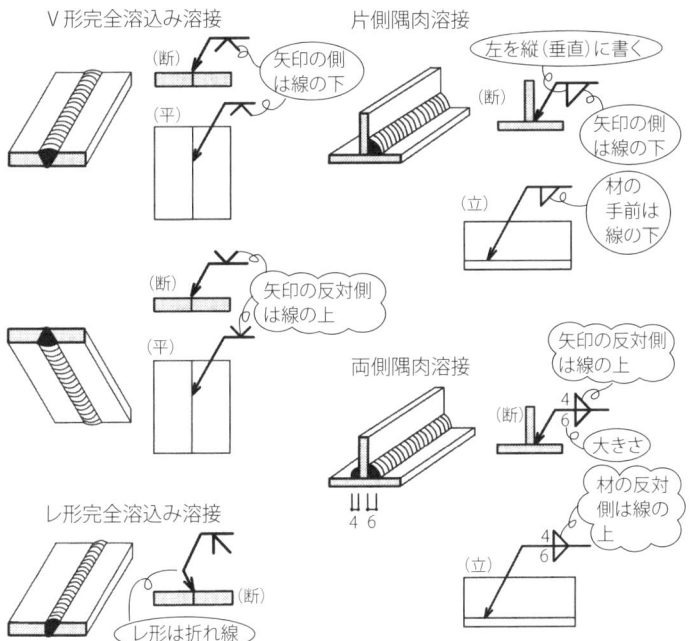

手前は線の下よ！

V形完全溶込み溶接

(断) 矢印の側は線の下
(平)

(断) 矢印の反対側は線の上
(平)

レ形完全溶込み溶接

(断) レ形は折れ線

片側隅肉溶接

左を縦(垂直)に書く
(断) 矢印の側は線の下
(立) 材の手前は線の下

両側隅肉溶接

╽╽
4 6

(断) 矢印の反対側は線の上　大きさ
(立) 材の反対側は線の上

答え ▶ ×

★ R208 ○×問題　　まわし溶接

Q 重ね継手の隅肉溶接において、溶接する鋼板のかど部には、まわし溶接を行ってはならない。

A 鋼板の角ピッタリに隅肉溶接を止めると、溶接末端部が溶接不良になりやすいので、角を少しまわして止めます。完全溶込み溶接でエンドタブを付けて端部を外へ逃がすように、角の隅肉溶接ではまわし溶接で角から逃がします（答えは×）。

$$\begin{cases} 完全溶込み溶接 → エンドタブで延長 \\ 角の隅肉溶接　　→ まわし溶接 \end{cases}$$

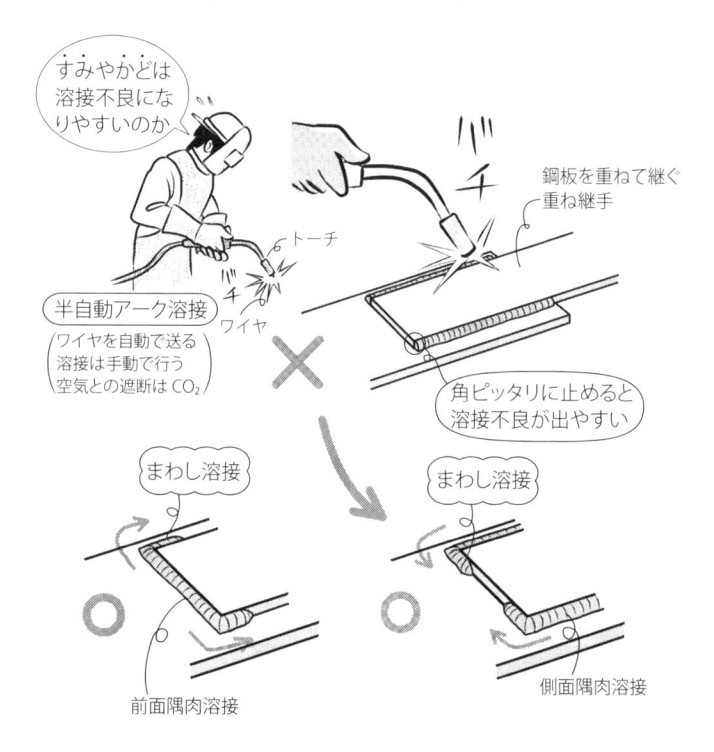

すみやかどは溶接不良になりやすいのか

半自動アーク溶接
ワイヤを自動で送る
溶接は手動で行う
空気との遮断はCO_2

トーチ
ワイヤ

鋼板を重ねて継ぐ重ね継手

角ピッタリに止めると溶接不良が出やすい

まわし溶接
前面隅肉溶接

まわし溶接
側面隅肉溶接

答え ▶ ×

★ R209 ○×問題　　　ショートビード

Q ビードの長さが短い溶接においては、溶接入熱が小さくて冷却速度が速いため、靭(じん)性の劣化や低温割れを生じる危険性が小さくなるので、組立て溶接はショートビードとする方がよい。

A 溶接ビード(bead)とは、溶着金属によるじゅず状、ビーズ(beads)状の波状帯形の盛り上がりのことです。溶接棒(半自動アーク溶接ではトーチ)を始端から終端まで1回動かして溶接する操作をパス(pass：通過する、横切る)といいます。このパスで形成される溶着金属がビードです。

ショートビードとは極端に短いビードのことです。体積が小さいので急に冷え、焼入れと同様に硬くなって粘り(靭性)がなくなり、荷重や低温で割れやすくなります(R157、159参照)。板厚が6mmを超える場合、溶接長さは40mm以上などと決められています。

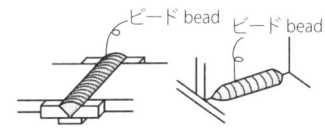

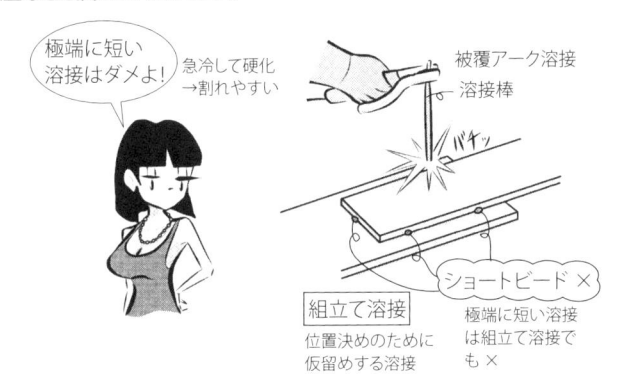

【短いビーズは首に巻けないから ×】
　ショートビード

【 】内スーパー記憶術

答え ▶ ×

★ R210 ○×問題　パス間温度

Q 溶接金属の機械的性質は溶接条件の影響を受けるので、溶接部の強度を低下させないために、パス間温度が規定値より高くなるように管理した。

A 溶接棒（またはトーチ）を始点から終点まで動かす1回の溶接作業を、パス（pass）といいます。下図では5回手を動かして4段に重ねた、4層5パスの完全溶込み溶接です。

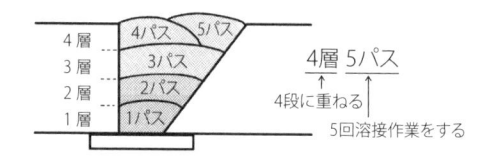

```
4層 ─ 4パス  5パス
3層 ─ 3パス
2層 ─ 2パス
1層 ─ 1パス
```

4層 5パス
↑　　　↑
4段に重ねる　5回溶接作業をする

パスとパスの間の、溶接直前の溶着金属と周辺母材の温度を、パス間温度と呼びます。鋼は急冷（焼入れ）すると硬くもろくなりますが、冷却が進まないと強度が出ません。熱でまだ溶けたような状態です。1回のパスが終了後、ある程度冷却してから次のパスを行います。そのためパス間温度は、350℃以下、250℃以下などと、鋼材によって決められています（答えは×）。

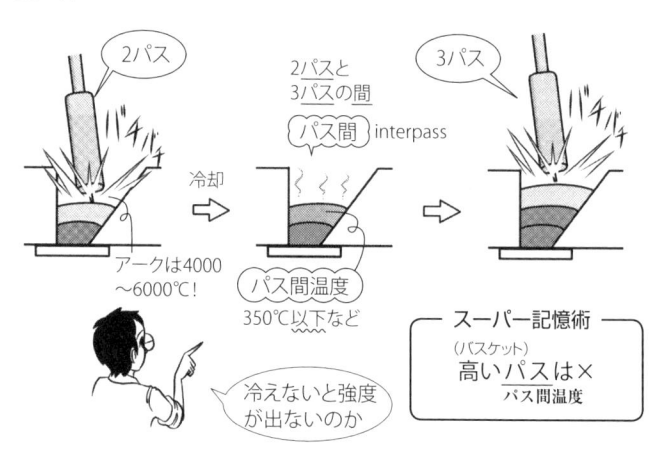

2パス　　　　2パスと3パスの間　　　　3パス
　　　　　　パス間 interpass
アークは4000～6000℃！　パス間温度
　　　　　　350℃以下など

冷えないと強度が出ないのか

―― スーパー記憶術 ――
（バスケット）
高いパスは×
　パス間温度

答え ▶ ×

★ R211 ○×問題　　　　　　　　　　　　　　　　　　　　　　予熱

Q 予熱は溶接による割れの防止を目的として、板厚が厚い場合や気温が低い場合に行われる。

A 厚い板の溶接や気温が低いときの溶接では、下記のようなさまざまな原因で低温割れが起こります。低温割れを防ぐために、母材をヒーターで事前に温めておく必要があります。アークは4000～6000℃という太陽表面温度並みの熱さなので、一気に冷やした場合は、鋼の靭（じん）性（粘り強さ）が失われ、割れやすくなります。

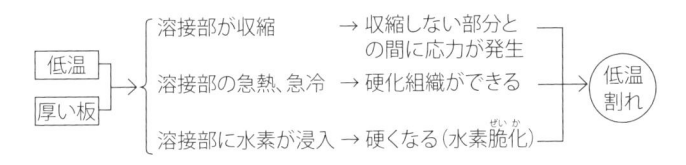

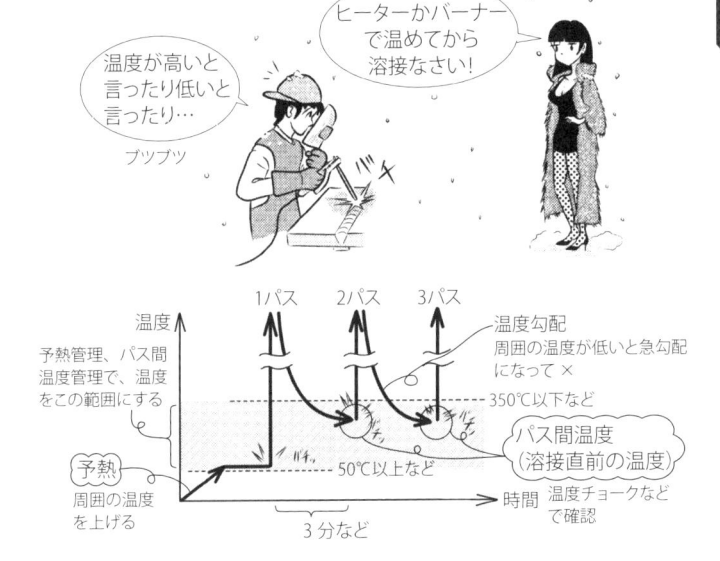

```
          ┌ 溶接部が収縮      → 収縮しない部分と ┐
低温      │                    の間に応力が発生  │
  ├─→  │ 溶接部の急熱、急冷 → 硬化組織ができる ├─→ 低温割れ
厚い板    │                                    │
          └ 溶接部に水素が浸入 → 硬くなる（水素脆化）┘
```

ヒーターかバーナーで温めてから溶接なさい！

温度が高いと言ったり低いと言ったり…

ブツブツ

温度
1パス　2パス　3パス

予熱管理、パス間温度管理で、温度をこの範囲にする

温度勾配
周囲の温度が低いと急勾配になって ×

350℃以下など

パス間温度（溶接直前の温度）

50℃以上など

予熱
周囲の温度を上げる

3分など

時間　温度チョークなどで確認

答え ▶ ○

★ R212 ○×問題　　溶接不良と探傷試験

Q 溶接部の非破壊試験において、放射線透過試験、超音波探傷試験、磁粉探傷試験、浸透探傷試験のうち、内部欠陥の検出には磁粉探傷試験が適している。

A 内部欠陥の検出には、放射線や超音波が適しています。磁粉や浸透液による試験は、表面の傷の検出に使います（答えは×）。

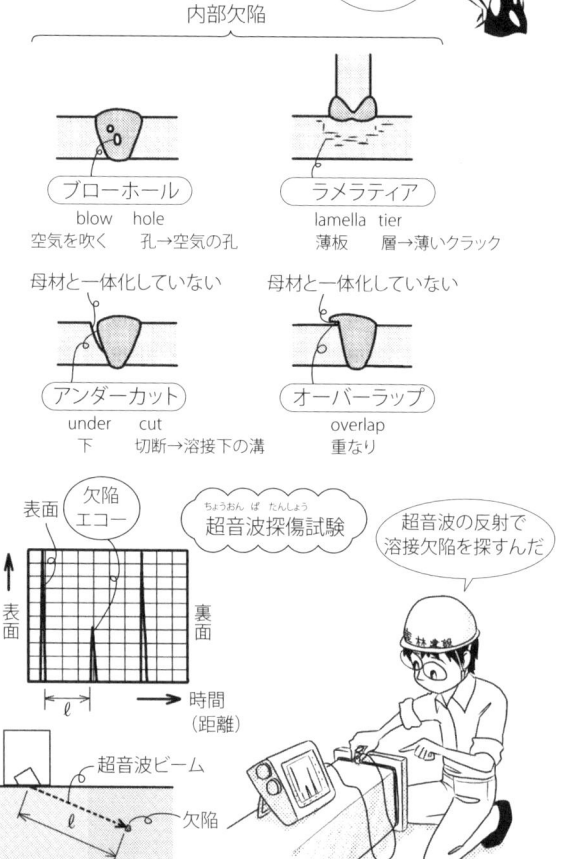

内部検査は超音波が一般的よ！

内部欠陥

ブローホール
blow　hole
空気を吹く　孔→空気の孔

ラメラティア
lamella　tier
薄板　層→薄いクラック

母材と一体化していない

アンダーカット
under　cut
下　切断→溶接下の溝

母材と一体化していない

オーバーラップ
overlap
重なり

表面　欠陥エコー

超音波探傷試験

超音波の反射で溶接欠陥を探すんだ

エコーの強さ　表面　裏面　時間（距離）

超音波ビーム
欠陥

ℓと入射角から、欠陥の位置を知ることができる

答え ▶ ×

★ R213 ○×問題　　溶接に関する寸法　その1

Q 構造計算に用いる隅肉溶接のサイズは、薄い方の母材の厚さを超える値とする。

A 隅肉溶接のサイズ S、有効のど厚 a は、下図のように決めます。母材の角からの距離（脚長、あしなが）のうち、小さい方を S として、2等辺3角形（普通は底角45°の直角2等辺3角形）をつくります。角から斜辺までの垂線の長さを a とします。

内接する2等辺3角形

S は、薄い方の母材の厚さ以下とします（答えは×）。下の右図で $t_1 < t_2$ の場合、$S > t_1$ とすると溶接部が母材からはみ出してしまいます。ただし下の左図のようなT継手で一定の厚み以下の場合は、若干であれば、薄い方の母材の厚さ以上としてよいとされています。

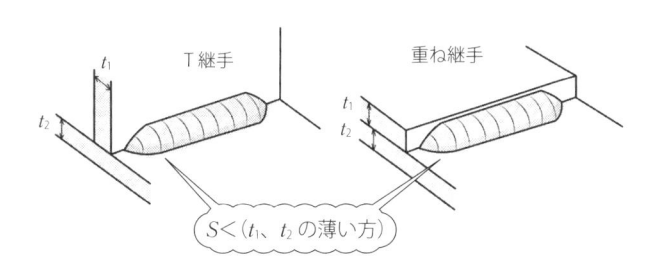

$S < (t_1、t_2 \text{の薄い方})$

答え ▶ ×

★ R214 ○×問題　　溶接に関する寸法　その2

Q 1. 隅肉溶接の有効長さは、まわし溶接部を含めた溶接の全長から、隅肉サイズの2倍を減じたものとする。
2. 構造計算に用いる隅肉溶接の溶接部の有効面積は、（溶接の有効長さ）×（薄い方の母材の厚さ）により算出する。

A 隅肉溶接の両端は細くなるので、実際の長さ−2S（S：サイズ）で有効長さを出します（1は○）。応力は溶接ののど断面積で伝わるとして応力度を出します。計算上ののど断面積＝溶接の有効面積は、下図のように（有効長さℓ）×（有効のど厚a）で計算します（2は×）。

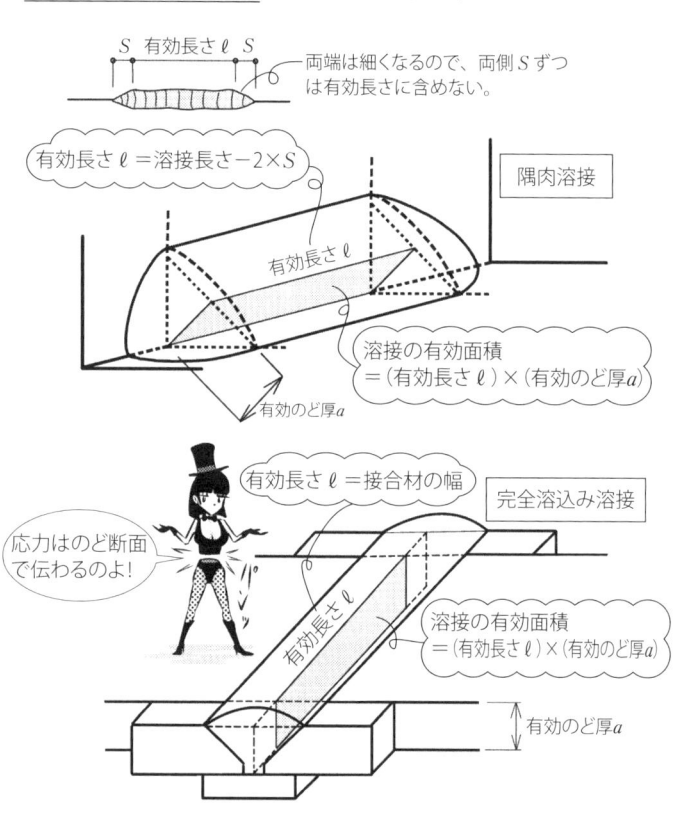

両端は細くなるので、両側 S ずつは有効長さに含めない。

有効長さ ℓ ＝溶接長さ−2×S

隅肉溶接

溶接の有効面積
＝（有効長さℓ）×（有効のど厚a）

有効のど厚 a

有効長さ ℓ ＝接合材の幅

完全溶込み溶接

応力はのど断面で伝わるのよ！

溶接の有効面積
＝（有効長さℓ）×（有効のど厚a）

有効のど厚 a

答え ▶ 1. ○　2. ×

★ R215 ○×問題　　溶接に関する寸法　その3

Q 被覆アーク溶接によるレ形またはK形開先の部分溶込み溶接の場合、有効のど厚は、開先の深さ全部とすることはできない。

A アークとは電気放電のことで、その熱エネルギーで鋼を溶かして接合するのがアーク溶接です。溶接の際に空気と接すると、溶けた鋼の中に空気の孔ができるので、空気から被覆（シールド、サブマージ）する必要があります。溶接棒での手溶接は、被覆アーク溶接と呼ばれます。

開先（かいさき）とは溶着金属が溶け込む溝のことで、レ形、V形、K形などの形があります。完全溶込み溶接では底部の裏当て金まで、厚み分すべて溶けて一体となります。溶接の厚み、応力が伝わる部分をのど厚といいます。母材の厚みが異なる場合は、薄い方の厚み分しか、応力を伝えるのに有効ではないので、有効のど厚は薄い方の母材厚となります。

部分溶込み溶接では、一部分しか溶接されません。被覆アーク溶接では溝の底まで溶かすのが難しいので、開先深さから一定量を引いて有効のど厚とします。

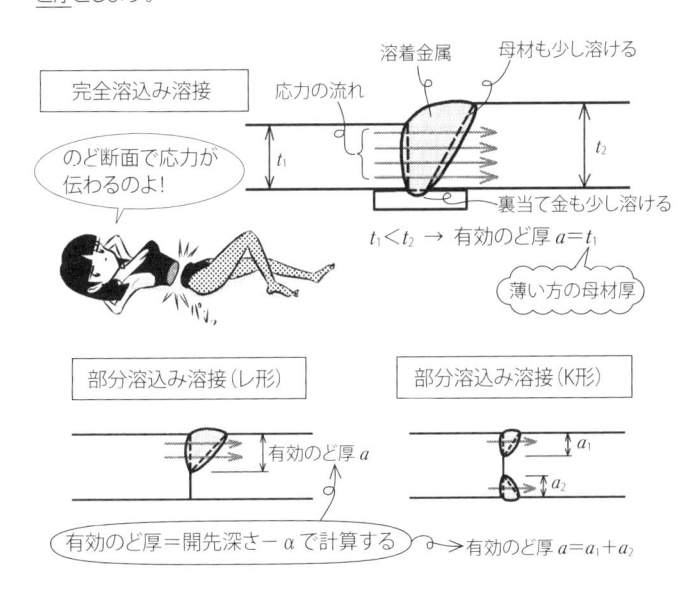

完全溶込み溶接

のど断面で応力が伝わるのよ！

$t_1 < t_2 \rightarrow$ 有効のど厚 $a = t_1$

薄い方の母材厚

部分溶込み溶接（レ形）

有効のど厚 a

有効のど厚＝開先深さ－α で計算する

部分溶込み溶接（K形）

有効のど厚 $a = a_1 + a_2$

答え ▶ ○

★ R216 ○×問題　　　溶接にかかる応力　その1

Q 1. 片面溶接による部分溶込み溶接は、継目ルート部に曲げまたは荷重の偏心によって生じる付加曲げによる引張り応力が作用する箇所に使用してはならない。

2. 部分溶込み溶接は、繰り返し荷重の作用する部分に用いることはできない。

A

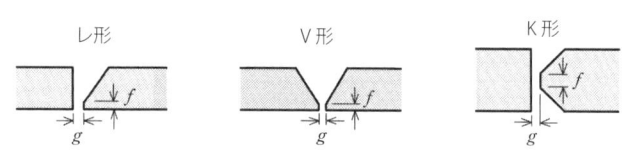

　　　レ形　　　　　　　　V形　　　　　　　　K形

f：ルート面　g：ルート間隔

ルート (root) の原義は根、付け根で、溝（開先）の付け根、底部を指します。ルート面は付け根に接する面、ルート間隔は付け根のあき間隔です。ルート間隔が狭いと、溶着金属が溶け込まずに欠陥ができます。

--- スーパー記憶術 ---
ルート面
ルート
ルート間隔

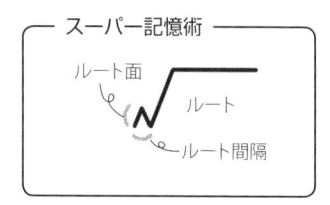

荷重が偏心することによって生じる曲げモーメントを、<u>付加曲げモーメント（付加曲げ）</u>といいます。曲げモーメント、付加曲げモーメントによって、溶接のされていないルート部に引張り力がかかると、下図のようにはがれて壊れる危険があります（1は○）。

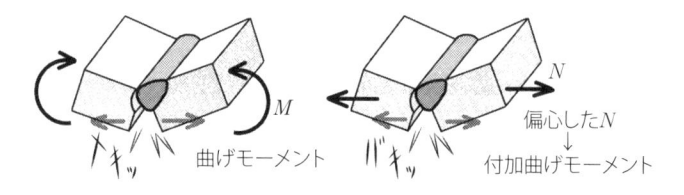

曲げモーメント M　　　偏心した N → 付加曲げモーメント

繰り返し応力のかかる部分は壊れやすいので、部分溶込み溶接は使えません（2は○）。

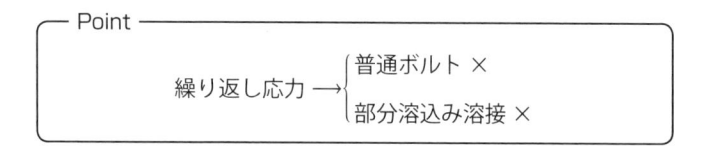

Point

繰り返し応力 → { 普通ボルト ×
　　　　　　　　 部分溶込み溶接 ×

答え ▶ 1. ○　2. ○

★ R217 ○×問題　　　　溶接にかかる応力　その2

Q 完全溶込み溶接におけるのど断面の許容応力度は、高度の品質が確保できる場合、母材と同一の値とすることができる。

A 溝（開先）に溶け込む溶着金属となる溶接棒（またはワイヤ）は、母材と同じ鋼材を使います。完全溶込み溶接では溶着金属が母材と一体となって、すべての応力を伝達することができます。そして許容応力度も母材と同一とされています（答えは○　基準法）。異種の鋼材を溶接する場合は、母材の許容応力度のうち小さい方の値（安全側の値）を使います。

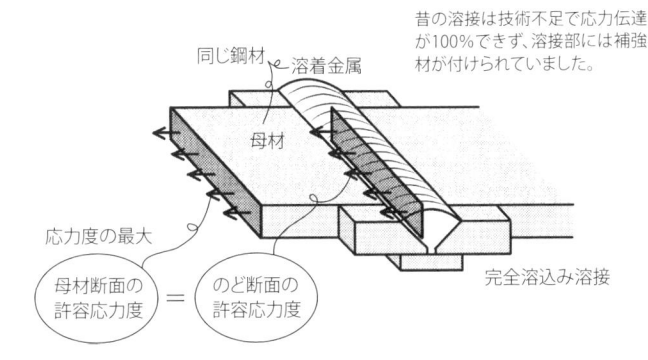

昔の溶接は技術不足で応力伝達が100%できず、溶接部には補強材が付けられていました。

応力度の最大

（母材断面の許容応力度）＝（のど断面の許容応力度）

完全溶込み溶接

鋼材の許容応力度→そのまま 完全溶込み溶接 の許容応力度

長期許容応力度				短期許容応力度			
圧縮	引張り	曲げ	せん断	圧縮	引張り	曲げ	せん断
$\dfrac{F}{1.5}$	$\dfrac{F}{1.5}$	$\dfrac{F}{1.5}$	$\dfrac{F}{1.5\sqrt{3}}$	長期の1.5倍			

F：基準強度

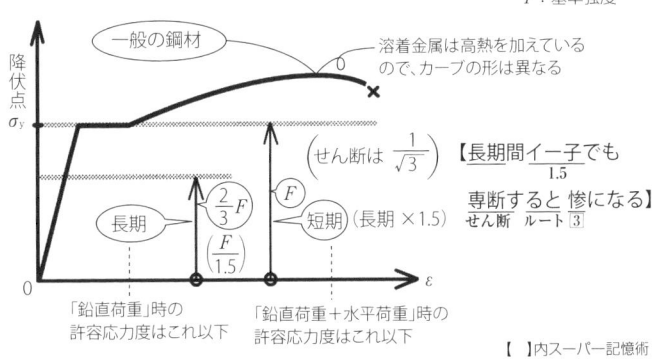

- 一般の鋼材
- 溶着金属は高熱を加えているので、カーブの形は異なる

降伏点 σ_y

せん断は $\dfrac{1}{\sqrt{3}}$

長期 $\left(\dfrac{2}{3}F\right)\left(\dfrac{F}{1.5}\right)$

短期 (F)（長期×1.5）

【長期間イー子でも専断すると惨になる】
　　　　　　　　　　せん断　ルート $\boxed{3}$

「鉛直荷重」時の許容応力度はこれ以下

「鉛直荷重＋水平荷重」時の許容応力度はこれ以下

【　】内スーパー記憶術

答え ▶ ○

★ R218 ○×問題　溶接にかかる応力　その3

Q 溶接継目ののど断面に対する許容応力度は、溶接継目の形式に応じて異なる値を用いる。

A 隅肉溶接ののど断面に対する許容応力度は、完全溶込み溶接の$1\sqrt{3}$倍（せん断のみ同じ）とされています。短期が長期の1.5倍というのは、一般の鋼材、高力ボルト、鉄筋などと同じです。

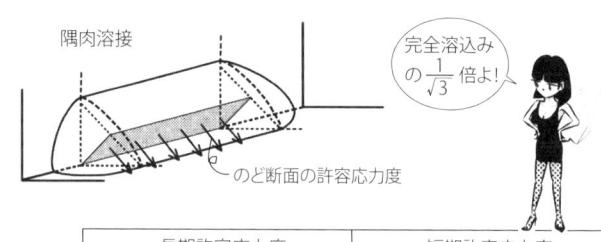

	長期許容応力度				短期許容応力度			
	圧縮	引張り	曲げ	せん断	圧縮	引張り	曲げ	せん断
完全溶込み溶接	$\dfrac{F}{1.5}$	$\dfrac{F}{1.5}$	$\dfrac{F}{1.5}$	$\dfrac{F}{1.5\sqrt{3}}$	長期の1.5倍			
隅肉溶接	$\dfrac{F}{1.5\sqrt{3}}$	$\dfrac{F}{1.5\sqrt{3}}$	$\dfrac{F}{1.5\sqrt{3}}$	$\dfrac{F}{1.5\sqrt{3}}$	長期の1.5倍			

F：基準強度

せん断以外は異なる　完全溶込みの約0.6倍

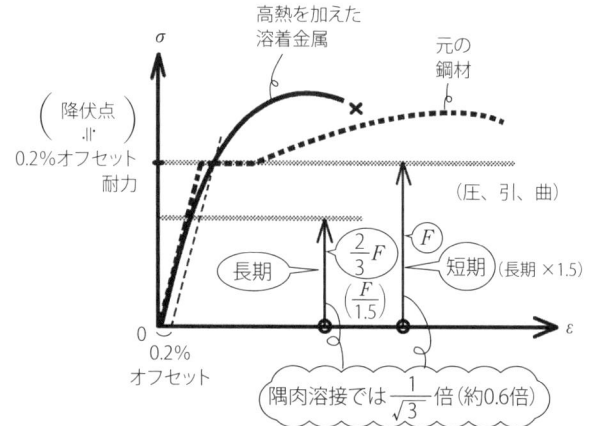

せん断は同じ

隅肉溶接では$\dfrac{1}{\sqrt{3}}$倍（約0.6倍）

答え ▶ ○

★ R219 計算問題　溶接にかかる応力　その4

Q 図のような側面隅肉溶接（両側面に施し、片面の有効長さは100mmとする）において、溶接部継目に生ずる応力度が、その継目の長期許容せん断応力度f_wと等しくなるような引張り力P（N）の値を求めよ。ただしf_wの値は90N/mm^2とする。

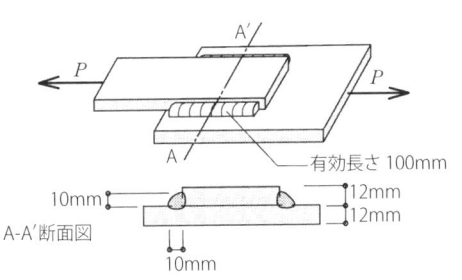

A のど断面のせん断応力度の合計がPとなります。せん断応力度の最大値＝許容せん断応力度の合計がPの最大値＝せん断耐力となります。

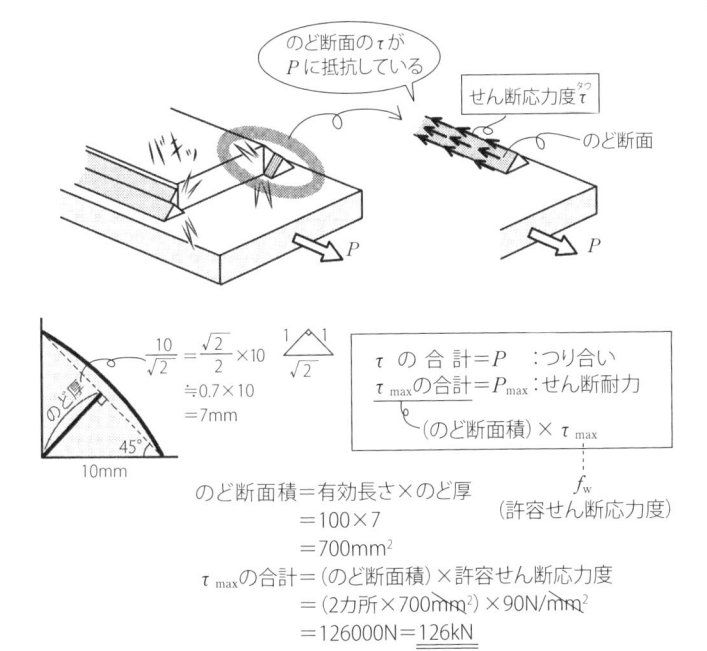

$$\frac{10}{\sqrt{2}} = \frac{\sqrt{2}}{2} \times 10$$
$$\fallingdotseq 0.7 \times 10 = 7\text{mm}$$

τ の合計 $= P$ ：つり合い
τ_{max}の合計 $= P_{max}$：せん断耐力
　　　（のど断面積）$\times \tau_{max}$
　　　　　　　　　　　f_w
　　　　　　　　（許容せん断応力度）

のど断面積 ＝ 有効長さ × のど厚
　　　　　＝ 100×7
　　　　　＝ 700mm^2

τ_{max}の合計 ＝（のど断面積）× 許容せん断応力度
　　　　　＝（2カ所 × 700mm^2）× 90N/mm^2
　　　　　＝ 126000N ＝ **126kN**

答え ▶ **126kN**

★ R220 ○×問題　溶接にかかる応力　その5

Q 1つの継手に完全溶込み溶接と隅肉溶接を併用するときは、各溶接継目の許容応力に応じて、それぞれの応力の分担を決定することができる。

A 下図のように2つの溶接が併用された鋼板を左右にTの力で引っ張り、それぞれの溶接継目にかかる引張り応力をT_1、T_2とします。TはT_1とT_2に分かれますが、各継目の耐力に比例して応力が分担されるとしてよいということです（答えは○）。溶接継目の最大応力=許容応力は、(許容応力度)×(のど断面積)で計算できます。隅肉溶接ののど断面は傾いているので、$\cos\theta$をかけるなどの調整が必要です。

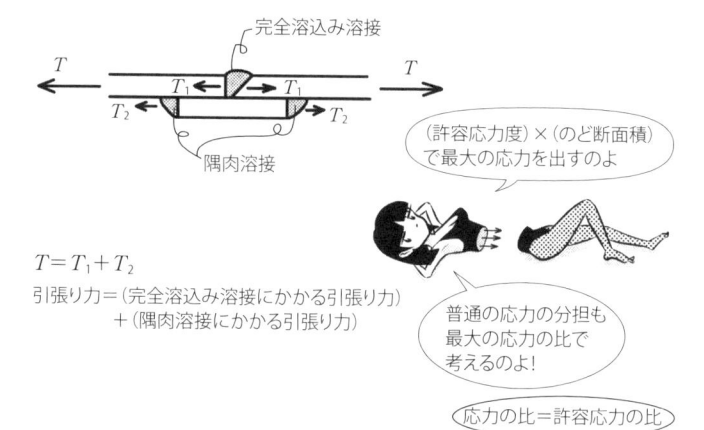

$T = T_1 + T_2$
引張り力=(完全溶込み溶接にかかる引張り力)
　　　　+(隅肉溶接にかかる引張り力)

（許容応力度）×（のど断面積）で最大の応力を出すのよ

普通の応力の分担も最大の応力の比で考えるのよ！

応力の比＝許容応力の比

$T_1 : T_2 =$ (完全溶込み溶接の許容応力) : (隅肉溶接の許容応力)
= (許容引張り応力度×のど断面積) : (許容引張り応力度×のどの角度による調整×のど断面積)

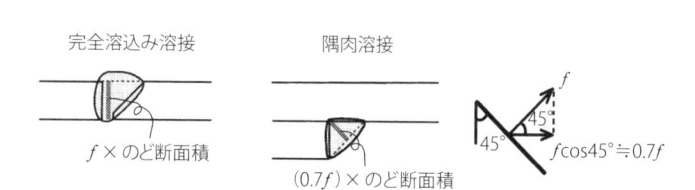

完全溶込み溶接　　f ×のど断面積

隅肉溶接　　$(0.7f)$ ×のど断面積

$f\cos 45° ≒ 0.7f$

答え ▶ ○

★ R221 まとめ　　接合部の応力

高力ボルト ＋ 溶接 → 高力ボルトの応力 ＋ 溶接の応力

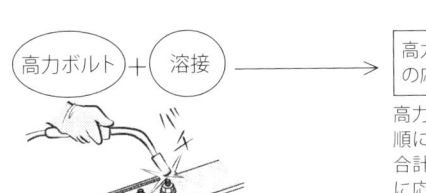

高力ボルト締め→溶接という順に限り、両方の許容応力を合計できる。また各許容応力に応じて、応力を分担する。溶接を先にすると板が変形して密着しなくなるため。

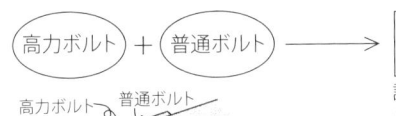

高力ボルト ＋ 普通ボルト → 高力ボルトの応力

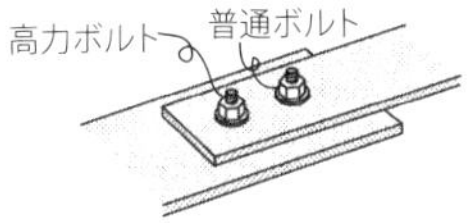

許容応力、応力ともに高力ボルトのみ有効。高力ボルトの締め付けが強くて板がすべらず、普通ボルトの軸に当たらないため。

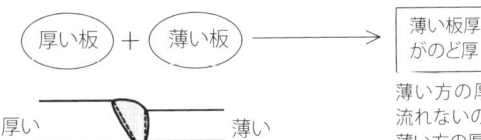

厚い板 ＋ 薄い板 → 薄い板厚がのど厚

薄い方の厚み分しか応力が流れないので、有効のど厚は薄い方の厚みとする。

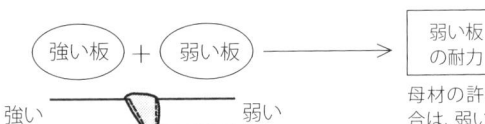

強い板 ＋ 弱い板 → 弱い板の耐力

母材の許容応力度が違う場合は、弱い方で溶接継目の耐力を計算する。安全側の計算となる。

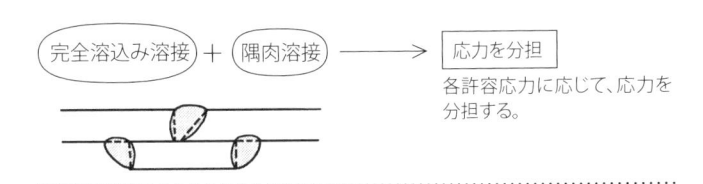

完全溶込み溶接 ＋ 隅肉溶接 → 応力を分担

各許容応力に応じて、応力を分担する。

★ / R222 / ○×問題　　　ダイアフラムの形式

Q 角形鋼管を柱とする柱梁仕口部の接合形式には、通しダイアフラム形式、内ダイアフラム形式および外ダイアフラム形式がある。

A ダイアフラム (diaphragm) は横隔膜が原義で、柱を横断するように入れた鋼板のことです。柱は薄い鋼板でできたチューブで、ダイアフラムなしで柱に梁を直接溶接すると、簡単に壊れてしまいます。梁のフランジの力をしっかりと受けられるように、フランジの位置にダイアフラムを取り付けます。

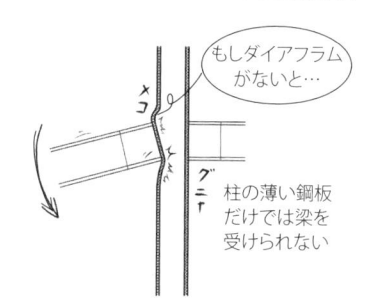

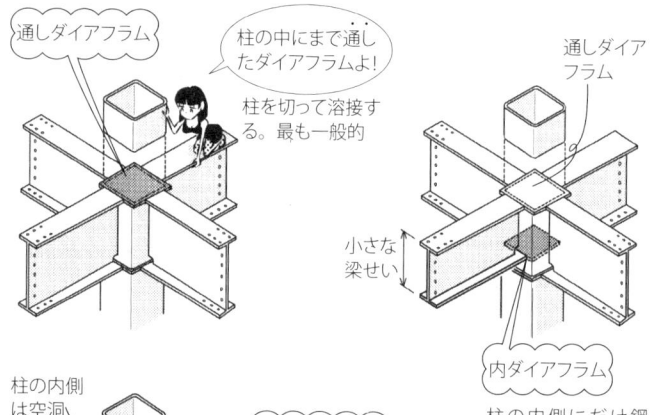

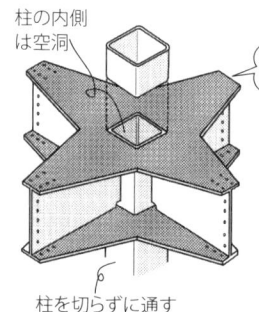

もしダイアフラムがないと…
柱の薄い鋼板だけでは梁を受けられない

通しダイアフラム
柱の中にまで通したダイアフラムよ！
柱を切って溶接する。最も一般的

内ダイアフラム
柱の内側にだけ鋼板を溶接する。高さ（せい）の違う梁を受けるため。通しダイアフラムにすると、すぐ下の通しダイアフラムとの間隔が狭くて、施工が困難となる

小さな梁せい

外ダイアフラム
柱の内側は空洞
柱を切らずに、外側に溶接するだけで OK。ダイアフラムが外壁などの邪魔になるので、大型の建物のときのみ
柱を切らずに通す

答え ▶ ○

★ R223 ○×問題　　　柱梁接合部の溶接　その1

Q 柱梁接合部に設ける通しダイアフラムと箱形断面柱との接合は、完全溶込み溶接とする。

A 通しダイアフラムは、柱を横断する形で通しで入れるので、柱はそのつど切断されます。下図のように最初に短い柱の上下にダイアフラムを完全溶込み溶接して、次に小さく切られた梁（ブラケット）を取り付け、最後に短い柱の上下に長い柱を完全溶込み溶接します（答えは○）。

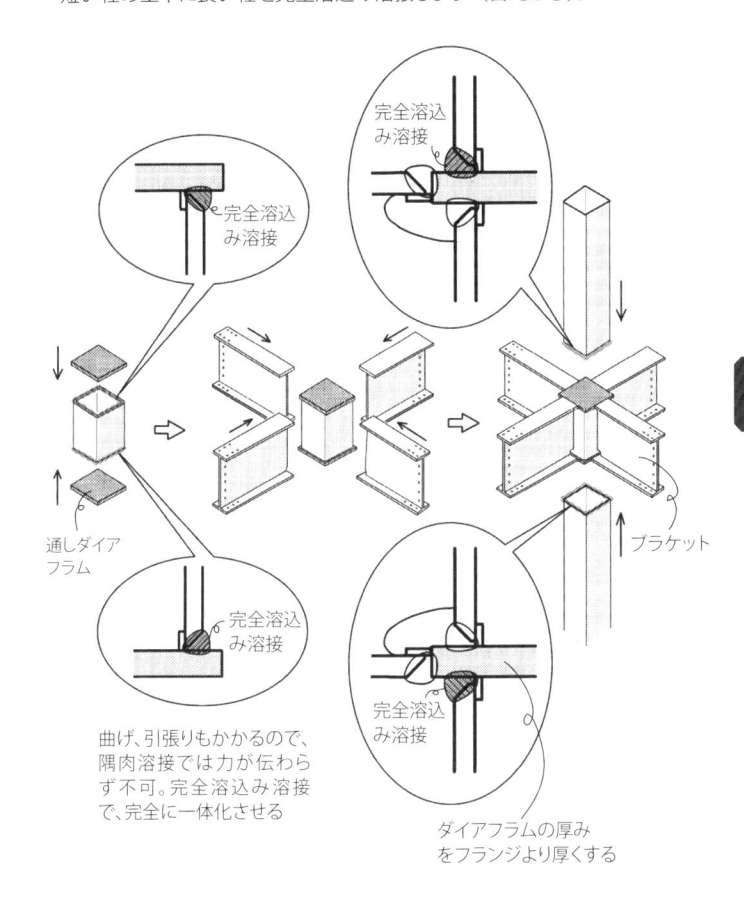

通しダイアフラム

完全溶込み溶接

曲げ、引張りもかかるので、隅肉溶接では力が伝わらず不可。完全溶込み溶接で、完全に一体化させる

ブラケット

完全溶込み溶接

ダイアフラムの厚みをフランジより厚くする

答え ▶ ○

★ R224 ○×問題

Q 1. H形鋼を梁に用いる場合、曲げモーメントをウェブで、せん断力をフランジで負担させるものとする。
2. 箱形断面の柱にH形鋼を剛接合するために、梁のフランジは完全溶込み溶接とし、ウェブは隅肉溶接とした。

A 上下端のフランジが曲げに抵抗し、中央のウェブはせん断に抵抗します（1は×）。せん断のみのウェブは隅肉溶接でOK、引張りもかかるフランジは、完全溶込み溶接とします（2は○）。

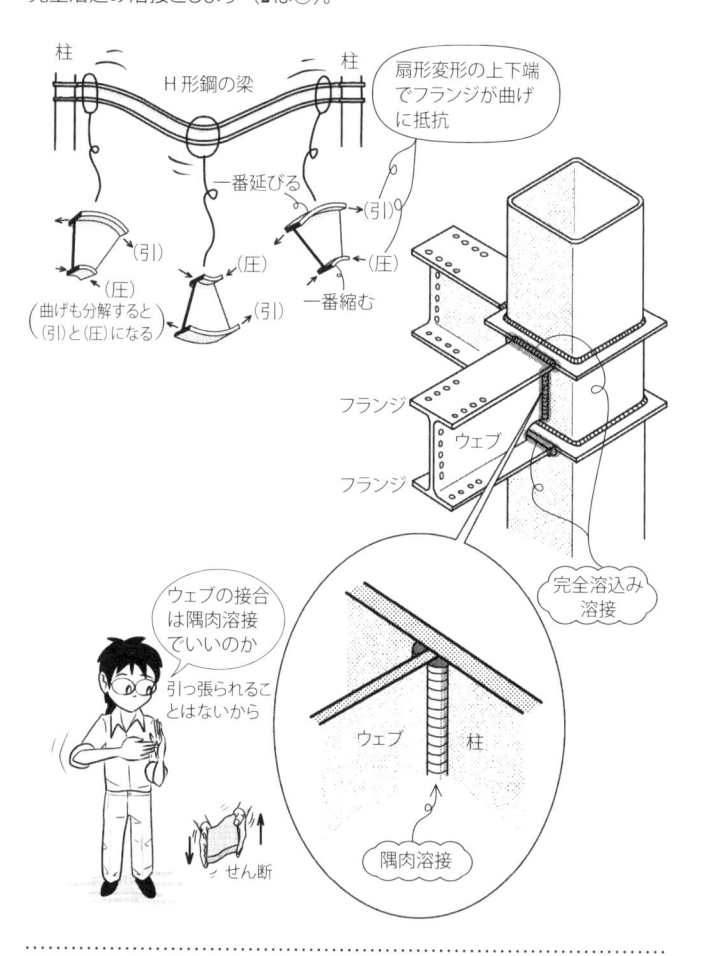

柱梁接合部の溶接 その2

H形鋼の梁を柱に溶接する際は、フランジを完全溶込み溶接、ウェブを隅肉溶接とするのが一般的です。ウェブまで完全溶込み溶接にするのは、施工的にも大変です。フランジは曲げモーメント M による曲げ応力度 σ_b の最大（引張り、圧縮）がかかるので、完全溶込み溶接とします。ウェブ中央部にはせん断力 Q によるせん断応力度 τ の最大がかかりますが、隅肉溶接で伝えることができます。

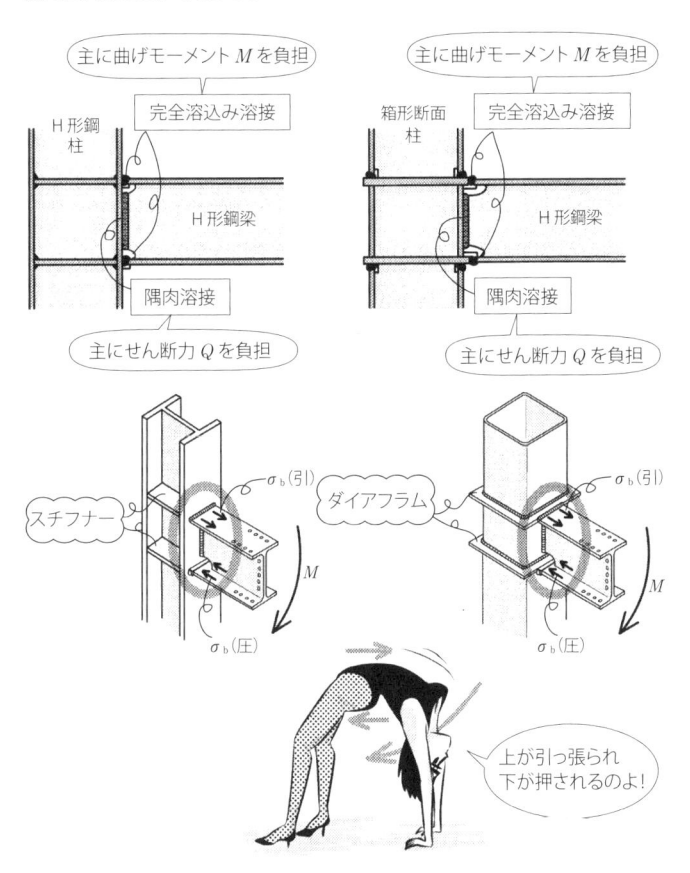

- 主に曲げモーメント M を負担
- 完全溶込み溶接
- H形鋼柱
- H形鋼梁
- 隅肉溶接
- 主にせん断力 Q を負担

- 主に曲げモーメント M を負担
- 完全溶込み溶接
- 箱形断面柱
- H形鋼梁
- 隅肉溶接
- 主にせん断力 Q を負担

スチフナー　　σ_b(引)　ダイアフラム　σ_b(引)

M　　σ_b(圧)　　M　σ_b(圧)

上が引っ張られ下が押されるのよ！

実際はウェブも曲げ応力度 σ_b を少し負担し、
フランジもせん断応力度 τ を少し負担しています。

答え ▶ 1. ×　2. ○

★ R225 ○×問題　柱梁接合部の溶接　その3

Q H形鋼の柱とH形鋼の梁の接合部において、柱のフランジを上下に通す場合、梁フランジと柱の水平スチフナーに心ずれを生じても、接合部の耐力は心ずれのない場合と同じである。

A スチフナー（stiffener）とは強化する（stiffen）ために入れる鋼板で、補剛材と訳されます。箱形断面柱に通しダイアフラムを入れるように、H形鋼の柱には水平スチフナーを入れます。水平スチフナーと梁フランジがずれていたら、力がきれいに伝わらなくなります（答えは×）。

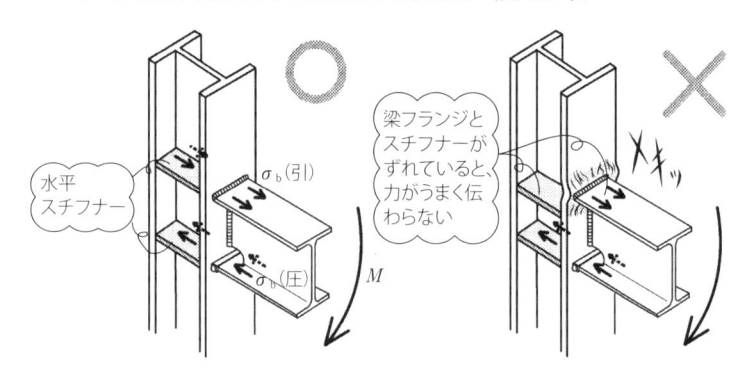

H形鋼の柱は箱形断面柱と異なり、フランジが1方向にしか付いていません。曲げモーメント M には柱フランジが抵抗するので、フランジが抵抗しない側に梁を接合する場合は、梁フランジをスチフナーから離して M が伝わらないように接合します。H形鋼の柱の場合は、1方向だけ剛接合の1方向ラーメンとなります。

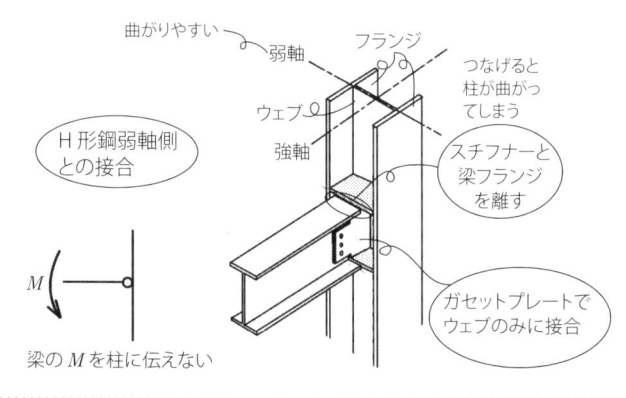

答え ▶ ×

★ R226 ○×問題　　柱梁接合部の溶接　その4

Q 図は鉄骨ラーメン構造4階建ての建築物の1階部分を示したものである。この図に関する次の記述の正誤を判定せよ。

1. 通しダイアフラムと大梁フランジとの接合（図中①）を完全溶込み溶接とした。
2. 柱と大梁ウェブとの接合（図中②）を隅肉接合とした。
3. 通しダイアフラムと柱との接合（図中③）を全周隅肉溶接とした。
4. 大梁の継手の接合（図中④）はフランジ、ウェブともに高力ボルトによる摩擦接合とした。
5. 柱脚と基礎との接合（図中⑤）は、柱脚とベースプレートを完全溶込み溶接とし、ベースプレートを4本のアンカーボルトにより基礎に接合した。

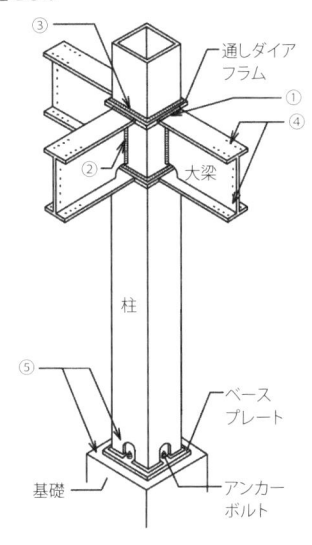

A 通しダイアフラムと柱との接合は、曲げによって生じる引張りが働くため、隅肉溶接では力が伝わりません（3は×）。すべての応力を伝達できる完全溶込み溶接とします。ベースプレートと柱も同様に、開先（かいさき）（溝）をつくって完全溶込み溶接とします。

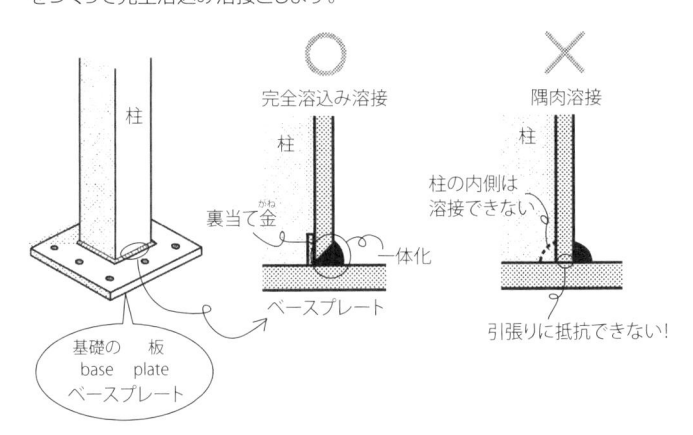

答え ▶ 1.○　2.○　3.×　4.○　5.○

★ R227 ○×問題　柱梁接合部の降伏　その1

Q 鉄骨構造においては、柱梁接合パネルよりも梁または柱が先に降伏するように設計する。

A 柱梁接合部は、RC造でもS造でもパネルゾーンとかパネルとも呼ばれます。崩壊するときは、なるべく全体が傾いて、さまざまな部分でエネルギーを吸収しながら倒れるように設計します。梁端部、柱脚が降伏してヒンジ化し、さびた丁番のようにエネルギーを吸収しながら回転するようにつくります。柱梁接合部が先に降伏してヒンジになると、右の下図のようにすぐに部分崩壊して一気に倒壊してしまいます。接合部より先に梁、柱が降伏するように、降伏時の最大のモーメントを調整します（答えは○）。

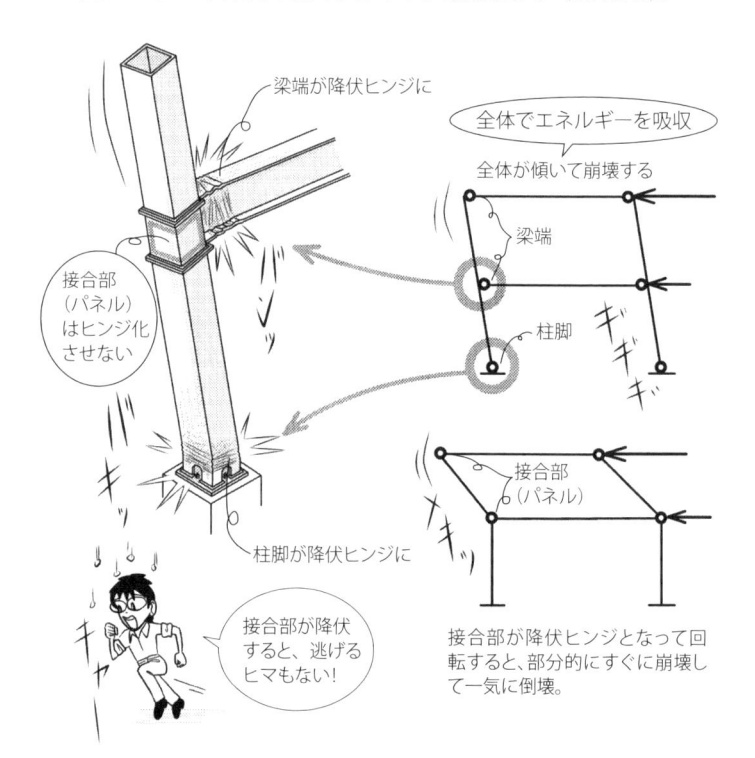

接合部が降伏ヒンジとなって回転すると、部分的にすぐに崩壊して一気に倒壊。

答え ▶ ○

R228 ○×問題　柱梁接合部の降伏　その2

Q 鉄骨構造の梁端部の接合部の早期破壊を防ぐために、梁端部のフランジ幅を広げ、作用する応力を減らす設計をした場合であっても、保有耐力接合の検討を行う。

A 曲げモーメントMを受けると、中立軸を境に上は伸び、下は縮みます。上端のフランジが一番伸び、下端のフランジが一番縮みます。一番伸び縮みする部分の材が一番Mに（Mから生じる曲げ応力度σ_bに）抵抗しているわけです。フランジ幅を広げると、一番伸縮する部分の断面積が増えて$1mm^2$当たりに受ける引張りの（圧縮の）曲げ応力度σ_bを小さくすることができ、梁が降伏しにくくなります。

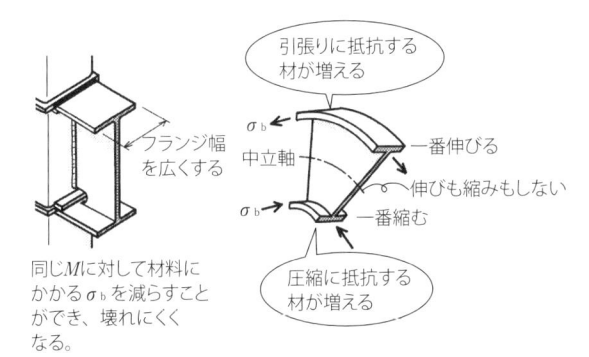

同じMに対して材料にかかるσ_bを減らすことができ、壊れにくくなる。

梁が壊れにくくなると、柱梁接合部の方が先に壊れて、部分崩壊する危険もあります。接合部の耐力＞各部材の耐力として、粘り強く崩壊するように設計します。そのような接合部を、保有耐力接合といいます（答えは○）。

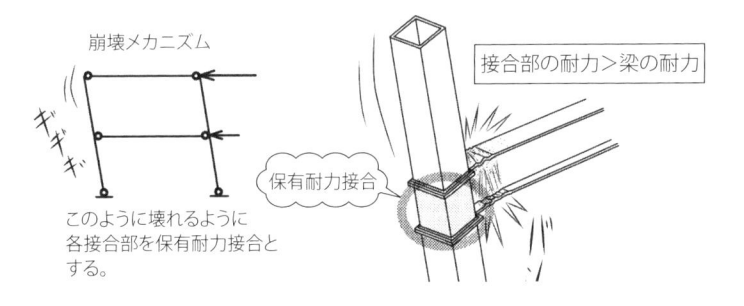

崩壊メカニズム

このように壊れるように各接合部を保有耐力接合とする。

接合部の耐力＞梁の耐力

保有耐力接合

答え ▶ ○

★ R229 ○×問題　筋かいの保有耐力接合

Q 引張り力を負担する筋かいを保有耐力接合とするためには、筋かい軸部の降伏耐力より、筋かい端部および接合部の破断耐力を大きくする必要がある。

A 崩壊するときに接合部が先に壊れると、粘らずに一気に倒壊してしまいます。一方筋かい軸部が先に降伏すると、塑性域で同じ応力度で大きく変形し、それによって地震のエネルギーを吸収できます。大きな耐力を保有して、筋かい軸部が降伏するまで壊れない接合を、保有耐力接合といいます。一般に接合部の耐力＞母材の耐力とすることを、保有耐力接合と呼びます（答えは○）。

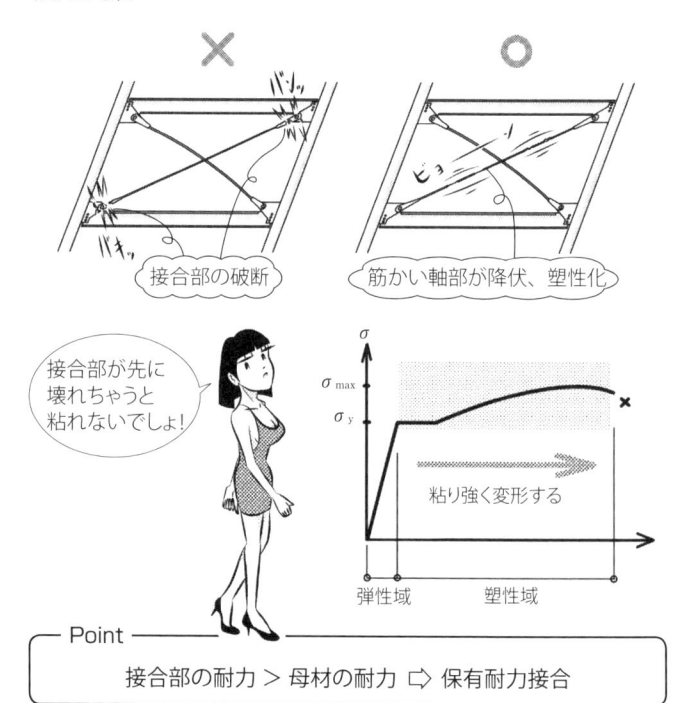

- Point ─
接合部の耐力 ＞ 母材の耐力 ⇨ 保有耐力接合

答え ▶ ○

★ R230 ○×問題　　スカラップ　その1

Q 溶接接合を行う場合、スカラップは溶接線の交差を避けるため、および裏当て金を挿入するために設ける。

A スカラップ（scallop）はホタテ貝が原義で、円弧状の切り欠きもこの名で呼ばれるようになりました。溶接が交差してぶつかるのを避けるため、および裏当て金を通すための孔で、柱梁仕口部に多く使われています（答えは○）。

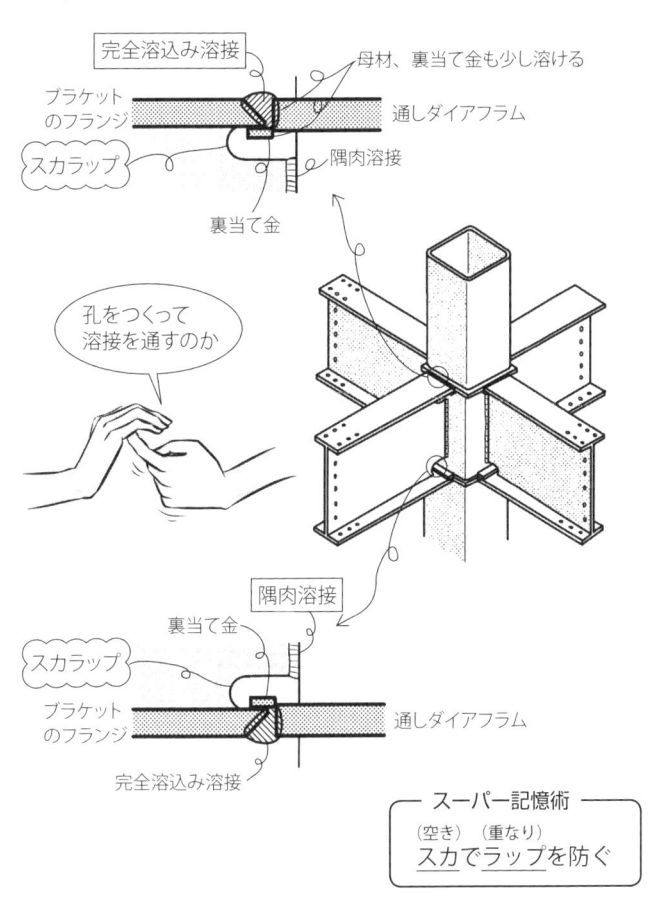

完全溶込み溶接 — 母材、裏当て金も少し溶ける
ブラケットのフランジ
通しダイアフラム
スカラップ
隅肉溶接
裏当て金

孔をつくって溶接を通すのか

隅肉溶接
裏当て金
スカラップ
ブラケットのフランジ
通しダイアフラム
完全溶込み溶接

― スーパー記憶術 ―
（空き）（重なり）
スカで**ラップ**を防ぐ

答え ▶ ○

★ R231 ○×問題　スカラップ　その2

Q 通しダイアフラム形式の角形鋼管とH形鋼梁の仕口部において、梁ウェブのスカラップ底には地震時のひずみが集中しやすいので、スカラップを設けないか、ひずみを緩和するスカラップの形状とする必要がある。

A 阪神・淡路大震災（1995年）では、スカラップに当たるフランジに亀裂や破断が多く発生しました。スカラップの先を直角にフランジに当たる形にすると、応力とひずみがそこに集中してしまうからです（下の左図）。そこで下の右図のような改良スカラップにするか、スカラップを設けないノンスカラップ工法（最下図）とします（答えは○）。

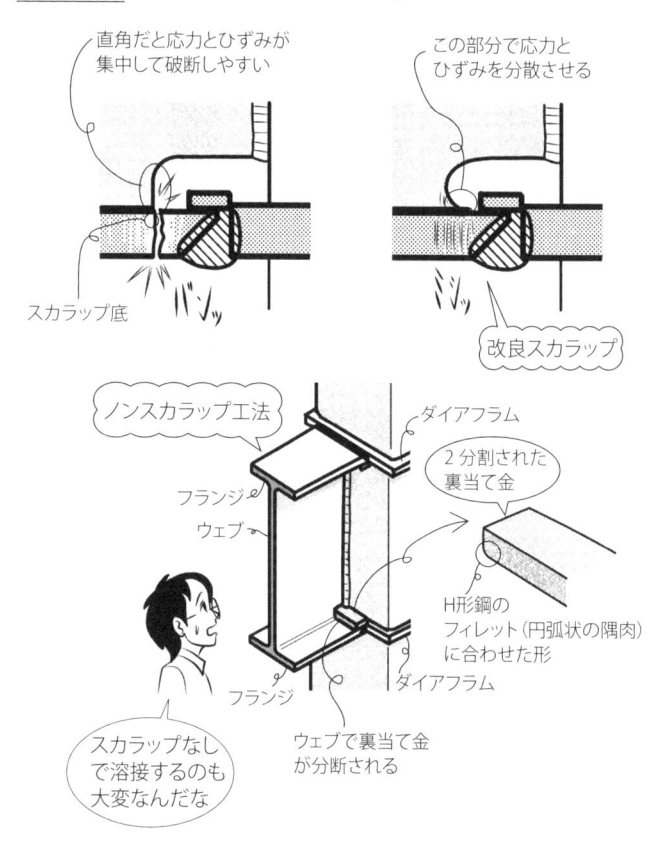

（図：直角だと応力とひずみが集中して破断しやすい／スカラップ底／バシッ）

（図：この部分で応力とひずみを分散させる／改良スカラップ／ミシッ）

（図：ノンスカラップ工法／ダイアフラム／フランジ／ウェブ／フランジ／ウェブで裏当て金が分断される／ダイアフラム／2分割された裏当て金／H形鋼のフィレット（円弧状の隅肉）に合わせた形／スカラップなしで溶接するのも大変なんだな）

答え ▶ ○

★ R232 ○×問題　　エンドタブの組立て溶接

Q 通しダイアフラム形式の柱梁仕口部において、柱梁接合部におけるエンドタブの組立て溶接は、直接母材に行うことが望ましい。

A エンドタブを柱梁接合部に組立て溶接する場合、裏当て金に溶接して母材への影響を避けます。組立て溶接による材料劣化やアンダーカット（溶着金属がまわりきらずに下に残った溝）などから、破壊が生じる恐れがあるからです（答えは×）。やむをえず母材に組立て溶接するときは、開先内で溶接します。開先内ならば、本溶接の際に再び溶けて母材と一体化されます。

裏当て金の組立て溶接は、梁フランジ端部やウェブの近くでは行わないとする規定（JASS 6）があります。開先内では再溶融するので、エンドタブ同様にOKです。

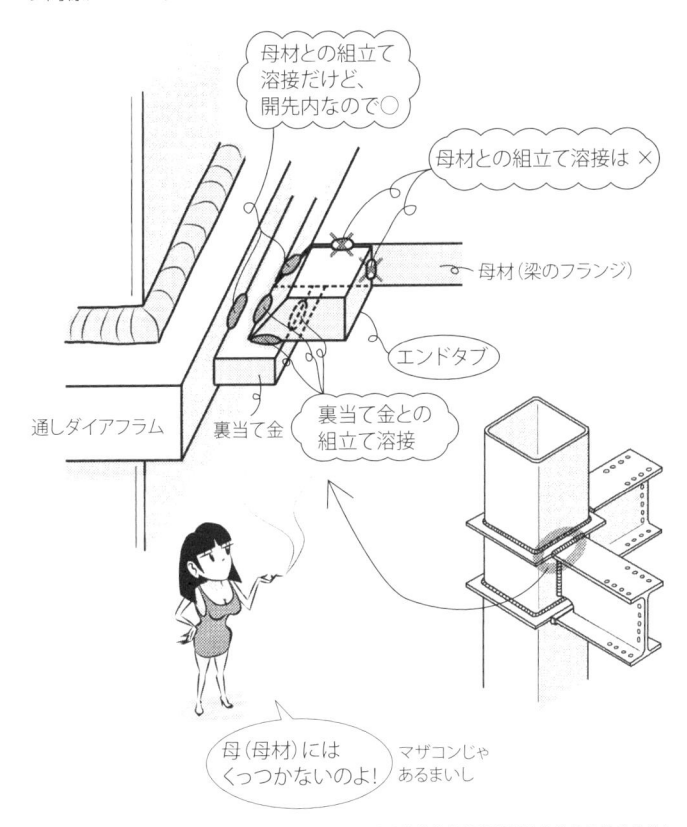

（母材との組立て溶接だけど、開先内なので○）
（母材との組立て溶接は×）
母材（梁のフランジ）
エンドタブ
通しダイアフラム
裏当て金
裏当て金との組立て溶接

母（母材）にはくっつかないのよ！　マザコンじゃあるまいし

答え ▶ ×

★ R233 ○×問題　柱梁の継手　その1

Q 1. 柱の継手位置は、柱継手に作用する応力を小さくするために、階の中央付近とすることが望ましい。
2. 柱の継手位置は、応力と施工性を考慮して、床面から1m程度の高さに設ける。

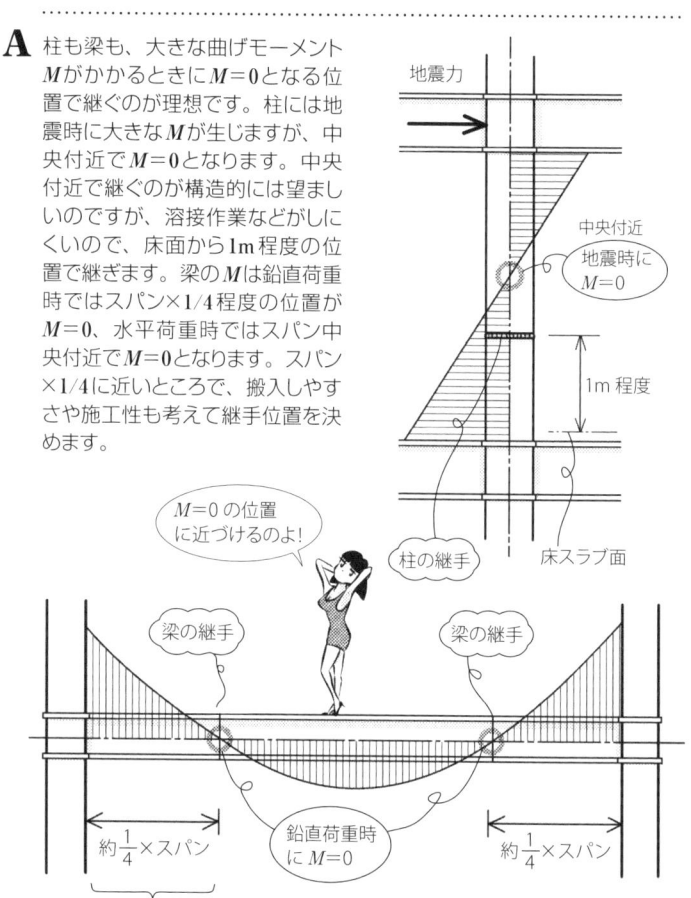

A 柱も梁も、大きな曲げモーメントMがかかるときに$M=0$となる位置で継ぐのが理想です。柱には地震時に大きなMが生じますが、中央付近で$M=0$となります。中央付近で継ぐのが構造的には望ましいのですが、溶接作業などがしにくいので、床面から1m程度の位置で継ぎます。梁のMは鉛直荷重時ではスパン×1/4程度の位置が$M=0$、水平荷重時ではスパン中央付近で$M=0$となります。スパン×1/4に近いところで、搬入しやすさや施工性も考えて継手位置を決めます。

$M=0$の位置に近づけるのよ！

工場で柱に溶接する短い梁（ブラケット：持ち送り）
あまり長いとトラックに載せるのが大変

答え ▶ 1. ○　2. ○

★ R234 ○×問題　柱梁の継手　その2

Q 引張り力を受ける箱形断面の上柱と下柱を工事現場で接合する場合、工場で取り付けた裏当て金を用いて完全溶込み溶接とした。

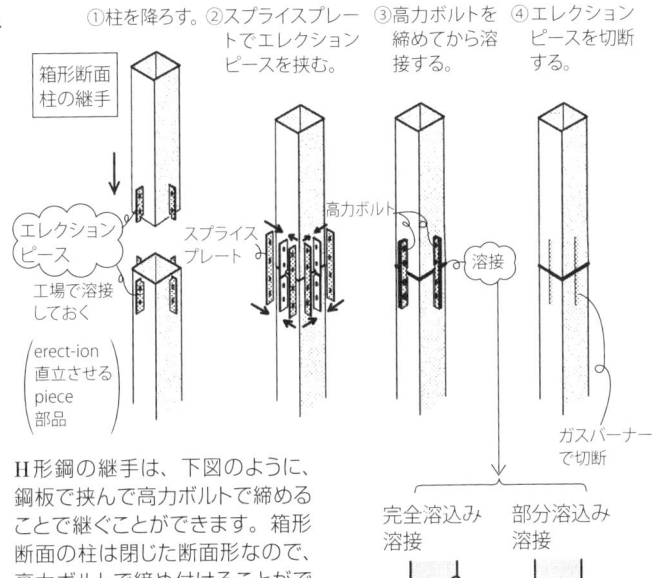

A

①柱を降ろす。②スプライスプレートでエレクションピースを挟む。③高力ボルトを締めてから溶接する。④エレクションピースを切断する。

箱形断面柱の継手

エレクションピース — 工場で溶接しておく
（erect-ion 直立させる / piece 部品）

スプライスプレート

高力ボルト

溶接

ガスバーナーで切断

H形鋼の継手は、下図のように、鋼板で挟んで高力ボルトで締めることで継ぐことができます。箱形断面の柱は閉じた断面形なので、高力ボルトで締め付けることができません。そこで上図のような手順で溶接することになります。完全溶込み溶接は柱と一体化して、継目なしの柱と同様になります。部分溶込み溶接の場合は、安全を検証する必要があります

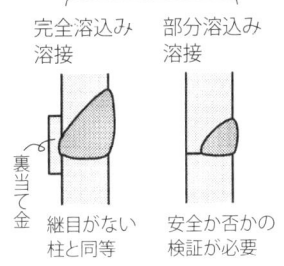

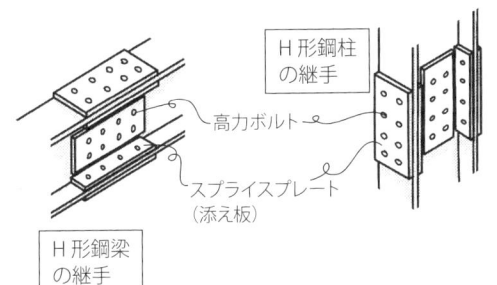

完全溶込み溶接 — 裏当て金 — 継目がない柱と同等

部分溶込み溶接 — 安全か否かの検証が必要

H形鋼柱の継手
H形鋼梁の継手
高力ボルト
スプライスプレート（添え板）

答え ▶ ○

★ R235 ○×問題　　柱梁の継手 その3

Q 柱の継手の接合用ボルト、高力ボルトおよび溶接は、継手の存在応力を十分に伝え、かつ部材の各応力に対する許容応力の2分の1を超える耐力とする。

A 柱の継手は、曲げモーメント M がゼロかそれに近い位置でなされます。ゆえに M によって生じる曲げ応力度 σ_b も小さくなります。しかし柱は1本の連続した材として構造計算されるので、継手の位置で生じる（存在する）応力に対して安全であるばかりでなく、材のほかの部分と比較しても、ある程度の耐力を持つ必要があります。継手の耐力は、ほかの部分の許容応力で計算した耐力の1/2以下であってはならないとされています（鋼規準）。全周を完全溶込み溶接で継いだ柱は、継手の耐力≒柱の各部の耐力となり、連続した1本の柱と同等になります。

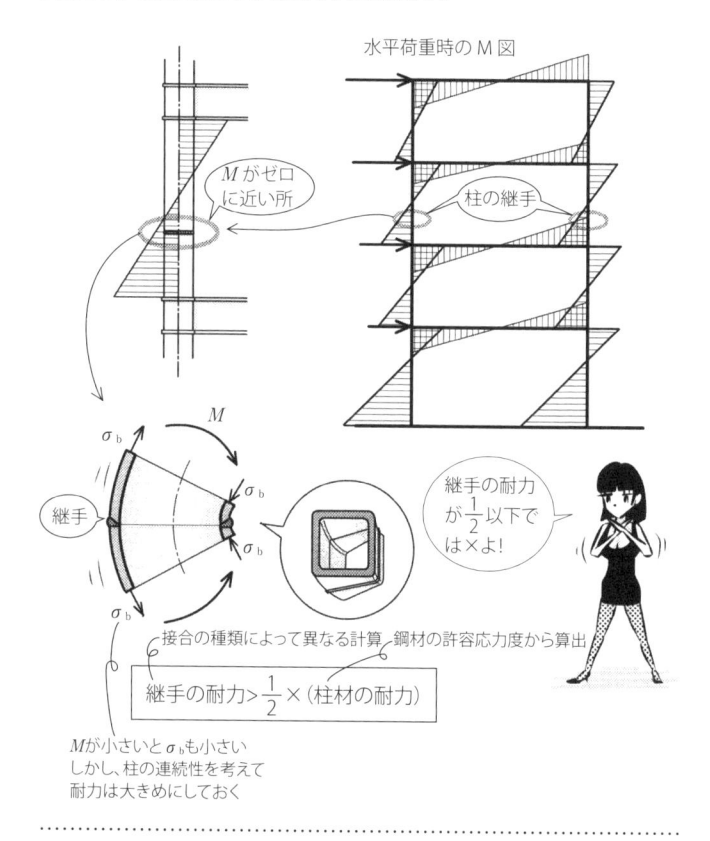

水平荷重時の M 図

M がゼロに近い所

柱の継手

継手の耐力が $\frac{1}{2}$ 以下では×よ！

接合の種類によって異なる計算　鋼材の許容応力度から算出

$$継手の耐力 > \frac{1}{2} \times (柱材の耐力)$$

M が小さいと σ_b も小さい
しかし、柱の連続性を考えて
耐力は大きめにしておく

答え ▶ ○

★ R236 ○×問題　　　　　　　　　　　　幅厚比　その1

Q 鉄骨部材は、板要素の幅厚比や鋼管の径厚比が大きいものほど、局部座屈を起こしやすい。

A 座屈とは柱や梁が折れ曲がることですが、局部座屈とは部分的に波打つように折れ曲がることです。

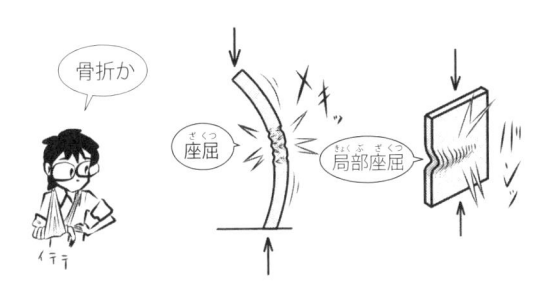

厚さに対する幅の比、幅/厚、幅厚比が大きいほど、薄べったい、幅広の板ということで局部座屈しやすくなります。円形鋼管の径厚比も、大きいほど局部座屈しやすくなります（答えは○）。幅厚比の順に幅÷厚、幅/厚です。大小を考えるときは、分母の厚さを同じにして幅の大小を考えると、局部座屈しやすさがわかりやすくなります。

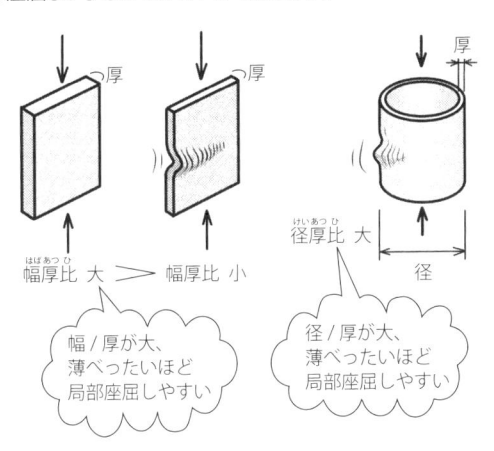

- Point ─────────────────
幅厚比→その順に幅÷厚　　水セメント比→その順に水÷セメント

答え ▶ ○

★ R237 ○×問題 幅厚比 その2

Q 軽量鉄骨構造に用いる軽量形鋼は、板要素の幅厚比が大きいので、ねじれや局部座屈を起こしやすい。

A 軽量形鋼は6mm以下の鋼板を、常温（冷間）で折り曲げてC形などにしたものです。厚さが薄いので幅厚比（幅/厚）は大きい傾向にあり、板がねじれたり部分的に折れ曲がる局部座屈が起きやすい鋼材です（答えは○）。そのため幅厚比の最大値が定められており、断面算定での有効な幅厚比は、限度値以外の板の部分は断面として働かないとして計算します。

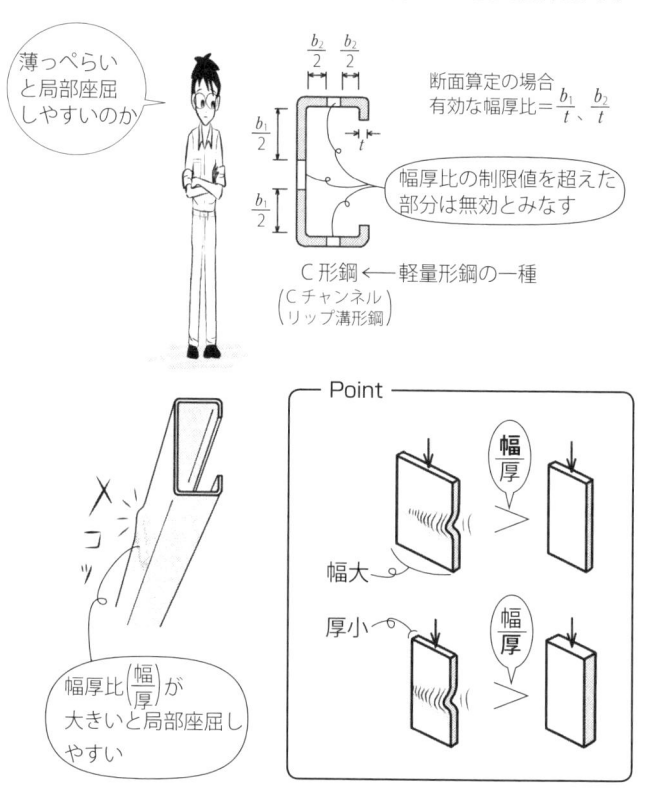

薄っぺらいと局部座屈しやすいのか

断面算定の場合
有効な幅厚比＝$\dfrac{b_1}{t}$、$\dfrac{b_2}{t}$

幅厚比の制限値を超えた部分は無効とみなす

C形鋼 ← 軽量形鋼の一種
（Cチャンネル／リップ溝形鋼）

幅厚比$\left(\dfrac{幅}{厚}\right)$が大きいと局部座屈しやすい

― Point ―
幅大
厚小
$\dfrac{幅}{厚}$

答え ▶ ○

★ R238 ○×問題　　　　幅厚比　その3

Q 形鋼の許容応力度設計において、板要素の幅厚比が制限値を超える場合は、制限値を超える部分を無効とした断面で検討する。

A 鋼材は基準強度 F が大きい材は、大きな応力をかけても OK とされています。大きな応力をかけてよい割には、変形しにくさを表すヤング係数 E は同じです。つまり F の大きい材は幅厚比を小さく制限しておかないと、局部座屈しやすくて危険とということです。幅厚比の最大値は、係数 × $\dfrac{1}{\sqrt{F}}$ で決められています（建告）。

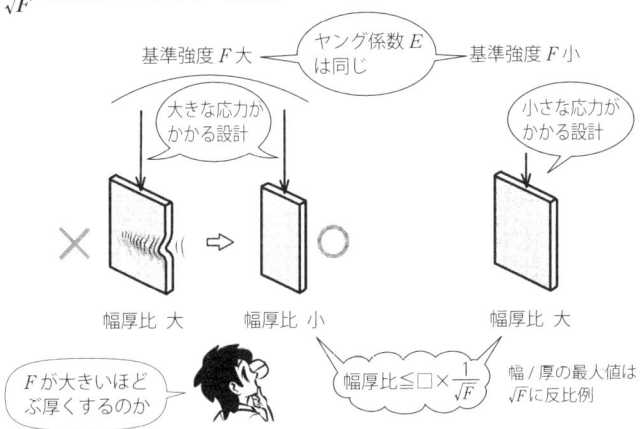

幅厚比の制限値を超えた部分は、断面にカウントすると危険なので、ないものとして扱います（答えは○）。

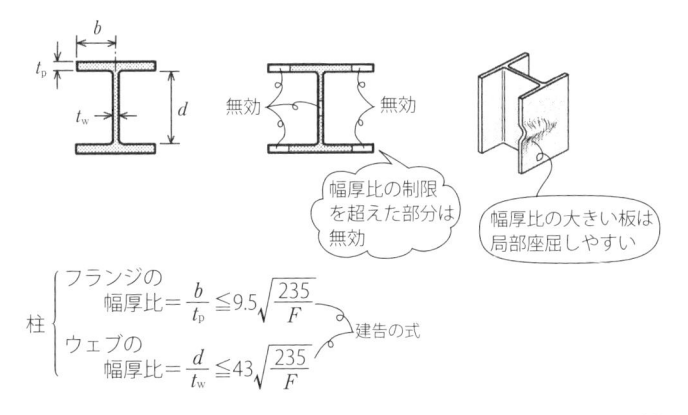

$$\text{柱} \begin{cases} \text{フランジの幅厚比} = \dfrac{b}{t_p} \leq 9.5\sqrt{\dfrac{235}{F}} \\ \text{ウェブの幅厚比} = \dfrac{d}{t_w} \leq 43\sqrt{\dfrac{235}{F}} \end{cases} \text{建告の式}$$

答え ▶ ○

★ R239 ○×問題　幅厚比　その4

Q 1. 鉄骨部材の幅厚比の制限は、材料の基準強度が小さいほど厳しくなる。
2. 柱に用いる鋼材の幅厚比の制限は、H形鋼のウェブでは、梁に用いる場合と同じである。

A 柱梁（フレーム）の靭性（粘り強さ）のランク、FA、FB、FCによって、下表のように幅厚比の最大値が決められています。基準強度 F が大きいほど大きい圧縮応力がかかるので、幅厚比の制限は小さく（厳しく）なります（1は×）。また柱と梁では、幅厚比の制限値が異なります（2は×）。

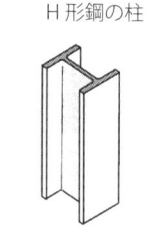

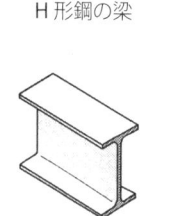

> 柱と梁、
> フランジとウェブ、
> FA、FB、FC
> で違うのよ！

> フレーム（Frame）の靭性（粘り強さ）のランク

> F が大きいと最大値は小さく（厳しく）なる

	H形鋼の柱		H形鋼の梁	
	フランジ	ウェブ	フランジ	ウェブ
FA	$9.5\sqrt{\dfrac{235}{F}}$	$43\sqrt{\dfrac{235}{F}}$	$9\sqrt{\dfrac{235}{F}}$	$60\sqrt{\dfrac{235}{F}}$
FB	$12\sqrt{\dfrac{235}{F}}$	$45\sqrt{\dfrac{235}{F}}$	$11\sqrt{\dfrac{235}{F}}$	$65\sqrt{\dfrac{235}{F}}$
FC	$15.5\sqrt{\dfrac{235}{F}}$	$48\sqrt{\dfrac{235}{F}}$	$15.5\sqrt{\dfrac{235}{F}}$	$71\sqrt{\dfrac{235}{F}}$

建告の表　F：基準強度

Point

幅厚比：柱≠梁　　フランジ＜ウェブ　　FA＜FB＜FC
　　　　　　　　　（厳しい）（緩い）　　（厳しい）　（緩い）

答え ▶ 1.× 2.×

★ R240 ○×問題　幅厚比 その5

Q 柱、梁に使用する材料をSN400BからSN490Bに変更したので幅厚比の制限値を大きくした。

A SN400Bの基準強度 F は 235N/mm^2、SN490Bの基準強度Bは 325N/mm^2 です。400、490の数字は引張り強さの下限値、引張り強さを保証する値ですが、基準強度 F は降伏点で決められています。

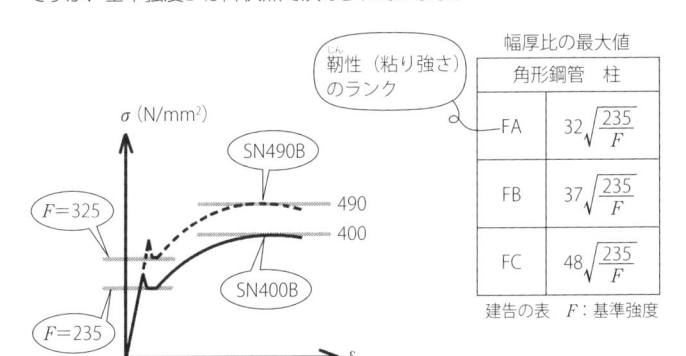

靭性（粘り強さ）のランク

幅厚比の最大値

角形鋼管　柱	
FA	$32\sqrt{\dfrac{235}{F}}$
FB	$37\sqrt{\dfrac{235}{F}}$
FC	$48\sqrt{\dfrac{235}{F}}$

建告の表　F：基準強度

【トラック1周（400m）、兄さんGO!】

SN400　2　3　5
SN490　3　2　5

F が大きいほど応力も大きくなって局部座屈しやすくなるのよ！

だから幅厚比を小さくするの

F が大きいと、応力も大きくかかる設計となります。大きな圧縮応力がかかると、薄べったい板は局部座屈しやすくなります。そこで幅厚比を小さくして、局部座屈を防ぎます（答えは×）。

— Point —

F 大 → 圧縮応力大 → 局部座屈しやすい → 幅厚比小　□ $\times \sqrt{\dfrac{235}{F}}$

【　】内スーパー記憶術

答え ▶ ×

★ R241 ○×問題　局部座屈とスチフナー

Q せいの高いH形断面の梁に設ける中間スチフナーは、ウェブのせん断座屈に対する耐力を高める効果がある。

A スチフナー (stiffener) とは強化する (stiffen) ために入れる鋼板で、補剛材と訳されています。

せん断力 Q が働くと、梁中央部に大きなせん断応力度 τ が生じます。τ が生じると、それに対して45°方向に圧縮と引張りが生じます。強い圧縮で板が波打つ、局部座屈が生じる恐れがあります。RCの帯筋のように、軸に直交して板を入れると、Q に抵抗することができます。梁の中間に入れるので、中間スチフナーと呼ばれます。

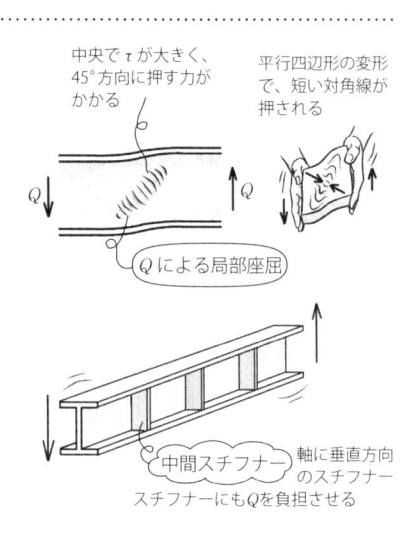

中央で τ が大きく、45°方向に押す力がかかる

平行四辺形の変形で、短い対角線が押される

Q による局部座屈

中間スチフナー　軸に垂直方向のスチフナー

スチフナーにも Q を負担させる

曲げモーメント M が働くと、梁の上下縁に行くほど大きな曲げ応力度 σ_b（圧縮、引張り）が生じます。縁の σ_b はフランジが受け持ちますが、ウェブにも σ_b はかかってしまいます。圧縮の σ_b が強いと局部座屈してしまうので、右図のような軸方向のスチフナー、水平スチフナーを入れると局部座屈を防ぐことができます。

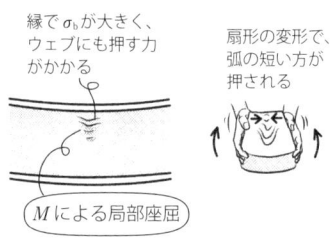

縁で σ_b が大きく、ウェブにも押す力がかかる

扇形の変形で、弧の短い方が押される

M による局部座屈

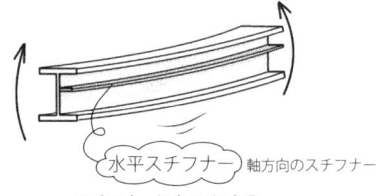

水平スチフナー　軸方向のスチフナー

スチフナーにも M による圧縮の曲げ応力度 σ_b を負担させる

答え ▶ ○

★ R242 ○×問題　　　有効細長比 λ　その1

Q 構造耐力上主要な部分にある鋼材の圧縮材の有効細長比は、柱にあっては200以下、柱以外のものにあっては250以下とする。

A 針金を引っ張ると伸びて、内部に生じる引張り応力と外力がつり合います。針金を押すと横に湾曲して外力とつり合います。これが座屈です。太い棒を押しても座屈せずに縮んで、内部に生じる圧縮応力と外力がつり合います。

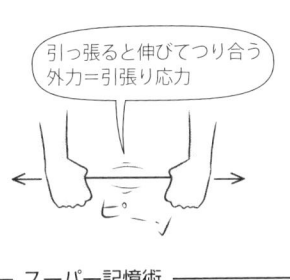

- スーパー記憶術 -

やせた　ラクダ
細長　　ラムダλ

ラクダは2時半 に 昼寝する
λ　　2次半径 分の 座屈長さ

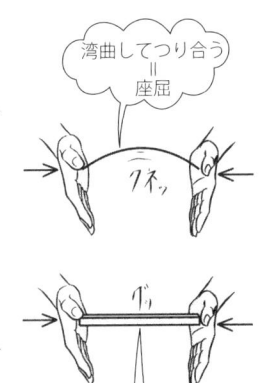

ラクダが荷役　→ 250　その他
λ　　　200　　　200　柱　　}S
　　　　　　　→ 150　木の柱

有効細長比 $\lambda = \dfrac{\ell_k}{i}$ …座屈長さ / 断面2次半径

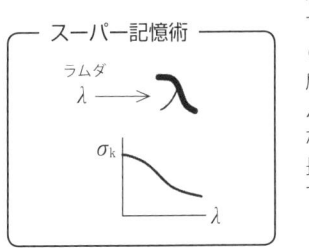

- スーパー記憶術 -

ラムダ
λ ⟶ **λ**

σ_k

有効細長比λは、構造的な「細長さ」で、この値が大きいと（細長いと）座屈しやすくなります。鋼材の柱で200以下、柱以外の圧縮材で250以下、木造の柱で150以下と基準法で決められています（答えは○）。座屈するときの圧縮応力度σ_kとλのグラフは右下がりの曲線で、λが大きい（細長い）と、σ_kは小さくなり、小さい力で座屈します。λは座屈長さℓ_kを断面2次半径iで割ったものです。

答え ▶ ○

★ R243 ○×問題　　　有効細長比 λ　その2

Q 1. 鉄骨構造において有効細長比の大きい部材を筋かいに用いる場合、筋かいは引張り力にのみ有効な引張り筋かいとして設計する。
2. 鉄骨構造において有効細長比が小さい（20程度）筋かいは、有効細長比が中程度において（80程度）の筋かいに比べて、変形能力が高い。

A 有効細長比λが大きいと、座屈時の圧縮応力度（座屈応力度）σ_kが小さくなり、簡単に座屈します。λが大きい「細長い」棒は、少し押しただけで湾曲してしまいます。逆にλが小さい「太い」棒は、なかなか座屈せず、縮んで外力に抵抗します。σ_kに達するまで縮んで抵抗するので、λが小さい筋かいは、変形能力が高い（靭性大）といえます（1、2は○）。

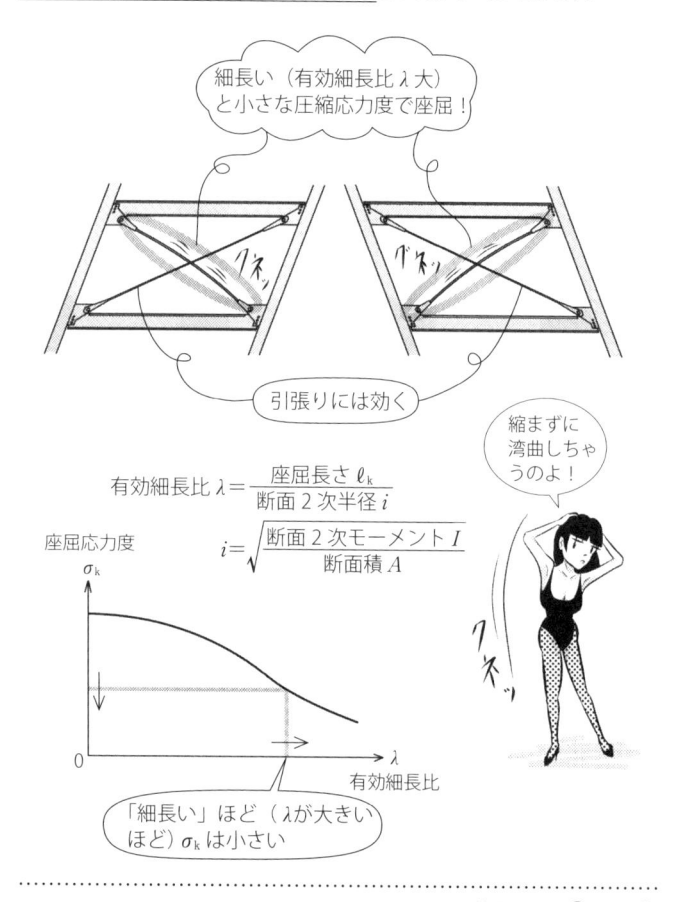

細長い（有効細長比 λ 大）と小さな圧縮応力度で座屈！

引張りには効く

縮まずに湾曲しちゃうのよ！

$$\text{有効細長比 } \lambda = \frac{\text{座屈長さ } \ell_k}{\text{断面 2 次半径 } i}$$

$$i = \sqrt{\frac{\text{断面 2 次モーメント } I}{\text{断面積 } A}}$$

座屈応力度 σ_k

有効細長比 λ

「細長い」ほど（λが大きいほど）σ_k は小さい

答え ▶ 1. ○　2. ○

★ R244 ○×問題　　　有効細長比 λ　その3

Q 鉄骨構造における限界細長比は、基準強度 F が大きいほど小さくなる。

A 座屈応力度 σ_k と有効細長比 λ の関係は、下図のように【λの背の形】になるので、形ごと覚えてしまいましょう。縦軸との交点は材の降伏点 σ_y となりますが、まったく湾曲しないで押しつぶされる際の圧縮応力度です。断面がすべて弾性のまま湾曲する弾性座屈は、細長比 λ が一定以上の細長い材の場合だけです。その λ より小さい（＝太くて短い）と、断面は一部塑性化し、弾塑性座屈を起こします。その境界の λ を限界細長比 Λ（ラムダ：大文字）といいます。Λ を求める式の分母に F があるので、F が大きいほど Λ は小さくなります。材の降伏点が高いほど、断面で塑性化するのが遅れ、弾性座屈の範囲は大きくなり、Λ の位置は左へ動きます。

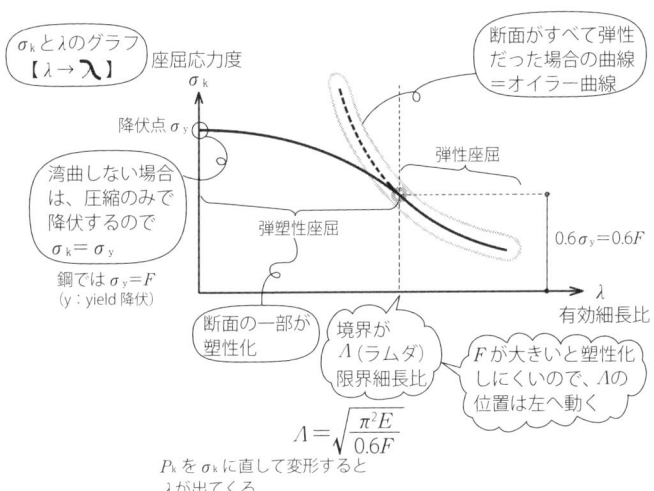

σ_k と λ のグラフ
【λ→ $\boldsymbol{\lambda}$】

断面がすべて弾性だった場合の曲線
＝オイラー曲線

降伏点 σ_y

湾曲しない場合は、圧縮のみで降伏するので $\sigma_k = \sigma_y$
鋼では $\sigma_y = F$
（y：yield 降伏）

弾性座屈
弾塑性座屈

$0.6\sigma_y = 0.6F$

断面の一部が塑性化

境界が Λ（ラムダ）限界細長比

F が大きいと塑性化しにくいので、Λ の位置は左へ動く

$$\Lambda = \sqrt{\frac{\pi^2 E}{0.6F}}$$

P_k を σ_k に直して変形すると λ が出てくる

$$\sigma_k = \frac{P_k}{A} = \frac{\pi^2 EI}{A\ell_k^2} = \frac{\pi^2 E}{\frac{A\ell_k^2}{I}} = \frac{\pi^2 E}{\frac{\ell_k^2}{\frac{I}{A}}} = \frac{\pi^2 E}{\frac{\ell_k^2}{i^2}} = \frac{\pi^2 E}{\left(\frac{\ell_k}{i}\right)^2} = \frac{\pi^2 E}{\lambda^2}$$

断面積

すべて弾性

座屈荷重 $P_k = \dfrac{\pi^2 EI}{\ell_k^2}$

断面2次半径 $i = \sqrt{\dfrac{I}{A}}$

有効細長比 $\lambda = \dfrac{\ell_k}{i} = \dfrac{\ell_k}{\sqrt{\dfrac{I}{A}}}$

【長い　痔　の後に パイ で 栄養を取る】
　長さ　自乗　　　π　　自乗 EI

【　】内スーパー記憶術

答え ▶ ○

★ R245 ○×問題　有効細長比 λ　その4

Q 有効細長比の大きい部材ほど、座屈の影響により、許容圧縮応力度が小さくなる。

A 圧縮だけで壊れる場合は、鋼の短期許容圧縮応力度＝降伏点σ_y、長期許容応力度＝$\frac{2}{3} \times \sigma_y$となります（短期は$\sigma_y$と最大応力度×**0.7**のうち小さい方）。しかし材が細長くなる（λが大）となると、σ_kは小さくなり小さな力でも湾曲して壊れるようになります。そのため法的な圧縮応力度の限度である許容圧縮応力度も、σ_kとともに小さくなる（厳しくなる）ように設定されています（答えは○）。

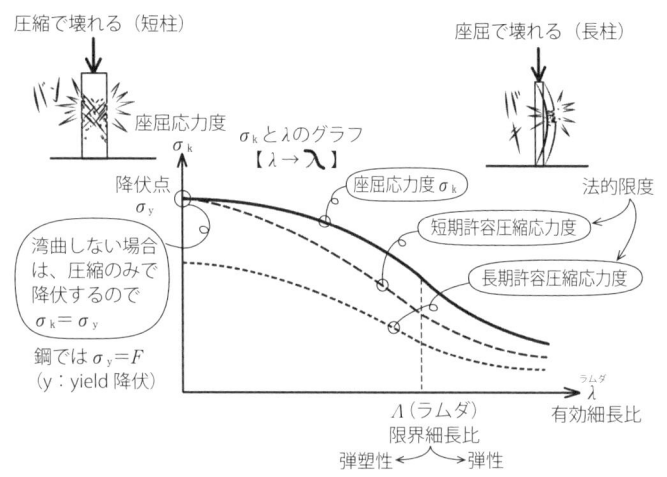

圧縮で壊れる（短柱）　　座屈で壊れる（長柱）

σ_kとλのグラフ　【λ→**ス**】

降伏点 σ_y　座屈応力度 σ_k　法的限度
短期許容圧縮応力度
長期許容圧縮応力度

湾曲しない場合は、圧縮のみで降伏するので $\sigma_k = \sigma_y$

鋼では $\sigma_y = F$
（y：yield 降伏）

Λ（ラムダ）限界細長比　　有効細長比 λ
弾塑性 ← → 弾性

細長さ＝$\frac{長さ}{太さ}$

有効細長比 $\lambda = \dfrac{座屈長さ\ \ell_k}{断面2次半径\ i}$

断面2次半径 $i = \sqrt{\dfrac{断面2次モーメント\ I}{断面積\ A}}$

【ラクダは2時半 に 昼寝する】
　λ　　　2次半径 分の　座屈長さ

【 】内スーパー記憶術

答え ▶ ○

★ R246 ○×問題　柱の座屈長さ ℓ_k

Q ラーメン構造の柱の座屈長さは、節点の水平移動が拘束されていない場合、その柱の節点間距離より短くなる。

A 弾性座屈荷重 P_k、有効細長比 λ の式には座屈長さ ℓ_k が入っています。実際の長さではなく、ひとつの湾曲の長さを表します。両端ピンなら実長 ℓ と同じ、両端固定なら 0.5ℓ、片方固定なら 0.7ℓ。片方が水平移動する場合は、ℓ、2ℓ と長くなります。ラーメンの柱梁接合部は少し回転するので、ℓ と 2ℓ の中間となり ℓ より多少長くなります（答えは×）。

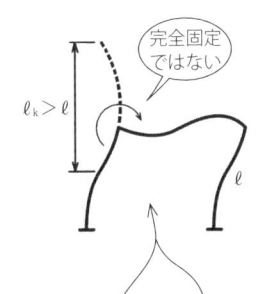

（完全固定ではない）　$\ell_k > \ell$

上端の横移動	拘束			自由	
両端の回転	両端ピン	両端固定	一端固定 他端ピン	両端固定	一端固定 他端ピン
座屈形	ℓ				
座屈長さ ℓ_k	ℓ	0.5ℓ	0.7ℓ	ℓ	2ℓ

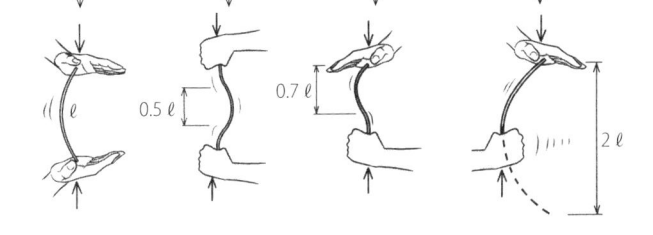

答え ▶ ×

★ R247 ○×問題　柱の許容応力度

Q 鋼構造において、圧縮力と曲げモーメントを同時に受ける柱の断面については、「平均圧縮応力度σ_cを許容圧縮応力度f_cで除した値」と「圧縮側曲げ応力度$_c\sigma_b$を許容曲げ応力度f_bで除した値」との和が1以下であることを確かめる必要がある。

A 柱には一般に、圧縮力Nと曲げモーメントMが同時に働きます。Nは断面で均等に分散されてσ_cに、Mは縁に行くほど大きく分散されてσ_bとなります。σ_bは圧縮側$_c\sigma_b$と引張り側$_t\sigma_b$に分かれます。σ_cだけならf_cを法的な最大として$\sigma_c \leq f_c$（$\sigma_c/f_c \leq 1$）とし、$_c\sigma_b$だけならf_bを法的な最大として、$_c\sigma_b \leq f_b$（$_c\sigma_b/f_b \leq 1$）とします。NとMの組み合わせ応力の場合は、$\sigma_c/f_c + {_c\sigma_b}/f_b \leq 1$とします（答えは○）。

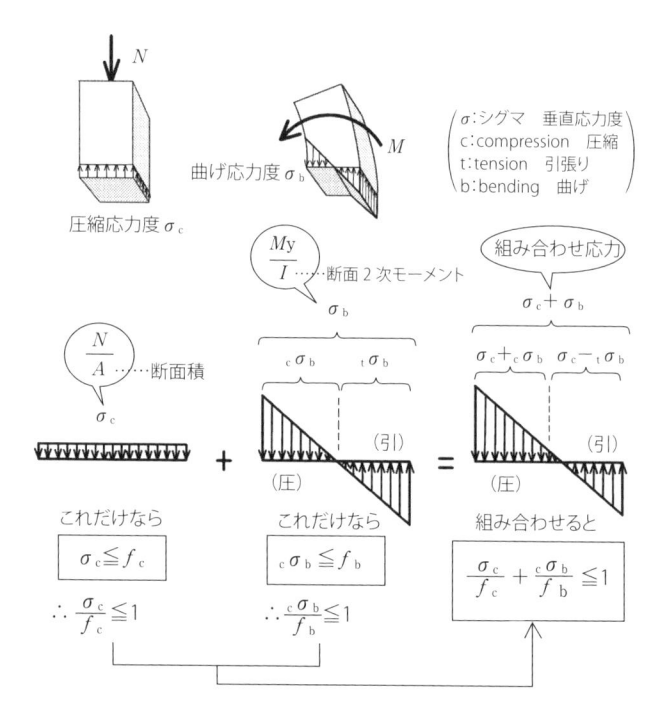

σ：シグマ　垂直応力度
c：compression　圧縮
t：tension　引張り
b：bending　曲げ

答え ▶ ○

★ R248 ○×問題　　　　梁せい／スパン

Q 鉄骨梁のせいがスパンの1/15以下の場合、建築物に使用上の支障が起こらないことを確かめるためには、固定荷重および積載荷重によるたわみの最大値が所定の数値以下であることを確認すればよい。

A スパンに対して梁せいが一定以下だと、最大たわみδ_{max}が一定以下であることの確認が必要となります（建告）。その確認がとれれば、梁せいを小さくすることも可能です（答えは○）。δ_{max}/スパンの式のδ_{max}には、クリープを考慮した変形増大係数を掛けます。クリープとは継続的な荷重でひずみ、たわみが増す現象です。コンクリート、木にあって鋼にはない現象なので、鋼の梁における増大係数は1となります。

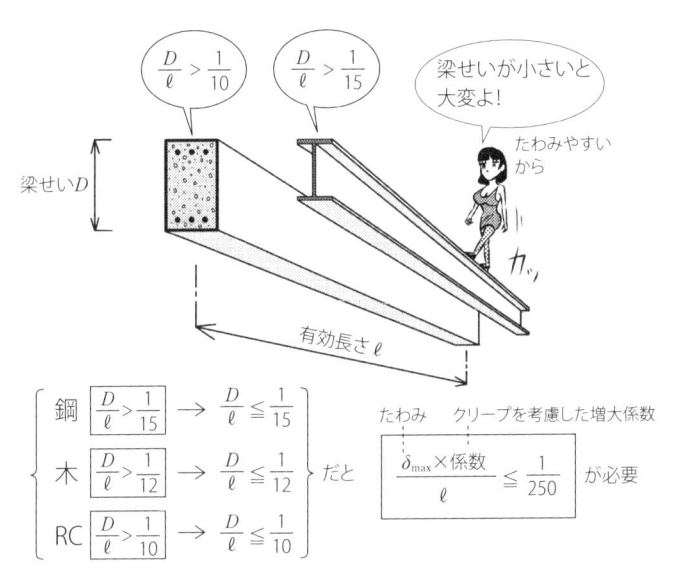

$$\begin{cases} 鋼 & \dfrac{D}{\ell} > \dfrac{1}{15} \rightarrow \dfrac{D}{\ell} \leqq \dfrac{1}{15} \\ 木 & \dfrac{D}{\ell} > \dfrac{1}{12} \rightarrow \dfrac{D}{\ell} \leqq \dfrac{1}{12} \\ RC & \dfrac{D}{\ell} > \dfrac{1}{10} \rightarrow \dfrac{D}{\ell} \leqq \dfrac{1}{10} \end{cases}$$ だと $\dfrac{\delta_{max} \times 係数}{\ell} \leqq \dfrac{1}{250}$ が必要

— Point —

RCの梁　　木の梁　　鋼の梁

$\dfrac{D}{\ell} > \dfrac{1}{10}$ 　 $\dfrac{D}{\ell} > \dfrac{1}{12}$ 　 $\dfrac{D}{\ell} > \dfrac{1}{15}$

RC規準では不等号は≧（R054参照）

— スーパー記憶術 —

$\dfrac{純な子もH！}{1\ \ \ 5\ \ \ 鋼の梁}$

答え ▶ ○

★ R249 まとめ 柱の細長さ、梁の太さ

細長すぎる…太さに比べて長いと座屈する

構造的に正確にする 【やせたラクダ】 細長比 ラムダλ

$$『細長さ』 = \frac{長さ}{太さ} = \frac{座屈長さ \ell_k}{断面2次半径 \, i} = 有効細長比 \lambda$$

$i = \sqrt{\dfrac{I}{A}}$ …断面2次モーメント / …断面積

λ大だと σ_k 小

【ラクダは 2 時半 に 昼寝する】
λ / 2次半径 分の 座屈長さ

S造 { 柱 …… $\lambda \leq 200$
柱以外 … $\lambda \leq 250$ }
木造の柱 …… $\lambda \leq 150$

【ラクダが荷役 250 その他 / 200 柱 / 150 木の柱】S

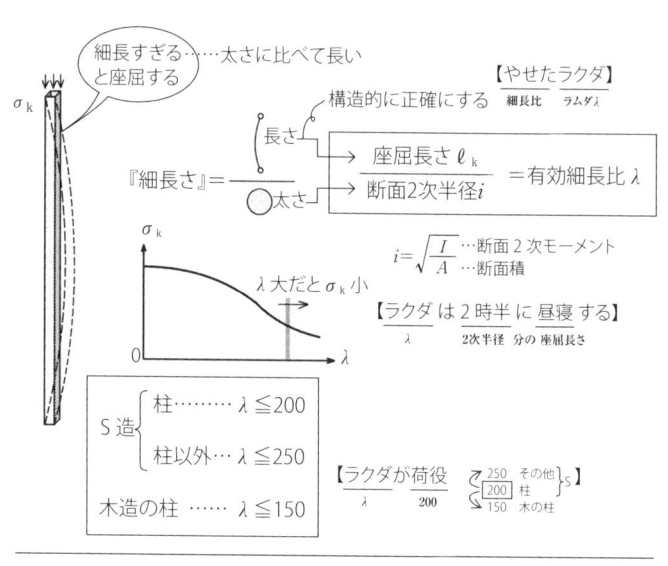

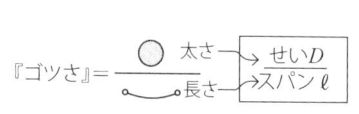

梁せい D / 有効長さ ℓ

太い……長さに比べてせいが高いとたわみが小さい

$$『ゴツさ』 = \frac{太さ}{長さ} = \frac{せい D}{スパン \ell}$$

S造の梁 …… $\dfrac{D}{\ell} > \dfrac{1}{15}$

木造の梁 …… $\dfrac{D}{\ell} > \dfrac{1}{12}$

RC造の梁 …… $\dfrac{D}{\ell} > \dfrac{1}{10}$

【遠いスパンを架け渡す】 【純な子もH!】
10分の1 梁　　　　　1 5 鋼の梁
（RC、R054参照）

柱も梁も太くて短いのがいいってことよ

【 】内スーパー記憶術

★ R250 ○×問題　　　横座屈 その1

Q 鉄骨構造におけるH形断面梁の設計においては、横座屈を考慮する必要がある。

A H形鋼には曲がりにくい強軸と、曲がりやすい弱軸があり、強軸方向に曲げを受けるように使います。フランジが圧縮と引張りに抵抗することで、曲げに抵抗できるように、梁では上下にフランジを配します。圧縮側のフランジは、一定の力以上で急に横に座屈して、梁全体としてはねじれるように横にはらみ出す横座屈を起こすことがあります（答えは○）。

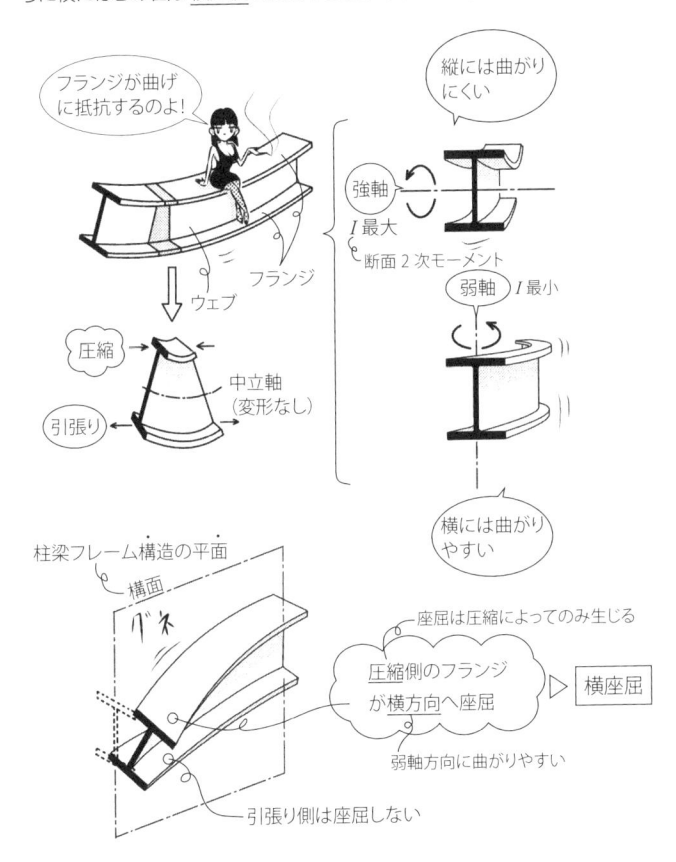

答え ▶ ○

★ R251 ○×問題　　横座屈　その2

Q 梁の横座屈を拘束するための横補剛材には、剛性と強度が必要である。

A H形鋼の梁は横方向にねじれながらはらみ出す横座屈を起こしやすいので、梁の途中に横補剛材（小梁）を付けて防ぎます。小梁は床の荷重を大梁に伝えると同時に、梁の横座屈を防ぎます。大梁が小梁を押すことになるので、小梁には変形しにくさ（剛性）と強度が必要となります（答えは○）。

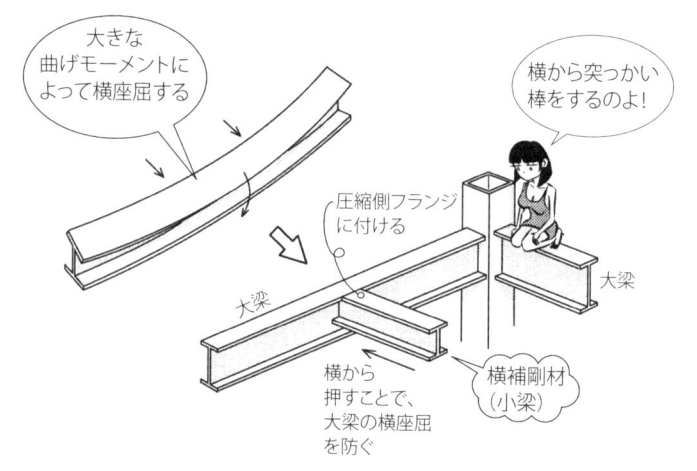

中間に小梁を入れても、下の左図のように、2本の大梁ごと横にたわんでしまい、はらみ出してしまうことがあります。そこで右図のように、筋かい（ブレース）を付けて面剛性（平行四辺形に変形しにくい性質）を与えたり、床スラブを固くして梁としっかり接合させたりします。

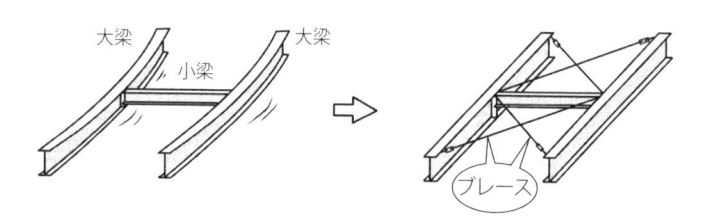

答え ▶ ○

★ R252 ○×問題　　　横座屈　その3

Q 1. H形鋼の梁の横座屈を抑制するため、梁の弱軸まわりの細長比を小さくした。
2. H形鋼の柱において、フランジの局部座屈を防ぐため、フランジの幅厚比を大きくした。

A 横補剛材を入れると座屈長さℓ_kが短くなり、細長比λは小さくなり、座屈応力度σ_kは大きくなって、座屈しにくくなります。また弱軸方向のIを大きくして変形しにくくしても、λは小さくなって座屈しにくくなります（1は○）。柱のフランジを薄く広くする（幅厚比を大きくする）と、局部座屈が起こりやすくなります（2は×）。

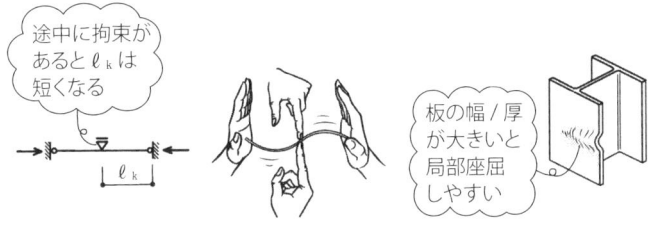

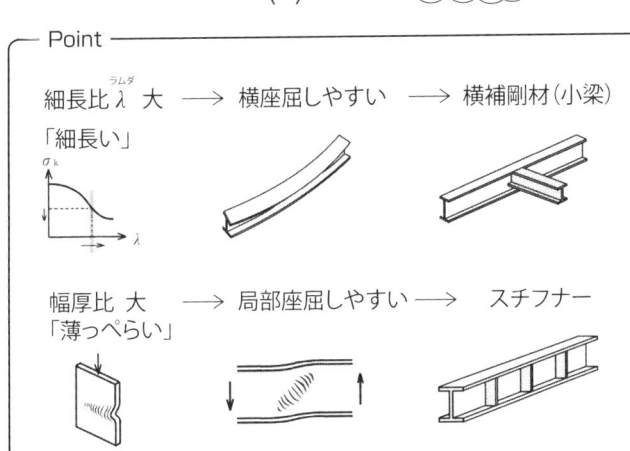

途中に拘束があるとℓ_kは短くなる

板の幅/厚が大きいと局部座屈しやすい

— Point —

細長比 λ 大 　→　横座屈しやすい 　→　横補剛材（小梁）
「細長い」

幅厚比 大 　→　局部座屈しやすい 　→　スチフナー
「薄っぺらい」

答え ▶ 1. ○　2. ×

R253 ○×問題　　横座屈　その4

Q 圧縮材の中間に支点を設けて横補剛材を付ける場合、圧縮力の2%以上の集中横力が横補剛材に加わるものとして検討する。

A 圧縮材の中間に横補剛材を入れると、座屈長さℓ_kが短くなって、座屈荷重P_kがℓ_k^2に反比例して大きくなり、座屈しにくくなります。

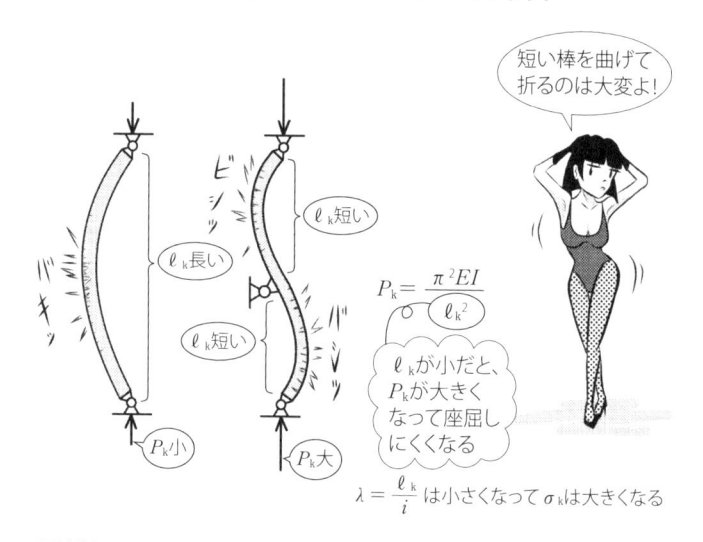

$$P_k = \frac{\pi^2 EI}{\ell_k^2}$$

ℓ_kが小さいと、P_kが大きくなって座屈しにくくなる

$\lambda = \dfrac{\ell_k}{i}$ は小さくなって σ_k は大きくなる

短い棒を曲げて折るのは大変よ！

圧縮材は圧縮応力を受けると、横にはらみ出し湾曲して横座屈しようとします。その場合、圧縮する力Cの2%以上の集中荷重が横補剛材にかかるものとします（答えは○）。

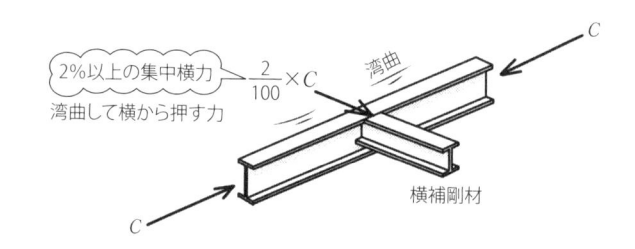

2%以上の集中横力　$\dfrac{2}{100} \times C$
湾曲して横から押す力
横補剛材

答え ▶ ○

★ R254 ○×問題　　横座屈　その5

Q 梁に均等な間隔で横補剛材を設ける場合、梁の鋼種がSN400BよりSN490Bの方が、横補剛材の必要箇所は少なくなる。

A SN490B、SN400Bの490、400の値は、鋼材の引張り強さの下限値、$\sigma-\varepsilon$グラフの山の高さを保証する値です。山の途中の棚の位置、すなわち降伏点が基準強度Fであり、各々325N/mm^2、235N/mm^2となります。F値が大きいと、その分大きな曲げモーメントMをかけることができ、大きなMがかかる設計となります。
Mが大きくかかる設計だと、梁は横座屈しやすくなります。よって横補剛材を多く入れる必要があります（答えは×）。

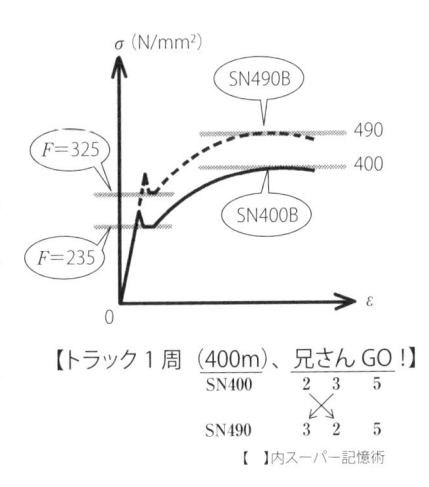

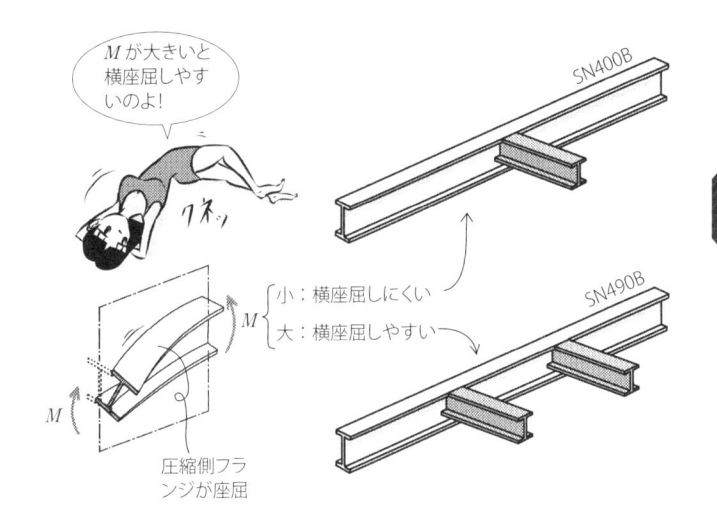

【トラック1周（400m）、兄さん GO！】

SN400	2	3	5
SN490	3	2	5

【　】内スーパー記憶術

Mが大きいと横座屈しやすいのよ！

小：横座屈しにくい
大：横座屈しやすい

圧縮側フランジが座屈

答え ▶ ×

★ R255 ○×問題　横座屈 その6

Q H形鋼の梁における許容曲げ応力度は、その断面寸法を決めれば算定することができる。

A 曲げモーメントMが働くと、上下の縁に行くほど大きくなる曲げ応力度$σ_b$が断面に生じます。$σ_b$は法的な制限値である許容曲げ応力度以下となるように設計します。

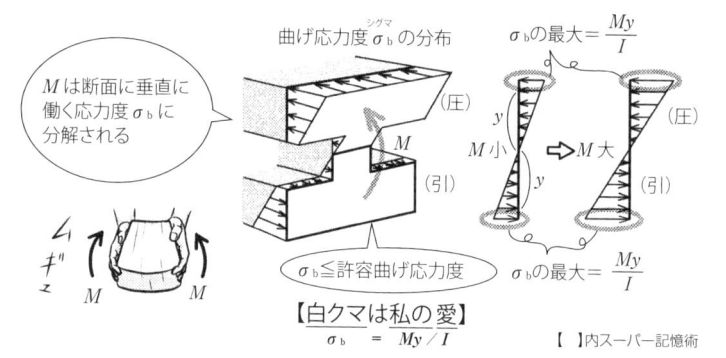

曲げ応力度$σ_b$の分布

$σ_b$の最大 $= \dfrac{My}{I}$

- Mは断面に垂直に働く応力度$σ_b$に分解される
- (圧) / (引)
- $σ_b ≦$ 許容曲げ応力度
- $σ_b$の最大 $= \dfrac{My}{I}$

【白クマは私の愛】
$σ_b\ =\ My\,/\,I$　　【 】内スーパー記憶術

横座屈が生じる可能性があるH形鋼梁の場合、圧縮側$σ_b$は引張り側$σ_b$よりも厳しく（小さく）する必要があります。支点間距離$ℓ_b$が大きくなると、小さな圧縮応力度で横座屈するので、圧縮側許容曲げモーメントは小さくします。梁の許容曲げ応力度は、断面寸法以外に支点間距離なども必要となります（答えは×）。

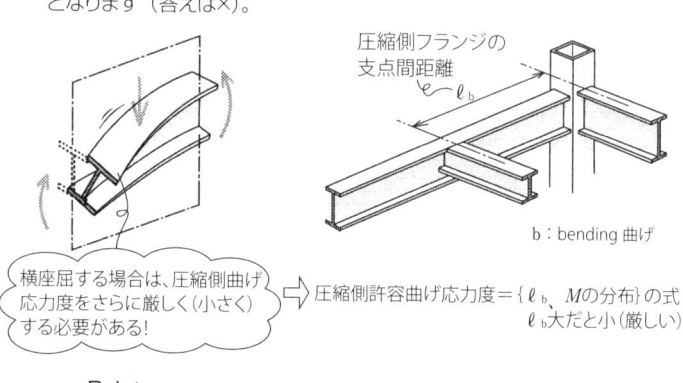

圧縮側フランジの支点間距離　$ℓ_b$

b：bending 曲げ

横座屈する場合は、圧縮側曲げ応力度をさらに厳しく（小さく）する必要がある！

⇒ 圧縮側許容曲げ応力度＝{$ℓ_b$, Mの分布}の式
　$ℓ_b$大だと小（厳しい）

Point

横座屈しない ⇒ 許容曲げ応力度＝鋼材の許容引張り応力度
横座屈する　 ⇒ 圧縮側許容曲げ応力度＝$ℓ_b$が大きいと小さくする

答え ▶ ×

★ R256 ○×問題　　　　　　　　　　横座屈　その7

Q 荷重面内に対称軸を有し、かつ弱軸まわりに曲げモーメントを受ける溝形鋼については、横座屈を考慮する必要はない。

A 溝形鋼、H形鋼には強軸、弱軸があり、柱に使う場合は「圧縮」で弱軸方向に湾曲して座屈します。強軸方向はフランジが抵抗するので、弱い方向に曲がります。

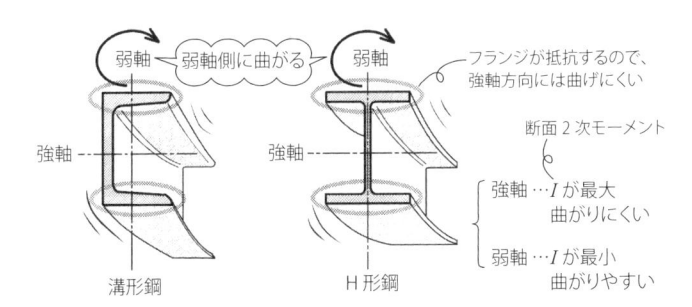

弱軸まわりに「曲げ」を受けるように溝形鋼、H形鋼を使う場合、横方向は強軸方向、曲がりにくい方向となります。よって曲がりやすい弱軸方向に湾曲して、横方向、強軸方向への横座屈は起こりません（答えは○）。梁に使う場合は、通常強軸方向が曲げに効くようにフランジを上下に配し、下図のような使い方はしません。強軸まわりに曲げを受ける普通の配置にすると、横方向（弱軸方向）に湾曲する横座屈が起こりやすくなります。

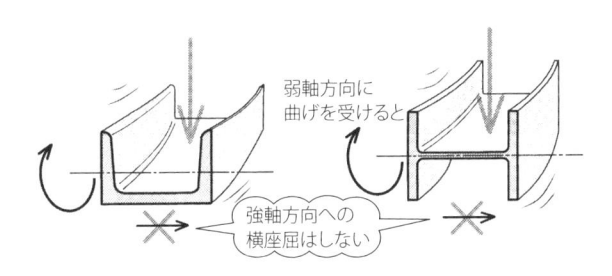

答え ▶ ○

★ R257 ○×問題　　　横座屈　その8

Q 正方形断面を有する角形鋼管の柱の設計においては、横座屈の恐れがないので、許容曲げ応力度を許容引張り応力度と同じ値とした。

A 下図ではわかりやすいように、梁の場合としてみました。H形鋼には軸に強弱があるので、強軸側で曲げに抵抗していても、弱軸側に急に曲がって横座屈する恐れがあります。一方正方形断面の角形鋼管では、曲げを受ける方向に直交する方向、横方向への座屈はありません。そこで曲げ応力度σ_bは圧縮と引張りを考えるだけですみます（答えは○）。横座屈する場合は、許容曲げ応力度を低減（厳しく）します。

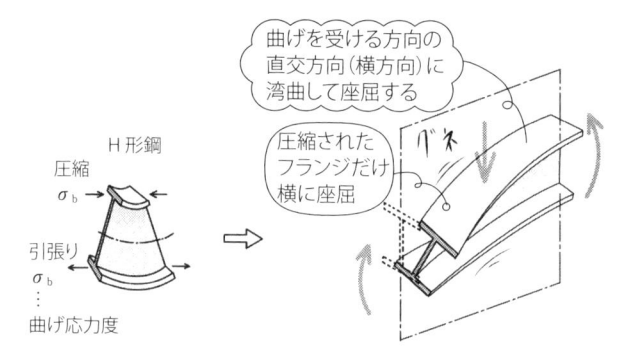

座屈は圧縮された材に起こり、引張られた材には起こりません。上図右では上フランジだけ圧縮されているので、上フランジだけ座屈します。上フランジの下にはウェブであるので、ウェブの側には座屈せず、ウェブのない横方向に座屈します。結果的に横にねじれるような横座屈が起こります。下図右では上フランジの両側に垂直の板（フランジ）があるので、横座屈は起きません。

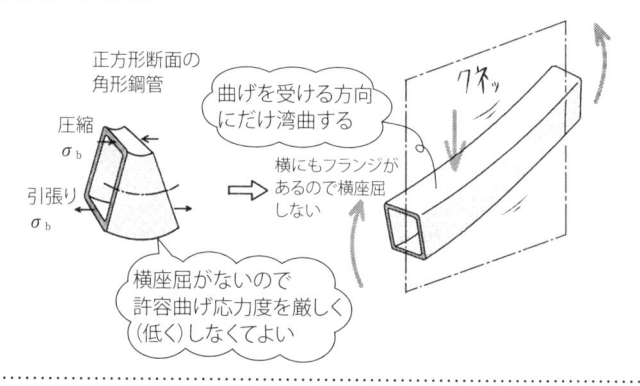

答え ▶ ○

★ R258 ○×問題　　　山形鋼の有効断面積

Q 山形鋼を用いた筋かいの有効断面積は、筋かい（ブレース）の断面積からファスナー孔による欠損部分および突出脚の無効部分の断面積を引いて求める。

A fastenとは締める、固定する、fastenerとは固定するものの意味で、ファスナー孔は、ボルト孔のことです。山形鋼（アングル）による筋かいの場合、L形の突出している側は、すべての断面で有効に応力に抵抗するわけではありません。<u>1/2を無効として計算するか、1列のボルト本数によって無効部分を少なくする比率を使う必要があります</u>（答えは○）。実験結果から導かれた比率で、ボルトが多いほどしっかりと留まって、断面のすみずみまで応力が行き渡り、有効断面積が大きくなります（鋼接指針）。

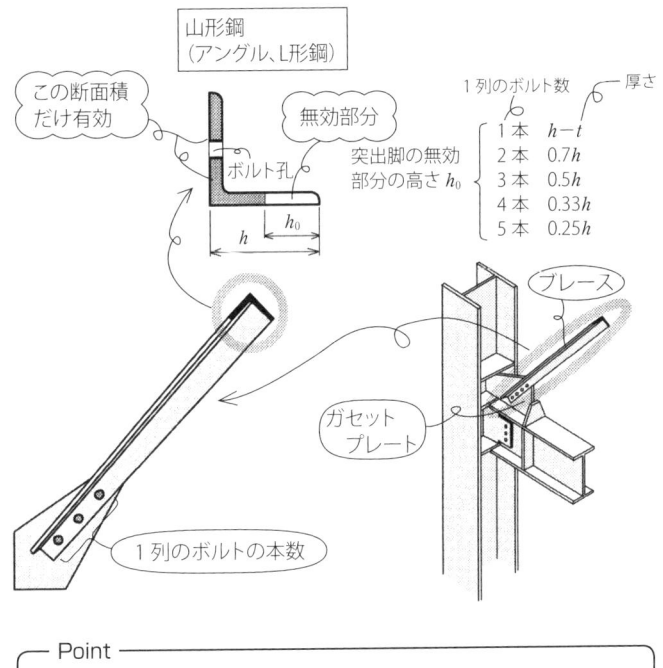

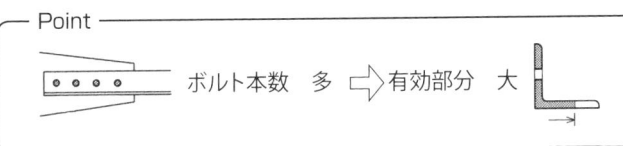

突出脚の無効部分の高さ h_0

1列のボルト数	厚さ
1本	$h-t$
2本	$0.7h$
3本	$0.5h$
4本	$0.33h$
5本	$0.25h$

- Point -

ボルト本数　多 ⇨ 有効部分　大

答え ▶ ○

★ R259 ○×問題　柱脚　その1

Q 鉄骨造の露出形式柱脚において、
1. 所定の構造計算を行わなかったので、アンカーボルトの基礎に対する定着長さをアンカーボルトの径の10倍確保した。
2. 柱の最下端の断面積に対するアンカーボルトの全断面積の割合を20％以上とした。

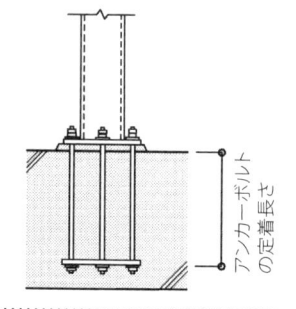

A アンカーボルト（anchor bolt）を基礎のコンクリートに埋め込んでおき、鉄骨の柱とベースプレート（base plate）を上から落とし、ナットを2重に締めて留める方法が柱脚では多くとられます。アンカーボルトが抜けたり、破断しないように、定着長さと断面積が決められています。アンカーボルト径をdとすると定着長さは$20d$以上とし（1は×）、アンカーボルトの全断面積は柱最下端の断面積の20％以上とします（2は○）。アンカーボルト＋ベースプレートをセットにした既製品がつくられています。

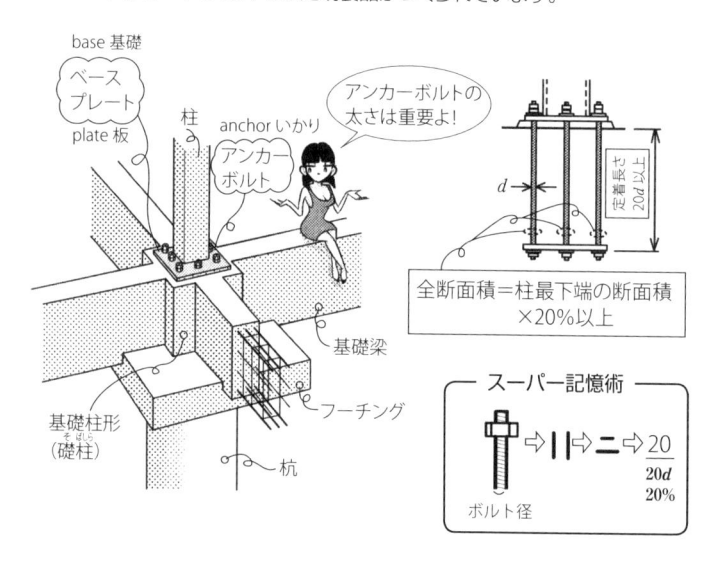

答え ▶ 1.×　2.○

★ R260 ○×問題　　　柱脚 その2

Q 鉄骨造の根巻き形式柱脚において、根巻き部分の高さを柱幅（柱の見付け幅のうち大きい方）の2.5倍とし、根巻き頂部のせん断補強筋を密に配置した。

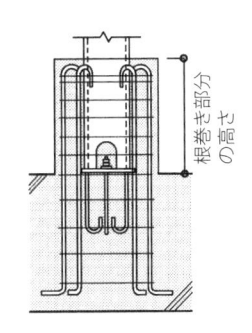

A 柱幅の2.5倍以上、根巻き部分に埋め込みます（建告）。柱に水平力がかかると、根巻きコンクリート天端から少し下がった位置に、大きな力がかかります。そのため根巻き頂部付近は帯筋（せん断補強筋）を密にして、コンクリートをしっかりと拘束します（答えは○）。

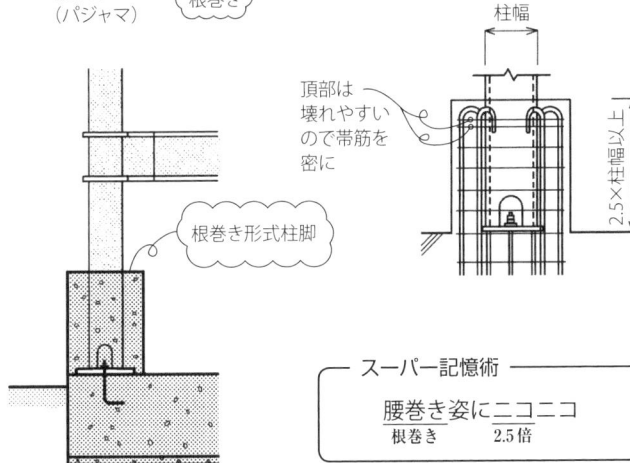

- 根っこに巻くのか
- 1階に出てきてじゃねー!
- 寝まき（パジャマ）
- 根巻き
- 腰巻き

頂部は壊れやすいので帯筋を密に

根巻き形式柱脚

2.5×柱幅以上

スーパー記憶術

腰巻き姿にニコニコ
根巻き　　2.5倍

答え ▶ ○

★ R261 ○×問題　柱脚　その3

Q 鉄骨造の埋込み形式柱脚において、鉄骨柱のコンクリートへの埋込み部分の深さを、柱幅（柱の見付け幅のうち大きい方）の2倍以上とした。

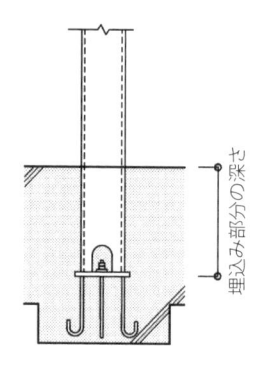

A RCの基礎の中に柱脚を埋め込んで固定するのが、埋込み形式柱脚です。ベースプレート下にコンクリートを打って固まってから柱を留め、さらにコンクリートを打つという2段階のコンクリート打ち込みが必要となります。埋込み深さは柱幅の2倍以上と定められています（建告　答えは○）。

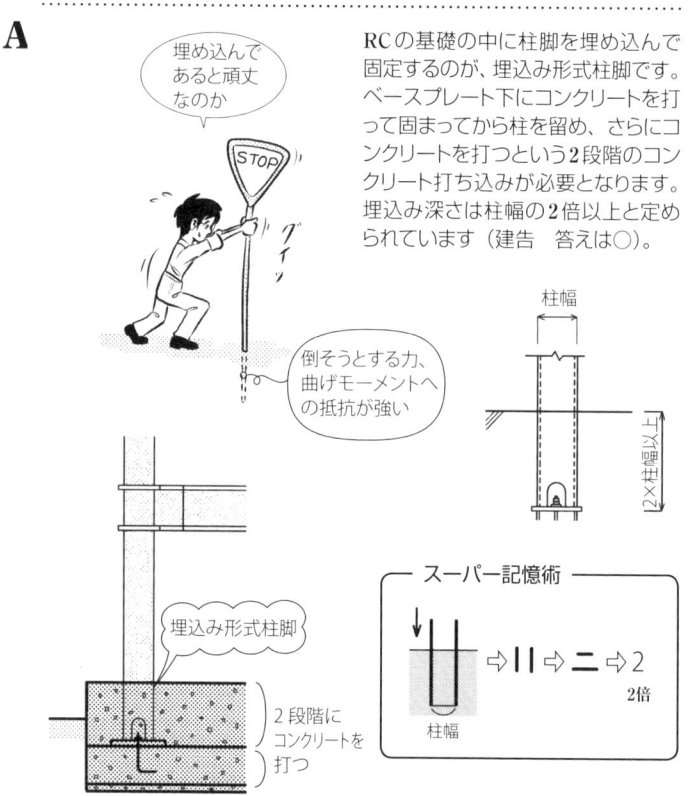

吹き出し・ラベル:
- 埋め込んであると頑丈なのか
- 倒そうとする力、曲げモーメントへの抵抗が強い
- 埋込み形式柱脚
- 2段階にコンクリートを打つ
- 柱幅
- 2×柱幅以上

スーパー記憶術

柱幅 ⇨ || ⇨ ニ ⇨ 2（2倍）

答え ▶ ○

★ R262 まとめ　　　柱脚 その4

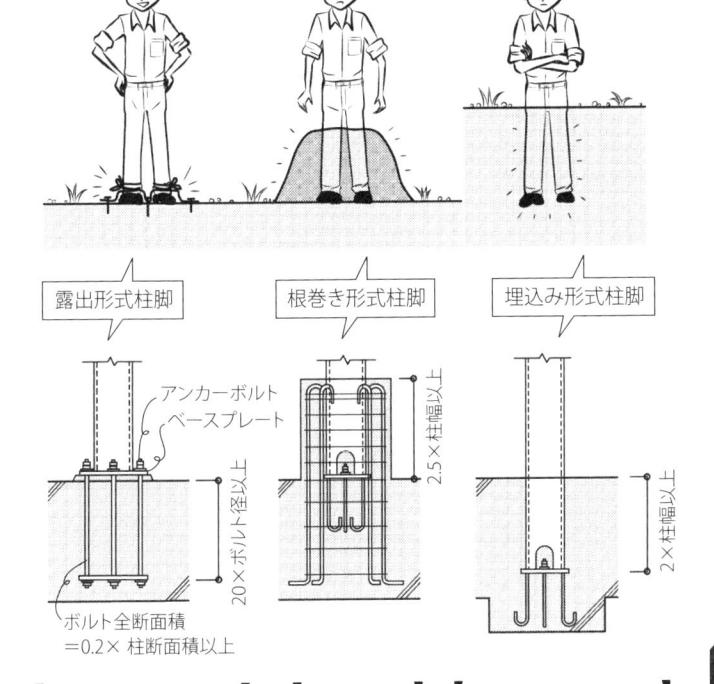

- 足元を土に留める → **露出形式柱脚**
- 土の上に山を盛って足を埋める → **根巻き形式柱脚**
- 足を土の中に埋める → **埋込み形式柱脚**

露出形式柱脚
- アンカーボルト
- ベースプレート
- 20×ボルト径以上
- ボルト全断面積 = 0.2×柱断面積以上

$$\left(\begin{array}{c}\text{ボルト径} \Rightarrow || \Rightarrow = \Rightarrow \underline{20} \\ 20d \quad 20\%\end{array}\right)$$

根巻き形式柱脚
- 2.5×柱幅以上

$$\left(\begin{array}{c}\text{腰巻き姿に} \\ \underline{\text{根巻き}} \\ \underline{\text{ニコニコ}} \\ 2.5倍\end{array}\right)$$

埋込み形式柱脚
- 2×柱幅以上

$$\left(\begin{array}{c}\text{柱幅} \Rightarrow || \Rightarrow = \Rightarrow 2 \\ 2倍\end{array}\right)$$

【 】内スーパー記憶術

14　S造の柱と梁

★ R263 ○×問題　柱脚　その5

Q 1. 露出形式柱脚は、根巻き形式柱脚、埋込み形式柱脚に比べて固定度の確保が難しく、ベースプレートやアンカーボルトには、高い剛性が必要である。
2. 露出形式柱脚の降伏せん断耐力は、「ベースプレート下面とコンクリートとの間に生じる摩擦耐力」と「アンカーボルトの降伏せん断耐力」との和とした。

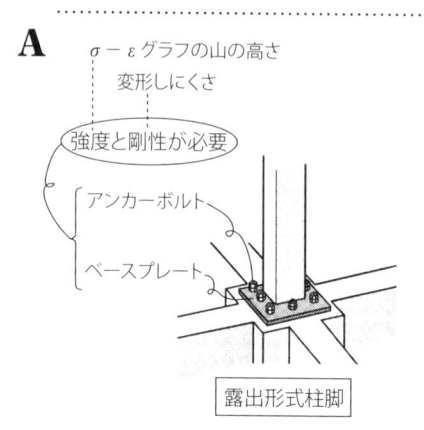

A 露出形式柱脚は、コンクリートに埋め込まずに、ベースプレートとアンカーボルトだけで留めるので、その両者に強度と剛性が必要となります（1は○）。

柱脚が横方向にせん断力を受ける場合、ベースプレート下面の摩擦力とアンカーボルトのせん断力の両方で抵抗します。ただし柱脚が動き出す最大のせん断力（降伏せん断耐力）は、いずれか大きい方とします。2つの力の最大値が同時に発生するわけではないからです（2は×）。

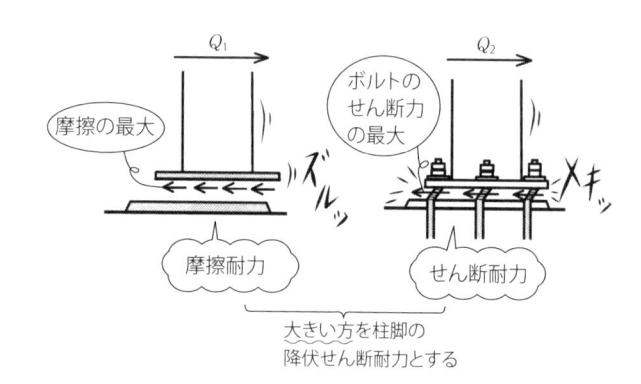

- σ－εグラフの山の高さ
- 変形しにくさ
- 強度と剛性が必要
- アンカーボルト
- ベースプレート
- 露出形式柱脚

Q_1 摩擦の最大 → 摩擦耐力
Q_2 ボルトのせん断力の最大 → せん断耐力

大きい方を柱脚の降伏せん断耐力とする

答え ▶ 1. ○　2. ×

★ R264 ○×問題　　　柱脚　その6

Q 1. 露出形式柱脚において、軸方向力およびせん断力とともに、回転量の拘束に伴う曲げモーメントに対しても算定を行った。

2. 露出形式柱脚の場合、柱脚の形状によって固定度を評価し、反曲点高比を定めて柱脚の曲げモーメントを求め、アンカーボルトとベースプレートの設計を行った。

A 柱脚がピンと仮定すると、柱脚にかかる曲げモーメントはゼロとなります。ボルト2本で留める柱脚はピンと仮定して単純化することがよく行われてきましたが、ボルト破断などの被害も多く発生しています。そこで露出形式柱脚の形によって固定度を評価して、曲げモーメントの正負が入れ替わる高さ、すなわち凸部が左右入れ替わる高さである反曲点高さが全体の高さに対してどれくらいかの比を求めます。この反曲点高比から柱脚の曲げモーメントを出します。固定度が高いほど、曲げモーメントは大きくなります（1、2は○）。

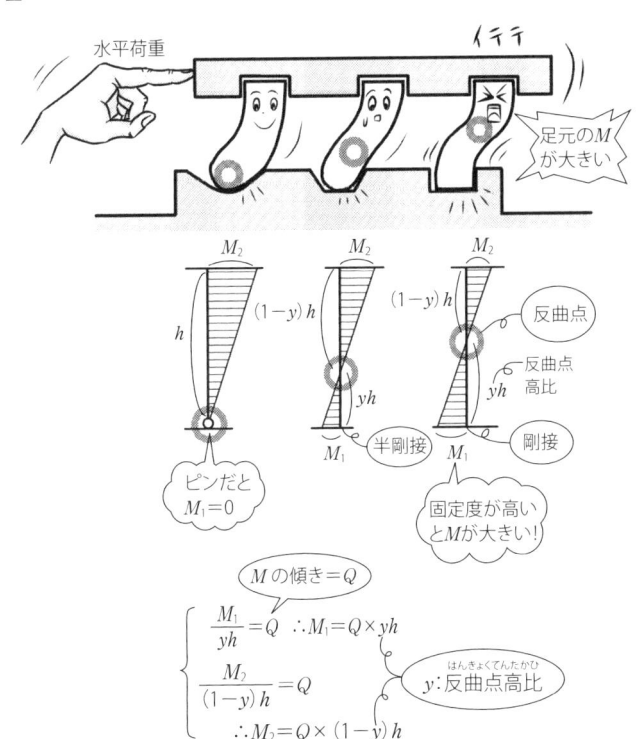

$$\begin{cases} \dfrac{M_1}{yh} = Q \quad \therefore M_1 = Q \times yh \\ \dfrac{M_2}{(1-y)h} = Q \\ \quad \therefore M_2 = Q \times (1-y)h \end{cases}$$

y：反曲点高比

答え ▶ 1. ○　2. ○

★ R265 ○×問題　　柱脚　その7

Q 軸方向力と曲げモーメントが作用する露出形式柱脚の設計において、ベースプレートの大きさを断面寸法とする鉄筋コンクリート柱と仮定して、引張り側アンカーボルトを鉄筋とみなして許容応力度設計を行った。

A 軸方向力と曲げを負担する露出形式柱脚では、ベースプレートの大きさを断面とするRCの柱と仮定し、アンカーボルトを引張り鉄筋とみなして応力計算をし、許容応力度以下であることを確かめます（鋼規準-許容　17章解説　答えは○）。アンカーボルトは引っ張るだけで圧縮には効かないため、鉄筋とみなした場合にも圧縮に効かせることはできません。

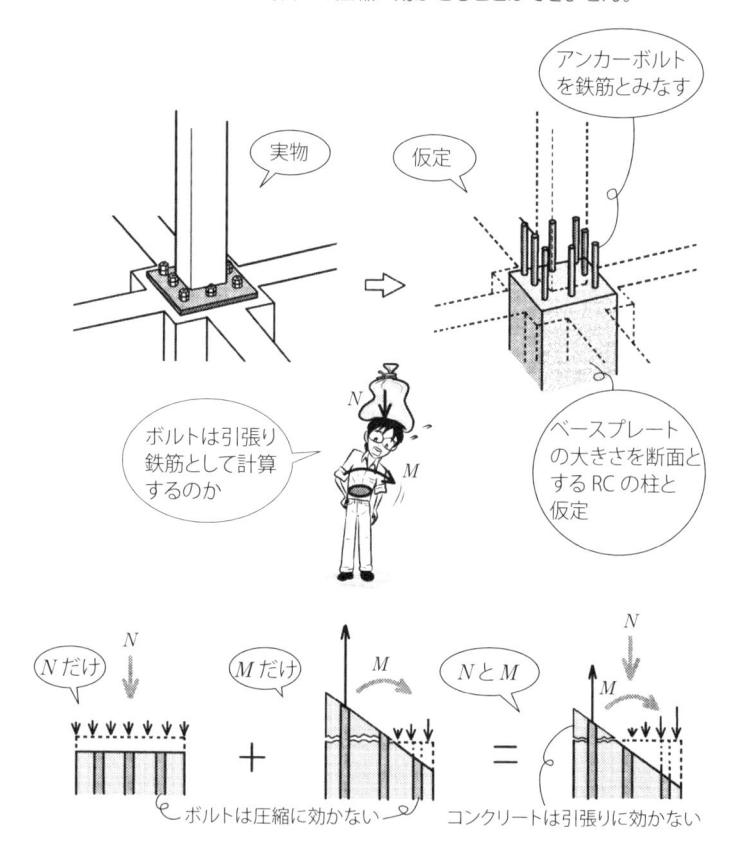

答え ▶ ○

★ R266 ○×問題　柱脚　その8

Q 埋込み形式柱脚に作用する応力を、基礎コンクリートに埋め込んだ柱と周辺のコンクリートとの付着により下部構造へ伝達させた。

A 付着力はコンクリート表面と鋼の表面が接着する力です（R048）。そのため柱を支えるほどの大きな力は期待できません（答えは×）。柱の軸方向力 N、せん断力 Q、曲げモーメント M を受けるのは、コンクリートによる<u>支圧力</u>です。支圧力とはコンクリートに部分的に圧縮力をかけたときに生じる力です（R042参照）。圧縮力はコンクリート面全体にかかる力、支圧力は部分的にかかる力です。部分的に押すと、押されていない周囲のコンクリートが、押されている部分を拘束するので、全体を押した場合よりも壊れにくくなります。すなわち、<u>支圧強度＞圧縮強度</u>となります。

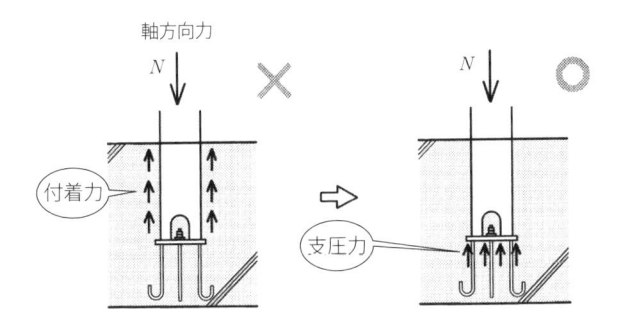

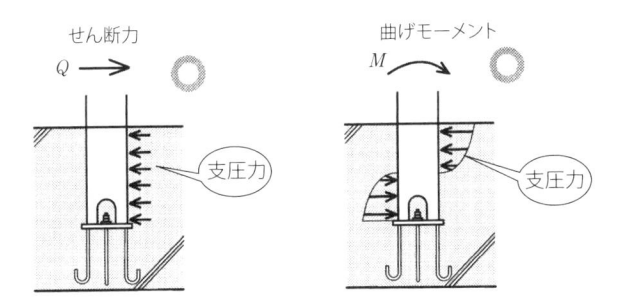

答え ▶ ×

★ R267　check ▶ □□□ 重要な数字は繰り返して完全に覚えよう!

Q		A
比重	コンクリート	**2.3**
	鉄筋コンクリート	**2.4** 【$\underline{RC}$は$\underline{西}$(西洋)から来た】 　　2.4
	鋼	**7.85** 【ナンパご難の鉄の女】 　　　　　7.8 5
コンクリートの圧縮強度　約		**24**(N/mm²)　【$\underline{RC}$は$\underline{西}$(西洋)から来た】 　　　　　　　　　　　24
SN400の	引張り、圧縮強度	**400**(N/mm²)
	降伏点	**235**(N/mm²)
SN490の	引張り、圧縮強度	**490**(N/mm²)
	降伏点	**325**(N/mm²)　【トラック一周、兄さんGO!】 　　　　　　　　　400m　2 3 5 　　　　　　　　　　　　3 2 5
コンクリート	長期許容応力度（ ）F_c	$\dfrac{1}{3}F_c$ 　圧
	短期許容応力度（ ）F_c	$\dfrac{2}{3}F_c$
鋼	長期許容応力度（ ）F	$\dfrac{2}{3}F$ 　引圧曲
	短期許容応力度（ ）F	F
(F_c、F：設計基準強度)		
鋼のせん断における	長期許容応力度（ ）F	$\dfrac{1}{\sqrt{3}}\cdot\dfrac{2}{3}F$　【長期間イー子でも 　　　　　　　　　　　　　　1.5
	短期許容応力度（ ）F	$\dfrac{1}{\sqrt{3}}F$　専断すると惨になる】 　　　　せん断　ルート3
ヤング係数E	鋼	2.05×10^5(N/mm²)　【鋼】 　　　　　　　　　　5乗
	コンクリート	2.1×10^4(N/mm²)　【$\underline{RC}$】 　　　　　　　　　　4乗

【 】内スーパー記憶術

暗記する数字 その1

Q	A	
コンクリート、鋼の せん断弾性係数 $G=(\ )E$	$G=0.4E$	【おしりがやぶれる】 　0.4　　せん断
ポアソン比 $\nu = \dfrac{\varepsilon'}{\varepsilon} = \begin{cases} \text{コンクリート} \\ \text{鋼} \end{cases}$ $\varepsilon = \dfrac{\Delta \ell}{\ell}$ 縦ひずみ度　$\varepsilon' = \dfrac{\Delta d}{d}$ 横ひずみ度	0.2 0.3	【鬼のお産で腹が出る】 　0.2　0.3　横のひずみ
コンクリート、鋼の 線膨張係数 $\dfrac{\Delta \ell}{\ell}$	1×10^{-5}	【羨望の舞子嬢】 線膨張　マイナス5乗
アルミニウム $\begin{cases} \text{比重} & \text{鋼の(\ )倍} \\ E & \text{鋼の(\ )倍} \\ \text{線膨張係数 鋼の(\ )倍} \end{cases}$	$\dfrac{1}{3}$ 倍 (2.7) $\dfrac{1}{3}$ 倍 (0.7×10^5) 2 倍 (2.3×10^{-5})	【鋼】5乗 傾き 鋼 $E=2.05\times10^5$ 傾き アルミ $E=0.7\times10^5$ 【アルミ】3分の1
$\begin{cases} \text{S造の梁}\ \cdots\cdots\dfrac{D}{\ell} > \dfrac{1}{(\ )} \\ \text{木造の梁}\ \cdots\cdots\dfrac{D}{\ell} > \dfrac{1}{(\ )} \\ \text{RC造の梁}\ \cdots\cdots\dfrac{D}{\ell} > \dfrac{1}{(\ )} \end{cases}$ 梁せい D　有効長さ ℓ	$\dfrac{1}{15}$ $\dfrac{1}{12}$ $\dfrac{1}{10}$	【純(な)子もH!】 　1　　5　鋼の梁 【遠いスパンを架け渡す】 10分の1　　　　梁 (RC規準では $\dfrac{D}{\ell} \geq \dfrac{1}{10}$)
有効細長比 $\lambda = \dfrac{(\ \ )}{(\ \ )}$	$\dfrac{\text{座屈長さ } \ell_k}{\text{断面2次半径} i} = \dfrac{\ell_k}{\sqrt{\dfrac{I}{A}}}$ 【やせたラクダ】 細長比　ラムダλ 【ラクダ は 2時半 に 昼寝 する】 　λ　　2次半径 分の 座屈長さ	

15 暗記する数字

★ R268 check ▶ □□□

Q	A
柱の有効細長比 S造 $\begin{cases} \text{柱} \cdots\cdots\cdots \lambda \leq (\quad) \\ \\ \text{柱以外} \cdots \lambda \leq (\quad) \end{cases}$ 木造の柱 $\cdots\cdots\cdots \lambda \leq (\quad)$	**200** **250** **150** 【ラクダが荷役】 $\dfrac{250}{\lambda}\,\dfrac{\text{その他}}{200}$ $\begin{cases}\boxed{200}\text{柱}\\150\text{ 木の柱}\end{cases}$S 【$\lambda \to$ **入**】 λ大だとσ_k小
RC造構造体の太さ、厚さ 柱幅　　　　≧（　）×梁心間高さ 梁せい　　　≧（　）×柱心間スパン 耐震壁厚　　≧（　）×内法高さ スラブ厚　　≧（　）× 短辺方向の有効スパン 片持ちスラブ厚 ≧（　）×はね出し長さ	$\dfrac{1}{15}$ $\dfrac{1}{10}$ $\dfrac{1}{30}$ $\dfrac{1}{40}$ $\dfrac{1}{10}$ 【太くて重厚なRC柱】 $1/15$ 【遠いスパンを架け渡す】 $10分の1\;\;梁$ 【体力のある30まで自由に生きよう!】 $1/30\;\;12cm$ 【床がよれない十分な厚み】 $1/40\;\;1/10$
RC造の鉄筋量 $\begin{cases}\text{梁:全主筋比 } p_g=\dfrac{a_g}{bD}\geq (\quad)\%\\ \quad \text{(付帯ラーメンの梁)}\\ \text{柱:全主筋比 } p_g=\dfrac{a_g}{bD}\geq (\quad)\%\end{cases}$ 梁:引張り鉄筋比 $p_t=\dfrac{a_t}{bd}\geq (\quad)\%$　←有効せい $\begin{cases}\text{梁:あばら筋比 } p_w=\dfrac{a_w}{bx}\geq (\quad)\%\\ \quad\text{(せん断補強筋比)}\\ \text{柱:帯筋比 } p_w=\dfrac{a_w}{bx}\geq (\quad)\%\\ \quad\text{(せん断補強筋比)}\\ \text{床:スラブ筋比 } p_g=\dfrac{\text{鉄筋断面積}}{\text{全断面積}}\geq (\quad)\%\end{cases}$ 耐震壁: 　せん断補強筋比 $p_s=\dfrac{a_t}{tx}\geq (\quad)\%$	**0.8%** **0.8%** **0.4%** **0.2%** **0.2%** **0.2%** **0.25%** 0.8% 0.4% 【ピチピチしたおしり】 $p_t\;\;0.4$ 細いので ×2　×$\dfrac{1}{2}$ 0.2% 耐震で重要なので +0.05 0.25%

【 】内スーパー記憶術

暗記する数字 その2

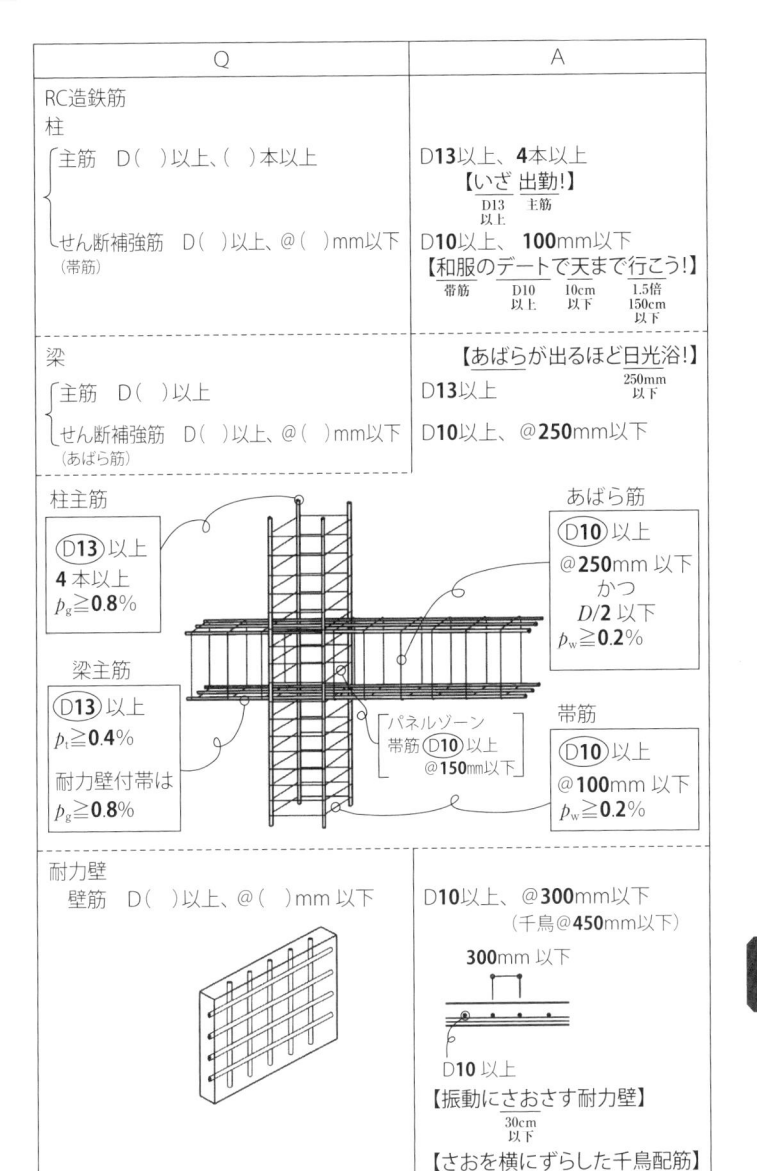

Q	A
RC造鉄筋 柱 　主筋　D（　）以上、（　）本以上 　せん断補強筋　D（　）以上、@（　）mm以下 　（帯筋）	D13以上、4本以上 【いざ 出勤!】 　D13以上　主筋 D10以上、100mm以下 【和服のデートで天まで行こう!】 　帯筋　D10以上　10cm以下　1.5倍 150cm以下
梁 　主筋　D（　）以上 　せん断補強筋　D（　）以上、@（　）mm以下 　（あばら筋）	【あばらが出るほど日光浴!】 　　　　　　　　　　250mm以下 D13以上 D10以上、@250mm以下

柱主筋
- D13 以上
- 4本以上
- $p_g \geq 0.8\%$

梁主筋
- D13 以上
- $p_t \geq 0.4\%$
- 耐力壁付帯は $p_g \geq 0.8\%$

あばら筋
- D10 以上
- @250mm 以下
- かつ $D/2$ 以下
- $p_w \geq 0.2\%$

帯筋
- D10 以上
- @100mm 以下
- $p_w \geq 0.2\%$

「パネルゾーン 帯筋 D10以上 @150mm以下」

| 耐力壁
　壁筋　D（　）以上、@（　）mm以下 | D10以上、@300mm以下
（千鳥@450mm以下）

300mm 以下
D10 以上
【振動にさおさす耐力壁】
　　　　　30cm以下
【さおを横にずらした千鳥配筋】
　　　　　45cm以下 |

【　】内スーパー記憶術

★ R269 check ▶ ☐☐☐

Q	A	
壁式RC造		
地上階数 ≦ ( )階	5	
軒高 ≦ ( )m	20	【軒高→ 軒 軒 →20m】
階高 ≦ ( )m	3.5	【階高→ 階 →3.5m】
設計基準強度 ≧ ( )N/mm²	18	【岩 の 壁 でつくる】 18N/mm² 壁構造
耐力壁の長さ ≧ ( )cm	45	【壁の 横 の長さ】 45cm以上
$\ell \geq (\ )h$	0.3	【高さ】 3割
$\ell_0 + h_0 \leq (\ )$cm	80	
耐力壁の壁量 上から 3階まで ( )cm/m²	12	【イチ、二のサンと飛ぶ距離】 12cm/m² 3階 長さ
4〜5階 ( )cm/m²	15	
地階 ( )cm/m²	20	

耐力壁の壁厚

耐力壁の厚さの最小値(cm/m²)

1階建て	2階建て	3階建て	4階建て	5階建て
				15 (h/22)
			15 (h/22)	18 (h/22)
		15 (h/22)	18 (h/22)	18 (h/22)
	15 (h/22)	18 (h/22)	18 (h/22)	18 (h/22)
12 (h/25)	18 (h/18)	18 (h/18)	18 (h/18)	18 (h/18)

シュロの木の幹の太さ / 厚さ

芽 — 12cm
苗 — 15cm / 18cm
— 15cm / 18cm
— 15cm / 18cm
— 15cm / 18cm

【 】内スーパー記憶術

暗記する数字 その3

Q	A
標準せん断力係数 C_0 　許容応力度設計時　$C_0 \geq (\ \ )$ 　必要保有水平耐力計算時　$C_0 \geq (\ \ )$ （1次設計） 層せん断力 $Q_i = W_i \times (\ )\times(\ )\times(\ )\times C_0$ 　　　　0.2G 以上 　　　　Q_i	**0.2** …加速度0.2G 相当 **1** …加速度1G 相当 $Q_i = W_i \times (Z \times R_t \times A_i \times C_0)$ 【地震は絶対あるあしたにも】 　　　Z　R_t　A_i　C_0
（2次設計） 保有水平耐力 $Q_u \geq Q_{un} = (\ )\times(\ )\times Q_{ud}$ 　　　1G 以上 Q_u　　　Q_{ud}	必要保有水平耐力 $\begin{cases} C_0 \geq 1 として計算 \\ した Q_i \end{cases}$ $Q_{un} = D_s \times F_{es} \times Q_{ud}$ 【ディズニーフェスティバル感動】 　　D_s　　　F_{es}　　　Q_{ud}
構造特性係数 $D_s \begin{cases} RC \cdots \geq (\ )\sim(\ ) \\ S \cdots \geq (\ )\sim(\ ) \\ SRC \cdots \geq (\ )\sim(\ ) \end{cases}$	**0.3〜0.55**　【ディズニーランドで 　　　　　　　　D_s **0.25〜0.5**　おっさん おにごっこ】 **0.25〜0.5**　　0.3　　0.25
水平力分担率 $\beta_u = \dfrac{(\quad\quad)}{(\quad\quad)}$	$\dfrac{耐力壁（ブレース）の水平耐力}{全体の水平耐力}$　$\beta_u 大 \to D_s 大$ 【ディズニー大人気は固い】 　　　　　　D_s
偏心率 $R_e \leq (\ \ )$	$R_e \leq \mathbf{0.15}$ $(R_e > 0.15 \to F_e > 1)$ 【十五夜に変身！】 　0.15　偏心
剛性率 $R_s \geq (\ \ )$ ならば $F_{es} = F_e \times F_s = 1$	$R_s \geq \mathbf{0.6}$ $(R_s < 0.6 \to F_s > 1)$ 【豪勢なセックス】 　剛性　　　0.6

【　】内スーパー記憶術

原口秀昭（はらぐち　ひであき）

1959年東京都生まれ。1982年東京大学建築学科卒業、86年同大学修士課程修了。大学院では鈴木博之研究室にてラッチェンス、ミース、カーンらの研究を行う。
現在、東京家政学院大学生活デザイン学科教授。
著書に『20世紀の住宅－空間構成の比較分析』（鹿島出版会）、『ルイス・カーンの空間構成　アクソメで読む20世紀の建築家たち』『1級建築士受験スーパー記憶術』『2級建築士受験スーパー記憶術』『構造力学スーパー解法術』『建築士受験　建築法規スーパー解読術』『マンガでわかる構造力学』『マンガでわかる環境工学』『ゼロからはじめる建築の［数学・物理］教室』『ゼロからはじめる［RC造建築］入門』『ゼロからはじめる［木造建築］入門』『ゼロからはじめる建築の［設備］教室』『ゼロからはじめる［S造建築］入門』『ゼロからはじめる建築の［法規］入門』『ゼロからはじめる建築の［インテリア］入門』『ゼロからはじめる建築の［施工］入門』『ゼロからはじめる建築の［構造］入門』『ゼロからはじめる［構造力学］演習』（以上、彰国社）など多数。

ゼロからはじめる［RC＋S構造］演習

2014年11月10日　第1版発行

著者	原口　秀昭
発行者	下出　雅徳
発行所	株式会社　彰国社

162-0067 東京都新宿区富久町8-21
電話　03-3359-3231（大代表）
振替口座　00160-2-173401

著作権者との協定により検印省略

Printed in Japan
ⓒ原口秀昭　2014年

印刷：三美印刷　製本：中尾製本

ISBN978-4-395-32030-1 C3052　http://www.shokokusha.co.jp

本書の内容の一部あるいは全部を、無断で複写（コピー）、複製、および磁気または光記録媒体等への入力を禁止します。許諾については小社あてにご照会ください。